「悲しみ」と「切なる思い」が私たちを健全な人間にする

スーザン・ケイン
坂東智子 訳

悲しみの力

Bitter Sweet

How Sorrow and Longing Make Us Whole

Susan Cain

Discover

レナード・コーエンをしのんで

あらゆるものに裂け目がある
だから、光が差し込むのだ
——レナード・コーエンの曲「アンセム」より

スーザン・ケインの著書

Quiet: The Power of Introverts in a World That Can't Stop Talking

邦訳『内向型人間の時代——社会を変える静かな人の力』、古草秀子訳、講談社、2013 年

文庫本タイトル『内向型人間のすごい力——静かな人が世界を変える』、古草秀子訳、講談社、2015 年

縮約版『内向型人間が無理せず幸せになる唯一の方法』、古草秀子訳、講談社、2020 年

Quiet Power: The Secret Strengths of Introverted Kids

邦訳『静かな力——内向型の人が自分らしく生きるための本』、西田佳子訳、学研プラス、2018 年

Quiet Journal: Discover Your Secret Strengths and Unleash Your Inner Power

（内向型人間のための日記——あなたの隠れた強みを見つけて、内なる力を解き放とう）（邦訳なし）

グレゴリウス1世（540～604年ごろ、第64代ローマ教皇）は、「compunctio（痛恨の念、良心の呵責）」という言葉について、「聖なる苦痛」、「一部の人が最も美しいものに直面したときに感じる深い悲しみ」と説明しました。（中略）人がビタースイートな（つらくもありうれしくもある）経験をするのは、不完全な世界の中に自分の居場所がないように思えるから、そして、完全な世界があることに気づき、それを望んでいるからです。美しいものに直面すると、そうした内面の空虚感を、痛いほど思い知ることになります。そして、失われたものと、望まれているもののあいだで、聖なる涙が生まれるのです。

——オウ・ウィクストロム

（1945年～／スウェーデンのウプサラ大学、宗教心理学教授）

読者にお伝えしておきたいこと

私がこの本に取りかかったのは、表向きは2016年からということになっているが、実質的には、（本文を読んでの通り、）これまでの人生を通して「ビタースイート」というテーマに取り組んできた。その間、このテーマについて話し合ったり、著書を読んだり、連絡を取り合ったりした方々は何百人にもおよんでいる。そうした方々の一部については、本文で名前を挙げて紹介しているが、私が影響を受けた方々はほかにもいる。この本の中で、そうした方々全員のお名前を挙げたかったが、それをやっていたら収拾がつかなくなるので、一部の方々のお名前は、巻末の「備考」や「謝辞」でのみ取りあげた。とはいえ、きっと、取りあげるのをうっかり忘れた方々もいそうだ。ともあれ、このテーマについて私がかかわった方々全員に、おおいに感謝している。

またこの本では、文章を読みやすくするために、一部の引用文について、括弧（「 」）を省略した。それでも、私が引用文に言葉を加えたり省いたりしたことで、話し手や書き手の意図を変えることのないよう、注意を払ったつもりだ。そうした引用文の出典をお知りになりたい方は、巻末の「備考」をご覧いただきたい。たいていの引用文について、文章全体がわかる資料を紹介している。

なお、この本では、何人かの方々の体験談をお伝えしているが、お名前は仮名を使っている。私がうかがった体験談について、とくに事実確認（裏取り）はしていないが、ほんとうのことだと思えるものだけを紹介している。

「サラエボ・レクイエム」 作者 トム・ストッダート ©Getty Images

序章
サラエボのチェリスト

ある晩、私は友人の詩人マリアナと、愛の町サラエボで会っている夢を見た（訳注　サラエボはボスニア・ヘルツェゴビナの首都。ボスニア・ヘルツェゴビナは1992年3月にユーゴスラビアから独立した）。そして戸惑いながら目覚めた。――あれ、サラエボって愛の町だっけ？　サラエボは、20世紀末の内戦で、とくに血なまぐさい戦いが起きた町じゃなかった？

でもそのあと、思い出した。ヴェドラン・スマイロヴィッチのことを。

彼はサラエボのチェロ奏者だった。

＊＊＊

それは1992年5月28日のことだった。当時のサラエボは、ボスニア・ヘルツェゴビナの独立に不満をもつセルビア人勢力に包囲されていた。サラエボは、路面電車と洋菓子屋の町であり、公園の池では白鳥たちがすべるように泳ぎ、町なかではオスマン建築のモスクや東方正教会の大聖堂が見られる。この町では何世紀にもわたって、ボスニャク人（イスラム教徒）とクロアチア人（カトリック信徒が多い）、セルビア人（正教会信徒が多い）が一緒に暮らしてきた。だから三つの民族と三つの宗教が存在していたことになる。この年の少し前までは、だれがどの民族でどの宗教かといったことはだれも気に留めなかった。この町の人々はお互いに顔見知りであっても、どの民族かは知らなかったのだ。むしろ彼らはお互いを、一緒にコーヒーを飲みに行ったり、焼き肉を食べに行ったりする隣人、同じ大学で授業を受ける隣人とみなすことを好み、そうした隣人同士がときには結婚し、子どもをもうけることもあった。

だがこの年には、内戦が起きていた。セルビア人勢力は、町の側面に位置する丘に陣取り、町の人々への電気と水の供給を遮断した。1984年のサラエボ冬季オリンピックのためにつくられた競技場は焼き払われ、そのグラウンドは間に合わせの墓地と化した。町なかのアパートの建物は、迫撃砲で攻撃されたせいであちこちがへこみ、信号機は壊れ、通りは静まりかえっていた。聞こえてくるのは銃声だけというありさまだった。

ところがその日は、「アルビノーニのアダージョ　ト短調」(注)の調べが、爆破されたベーカリーの前の歩道に広がった。

あなたはこの曲をご存じだろうか？　ご存じないのなら、読むのをちょっと中断して、今すぐユーチューブで聴いてみてはいかがだろう。URLはhttps://www.youtube.com/watch?v=kn1gcjuhlhg。この曲は心に残る。実に美しく、この上なく悲しげだ。チェロでこの曲を弾いていたのは、サラエボの歌劇場オーケストラの主席チェロ奏者、ヴェドラン・スマイロヴィッチ。この前日、パンを買うために並んでいるときに、迫撃砲を受けて命を落とした22名の市民を追悼するために演奏したのだ。彼は、迫撃砲が爆発したときに近くにいて、負傷者の手当てを手伝った。そしてこの日、まるで歌劇場で一夜を過ごすかのように白のフォーマルシャツと黒の燕尾服を身につけ、ふたたび殺りくの現場にやって来た。彼は瓦礫《がれき》の中で、白いプラスチックの椅子に座り、チェロを両足で挟んで支えていた。アダージョの切ないメロディーが空に漂った。

彼のまわりでは、ライフルの銃弾が飛び交い、爆音がとどろき、機関銃が鳴り響いた。それでも演奏を続けた。そしてこうした演奏を22日にわたって続けることになる。ベーカリーで命を落とした人一人につき一日を費やしたというわけだ。どういうわけか、弾丸は決して彼に当たらなかった。

サラエボは渓谷につくられた町で、山脈に取り囲まれている。狙撃兵はその山から、パンを求

（注）この楽曲は、一般には、イタリアの作曲家トマゾ・アルビノーニ（１６７１～１７５１年）の作品と思われているが、たぶんイタリアの音楽学者レモ・ジャゾット（１９１０～９８年）が作曲したものだ。もしかするとアルビノーニの曲の断片にもとづいて作曲したのかもしれない。

める空腹の市民を狙っていた。そんな状態だったから、通りを渡るために何時間も待った挙句、追われている鹿さながらにダッシュして渡る市民もいた。その一方で、時間はたっぷりあると言わんばかりに、演奏会用の正装をして、敵から見通せる一角にじっと座っていた男もいたのだ。

その男はこう語っている。「みなさんは僕に『戦場でチェロを弾くなんて、頭がおかしいんじゃないの』と言うでしょう。だったら、やつらに『サラエボを砲撃するなんて、頭がおかしいんじゃないの』と言ってみてはどうですか?」

スマイロヴィッチの行為は、ラジオ放送を通じて町じゅうに知れわたった。ほどなく、それについての小説や映画もつくられた。だが彼の意思は、そうした形で知られる前、つまり、包囲された市民が最も暗い日々を過ごしていたころ、ほかの演奏家たちに刺激を与え、演奏家たちはめいめいの楽器を持って通りに出ることになった。彼らは、軍歌を奏でて、敵の狙撃兵たちと戦うサラエボの軍隊を奮い立たせたのではない。ポップミュージックを演奏して、市民を元気づけたのでもない。演奏家たちは「アルビノーニのアダージョ」を弾いたのだ。破壊者たちが銃や爆弾を使って攻撃し、音楽家たちは、自分が知っている曲の中で最もビタースイートな（切なく甘い）曲を使って応酬したというわけだ。

バイオリン奏者たちが叫んだ。「私たちは戦闘員ではありません」。ヴィオラ奏者たちがつけ加えた。「私たちは犠牲者でもありません」。チェロ奏者たちが唱えた。「私たちはただの人間です。欠点もあれば魅力もあり、愛が欲しくてたまらない、ただの人間なんです」

＊＊＊

それから数カ月後のことだった。内戦が続くなか、当時サラエボ特派員だったアラン・リトルは、４万人もの一般市民が列をなして森から出てくるのを見ていた。彼らは攻撃を逃れて避難するために、48時間にわたって森の中を歩いてきたということだ。

彼らの中に、80歳のお爺さんがいた。疲れ果て、切羽つまっているように見えた。お爺さんはリトルのところにやって来てたずねた。「わしの妻を見なかったかい？　長い道のりのあいだに離ればなれになってしまった」

リトルは、奥さんを見ていなかったが、ジャーナリストの習性から、こうたずねた。「よろしければ、あなたがボスニャク人なのかクロアチア人なのか、教えていただけますか」。このときお爺さんが返した言葉について、何年も経ったあと、リトルはＢＢＣ（英国放送協会）の人気ラジオ番組でこう語っている。「お爺さんの言葉を思い出すと、いまだに自分が恥ずかしくなります。ここ数十年、何度も思い出しました」

お爺さんはこう言ったそうだ。「わしは演奏家さ」

目次

第2部 「勝者」と「敗者」

「若い女性の肖像画　2021年、ウクライナにて」
© Tetiana Baranova（タチアナ・バラノワ）（Instagram: @artbytaqa）

はじめに　「ビタースイート」の力

私たちはホームシックになっているの。別の世界、違う世界が自分の故郷なのだと思って、その世界を恋しく思っているのよ。

——ヴィタ・サックヴィル＝ウェストの詩『The Garden（ガーデン）』より

私が22歳のロースクールの学生だったころ、車で授業に出向く友人のなかに、私を寮まで迎えに来てくれる人が何人かいた。彼らが迎えに来ると、私はいつも、短調のビタースイートな曲をうれしそうに聴いていた。曲は「アルビノーニのアダージョ」ではない。その曲は、まだ聴いたことがなかった。たいていは、これまでで一番お気に入りのミュージシャン、レナード・コーエン、別名「悲観的な桂冠詩人」の曲だった。

私がそうした曲を聴いているときに体験することは、言葉では説明しにくい。厳密に言えば

「悲しい」のだが、明らかに「愛」を感じる。「愛」が大波のようにあふれ出るのだ。そして、曲が表現しようとしている「悲しみ」を知る世のすべての人たちに、強い親近感を覚える。「苦痛」を「美しいもの」に変えてしまうミュージシャンの能力への、畏敬の念もわいてくる。曲を聴いているときにまわりに人がいなかったら、たいていは、自然に「祈り」のポーズをとっている。私は筋金入りの不可知論者だから、いちおう「祈り」はしないことになっているのに、手を合わせたり、両手を顔に当てたりするのだ（訳注「不可知論者」は、人間は神の存在を証明することも反証することもできないと唱える人）。そして、曲が私の心を開くのだろう。文字通り、胸の筋肉が広がる感覚を覚える。さらに、自分や大好きな人たちが、全員、いつかは死ぬことになったってかまわないという気さえしてくる。そうした、「死」への平静な気持ちが持続するのは3分程度かもしれないが、ビタースイートな曲を聴くたびに、必ずそんな気持ちになるので、私は自分が少しずつ変わったと思っている。もしあなたが、「超越」とは自我が消え去って、自分がすべてのものにつながっていると感じるひとときのことだと考えているなら、あなたが音楽を通じてビタースイートな「超越」にいたるひとときが、私が体験しているひとときに、最も近いだろう。でも私の場合は、そうしたひとときが何度も何度も訪れるのだ。

どうしてそんなひとときが訪れるのか、私にはわからなかった。

私を寮まで迎えに来てくれた友人たちは、寮の一室から悲しげな曲が流れてくるという場違いな雰囲気をおもしろがっていた。彼らの一人に「きみはどうして葬式の曲を聴いてるんだい？」

と聞かれた。私は笑い飛ばし、一緒に授業に出かけた。話はそれでおしまいだった。

でも私は、その後25年にもわたって、彼の言葉について考えた。どうして私は、切ない曲を聴くと、妙に気持ちが高まったのだろうか？　そういうことがジョークの格好のネタになるのは、私たちアメリカ人の文化のどんな側面の影響なのか？　こうしたことについて書いているときでさえ、「私はダンスミュージックも大好きよ」と表明して、読者を安心させなきゃと思ってしまうのはどういうわけだろう？（実際、たった今、読者にお伝えした）。

最初のうちは、これらの疑問を、「興味深い問題」程度にしか考えていなかった。ところが答えを探し求めるうちに、これらが「大きな問題」であることに気づいた。非常に困ったことに、私たちは、現代文化を通じて、こうしたことは問題にしないよう教え込まれていたのだ。

＊＊＊

今から2000年ほど前、古代ギリシャの哲学者アリストテレス（紀元前384～322年）は、「偉大な詩人や哲学者、芸術家、政治家たちがたいてい『憂うつ質《メランコリック》』なのはどうしてだろう」と疑問に思った。彼がそんな疑問を抱いた背景には、古代の人々の次のような考え方があった。

——人間の体には四つの体液（血液、粘液、黄色胆汁、黒色胆汁）が含まれていて、その四つそれぞれが、4種類の気質、「多血質（陽気、楽天的）」、「粘液質（冷静）」、「胆汁質（攻撃的、積極的）」、「憂うつ質／黒胆汁質（悲観的）」を形成する――。そのころは、四つの体液のうち、どれの割合が多いかで性格が決まると考えられていた。有名な古代ギリシャの医師ヒポクラテス（紀元前460～370年ごろ）は、4種類の気質のバランスがとれているのが理想的な人間だと考えた。とはいえ、私たちの多くは、どれか一つの気質が強く出る傾向がある。

　この本は、「憂うつ質」についてのものだ。この気質を私は「ビタースイート」と呼んでいる。「ビタースイート」な人は、「切なる望み」や「心のうずき」、「悲しみ」を抱きやすく、時が過ぎゆくのを鋭く感じ取る。そして、世の中の美しいものに接すると、心に妙に突き刺さるような喜びを覚える。「ビタースイート」な人は、「明」と「暗」、「誕生」と「死」――つまり「ビター」と「スイート」――は永久に対《つい》をなすことに気づいてもいる。アラブ世界のことわざ「ある日ははちみつ、ある日はたまねぎ（甘くて幸せな気分になるときもあれば、辛《から》くてつらいときもある）」も、そのことを表している。人生の「悲劇」は、人生の「栄華」と切っても切れない関係にあるのだ。人は文明を破壊して、一から築き直すこともできるかもしれないが、結局は同じ「二元性」が生まれるだろう。だがそうした二元性――「明」もあれば「暗」もある――を十分に受け入れることが、逆説的ではあるが、二元性を超越する（乗り越える）唯一の方法なのだ。そして、二元性を超越することがとても大事だと私は思っている。また、「ビタースイート」な人には、「魂の交わり」を望む気持ちや、安心できる「心のふるさと（心のわが家）」に帰りたいという気持ちもある。

　もしあなたが、自分はビタースイートタイプだと思っているなら、アリストテレスが「どうして偉人たちは憂うつ質なのか」と疑問に思ったという話を知って、「やったー！」と喜ばずにはいられないだろう。実際には、アリストテレスが気づいたようなことは、何世紀にもわたって表現されてきた。15世紀には、イタリアの哲学者マルシリオ・フィチーノが、「ローマ神話の農耕神サトゥルヌスは憂うつ質だったとみられ、平凡な生活は（息子の）ユピテルに譲ったが、自分のために、人里離れた場所での神聖な暮らしを要求した」と主張している。16世紀には、ドイツの画家アルブレヒト・デューラーが、よく知られているように、「憂うつ質」を「『創造力』や『知識』、『切なる望み』のシンボルたち――多面体、砂時計、空に昇るはしごなど――に囲まれて、うつむいている天使」として擬人化して描いた（訳注　この画のタイトルは「メランコリアI」。デューラーの代表作となった銅版画）。19世紀には、フランスの詩人シャルル・ボードレールが、「『憂うつ』のない世界では、美しいものなどとても思いつかないだろう」と述べている。

憂うつ質に対する、こうしたロマンティックな見方は、時代とともに盛んになったり衰えたりしている。最近では、衰えている。オーストリアの心理学者、精神科医ジークムント・フロイト（1856～1939年）は、1918年に発表して大きな影響をもたらした論文の中で、憂うつ質を「ナルシシズム（自己愛）」として簡単に片づけた。それからというもの、「憂うつ質」は精神病理学という学問の領域に組み込まれてしまった。心理学の主流派は、「憂うつ質」を、「臨床的うつ病」の同義語とみなしている（注1）。

それでも、アリストテレスの疑問が消えたわけではない。消えるはずがないのだ。「憂うつ質」の人には、何か不可思議な特性、何か重要な資質が備わっている。プラトンにはそれが備わっていた（訳注　プラトンは古代ギリシャの哲学者。アリストテレスの師）。スーフィズム（イスラム神秘主義）の詩人ジャラール・ウッディーン・ルーミー（１２０７〜７３年）や、自然科学者チャールズ・ダーウィン（１８０９〜８２年）、第16代大統領エイブラハム・リンカーン（１８０９〜６５年）、活動家マヤ・アンジェロウ（１９２８〜２０１４年）、ジャズ歌手ニーナ・シモン（１９３３〜２００３年）、そしてあのレナード・コーエンにも備わっていた。

こうした人々に備わっていたのは、いったい何なのだろう？

私は何年もかけて、この問いの答えを探し続けてきた。答えはないかと、古今の芸術家や作家、思想家たちの何世紀分もの取り組みや、世界じゅうの英知の歴史をたどったし、現代の心理学者や科学者、さらにはマネジメントの研究者たちの研究結果も調べた（マネジメントの研究者たちは、憂うつ質のビジネスリーダーやクリエイターたちのユニークな「強み」をいくつか見つけ出し、それを生かす一番の方法にも気づいている）。そして私は、「ビタースイート」というのは、私たちが考えがちな一時《いっとき》の感情、一時的なできごとではないという結論に達した。「ビタースイート」であることは、「静かな力」であり、「生き方」であり、「多くの物語の伝統的なテーマ」でもあって、人間としての可能性にあふれている。それなのに、そうしたことは完全に見落とされている。「ビタースイート」であることは、不変の美しさを備えながらも大きな欠陥のある世界で生きていく、という課題に対する、確実で気分を高めてくれる「答え」でもある。

そして何より、「ビタースイート」であることで、「苦痛」への対処法が見えてくる。つまり、「苦痛」を抱えていたら、それを受け入れ、ミュージシャンたちがやるように、それを「芸術作品」に転換したり、何か「癒やしになるもの」、「新しいこと」、「心の栄養になるもの」に転換したりすればいいのだ。もし私たちが「悲しみ」や「切なる望み」を転換しなかったら、他人を虐したり、支配したり、ないがしろにしたりするようになり、結局は「悲しみ」や「切なる望み」を他人に負わせることになる。でも、もし私たちが「人はだれもが喪失や苦しみを知っている」、あるいは、いずれ知ることになる」とわかっているなら、お互いに向き合うことができるのだ（注2）。

（注1）「憂うつ質（melancholy）」と「うつ病（depression）」を同一視する考え方は、欧米の心理学の長い伝統に従ったものだ。フロイトは「臨床的うつ病」を表すのに「melancholia」という言葉を使い、その特色を次のように説明した。「多大な苦痛をともなう落胆、自分の外の世界への興味の消失、愛する能力の喪失、あらゆる活動の抑制」。また、影響力のある心理学者ジュリア・クリステヴァは1989年にこう記している。「『melancholy（憂うつ質）』と『depression（うつ病）』という二つの言葉は、『melancholy/depressive』と呼んでもいいような複合的な症状を示し、両者の境界は実際にははっきりしない」。ためしに、現代の検索エンジンPubMed（パブメド）に、「melancholy」と打ち込んでみてほしい。すると、「うつ病」に関する記事が出てくるから。

（注2）こうした考え方を、ミュージシャンのニック・ケイヴ（1957年〜）以上にうまく表現した人はいないだろう。彼のウェブサイト「The Red Hand Files」の下記URLの記事を読んでみよう。https://www.theredhandfiles.com/utility-of-suffering/

こうした考え方――つまり、「苦痛」を「創造力」や「超越する力」、「愛」に転換するという考え方――が、この本の核になっている。

＊＊＊

「理想的な人間」と同様に、「理想的な社会」も、四つの気質すべてが現れたものになるだろう。だが、多くの人にどれか一つの気質が強く出る傾向があるように、私たちの社会にも一つの気質が強く現れる。たとえばアメリカの文化は、第5章でお伝えする通り、「多血質」と「胆汁質」の人々を中心にして築かれている。私たちはこの二つのタイプの人々には、「陽気」、「強い」といったイメージを持っている。

「多血質」や「胆汁質」の人は、前向きで、闘う準備ができている。私生活では、楽しい気持ちになるような目標を目指すことを重視し、インターネット上では、正当な怒りを尊重する。そして彼らはこう考える。――私たちはたくましく、楽観的であるべきだし、はっきり自己主張すべきだ。私たちは本音を語る自信を備え、友だちを作ったり、人々に影響を与えたりするための対人能力を身につけるべきだ……。実際、アメリカ人は「幸福」を何より重視する。重視するあまり、アメリカの独立宣言に「幸福の追求」を盛り込んだほどだ。その後も、「幸福」をテーマにした本がたくさん出版されている。アマゾンでの検索によれば、その数は3万冊以上に及ぶ。私たちはごく幼少のころから、「泣いてばかりいたらダメ！」と教えられ、その後は、「『悲しみ』なんて、一生抱えてはいけない」と教え込まれる。ハーバード・メディカル・スクールの心理学者スーザン・デイビッド（1970年～）が7万人を超えるアメリカ人を対象にして調査を行ったところ、その三分の一の人々が、自分が悲しみや悲嘆といったネガティブな感情を抱いたことに対して自分を批判していることが判明した。デイビッドはこう語っている。「私たちがこうした批判を向けるのは『自分』だけではありません。私たちが大切に思っている人、たとえば、わが子にも向けられるのです」

「多血質」や「胆汁質」の人の考え方には、メリットもたくさんある。私たちがボールを二塁に投げるのに役立つし、議会で法案を通したり、果敢に戦ったりするのにも好都合だ。しかし、このタイプの人の元気な歓声や、社会に許容されている怒りが、「人間はみんな、脆弱で、はかない存在なのだ」という現実を覆い隠している。たとえインターネット上ですばらしいダンスパフォーマンスや、猛烈な〝テイク（撮影ショット、録音セッション）〟を披露しているインフルエンサーだとしても、脆弱ではかない存在であることに変わりはない。その現実が覆い隠されているせいで、私たち現代人は自分と意見が異なる人たちに共感できない。そして、自分がトラブルに見舞われたら、不意を突かれてダメージを負う。

一方、「ビタースイート・憂うつ質」の人は、後ろ向きで非生産的で、いつまでも「切なる思い」を引きずっているように見えることがある。このタイプの人は、「こうだったらよかったのに」

とか、「こうなれたらいいのに」などと切に思ってしまうのだ。

だが、「切に思う」というのは、見方を変えれば、行動の推進力になる。受動的ではなく能動的な行為だし、クリエイティブなもの（人）とか、優しい心、神聖なものに心を動かされている、ということでもある。私たちは「何か」を強く望んだり、「だれか」に憧れたりする。私たちはそうしたもの（人）に手を伸ばし、そうしたもの（人）に近づこうとする。

「longing（切なる思い、切なる望み）」という言葉は、古英語（5世紀半ばから12世紀初頭までの英語）の「longian（「長く伸びる」の意）」やドイツ語の「langen（「（手などが）伸びる」、「拡張する」の意）」から派生したものだ。また「yearning（切なる思い、渇望）」という語は、言葉としては「飢え」や「渇き」と関連しているが、「願望（disire）」とも関係がある。ヘブライ語の「yearning」に当たる言葉は、「passion（情熱）」に当たる言葉と同じ語源から生まれている。

あなたが苦痛に感じているもの（状況、立場）は、言い換えれば、あなたが「おおいに気にかけているもの」、行動を起こすほど「大事に思っているもの」でもある。だからこそ、古代ギリシャの詩人ホメロスの叙事詩『オデュッセイア』で、英雄オデュッセウスを故郷への壮大な旅に駆り立てたのは、「ホームシック」だったと言えるのだ。何しろその旅は、彼が故郷のイタケーを思ってベンチで涙するところから始まっているのだから。また、『ハリー・ポッター』シリーズや『長くつ下のピッピ』といった、みんなが大好きな子ども向け物語の主人公となっている、「親を亡くした子ども」についても、同じことが言える。子どもは、「親を亡くした」というだけで、親が「切なる思い、渇望」の対象になるのだ。そうした子どもは冒険をし、隠れていた「生まれながらの特性」を発揮する。そうした物語が共感を呼ぶのは、私たちが、病気や老化、別離や死別、疫病や戦争にさらされているからだろう。また、これらの物語が伝えているメッセージ、つまり、古今の詩人や賢人たちが何世紀にもわたって私たちに伝えようとしてきた秘密は、「切に思う（望む）」という行為が、私たちがいるべき所に行くための「入り口」になるということだ。

世界の宗教にも、同じ教えを説いているものがたくさんある。14世紀のキリスト教神秘主義の匿名作品『不可知の雲』には、「あなたの一生は、切に望む人生であるべきだ」と書かれている（訳注　『不可知の雲』は瞑想の指導書。邦訳は斎田靖子訳、エンデルレ書店、1995年）。イスラム教の聖典『コーラン』の92章20～21節には、こう記されている。「主《しゅ》の本質的な御顔に出会いたいという切なる望みをいつも抱いている人は、いずれは夢を実現することになる」。13世紀のキリスト教神秘主義者、神学者のマイスター・エックハルトは、「神とは、心の中の『切なる望み』である」と述べている。そして聖アウグスティヌス（354～430年）の言葉、「主よ、私たちの心は、あなたの内に憩うまで、安らぎを得ない」は、彼の著作の中で最も多く引用されている一節となっている。

あなたがこうした真実を感じ取るのは、あまりにもすばらしいのでこの世界よりもっと「完全で美しい世界」から届けられたように思えるもの――たとえば、ギターの伝説的なリフレイン（繰り返されるフレーズ）とか、超人的な宙返りなど――を、見聞きしたときだろう。だからこそ、私たちはロックスターやオリンピック選手を敬うのだ。何しろ彼らは、ひとときの「別世界の魔法」を私たちに届けてくれるのだから。とはいえ、それを見聞きする時間はあっという間に過ぎ去る。だから私たちは永遠にそうした「別世界」に住みたいと思う。そして、そこが自分がいるべき場所なのだと思い込む。

「ビタースイート」な人は、最悪の状態のときには、「完全で美しい世界なんて、永久に手が届かない」と絶望する。だが、最高の状態のときには、そういう世界を生み出そうとする。「ビタースイート」な人は、月ロケットや、傑作や名作、恋物語の隠れた「生みの親」なのだ。私たちがベートーベンの「月光」を弾いたり、火星に向かうロケットをつくったりするのは、「切なる思い」があるからだ。ロミオがジュリエットを愛したのも、シェークスピアが彼らの物語を書いたのも、それから何世紀も経っているのに、いまだにその戯曲が上演されているのも、「切なる思い」があるからなのだ。

こうした真実に、『長くつ下のピッピ』を通じて到達するか、それとも、体操選手シモーネ・バイルズ（1997年〜）、あるいは聖アウグスティヌスを通じて到達するかは問題ではないし、宗教を信仰しているかいないかも問題ではない。いずれにしても、同じ真実に到達する。あなたは別れた恋人、あるいは、会いたいと夢見ている人を切に思っているかもしれない。あなたは、もう手に入ることのない「幸せな子ども時代」、あるいは「神聖なもの」に切に望んでいるかもしれない。クリエイティブな生活、あるいは、生まれ故郷、（個人、または政治が）もっと完全な共同体といったものに切に憧れているかもしれない。あなたは、世界最高峰の山々を登りきる夢、あるいは、最近の休暇に訪れたビーチの美しさと一体化したいという夢を、切に叶えたいかもしれない。あなたの祖先たちの苦しみを和らげること、あるいは、他人の人生を壊さなくても生き残れる世界を、切に望んでいるかもしれない。あなたは失った人、あるいは、まだ生まれていない子ども、若さを取り戻せる「泉」、無条件の愛といったものを切に望んでいるかもしれない。いずれにしても、そうした思いはどれも、同じ「強い痛み」を示している。

私たちが切に望んでいるもの、切に望んでいる状態を、私は「完全で美しい世界」と呼んでいる。ユダヤ教やキリスト教では、それは「エデンの園」や「天の王国」だ。スーフィー（イスラム神秘主義者）たちは「魂に愛されるもの」と呼んでいる。呼び方は数え切れないほどある。たとえば、たんに「（心の）ふるさと、我が家」と呼ぶこともあるし、「虹のかなた」と呼ぶこともある。アメリカの小説家マーク・マーリス（1950〜2017年）は、「私たちが生まれる前に強制的に退去させられた海岸」と表現し、イギリスの作家C・S・ルイス（1898〜1963年）は、「あらゆる美しいものが生まれる場所」と表現した。こうしたものはどれも同じもののことで、だれもが持つ、心の最も奥深くにある願望であり、ヴェドラン・スマイロヴィッチが戦争で破壊された町の通りでチェロを弾いたときに、魔法のように作り出したものなのだ。

レナード・コーエンの「ハレルヤ」――切なる思いをうたったバラード――は、ここ数十年、「アメリカン・アイドル」のような歌手のオーディション番組の定番になっている。「使い古された曲」と言ってもいいくらいだ。だが、何人もの出場者がこの曲を歌ってきたにもかかわらず、いまだに観客が喜びの涙を流すのは、「完全で美しい世界」を垣間見るからだ。私たちが自分を「宗教とは無縁」とみなしているか、「宗教心がある」とみなしているかは関係ない。私たちはみんな、根本的なところで、天（国）をつかもうと手を伸ばしている。

＊＊＊

友人たちがロースクールの私の寮まで車で迎えに来るようになり、私が「悲しい曲」についてあれこれ考え始めたのと同じころ、仏教徒の考え方を偶然知ることになった。その考え方は、神話学者ジョーゼフ・キャンベル（1904～87年）がこう表現しているものだ。「私たちは、世の中の悲しみを、楽しく分かち合うよう努力すべきだ」。私はこう考えずにはいられなかった。「これはどういう意味？」「いったいどうしたら、そんなことができるの？」

この言葉は、文字通りに受け止めるべきではなかった。これは「お墓の上で踊る」といった意味でも、「悲劇や悪をおとなしく受け入れる」といった意味でもなかった。まったく逆で、「『苦痛』や『命のはかなさ』」に敏感になり、『苦』に満ちたこの世を受け入れる」といったような意味だった。「苦」については、「仏教の四つの聖なる真理（四諦）」の最初の一つを表すサンスクリット語「duḥkha（ドウッカ）」の解釈しだいでは、「不満」と考えることもできる（訳注「仏教の四つの聖なる真理（四諦）」の最初の一つは、「人生は思い通りにならないことばかりで、生きることは本質的に『苦』である」という真実。サンスクリット語「duḥkha」は、日本語では「苦諦」と訳されている）。

それでも、疑問が根強く残っていた。たぶん、インドかネパールに出向いて答えを探すとか、大学の東アジア研究の講義に出るといったこともできただろう。でもそうしなかった。疑問を抱えながら出歩き、人生を送っただけだった。また、次のような関連する疑問も、頭から離れなかった。――私たちを浮かない顔にし、イーヨーのようにしてしまう「悲しみ」という感情が、進化的圧力があったなかで、淘汰されずに生き残っているのは、どういうわけか？（訳注「イーヨー」は、『くまのプーさん』に登場するぬいぐるみのロバ。暗い性格で悲観的）。私たちはなぜ「完全で無償の愛」を切望するのか？（そのことと、私たちが「悲しい歌」や「雨の日」、「神聖なもの」が大好きなこととは、どんな関係があるのか？）「創造力」が、「悲しみ」や「切なる思い」、「超越する力」と関係があるように見えるのはなぜか？　愛を失ったときには、どうしたらいいのか？　多大な「悲嘆」の上に成り立った国家が、どうやって「明るさ」が当たり前の文化を築いたのか？　「ポジティブ」が強要される社会で、私生活でも仕事でも、本音でやっていくにはどうしたらいいのか？　自分が愛する人たちがいずれみんな死ぬと知りながら、どのように生きていけばいいのか？　私たちは親や祖先の「苦痛」を受け継いでいるのだろうか？　もしそうなら、その「苦痛」も「いい結果をもたらす力」に転換できるだろうか？

それから数十年が経ち、答えをこの本にまとめた。

またこの本は、不可知論者だった私の「変化の記録」と言ってもいいだろう。実際、私は変わったが、「信仰を持つ」ようになったわけではない。答えを探し始めたころほどの不可知論者ではなくなっただけだ。私たちは、「切なる思い」を通じて自分を変えたいからといって、神についての特定の考え方を信奉する必要はない、と気づいたのだ。ユダヤ教ハシド派の寓話を一つ紹介しよう。――あるラビ（ユダヤ教の指導者）が、講話に集まった信徒たちの中で、一人のお爺さんが、自分の「神についての話」に無関心らしいことに気づいた。そこでラビはお爺さんのために、ある切ない思いをうたった曲の、心がうずくようなメロディーを口ずさんだ。するとお爺さんがこう言ったのだ。「あなたが何を教えたいのか、ようやくわかった。『主と結びつきたい』という切ない思いが込み上げてきたよ」

私はこのお爺さんによく似ている。私は「多くの人々が悲しい曲に強く反応するのはなぜだろう？」という謎を解くために、この本を書き始めた。一見、この謎解きはたいしたことのないテーマで、何年も費やすようなプロジェクトにはならないように思えた。だが、私の気が済むような答えがなかなか出なかった。当初は、悲しい曲は奥深くの世界への「入り口」にすぎず、その奥深くの世界に入ったときに初めて、この世界も同じくらい神聖で、神秘的、魅惑的であることに気づくなんて、考えもしなかった。そうした奥深くの世界に、「祈り」を通じて入る人もいれば、「瞑想」や「森の散策」を通じて入る人もいる。私の気を引いた「入り口」が、たまたま「短調の曲」だったというわけだ。だが、そうした「入り口」はいたる所にあるし、その形は数え切れないほどたくさんある。あなたがそうした「入り口」に気づいて、そこを通るよう働きかけることが、この本の狙いの一つになっている。

「ビタースイート」レベル診断テスト

私たちのなかには、無意識のうちに「ビタースイート」な世界に住み、いつも「ビタースイート」な気分を抱えている人もいれば、そうした状態になるのをできるだけ避けている人もいる。ある年齢に達したときや、人生の苦難や勝利に直面したあとに、「ビタースイート」な状態になる人もいる。あなたが「自分はいったいどのくらいビタースイートの傾向があるのか？」と思っているなら、この診断テストを受けてみよう。この診断テストは、「ジョンズ・ホプキンス・メディスン」の教授でリサーチサイエンティストのデイビッド・ヤーデン博士と、「センター・フォア・ヒューマン・ポテンシャル（潜在能力研究所）」の所長を務める認知科学者、スコット・バリー・カウフマン博士の協力を得て開発したものだ[注]（訳注　「ジョンズ・ホプキンス・メディスン」は、ジョンズ・ホプキンス大学医学部の運営組織。「リサーチサイエンティスト」は、新しい物事を発見するために科学的な調査および研究を行う人。「認知科学」は、情報処理の観点から知的システムと知能の性質を理解しようとする研究分野）。自分がどの程度「ビタースイート」なのか見極めたい方は、次の項目について、自分が当てはまるかどうか考え、当てはまるレベルに応じて、「0（まったく当てはまらない）」から「10（完全に当てはまる）」までの数字を書き込もう。

感動的なテレビCMを見ると、すぐに目に涙がたまる。……□

古い写真に、ことのほか心を動かされる。……□

音楽とか芸術、自然に、激しく反応する。……□

まわりのだれかに「(年齢以上に)大人びている」と言われたことがある。……□

雨の日には、心が癒やされたり、インスピレーション(ひらめき)が得られたりする。……□

C・S・ルイスは「喜び」を「切に望むことによる、鋭くてすてきな『心の痛み』」と表現している。ルイスが何を言いたいか、理解できる。……□

(注)「ビタースイート」の構成概念を研究することに興味がある心理学の研究者や他の分野の研究者たちのための覚え書き:ヤーデンとカウフマンは予備的なパイロット調査を行って、各項目についてのプレリミナルな側面を評価したが、各項目の妥当性を確認する他の方法——たとえば、フォーカスグループ(グループインタビュー)、専門家による審査、より大きなサンプルを用いた探索的因子分析や確認的因子分析——は取り入れていない。彼らは、各項目の心理測定特性をさらに詳細に突き止めるために、関心のある研究者たちに、各項目についてさらなるリサーチを行うよう働きかけている。

「スポーツ」よりも「詩」を好む（あるいは、「スポーツ」の中に「詩」を見いだす）。……□

感動して鳥肌が立つようなことが、一日に何度かある。……□

「モノの涙（悲しみ）」が見える（「モノの涙（悲しみ）」という言葉は、古代ローマの詩人ウェルギリウスの叙事詩『アエネーイス』で使われている）。……□

悲しい曲を聴くと、気分が高揚する。……□

できごとに、「幸せ」と「悲しみ」をいっぺんに見いだす。……□

日々の生活の中に「美しいもの」を探し求めている。……□

「poignant（心がうずく）」という言葉が、ことのほか心に響く。……□

親しい友人と話をしているとき、その友人の過去や現在の「悩みや苦しみ」について話題にしたいと思う。……□

「恍惚とした状態」がすぐ手の届くところにあるように思える。……□

最後の一つは、「ビタースイート」レベルを診断する項目としては、奇異に見えるかもしれない。でもこれは、「楽観的な見通し」や「ゆったりとした笑み」のことではない。切なる思いを抱くことで生まれる奇妙な「精神的高揚」のことなのだ。最近ヤーデン博士が行った調査によれば、人生の転換期や末期、死のとき――つまり人生のビタースイートな時期――には、「自己超越」（や、それのもっと軽度な同類である「感謝の気持ち」や「フロー状態」）が増えるという（訳注 「自己超越」は、自我意識が消えて、すべきことに極度に集中しているような心理状態のこと。あるいは、自己にとらわれない行為を志向する「生きる態度」のこと。「フロー」は、時間が経つのを忘れるほど活動に没頭し、外から受ける刺激にも気づかなくなる状態のこと）。

実際、人が「ビタースイート」な気分になるのは、「終わりが来ること」への意識が高まったときだろう。祖父母たちは、幼い孫が水たまりに入って楽しそうに水しぶきを飛ばすのを見て、目に涙を浮かべる。それは、幼い孫がいつかは大人になり、年老いる（でも自分がそれを生きて目にすることはない）のだとわかっているからだ。とはいえ、彼らの涙は「悲しみの涙」ではない。どのように見えようが、実際には「愛の涙」なのだ。

では、診断テストを採点してみよう。各項目の点数を足して合計点を計算し、その数字を15で割ろう。その数字があなたの「ビタースイート」レベルの点数だ。

点数が「3・8以下」だったら、あなたは「多血質（楽天的な気質）」の傾向がある。

点数が「3・9以上、5・7以下」だったら、あなたは「多血質」の状態と「ビタースイート（憂うつ質）」の状態を行き来する傾向がある。

点数が「5・8」以上だったら、あなたは「明」と「暗」が交わる場所をよく知る、筋金入りの「ビタースイート」だ。

ヤーデン、カウフマン両博士の予備調査で、この「ビタースイート」レベル診断テストの高得点者には、心理学者で作家のエレイン・アーロン博士の言う「敏感すぎる」という資質を備えている人がかなり多いことがわかった（訳注　エレイン・アーロン（1944年〜）はアメリカの臨床心理学者。著書に『敏感すぎる私の活かし方』などがある）。拙著『内向型人間の時代──社会を変える静かな人の力』（古草秀子訳、講談社、2013年）をお読みになった方は、この調査結果に興味をそそられるのではないだろうか（注）。また両博士は、高得点者には「夢中になりやすい」タイプ──「創造力がある」という指標にもなる──がかなり多いことや、高得点者が「畏敬の念」、「自己超越」、「スピリチュアル」といったものと、ある程度のつながりがあることも突き止めた。さらに、両博士は、高得点者が「不安」や「うつ」と多少のつながりがあることにも気づいている。そのつながりは当然とも言えるだろう。何しろ、過度の「憂うつ質（melancholy）」は、アリストテレスが「黒胆汁の病」と呼んだ症状につながることもあるのだから（「melancholy」という言葉は、「黒胆汁」を意味する「melaina kole」に由来する）。

そうした症状は実際に存在するし、きつい状態でもある。しかし、この本はそうした症状についてのものではないし、そうした症状を称えるものでも断じてない。もしあなたがうつ状態や強い不安、心的外傷後ストレス障害に見舞われているなら、あなたの「助けとなるもの」は、この

（注）両博士によれば、おもしろいことに、高得点者と「内向型」とはつながりがないそうだ。

本以外のところにあることをわかっていただきたい。そしてそれを探し出していただきたい！

この本では、古今の「ビタースイート」な人々のさまざまな「財産」を紹介する。そうした財産をうまく生かすことで、あなたのやり方――あなたの創造のしかたや、子育てのしかた、リーダーの務め方、愛し方、死に方など――を改善することができる。この本が、あなたが自分自身を知り、ほかの人たちと理解し合うための一助となれば幸いだ。

「マヤ・アンジェロウ」

©Craig Herndon/*The Washington Post*（クレイグ・ハーンドン／『ワシントン・ポスト』紙）

第１部

「悲しみ」と「切なる思い」

どうしたら「苦痛」を「創造力」や
「超越する力」、「愛」に転換できるのか?

第1章
「悲しみ」は何の役に立つのか？

「思いやり」が、内面にあるとても重要なものだと気づくには、
その前に、「悲しみ」がもう一つのとても重要なものだと気づく必要がある。
――ネオミ・シーハブ・ナイ

2010年、ピクサー・アニメーション・スタジオの有名なアニメ映画監督ピート・ドクター（1968年〜）は、11歳の女の子ライリーの生き生きとした感情を描いた映画をつくることにした。伝えたいストーリーのあらすじは、もう決まっていた。映画は、ライリーがミネソタ州の故郷を離れ、サンフランシスコの新しい家に引っ越し、新しい学校に入ったところから始まる。そ

の学校で、青年期に入っていたライリーが、その時期特有の感情の爆発に見舞われることになる（訳注 「青年期」は、思春期から成人期までの過渡期）。

そこまではよかった。だがドクターは創作上の問題に直面した。彼は、ライリーのいくつかの「感情」を、「擬人化された愛すべきキャラクター」として表現したいと思っていた。そのキャラクターたちが、彼女の頭の中でコントロールセンター（司令部）を運営し、彼女の記憶や日々の生活を築き上げているという設定だ。ドクターは悩んだ。「どの感情を取りあげたらいいだろう……」。心理学者によれば、人間は、最大で27種類までの感情を持っているという。でもそんなにたくさんのキャラクターを描くストーリーは、いいストーリーになりそうにない。ドクターは感情の数を絞り込み、一つの感情をメインの主人公に選ぶ必要があった。

彼はいくつかの「感情」を主人公に決め、そのうちの「喜び（ヨロコビ）」と「恐れ（ビビリ）」を映画の中心に据えようと考えた。ドクターはその理由を、「ひとつには、『恐れ』は笑えるからです」と語っている。彼は「悲しみ（カナシミ）」を中心に据えることも考えたが、それではあまりアピールしないように思えた。彼はミネソタ州で子ども時代を過ごした。私が彼とのインタビューでうかがった話では、彼が育った地域は明らかに「多血質（楽天的な気質）」であることがノルマになっていて、「人前で泣くなんてすごくみっともないことだった」という。

その後、彼はこの映画の製作に3年をかけた。セリフが決まり、一部はアニメ化され、「恐れ（ビビリ）」を使ったジョークもいくつか設定し、そのなかには「人をとても元気づける」ものもあった。ところが彼は「どこかが間違っている」ことに気づいた。そのときには、ピクサーの重役たち向けの上映会の日取りも決まっていた。だが彼は、この映画は失敗作だと確信した。第三幕がうまくいっていなかったのだ（訳注　第一幕が物語の始まり、第二幕が物語の中間、第三幕が物語の終わり）。この映画のナラティブ・アーク（物語の弧）によれば、「喜び（ヨロコビ）」は何か重大な教訓を学んでいたはずだった。だが、「怒り（ビビリ）」には、彼女に教えることが何もなかったのだ（訳注「ナラティブ・アーク」は、物語の時系列の流れや構造・形のこと）。

ドクターはこのときまでに、アニメ映画監督として『モンスターズ・インク』と『カールじいさんの空飛ぶ家』の2作品で大成功を収めている。だが彼は、この2作品が当たったのは「まぐれ」だったんだろうと思い始めた。

彼はこう思った。「何やってんだ、おれ。もう会社を辞めたほうがいいのかも」

すると、ピクサーを辞めたあとの将来についての暗い白昼夢に見舞われた。白昼夢の中の彼は、仕事ばかりか過去の成功まで失っていた。そうなったときのことを思うと、泣けてきた。彼が大切にしてきた、クリエイティブな人たちや業界の異端児たちのコミュニティの外で暮らすと考えたら、「悲しみ」の波にのみ込まれてしまった。そして落胆すればするほど、自分は仕事仲間のことがほんとうに大好きなのだと痛感するのだった。

そうした思いに暮れていたら、突然こんなことがひらめいた。自分がこうした感情に見舞われているのは、――そして、人にあらゆる感情が存在するのも、――人と人とをつなげるためではないだろうか。そして「悲しみ」は、すべての感情の中で、最高の「接着剤」ではないだろうか……。

彼はこう語っている。「そして突然こう思いついたんです。『恐れ（ビビリ）』を中心的な役割から外して、『悲しみ（カナシミ）』が『喜び（ヨロコビ）』につながるようにする必要がある」。唯一の問題は、「悲しみ（カナシミ）」を映画の中心に据えることを、当時ピクサーを仕切っていたジョン・ラセターに納得させることだった。これは厄介な仕事になりそうだと、ドクターは心配した。

私がこうしたことをドクターからうかがったのは、カリフォルニア州エメリービルにあるピクサー本社の、スティーブ・ジョブズが設計したという、明るく広々としたアトリウムだった（訳注「アトリウム」は、天窓から自然の光が入る、広々とした吹抜け空間）。ドクターと私のまわりには、ピクサーアニメのキャラクターたちの実物より大きなフィギュアが並び、そのどれもが空まで届くようなガラス窓のそばで、印象的なポーズをとっていた。ドクターは、今ではピクサーでカルト的なステータスを築いている。私は彼へのインタビューの前に、ピクサーの重役たちに「内向的な映画製作者の才能の生かし方」について話をした。話を始めてから2、3分経ったころ、ドクターが飛び跳ねながら部屋に入ってきた。するとそのとたんに、その会議室が彼の温かさで明るくなった。

ドクターは、彼自身が主に長方形を使って描いたアニメキャラクターに似ている。彼は身長193センチのひょろっとした体格で、顔が長く、その半分を額《ひたい》が占めている。彼の歯までが、長く、長方形をしていて、歯の世界の「長身者」になっている。とはいえ、彼の最も目立った特長は、表情が生き生きしていて豊かなことだ。彼の笑顔やしかめっ面からは、明るい、人に好かれるような感性の持ち主であることが伝わってくる。彼が子どものころ、父親が「デンマークの合唱音楽」関係の博士号を持っている学者を調査できるように、家族でコペンハーゲン（デンマークの首都）に移住した。ドクターはデンマーク語が話せず、まわりの子どもたちが何をしゃべっているのかまったくわからなかった。その体験が苦痛だったため、アニメを描くことに惹かれるようになった。人を描くほうが、人に話しかけるよりも簡単だったのだ。今でも、彼が生みだすキャラクターは、樹上の家で暮らし、言葉のない、夢のような情景に入り込むタイプが多い。

ドクターは、重役たちが「『悲しみ（カナシミ）』はあまりにも陰気で、あまりにも浮かない顔だ」と思うのではないかと心配だった。アニメーターたちは「悲しみ（カナシミ）」を、ずんぐりしていて、陰気で、さえないキャラクターとして描いていたのだ。重役たちはこう思うのではないかと思った。「なんできみは、こんなキャラクターを映画の中心に据えるのかね?」「彼女に自分を重ね合わせたい観客なんて、いやしないさ」

この映画の製作中に、ドクターは思いがけない協力者を得ていた。カリフォルニア大学バークレー校の影響力のある心理学教授、ダッチャー・ケルトナー（1962年〜）だ。ドクターはケルトナーに来てもらって、自分や仕事仲間に「感情の科学」について教えてもらっていた。そのうち二人は親友になった。それぞれの娘さんたちが同じ時期に青年期特有の苦悩を抱え、二人とも、その苦悩を自分のものと受け止めて苦しんだことで、絆を強めたのだ。ケルトナーはドクターと彼のチームに、主要な感情がどんな働きをするかをレクチャーした。それによれば、「恐れ」は私たちの安全を守り、「怒り」は私たちが利用されるのを防ぐという。では、「悲しみ」はどんな働きをするだろうか？

ケルトナーは重役会でこう説明した。「『悲しみ』は、思いやりを持つきっかけになりますし、人々を結びつける働きもあります。また『悲しみ』は、ピクサーの風変わりな映画製作者たちのコミュニティが、みなさんにとってどれほど大きな意味を持つかを理解するのに役立つでしょう」重役たちは「悲しみ」を中心に据えることに同意し、ドクターと彼のチームは、映画を「悲しみ（カナシミ）」をメインにしたものに作り変えた。その映画は、最終的には、アカデミー賞の「長編アニメ映画賞」を受賞し、ピクサー史上、最高の興行収入をあげたオリジナル映画になった（注）。

（注）ケルトナーは『ニューヨーク・タイムズ』紙に次のように語っている。「実はぼく、あの映画の最終的な『悲しみ（カナシミ）』の描画には、ちょっと言いたいことがあるんですよ。『悲しみ（カナシミ）』は面倒なやつ、のろまなキャラクターに見られていますが。でも実際には、『悲しみ』は、生理的覚醒（胸がドキドキする、呼吸が速くなる、汗をかくといった反応）を促進させ、身体を活性化させて、何かを失ったことに対処させていることが、いくつかの調査で明らかになっています。ところがこの映画の『カナシミ』は、だるくて、ちょっと引いてしまう感じがするんですよね」（訳注「生理的覚醒」は、過去の体験にもとづいて、推測、解釈、意味づけといった認知的解釈が加えられることにより、生理的・身体的変化（自律神経系反応）、行動的変化（不安行動）、心理的変化（不安感情）が生じること）

＊＊＊

ダッチャー・ケルトナーは、流れるようなブロンドの髪の毛と、灯台の光のような笑顔の持ち主で、いかにもスポーツマンといった感じのサーファーでもある。彼に初めて会う人には、「〝悲しみ〟の大使」にはとても見えないだろう。むしろ「喜び」が彼のデフォルトの状態に見える。また彼には、温かみと思いやりがあり、まわりの人たちを理解し、正しく評価する「誠実なリーダー」としての才能もある。バークレー校では、世界でも有数の影響力を持つ二つのラボ（研究所）「バークレー・ソーシャル・インタラクション・ラボ」と「グレーター・グッド・サイエンス・センター」を運営し、生きていることで得られるすばらしい感情――感嘆の念、畏敬の念、幸福感――について研究している。

彼は「〝悲しみ〟の大使」にはとても見えないとはいえ、しばらく一緒に過ごすと、目じりがバセット・ハウンドのように下がっていることや、自分のことを「憂うつ質で心配性」、つまり「ビタースイート」タイプだと思っていることに気づく（訳注　「バセット・ハウンド」は、顔や全身に垂れ下がった皮膚を持つ、垂れ耳で短足胴長の中型犬）。彼は私にこう語っている。「『悲しみ』がぼくという人間の中心にあるんです」。私は拙著『内向型人間の時代』で、赤ちゃんの15～20％が、人生における「不安要因」や「栄光」に人一倍強く反応する資質を遺伝で受け継いでいるという、心理学者ジェローム・ケーガン（１９２９～２０２１年）の調査結果や、エレイン・アーロンの調査結果を紹介した。ケルトナーは自分のことを、ケーガンの言う「（刺激に対して）高反応の人」、アーロンの言う「敏感すぎる人」だと思っている。

ケルトナーは、１９７０年代の、大胆で夢見がちな家庭で育った。父親は消防士で、画家でもあり、子どもたちを美術館に連れていったり、「道教」を教えたりしたという。母親は文学の教授で、ロマン主義の詩を読んでくれた。母親の大のお気に入りはＤ・Ｈ・ローレンス（１８８５～１９３０年。イギリスの小説家、詩人）。弟のロルフとはとても仲がよく、二人で自然の中を、昼夜を問わず歩き回った。両親は二人に、情熱を注げるものをいくつか見つけ出し、そうしたものを中心にして人生を築くよう勧めたという。

だが、両親はできるだけ強烈な人生を味わいたいという思いが強かったため、一家は、目まぐるしいペースで引っ越しをした。ケルトナーが生まれたのは、メキシコの小さな町の小さなクリニックだった。そこから始まって、次はカリフォルニア州ハリウッド近郊の反体制文化の町ローレル・キャニオン。そこでは、一家はミュージシャン、ジャクソン・ブラウン（１９４８年～）のピアノ伴奏者の隣に住んでいた。その地で、ケルトナーは「ワンダーランド」という名の学校の２年生になる（訳注　「ローレル・キャニオン」は、60年代から70年代にかけて数々のミュージシャンが暮らし、互いに刺激を与え合い、ウェストコースト・ロックというジャンルを作り上げた伝説の場所。ハリウッドのナイトクラブ街から車で５分のところにある）。そして次は、シエラ・ネバダ山脈（カリフォルニア州東部）のふもとにある農場の多い田舎町。彼はその町で5年生になったが、大学に進学するようなクラスメートはほとんどいなかった。そして次は、イングランドのノッティンガム。一家がこの町に到着したころには、ケルトナーは高校生になっていたが、両親の結婚生活は、事実上、破綻していた。父親は、家族ぐるみの友人の妻と恋に落ちた。母親は、実験劇場を調査するためにノッティンガムとパリを行き来するようになった（訳注「実験劇場」は、前衛的意図で、実験的な演劇を上演する劇場。主として小劇場形式で行われる）。ケルトナーとロルフは彼らの自由に任され、酒を飲んで酔っ払ったり、パーティーを開いたりしていた。その後は、一家4人が揃うことは二度となかったという。

当時のケルトナーは、外面的には「ゴールデンチャイルド（みんなに好かれ、高く評価されている人）」のように見えたそうだ（今でもそう見える）。ところが彼と家族は、突如として、彼の言う「非常に長く続く、悲しい影響」をこうむることになる。父親は失踪したも同然の状態になり、母親はうつ病と診断された。ケルトナーは3年にわたって本格的なパニック発作に見舞われた。ロルフは成長して言語療法士になり、ある貧困地域で献身的に働き、献身的な夫、献身的な父親でもあったが、医師が「双極性障害（躁うつ病）」と診断した悪魔のような症状――不眠症、過食、イライラを鎮めるためのビールとマリファナの常習的な摂取――と闘った。

これらのダメージの中で、ケルトナーを最も動揺させたのはロルフの苦闘だった。ひとつには、ケルトナーにとって弟は、幼少のころから「頼みの綱」だったからだ。二人が近隣のどこに繰り出しても、二人は気の合う仲間、初めての地域を探検する仲間だったし、テニスのダブルスでは負け知らずのペアでもあった。一家がバラバラになったときも、一緒に自力で生活していた。

ケルトナーにとって、ロルフはお手本でもあった。一歳年下だったが、ケルトナーの話によれば、ロルフのほうがスケールが大きかったし、勇敢だったし、優しくもあり、ケルトナーの知っている中で最も「精神的に美しい」人間だったという。ケルトナーが目標に向かって突き進むタイプで、競争心が強かったのとは対照的に、ロルフは控え目で慎ましいタイプだった。弱い者に出会ったら、必ず愛情を注いだ。二人のいくつもあるホームタウンの一つに、エレナという女の子が住んでいた。彼女が育った家は、崩れ落ちそうなぼろ家で、前庭はガラクタ置き場のように見えた。エレナは栄養不良だったし、髪の毛も洗っていなくてペタッとしているといったありさまだったので、地元のいじめっ子たちの格好のターゲットになっていた。ロルフは、同学年の男の子たちの中で一番大柄だったわけでも一番強かったわけでもないのに、大勢のいじめっ子たちから、彼女をつねに守っていた。ケルトナーはこう思ったという。――あいつは「思いやり」から「勇気」を生み出している。おれもあいつみたいになりたいな。

ケルトナーは青年期をうまく乗り切ったころ、一家が崩壊したことについて振り返ってみたという。そして、家族があれほどたくさんの困難に見舞われたのは、両親が高レベルの情熱を注げるものに熱中したからではないかと考えるようになった。ケルトナーはロマンティックな芸術家肌でありながら、生まれながらの科学者でもあったのだろう。そのころに、大人になったら、人の「感情」について研究しようと心に決めたという。彼は、「畏敬の念」とか、「驚嘆の念」、「喜び」といった、いつも自分の中心にある感情について、また「悲しみ」のような、自分や家族の内面、そして私たちの多くの内面に存在する感情について、調べたいと思ったという。

＊＊＊

ケルトナーの研究については、彼の著書『Born to Be Good（生まれながらのいい人）』にまとめられているが、研究の土台となっているものの一つは、彼が「compassionate instinct（思いやりの本能）」と呼んでいる考え方で、それは、「私たち人間は、お互いが抱えている困難を、気にかけるようつくられている」というものだ。人間の神経システムは、自分の苦痛（痛み）と他人の苦痛（痛み）をほとんど区別しないことがわかっている。どちらに対しても同じように反応するというわけだ。彼の言う「思いやりの本能」は、「食べたいという欲求」や「呼吸の本能」と同じくらい私たち人間の大切な一部なのだという。

「思いやりの本能」は、人のサクセスストーリーの土台にもなるし、ビタースイートタイプのすばらしい力の一つでもある。「compassion（思いやり）」という言葉は、字義的には「ともに苦しむ」という意味で、ケルトナーはそれを、人間の最高の資質であり、最も贖罪的な（罪を償う）資質だとみなしている。思いやる気持ちは「悲しみ」から生まれるが、「悲しみ」というのは、向社会的な（他人を思いやり、他人に利益をもたらす）感情であり、人と人をつなげる手段、愛情を生み出す手段にもなる。こうした「悲しみ」を、ミュージシャンのニック・ケイヴ（1957年〜）は「どこにでもある、一つにまとめる力」と呼んでいる。「悲しみ」と「涙」は、私たちの最も強力な「人と人を結びつける手段」なのだ。

「思いやりの本能」は私たちの神経システム全体の奥深くに張り巡らされているので、この本能の元をたどれば、人間の進化史の最古の時代に行き着くのではないだろうか。だれかがあなたの皮膚をつねった、あるいはやけどさせたとしよう。すると、あなたの大脳の「前帯状皮質」という領域が活性化する。この皮質は、進化史の中では比較的最近になって発達した部位で、高度なタスク——たとえば、税金を払う、パーティーを計画するといったこと——をこなせるようにしている、人間だけにある部位だ。そしてあなたの前帯状皮質は、他人がつねられたり、やけどさせられたりするのをあなたが見たときにも、同じように活性化する。だがケルトナーは、「思いやりの本能」は、人間の神経システムの進化史の中ではもっと古くからある、「中脳水道周囲灰白質」と呼ばれる本能的な部位——哺乳動物に見られる部位で、脳の中央にあって、母親に子どもを育てさせる働きをするところ——の中や、神経システムの中では、さらに古くて、さらに奥深くにあり、さらに基本的な「迷走神経」とよばれる神経——脳幹と首や胴体をつないでいる神経で、神経束としては最大で、とくに重要なものの一つ——の中にあることに気づいた。

迷走神経が「消化」や「性交」、「呼吸」に関与していること、つまり、生きるためのしくみに関与していることは、長いあいだ知られていた。だが、ケルトナーが何度も繰り返し実験したところ、迷走神経には、別の目的がいくつかあることがわかった。だれかが苦しんでいるのを目にすると、迷走神経が私たちに、気にかけるよう仕向けるのだ。あなたが、苦痛で顔をしかめている人の写真とか、おばあちゃんがもうじき死にそうなので泣いている子どもを見たら、あなたの迷走神経に火がつくというわけだ。またケルトナーは、ことのほか強力な迷走神経の持ち主――彼の言葉を借りれば「迷走神経のスーパースター」――は、まわりの人たちに協力したり、友だちと強い絆を持ったりする可能性が高いことにも気づいた。そういう人は、(ラルフのように)だれかがいじめられているのを見て介入したり、数学で苦戦しているクラスメートに、休み時間をあきらめてでも教えてあげたりする可能性が高いという。

こうした「悲しみ」と「人と人を結びつけること」との関係を明らかにしたのは、ケルトナーの実験だけではない。たとえば、ハーバード大学の心理学者ジョシュア・グリーン(1974年〜)とプリンストン大学の心理学者で神経科学者でもあるジョナサン・コーエン(1955年〜)は、実験参加者が「暴力の被害者たちの苦しみを思いやってほしい」と頼まれたときに活性化する脳の領域は、お母さんたちが可愛くてたまらない赤ちゃんを見つめたときに活性化すると以前の研究でわかっている領域と同じだと気づいた。また、エモリー大学の神経科学者ジェームズ・リリングとグレゴリー・バーンズは、生活に困っている人々を手助けしたときに活性化する脳の領域は、賞を取ったり、とてもおいしい料理を食べたりしたときに活性化する領域と同じだと気づいた。また、落ち込んでいる人(や、以前に落ち込んでいた人)は、相手の視点から世界を眺めたり、相手を思いやる気持ちを抱いたりする可能性が高いことや、共感力の高い人はほかの人たちに比べて、悲しい曲を楽しんでいる可能性が高いこともわかっている。タフツ大学の精神医学教授ナシア・ガミー（1966年～）はこう述べている。「人が落ち込んでいるときには、生来の共感力が高まって、だれかと、その人から逃れることができないような相互依存関係を築くものだ。（中略）そうした関係を築くことは、個人的な現実であって、非現実的な願望ではない」

これらの研究結果は大きな意味を持っている。何しろ、「他人の悲しみに対処したい」という欲求が存在する領域は、呼吸や食物の消化、生殖、赤ちゃんの保護などの必要性に応える領域でもあり、報酬（ほうび）を得たいという願望や人生の喜びを味わいたいという願望が存在する領域でもあると、教えているのだから。また、ケルトナーが私に説明した、次のようなことも教えている。「人間というものの中心をなすのは、『気づかうこと』です。『悲しみ』というのは、気づかうためのものです。そして悲しみは、『思いやり』から生まれるものなんです」

このケルトナーの言葉を、あなたが直感的に理解したいなら、よくできたユーチューブ動画があるので、見てみよう。この4分ちょっとの動画は、思いのほか拡散され、じわじわと広まっている。URLはhttps://www.youtube.com/watch?v=cDDWvj_q-o8。この動画は、クリーブランド・クリニックが、介護士たちに「共感」の気持ちを植えつけるキャンペーンの一環として制作したもので、あなたはこの動画を通じて、病院の廊下をしばらく歩くことになる。カメラは、通りかかった人たちの顔を次々に映し出す。私たちは、いつもなら、こうした人たちについて深く考えることもなく、通り過ぎるだろう。でもこの動画では、彼らの心の中の苦難（ときには、歓喜）が文字として映し出される。映し出される文字は、「腫瘍は悪性だった」、「夫はもう末期なの」、「お父さんを最後に一目見ようとやってきたの」、「最近、離婚したんだ」といったもので、「彼が父親になることがわかったばかりなの」というのもある。

＊＊＊

さて、あなたは動画を見て、どうなっただろうか？　もしかすると、目に涙が浮かんだのではないだろうか？　あるいは、胸がいっぱいになったのでは？　たぶんそれは、あなたが心を開いていることの身体的な感覚だろう。あるいは、通りかかった人たちをいとおしく思う気持ちが高まり、「これからは、自分が日々すれ違う人たちに気を配ろう。病院の廊下ですれ違う人たちだけでなく、ガソリンスタンドですれ違った人たちや、あのやたらにおしゃべりな仕事仲間にも気を配ってみよう」と考えたのではないだろうか。そうした反応は、おそらくあなたの迷走神経や前帯状皮質、中脳水道周囲灰白質の働きによるものだろう。脳のそうした部位は、あなたが会ったこともない人たちの情報を処理し、そういう人たちの苦痛を自分の苦痛のように捉えるのだ。そして実際に、あなたの苦痛となるというわけだ。

私たちの多くは、「悲しみ」には人と人を結びつける力があるということを——口に出したり、神経科学の用語を使って言い表そうとしたわけではないが――、だいぶ前からわかっている。何年か前の、私がこの本についてはまだ漠然としか考えていなかったころ、当時の私が「憂うつ質タイプの幸福感」と呼んでいたものについて、作家のグレッチェン・ルービン(1965年〜)にインタビューし、その記事をブログに載せた。すると、ある若い女性がそれに対するレスポンスとして、次のような文章を自身のブログに掲載した。彼女は祖父の葬儀を振り返り、そのときに体験した「人と人との結びつき」について記している。

バーバーショップコーラス団(アカペラの男声四重合唱団)が、祖父に捧げる曲を歌いました。そのとき私は、それまでの14年の人生で初めて、父の涙が滝のように頬を伝うのを目にしました。そのときのことは、男声の軽快な歌声や、静まり返った参列者たち、父の悲しみとともに、私の心に永久に刻まれました。また、私の家族が初めてペットを安楽死させることになったとき、私はその部屋に「愛」――父や兄、私が共有していた愛――が存在することに気づき、思わず息をのみました。今こうしたできごとを思い出してみると、一番よく覚えているのは「悲しかったこと」ではないんです。覚えているのは「人と人とが結びついたこと」です。私たちは、「悲しみ」を味わうと、共通の苦しみを分かち合うことになるんです。その瞬間は、人々が「まったく弱い自分」を許す数少ない瞬間の一つなんです。そしてこの国の文化が、私たちが自分の気持ちに完全に正直になるのを許す瞬間でもあるんです。

この女性は、日々の生活の中でこうした考えを表に出すことはできないと感じていたので、芸術に目を向けるようになった。

私がシリアスな映画や、考えさせられる小説を好むのは、人生で最も正直な瞬間のすばらしさをもう一度味わいたいと思っているからです。社会でうまくやっていくには、つねに胸がいっぱいの状態で歩き回っているわけにはいきません。ですから、心の中で正直な瞬間に出会うことにし、芸術を通して胸がいっぱいの状態を再体験し、自分が完全に弱い瞬間が新たに訪れたときに、その瞬間を味わえるようにしているんです。

でも、もしかしたら私たちは、そうした瞬間を日々の生活の中につくる必要があるのではないだろうか。また私たちは、そうした瞬間が、進化によって支えられてきたことを理解する必要もあるのではないだろうか。よく知られているように、私たちは、他人と気持ちを通わせるのがむずかしい時代、とくに自分の「同類」以外の人と気持ちを通わせるのがむずかしい時代に生きている。そしてケルトナーの研究によれば、「悲しみ」が、――こともあろうに「悲しみ」こそが！――私たちにどうしようもないほど欠けている「人と人との結びつき」を生み出す力を持っているという。

＊＊＊

とはいえ、私たちが「悲しみ」の力を十分に理解するには、霊長類が生まれながら持つ資質を、もう一つ知っておいた方がいいだろう。あなたはこんな疑問を抱いたことがあるだろうか？――私たちが、飢えに苦しむ子どもや親を亡くした子どもたちの画像を見ると、理屈抜きに激しく反応するのはなぜか？　多くの人が、親と離ればなれになった子どもたちのことを考えると、ひどく心が痛むのはなぜか？

その答えは、人間の進化の歴史の奥深くにある。人間が「思いやりの本能」を備えるようになったきっかけは、何らかの「人と人とのつき合い」だけではなく、「母親と子どもの結びつき」であり、「泣いている赤ちゃんに対処したいという、身を焦がすような母親の願望」だったのではないだろうか。「対処したいという願望」の対象が、赤ちゃん以外にも広がり、ケアを必要としている他人に向けられるようになったのではないだろうか。

人間の赤ちゃんは、ケルトナーの言う通り、「地球上の動物の子どもの中で、最も弱く」、善意ある大人たちの手助けがなければ、生きていけない。人間がこうした弱い状態で生まれるのは、人間の大きな「脳」に対応するためだ。もし赤ちゃんの脳が完全に発達しきっていたら、大きすぎて産道を通らないのだ。とはいえ、人間が成熟する前に生まれてくるというのは、結局は、人間という種《しゅ》についてのもっと希望を持っていい事実の一つと言えそうだ。何しろ、どうしようもないほど自立できない人間の赤ちゃんの世話をするために、この種は知性を高め、それにつれて、共感力も高めてきたのだから。私たち人間は、赤ちゃんのわけのわからない泣き声を聞き分ける必要があった。そして、赤ちゃんに食べものを与え、愛情を注ぐ必要があったのだ。

もし、「思いやる気持ち」がわが子だけに向けられていたなら、共感力を高めてきたことに、それほど大きな意味はない。しかしケルトナーによれば、人間は、小さくてか弱い赤ちゃん全般を思いやれるように準備してきたので、赤ちゃんのような人——家にじっとしている人であれ、見知らぬ人であれ、窮地に陥って困っている他者——を思いやる能力も伸ばしてきたという。哺乳類のなかには、人間以外にも、他者を思いやる動物がいる。シャチは、子どもを亡くした母親のまわりをぐるぐる泳ぎ回るという。ゾウは、鼻を仲間のゾウたちの顔にそっと当てて、お互いに慰め合うという。でも人間の場合は、ケルトナーが言うには、「まったく新しいレベルの『思いやり』が備わっています。人間の、困っている人や貧しい人たちに対する『悲しみ』や『思いやり』といった資質ほどすばらしいものはありません」

別の言い方をしてみよう。私たちが、子どもたちが苦しんでいるというニュースを見てゾッとするのは、小さな子どもを守りたいという強い欲求があるからだ。人間は、自分たちが子どもを大事に思えなかったとしたら、だれのことも大事に思えないのだと、本能的にわかっているのではないだろうか。

もちろん、私たちは、こうした養育本能に感心しすぎてはいけない。人間にとって、「最も急を要する」ように聞こえるのは、いまだにわが子の泣き声なのだ。「思いやる気持ち」は、他人の赤ちゃんやほかの大人たちに対しては、はるかに少なくなるし、わが子に対してさえ、不機嫌な青年期に入れば少なくなる。人間の思いやりは、わが子がゆりかごから遠ざかるほど少なくなるという事実と、人類には「残酷な行為への欲求」があるという事実は、私がケルトナーの研究結果に励まされるのと同じ程度に、私の気を滅入らせる。

とはいえ、ケルトナーは私と同じような見方はしていない。それは、ひとつには、弟のラルフがいたからだ。ラルフから、弱者を思いやるよう教えられている。また、ケルトナーが「慈愛の瞑想（慈悲の瞑想）」を続けていることも理由の一つだろう（訳注「慈愛の瞑想」は、自分や他者を思い浮かべながら慈愛のフレーズを唱える瞑想法）。この瞑想は（第4章でもお伝えする通り、）愛するわが子を大事にするのと同じくらい、他人を大事にするよう教えている（「それに、ぼくたち人間は、親しくなることができます」とケルトナーは語っている）。また、ケルトナーがチャールズ・ダーウィン（1809～82年。イギリスの自然科学者）から影響を受けていることも理由の一つだろう。

ダーウィンと言えば、「（最）適者生存（survival of the fittest）」を主張し、詩人テニスン（1809～92年）の言う「『（獲ものの）血で歯や爪を赤く染めた〝自然〟』と、血を見るようなゼロサム競争を繰り広げた人」というイメージを持つ方も多いだろう（訳注「適者生存」は、生存競争において、環境に最も適した者が生き残って子孫を残すという考え方）。だが、「（最）適者生存」というのは、実際には彼の言葉ではない。イギリスの哲学者、社会学者のハーバート・スペンサー（1820～1903年）と彼の仲間の「社会ダーウィン主義者」たち――白人や上流階級がその他の人たちより優れているとする「白人・上流階級優越主義」を信奉する人たち――が作り出したものだ（訳注　スペンサーは、ダーウィンが示した進化における自然淘汰と同じ力が人間社会にも当てはまる、あるいは人間社会にも「当てはめるべきだ」と主張し、「社会ダーウィン主義」という考え方を生み出した）。

ケルトナーはこう語っている。「ダーウィンにとっては、『〝最も優しい者〟生存（survival of the kindest）』という言葉のほうがよかっただろう」。ダーウィンは「憂うつ質」タイプの優しい人で、妻をこよなく愛する夫、娘に夢中な父親であり、幼少のころから「自然」が大好きだった。父親からは医師になることを期待されたものの、16歳のときに初めて「手術」を見学し、当時は麻酔なしで手術が行われていたため、たいへんな恐怖に襲われ、それ以降、「血」を見るのが耐えられなくなってしまった。ダーウィンは、森林地方に出向いては、カブトムシなどの昆虫の研究にいそしんだ。そのころのブラジルの森林との出会いについて、のちにこう述べている。「（出会えて）ものすごくうれしかったし、（出会えたことで）将来の展望がひらけた。いずれ自分はもっと静かな喜びを味わうことになるだろう」

ダーウィンはキャリアの初期に、10歳だった最愛の娘アニーをしょう紅熱で亡くした（訳注「しょう紅熱」は、小児に多い発疹性伝染病）。そのできごとが、彼の世界観を形づくったのかもしれないと、ダーウィンの伝記を書いたデボラ・ハイリグマン（1958年～）やアダム・ゴプニク（1956

年〜）は推測している。ダーウィンは悲しみに打ちひしがれるあまり、アニーの埋葬式には参列できなかったという。彼は日記に、「アニーは、母親にくっついているのが大好きな陽気な子どもで、何時間もかけて父親の髪を整えてくれた」と優しく綴っている。アニーは、母親と離れなければならなくなると、こう叫んだという。「ああ、ママ。もしママが死んでしまったら、あたしたち、どうしたらいいの」。ところが、そうした悲劇に耐えなければならなかったのは、彼女の母親と父親、エマ&チャールズ・ダーウィンのほうだった。彼はアニーを亡くしたあと、日記にこう記している。「私たちは家庭を築く楽しみと、老後の慰めを失った」

それから20年ほど経ったころ、ダーウィンは『人間の由来』（長谷川眞理子訳、講談社、2016年ほか）という本を書いた。多くの人が、この本を彼の最高傑作の一つとみなしている。その中に次のような一節があり、彼は、「『思いやり』は人間の最も強い本能だ」と主張している。

動物は、社会的な本能を備えているために、仲間たちとのつき合いを楽しんだり、仲間たちをある程度思いやる気持ちを抱いたり、いろいろなサービスを提供したりするようになった。（中略）そうなったのは、社会的な本能や母性本能が、それ以外の本能や原動力よりも強いということの単純な結果のように見える。というのも、そうした本能が発揮されるのが実に素早いので、じっくり考えた結果ではなさそうだし、喜びや苦痛を感じるひまもなさそうだからだ。

そしてダーウィンは、他者の苦しみに本能的に反応している例を、次から次へと挙げている。たとえばこんな調子だ。――あるイヌは、一緒に飼われている病気のネコのそばを通るたびに、そのネコを気にかけ、なめてあげている。牛たちは、目の見えない、年上の連れ合いに、根気よく食べものを与えた。あるサルは命の危険をおかして、大好きな飼育係を非友好的なヒヒから守った……。もちろんダーウィンは、迷走神経や前帯状皮質、中脳水道周囲灰白質については何も知らない。でも彼は、ケルトナーがそれらに「思いやる」機能があることを自分の研究室で実証する150年近く前に、脳にそうした機能があることを直感的にわかっていた。ダーウィンはこう記している。「私たちは、他人の苦しみを和らげずにはいられない。それは、他人の苦しみを和らげることで、自分のつらい気持ちも同時に和らぐことになるからだ」

ケルトナーと同じように、ダーウィンも、他人の苦しみを和らげるといった習性が、親が持つ「わが子を大事に思う本能」から進化したものだと、直感的にわかっていたのだろう。彼はこう語っている。「母親や父親と接触しない動物には、『思いやり』は期待できない」

ダーウィンは、「自然の残忍さ」に気づかなかったわけではない。それどころか、それを正確に観察することに力を注いでいた。彼の伝記を書いた作家によれば、「ダーウィンは、世の中の苦痛をきわめて敏感に、きわめて根気強く感じ取っていた」という。だからこそ、「自然の残忍さ」の観察に熱心だったのではないだろうか。彼は、動物たちがしょっちゅうひどいことをしている――たとえば、けがをした仲間を群れから追い出したり、角や牙で突いて、殺してしまったりする――事実にも気づいていた。またダーウィンは、思いやる気持ちは、相手が家族の場合に最も強く、自分が属さない集団に対してはそれほど強くないことや、思いやる気持ちがまったくない動物もよく見られること、人間がほかの種《しゅ》を、思いやるに値する「仲間」とみなすのはむずかしいことにも気づいている。そして、私たちが「思いやりの本能」を発揮する相手を、家族から人間全体に、さらには生きとし生けるものへと可能な限り広げることが、人間に可能な最も気高い功徳の一つだと考えていた。

実際、チベット仏教の最高指導者ダライ・ラマが、ダーウィンのこの考え方を耳にし、チベット仏教の考え方に似ていることに驚いたという。（ダライ・ラマは「これからは自分を『ダーウィニアン（ダーウィン説支持者）』と呼ぼう」と語ったそうだ）。ダーウィンも仏教も、「思いやり」は最高の徳であり、母親と赤ちゃんとの結びつきが「思いやり」の中核になっていると考えている。カリフォルニア大学サンフランシスコ校心理学名誉教授のポール・エクマン（1934年～）にダライ・ラマが、語った通り、「人間は、だれかが血を流したり死にかけたりしているのを目にすると、心の中に不快感が生じます。それが『思いやり』の種《たね》になるのです。たとえばカメのような、母親と接しない動物は、優しい気持ちを持つことはできないでしょうね」

エクマンは、ダーウィンと仏教の考え方が似ていることについて、「それがもし偶然の一致だとしたら、驚くべき偶然だ」として、次のように説明している。「ひょっとしたら、ダーウィンは友人の植物学者ジョセフ・フッカー（1817〜1911年）から、チベット仏教のことを聞いていたのかもしれません。フッカーはチベットの植物相を調べるために、しばらくその地に滞在したことがあるんです。そしてダーウィンは、有名なビーグル号航海の最中に、手つかずの自然が残るガラパゴス諸島あたりの教会で、聞きかじっていた考え方を発展させたのかもしれません。あるいは、かわいがっていた娘のアニーを失うという自身のつらい経験を通じて、仏教的な考え方を築き上げたのかもしれません」（訳注　「ガラパゴス諸島」は、東太平洋の赤道下にあるエクアドル領の諸島。「ゾウガメたちの島々」の意味。「ビーグル号」はイギリス海軍の測量船で、1831年から5年をかけて南アメリカ大陸沿岸や太平洋諸島を周航した。ダーウィンはこの航海に参加し、各地の地質や動植物を調査し、標本を収集した。この標本の整理を、フッカーも手伝っている。この航海の際の見聞、とくにガラパゴス諸島の生物相の変異が彼の進化論の基礎となった）

＊＊＊

「思いやり」は、「悲しみ」を共有することで生まれるという、ビタースイートな見方もできるのに、私たちは、「思いやり」を感情リストの「ポジティブ」欄のほうに入れることが多い。実際、ケルトナーがライフワークにしている研究は、人を幸福にする方法を研究する心理学の一分野「ポジティブ心理学」が土台となっている。「ポジティブ心理学」という言葉は、1954年に心理学者アブラハム・マズロー（1908〜70年）が考案したものだ。その後、心理学者マーティン・セリグマン（1942年〜）がポジティブ心理学を支持し、広めた。彼は、マズローと同様に、当時の心理学は「精神的な強み」よりも「精神疾患」を重視しすぎていると感じていたので、ポジティブ心理学を通じてそうした状況を打開したいと考えたのだ。彼らは、人々の心を浮き浮きさせ、人生を充実したものにするような手法や考え方を見つけようとした。それについては、セリグマンが大きな成功を収めている。あなたも、感謝の日記をつけることや、マインドフルネス瞑想に取り組むことを勧める記事を読んだことがあるのではないだろうか。そうした記事は数え切れないほどあり、書かれたきっかけとなったのは、セリグマンの活動や、それに刺激を受けた大勢の講師たちと考えていい（訳注　「マインドフルネス」は、過去の失敗や将来の不安といったネガティブなことにとらわれずに、意識を「今」の自分に集中させた状態。「マインドフルネス瞑想」は、マインドフルネスに至るための瞑想）。

ただし、この心理学は、人間の経験の重要な領域（たとえば「悲しみ」や「切なる思い」など）を無視しているという批判も招いている。批判派は、ポジティブ心理学はアメリカ人の一つの感性、つまり、心理学者ナンシー・マックウィリアムズの言う「人生の悲劇よりも喜劇を受け入れ、避けられない苦痛を受け入れるより、幸福を追求するほうに同意する感性」に肩入れしすぎていると、非難している。

驚くことではないが、心理学のどの分野も、ビタースイートタイプの人間としての可能性には、たいして注意を払ってこなかった。もしあなたが「憂うつ質」タイプなら、自分の心の奥底でわきおこる感情が、心理学分野のどこかに反映されるのを期待しているのではないだろうか。でも、「敏感すぎる」資質の研究を除けば、あなたが最も近づくのは「ニューロティシズム（神経症的傾向）」と呼ばれている性格特性――この呼び名は、なんとなく魅力的に聞こえる――の研究だろう。現代のパーソナリティ心理学によれば、「神経症的傾向のある人」は、機嫌が悪く、精神的に不安定だという。また、病気にかかりやすく、強い不安やうつ状態に陥りやすいとも言われている（訳注　「パーソナリティ心理学」は、パーソナリティ、つまり人格や性格などの「その人らしさ」を研究する心理学の一分野）。

「神経症的傾向」にはよい面もある。神経症的傾向のある人は、免疫システムが圧迫されているものの、自分の健康に気を配る、用心深いタイプなので、長生きをする。また、自分は成功できないのではないかという恐怖にかられ、自分はもっと能力を高めるべきだと自己批判しているため、努力家でもある。頭の中で、一つのコンセプトについて長々と考えを巡らせ、あらゆる角度から検討するから、勉強もできる。では、起業家としてはどうだろうか。精神科医（精神分析医）のエイミー・アイバーセンはビジネス誌『マネジメント・トゥデイ』に、次のように語っている。「（神経症的傾向のある起業家は、）あれこれ考える能力を、ユーザーエクスペリエンス（ユーザーが何らかの製品、サービスを通じて得られる体験）や広告戦略、新しいアイデアの売り込み方などについて、異常なほど考え抜くことに注ぎます。それは、（神経症的傾向のある）クリエイティブな仕事をしている人が、映画の台本を一字一句暗記したり、脚本のごく細部をさらにいいものにしたりすることにあれこれ考えるエネルギーを注ぐのと同じようなものです」

アイバーセンのような専門家は、「神経症的傾向がある」という望ましくない状態への適応に役立つと考えて、こうした「よい面」を挙げている。とはいえ、そうした考え方には、本質的には、気持ちを高めるような要素は何もなく、ボードレールの「美しいもの悲しさ」とか、人間というものの中心にある（そして、一部の人間の中心にとくに存在する）、「転換可能な『切なる思い』」といった考えは一切ない。また、「神経症的傾向がある」という状態が、人間の「創造力」や「高い精神性（スピリチュアリティ）」、「愛する気持ち」を生み出す大きなきっかけの一つになっている――これについては、この本の中で、引き続き検討したい――といったことは、ほとんど気づかれていない。多くの心理学者は、信仰心を持っていないので、人間というものについての大きな謎に対して、精神的な答えを探したりはしないのだ。

とはいえ、ポジティブ心理学は最近になって、「ビタースイート」の研究にも取り組み始めている。カナダのトロントにある「ミーニング・センタード・カウンセリング・インスティチュート」の所長ポール・ウォン博士や、イースト・ロンドン大学の講師ティム・ローマスなどの心理学者が、ポジティブ心理学ムーブメントの「第二波」が到来したことを、自らの言葉で証明している。たとえば、ローマスはこう語っている。「『ウェルビーイング（幸福／肉体的にも精神的にも社会的にも、すべてが満たされた状態にあること）』には、実際には、ポジティブなできごととネガティブなできごととのあいだの、捉えにくい、弁証法的な相互作用も含まれることに気づきました」。また、認知心理学者のスコット・バリー・カウフマンは、大きな影響を与えた著書『Transcend（トランセンド／超越する）』を通じて、ポジティブ心理学についてのマズローの当初の考え方――ビタースイートタイプを「トランセンダー（超越する人）」と呼び、その存在を認める考え方――を復活させている。カウフマンはこう記している。「トランセンダーは、（従来の意味での）健全な人たちほど、〝幸せ〟ではない。トランセンダーが、彼ら以上に、心から喜びを感じ、恍惚感を覚え、かなり高レベルの幸福感を覚えることもあるが、そうした感情と同じくらい――あるいは、そうした感情よりも多くの――ある種の果てしない『悲しみ』を覚える傾向があるのだ」

こうした動きは、私たちが個人として、そして社会として、ケルトナーの研究が変革をもたらす可能性があることに気づくのに役立つのではないだろうか。もし私たちが「悲しみ」をもう少し尊重することができたら、人と人とがつながる架け橋となるのは、「無理やり作った笑顔」とか、「もっともな怒り」よりもむしろ、「悲しみ」なのだと思えるのではないだろうか。そして、私たちがだれかの意見をどれほど不快に思ったとしても、だれかがどれほど幸せそうに見えたり、どれほど狂暴なように見えたりしたとしても、その人たちだって苦しみを味わってきた、あるいはいずれ味わうということを思い出せるのではないだろうか。

＊＊＊

ケルトナーや、彼が共同で設立した「グレーター・グッド・サイエンス・センター」は、私たちが「悲しみ」を尊重できるようになるのに役立ちそうな手法を、数多く開発している。

重要な第一歩は、「謙虚さ」を養うことだという。人は、「相手より自分のほうが上」という態度でいたら、相手の「悲しみ」に――さらには、自分の「悲しみ」にさえ――反応できないことが、さまざまな研究で判明している。ケルトナーはこう語っている。「あなたが『自分は人より優れている』と思っているなら、飢えに苦しむ子どもを見ても、あなたの迷走神経の細胞は発火しません」。驚いたことに、地位の高い人たち（実験のために、人為的に高地位を与えられた人たちを含む）は、運転中に歩行者を無視したり、割り込みをしてほかの車の進行を妨げる傾向があり、仕事仲間やまわりの人が困っていても、あまり手助けしないそうだ。そういう人たちは、蛇口から流れる熱湯に手をかざしたときや、ゲーム中に仲間外れにされたとき、まわりの人が苦しんでいるのを目にしたときに、身体面や感情面での苦痛を味わいにくいという。また、実験室のスタッフがキャンディーを差し出したところ、自分の正当な取り分以上のキャンディーを手に取る傾向もあるそうだ！

では、「謙虚さ」を身につけるには、（とくに、あなたが「自分は社会的にも経済的にも比較的恵まれた立場にある」と思っている場合は）どうしたらいいだろうか？　答えの一つは、「おじぎをする（頭を下げる）」という簡単な動作だという。日本の人々は日々の人づき合いのなかで、おじぎをしている し、神を信じるたくさんの人たちが、頭《こうべ》を垂れて神に祈っている。ケルトナーによれば、この動作によって、実際に迷走神経が活性化されるそうだ。彼は2016年のシリコンバレー（サンフランシスコ）での講演で、こう語っている。「人々は、こうした敬意を示す動作に、心と体をつなぐ働きがあるのではないかと考え始めています」

もちろん、信仰を持たない人や、服従を表明するのを不快に感じる人、その両方である人もたくさんいる。でも私たちは、この動作を「服従」ではなく、「献身」とみなすこともできる。実際、ヨガにはおじぎを含む動作がよくあるが、私たちの多くがヨガを行っている。また私たちは、畏敬の念を抱かせるような芸術作品や大自然を目にすると、本能的に頭を下げている。

「おじぎ」のほか、「キーボードをたたく」という手もある。社会心理学者で、サンタクララ大学リーヴィー・スクール・オブ・ビジネスの経営学教授も務めるホーリア・ジャザイエリは、ライティングエクササイズとして、だれかがあなたに思いやりを示したときや、あなたがだれかを思いやる気持ちを抱いたときのことを書き留めるよう提案している。きちんとした文章を書くのはあまり気乗りしないという方は、だれかの「悲しみ」と多かれ少なかれ関わったときのことを、簡単に記録してみてはいかがだろう。グレーター・グッド・サイエンス・センターのウェブサイトで、ジャザイエリはこうアドバイスしている。「自分自身のデータを集めましょう。たとえば、

1日の中で、あなたが『思いやり』の気持ちが簡単に持てたり、自然にわいてきたりしたときに（例、夜のニュースを見ているときなど）、そのことに気づくようにしましょう。1日の中で、あなたが（自分やまわりの人の）『苦しみ』を認めることやそうした『苦しみ』とともにあることに抵抗を覚えたときに、（例、通りがかりの人に「お金を貸してほしい」と頼まれたときや、通りで厄介な親戚に出会ったときなど）、そのことに気づくようにしましょう。（中略）私たちは（自分やまわりの人の）『苦しみ』に気づいたのに、すぐにそれを振り払ってしまうことがよくあります。そうすることで、自分が『苦しみ』に心を動かされたり、ショックを受けたりしないようにしているのです」

とはいえ、こうしたことは、まずは「自分への思いやり（セルフコンパッション）」を持たない限り、何一つできないのではないだろうか。自分への「思いやり」を持つなんて、「謙虚さ」を身につけることとの真逆のように聞こえるかもしれない。でも、「私ったらすごくヘタだわ」、「おれ、なんであんな大失敗をやらかしたんだ？」といったネガティブなつぶやきを次々に発していることに、気づいてさえいない人もたくさんいるのではないだろうか。だが、ジャザイエリもこう述べている。「自分を責めることが、自分の行動を改善するのに実際に役立つという経験的証拠はありません。それどころか、いくつかのデータが、自分を非難することで、目標に近づくのではなく、目標から遠ざかる可能性があることを示しています」

反対に、自分に優しく話しかけるようになったら、他人にも同じことをするようになるという。だから、今度、あなたが心の中で自分に手厳しいことを言っているのを聞いたら、立ち止まって、ひと息つこう。それから、もう一度トライしてみよう。あなたが愛するわが子に話しかけるときと同じくらい優しく、自分に話しかけてみよう。あなたがかわいらしい3歳の子どもに話しかけるときと同じ呼びかけ方をし、同じくらい安心させる言葉を自分にかけてみよう。もしあなたが、「それでは、あきれるほど自分を甘やかすことになる」と思うなら、そうした自分への話しかけは、自分を子ども扱いするわけでも、自分を大目に見るわけでもないことをお忘れなく。あなたがほんとうの自分を表に出して、人に思いやりを持てるようにするために、自分を大事にしているだけなのだ。

＊＊＊

ケルトナーは、流れるような金髪と、サーファーらしい体躯、悲しげな目の持ち主で、ピクサーのピート・ドクターや彼のチームと仕事をしたこともある心理学の天才だ。彼も「自分への思いやり（セルフコンパッション）」を持つようにしているが、その理由がたくさんある。少し前に私が彼と情報交換したときには、末のお嬢さんが大学進学のために親元を離れたばかりで、家の中ががらんとして、静かすぎるとこぼしていた。彼のお母さまは一人暮らしで、元気がなく、心臓病も抱えているという。大好きだった弟のロルフは、結腸がんを患い、長い闘病の末に56歳で亡くなったという。

ケルトナーはショックを受けていたし、自分は根なし草だという強い感覚に苦しんでいた。まるで魂の一部が欠けてしまった感じなのだという。彼は私にこう言った。「これから何十年経ったとしても、間違いなく、ぼくの人生は悲しみに満ちているでしょう。生きているあいだに、『自分には居場所やコミュニティがあるという意識』を持てるかどうかわかりません」

彼が弟さんをどれほど愛していたかは私もわかっていたが、そのことをこんなふうに表現したときには、ただただ驚いた。ケルトナーは、学会の中でもとくに有意義な分野で、とくに影響力を持つラボを運営している。そして、世界で最も活気があると言ってもいい大学の人気教授だ。また彼には、30年連れ添った夫人と、二人の成人したお嬢さん、数え切れないほどの大好きな友人がいる。そんな彼が、「自分には居場所やコミュニティがあるという意識」を持てないのだったら、いったいだれが持てるだろう？

でもケルトナーは、「悲しみ」が、他人や自分への「思いやり」を生み出すこともわかっていた。ロルフが病気のとき、そして亡くなったあとも、前からわかっていたこの定理に従った。ロルフが生まれながらに持っていた「思いやり」に刺激を受けたことで、近所のサン・クエンティン刑務所で、長いこと、有罪判決を受けた犯罪者のためのボランティア活動を行っていた。彼はこう説明している。「ぼくは、『苦しみ』と関わっているときに、頭が一番はっきりするんです。『悲しみ』というのは、『思いやり』についての瞑想のようなものです。『悲しみ』を一気にあふれさせるんです。そしたら、精神的な痛手をこうむるでしょう。でもそれが必要なんです。その後、ぼくは刑務所をあとにします。そして弟のことを考えるんですが、そのときに瞑想しているような状態になるんです。ぼくはずっとそうやって、人間の状態を感じ取ってきました。ぼくは『悲劇の人』ではありません。希望にあふれています。でもね、『悲しみは美しいもの、悲しみは、良識的なもの』って思っているんです」

ロルフが最期のひと月を過ごしていたころ、ケルトナーは弟に感謝することを日課にしていた。「弟がやったこととか、彼の目の輝き、彼が『負け犬』たちに見せたユーモラスな優しさといったもの」に感謝したという。ケルトナーは大学のキャンパスを歩いているときも、今後どの研究を進めるかを決めるときも、弟のことを考えたそうだ。そしてこんなことを思ったという。――自分がこれまで行ってきた研究、これから行うであろう研究は、すべて弟がいたからできたことだ。その弟を亡くしたことは、これからずっと自分に「痛み」をもたらすことになるだろう。でもそれと同時に、「思いやり」の泉を深くすることにもなる。子どものころに弟が、その泉から「思いやり」を汲みだすよう教えてくれたのだ……。

そして彼は、こう語った。「弟はこの世を去った。だから、自分の中から、こうしたものの見方をする部分を、全部取り出しました。でも、いまだにそこにあるんですよね」

私はケルトナーにたずねた。「あなたの、畏敬の念や感嘆の念、人とのつながりといったものに惹かれる側面は、あなたの悲しみを抱く側面とは別個のものなのでしょうか？　それとも、結びついているのでしょうか？」。彼はこう答えた。「その質問は、鳥肌ものですね。その二つは結びついています」

彼は、子どものころの家族が崩壊してからは、気楽でいることを自分に許さなかったのだと、ようやく気づき始めた。でもたぶん、もう気づいたほうがいい時期に来ていたのではないだろうか。彼は、毎年バークレー校の卒業式に出るたびに、かつての自分のように途方に暮れている学生はいないか、家族が一緒ではなく一人で浮いている学生――そしてクラスメートたちが、にぎやかな親族たちとピクニックテーブルを囲んでいるのを見て、どうして自分の家族もそういうことができないのかと首をかしげている学生――はいないかと、本能的に群衆を見渡すのだという。

とはいえ、彼は34歳のときからバークレー校に勤めている。そして今は57歳。もう、そういう学生の一人ではない。そして彼は、そういう学生たち――崩壊した家庭から避難している学生たち――もまた、いつまでも若者ではいられないのだとわかっている。彼らもかつてのケルトナーと同じように、社会に出て、仕事をしたり冒険をしたりする。そして、失うのではないかという不安におびえ、新しい愛の光に照らされながら生きていくことになる。もしかすると、彼らも子どものころの家族のやり方をそのまま繰り返すかもしれない。あるいは、繰り返さないかもしれない。でもいずれにせよ、彼らは、最も愛する人たちによって心を動かされるだろうし、ケルトナーが弟のおかげで、「〝悲しみ〟の架け橋」を渡って向こう側で待っている「魂の交わり」の喜びを知ることができたように、彼らも、それができるようになるだろう。そして彼らも、ケルトナーと同じように、「心のふるさと」への道を進むことになるだろう。

第2章
私たちはなぜ「完全で無償の愛」を切望するのか？（そのことと、私たちが「悲しい歌」や「雨の日」、「神聖なもの」が大好きなこととは、どんな関係があるのか？）

わたしの人生で最も甘美なものは「切なる思い」
――あの山にたどり着きたいとか、美しいものが生まれる場所や、
私の祖国、つまり私が生まれるはずだった場所を見つけたいという「切なる思い」なの。

C・S・ルイス

彼女は、エレガントなイタリア人女性だ。常識を備え、世知にたけている。名前はフランチェスカ。第二次世界大戦末期にアメリカ人兵士と知り合い、結婚して、一緒に彼の故郷――アイオワ州の小さな農業の町――に移住した。町の人々は、ご近所さんにキャロットケーキを配った

り、お年寄りを気にかけたりする善人たちではあったが、社会の規範を無視する人たち、たとえば、不倫をするような人は村八分にした。フランチェスカの夫は優しく献身的だったが、月並みな人だった。

あるとき、フランチェスカの一家が飼っている豚を、ステート・フェア（年に一度の州のお祭り）の品評会に出すために、家族が一週間ほど家を離れた。彼女は結婚して初めて、家で、一人で過ごした。しばらく一人きりの時間を楽しんでいたが、それは終わりを告げることになる。彼女の家に『ナショナルジオグラフィック』誌のカメラマンがやって来て、近くの名所への道をたずね、……そして二人は恋に落ち、４日間の情熱的な情事が始まったのだ。カメラマンは一緒に駆け落ちしてほしいと懇願。彼女は荷物をまとめる。

しかし彼女は、土壇場になって荷物をほどいた。

なぜかというと、ひとつには、結婚していて子どももがいたし、自分たちへの世間の目があったからだ。

それに、こんな思いもあった。――すでに自分も相手の男性も、お互いを「完全で美しい世界」に連れていった。もう現実の世界に戻るときが来ている。たとえ二人で、永遠にそうした別世界で生きようとしても、そうした世界は次第に遠ざかっていくだろうし、二人がそこにいなかったことになりかねない……。彼女は別れを告げた。そして二人は、お互いを切に思いながら、残りの人生を送ることになる。

その後のフランチェスカは、彼との出会いを心の支えにして、静かに暮らしていたが、カメラマンは、彼女への気持ちをクリエイティブな形で表現していた。数年後、死を目前にした彼は、彼女と過ごした4日間をしのんで制作した作品集を、彼女に送った。

もしあなたが「どこかで聞いたような話だ」と思うなら、これが、ロバート・ジェームズ・ウォラーの小説『マディソン郡の橋』のストーリーだからだ。『マディソン郡の橋』は1992年に出版され、2000万部を売り上げた。1995年には、メリル・ストリープ、クリント・イーストウッド主演で映画化され、1億8200万ドルの興行収入をあげている。メディアは、人気が出た理由を、女性たち——自身が不幸な結婚生活にはまり込み、ハンサムなカメラマンにくぎづけになった女性たち——が飛びついたからだと分析した。

だが、『マディソン郡の橋』は、ほんとうはそういう種類のストーリーではない。

***

この本が出版されたあとの騒ぎのなかで、二つの陣営がしのぎを削った。一つは、「二人の愛は純粋で、何十年も続いたものだ」として、この本をおおいに気に入っている人たち。もう一つは、「二人の愛は、現実逃避にすぎない。現実的な間柄になってからのさまざまな試練を乗り越えてこそ、本物の愛と言えるのだ」と主張する人たちだ。

どちらが正しいのだろう？　私たちは、おとぎ話のような恋をするという夢はあきらめることを学び、不完全な恋だとわかっていても、それを全面的に受け入れるべきなのか？　それとも、プラトンの『饗宴』（テーマは「エロスについて」）で紹介されている、喜劇作家アリストパネスの次のような話を信じるべきなのか？　――かつて人間はみんな、二人の人間が背中合わせにくっついていた、つまり、二人で一つの体になっていた。その一体となった人間は、あまりにも幸福そうでパワフルだったので、巨人タイタンの恐怖をかき立てた。タイタンはゼウスに、一体になっている人間を二体に切り離してもらった――。だから、私たちが、作家ジーン・ヒューストン（1937年～）の言う「失った半分（片割れ）を渇望すること」に人生を捧げるのは当然だと考えるべきなのか？

あなたは、自分は現実の現代社会の一員だから、どちらが正しいのかわかっていると思い、こう考えるだろう。――言うまでもなく、自分たちには「失った半分」などいない。ソウルメイト（魂の伴侶）なんてものはいないのだ。一人の人間が、自分のニーズをすべて満たすことなどできない。境界がなく、努力を要しない、永遠の「満足感」を望んだところで、失望するだけだ。そもそも、そんなものを望むなんて、神経症っぽいし、子どもじみている。大人になったら、そんな望みはあきらめるべきだ……（訳注　「ソウルメイト」は、気の合う人、魂のつながりを感じる人などを意味するが、前世からの縁がある人を意味することもある。「ソウルメイト」のアイデアは、プラトンの球体人間論――かつて両性具有の球形の人間がいたが、引き裂かれて男と女になったという説――に由来すると考えられている）。

とはいえ、別の考え方——私たちはめったに耳にしない考え方——が何世紀にもわたって存在している。それは、「私たちが〝完全な〟愛を切に望むのは、正常で望ましいことだ」、「心から愛する人と一体化したいというのは、人間の心の最も奥深くにある願望である」、「切に思うことが、いるべき所に到達するための道になる」といった考え方だ。そして、こうした考え方は、恋愛だけについてのものではない。私たちは、ベートーベンの「歓喜の歌」を耳にしたときや、アフリカにある世界最大級の「ヴィクトリアの滝」を目にしたとき、礼拝用の敷物にひざまずいたときにも、同じような「切なる思い」に見舞われる。したがって、人生が変わるほどのカメラマンとの「4日間の恋」を描いた『マディソン郡の橋』のような作品に対しては、感傷的なナンセンス小説だと片づけるのではなく、そうした恋がほんとうはどういうものなのか、「歓喜の歌」や「ヴィクトリアの滝」、「祈り」と何ら変わりはなく、同様の価値があるのではないかと考えてみることが、適切なのではないだろうか。「切に望む」というのは、クリエイティブでスピリチュアルな状態なのだ。

とはいえ、「完全な愛」を求めるべきだというプラトンの考え方を否定する論調は、根強く残っている。

＊＊＊

２０１６年には、スイス生まれの哲学者で、博学、多作の作家でもあるアラン・ド・ボトンが『ニューヨーク・タイムズ』紙で「なぜあなたは結婚する相手を間違えるのか？」というタイトルの記事を発表した。そしてその年の署名記事の中で、最も多くの読者を獲得した。ド・ボトンはその記事でこう主張している。――私たちは、そして私たちの結婚は、「自分のニーズをすべて満たし、自分の望みをすべて叶えてくれる完ぺきな人が存在する」という現実離れした考えを捨てたほうが、うまくいくはずだ。

ド・ボトンはその後、教育会社「ザ・スクール・オブ・ライフ」が提供するセミナーでも、こうした考え方を伝えている。「ザ・スクール・オブ・ライフ」は、ド・ボトンも設立者の一人に名を連ねるグローバルな組織で、ロンドンに、店舗を兼ねた本部を置き、オーストラリアのシドニーをはじめ、世界各地に支部を置いている。私も今、ロサンゼルス支部となっているエーベル・シアター校で、３００人のクラスメートとともにセミナーを受講している。ド・ボトンの講義は、「私たちの、恋愛についてのとくに重大な勘違いは、自分がもっと賢く恋愛できるようになるとか、もっと上手に恋愛できるようになると思っていないことだ」という考え方がベースになっている。つまり、私たちは「失った半分（片割れ）」からの「無条件の愛」を求めるのをやめるべきだということだ。そして、自分の不完全なパートナー（結婚相手や恋人）を受け入れ、パートナーを変えるのではなく、自分を変えることに集中すべきだということだ。

アラン・ド・ボトンは背が高くていかにも先生という感じで、一流大学出身者の口調の中でもとくに上流階級風の話し方をする。驚くほど雄弁でウィットに富み、精神分析医のような感度で教室の空気を読む。彼は、受講生たちの中に、自分が課したエクササイズが苦手で、終わらせることができない人がいたら、たちどころに気づくし、受講生の一人が「夫と別れたことで、自分が『身勝手な女』のような気がしている」などとたどたどしく告白したら、ほどよい分量の励ましの言葉をかける。彼のパフォーマンスには一部の隙もないにもかかわらず、体がやや前かがみになっているので、まるで「自分はこれほどの高身長でいる資格がない」と思っているように見える。そして冗談めかして、自分のことを「自分でもはっきりとはわかっていないことを人に教えようとしている、ハゲの変人」などと呼んでいる。アランは「憂うつ質」の人々の英知について書いているし、「ビタースイート」レベルを診断する指標となる「poignant（心がうずく）」という言葉を、気に入っているように見える。私たちが、自分の親の厄介な特質と同じ特質を持つ人を恋人に選びやすいことが、彼には「心がうずく」のだ。私たちが「自分の恋人は、自分のことを十分に大切にしていないのではないか」と不安になると、その恋人に対して不機嫌になることにも、「心がうずいて」いる。彼はフェラーリに乗っているからといって、浅はかなわけでも強欲なわけでもなく、たんに「恋愛」への心がうずくほどの欲求に駆り立てられているだけなのだ。

アランは、私たちが第一にやらなければいけない仕事は、自分自身の欠点を理解することだと説き、こうたずねた。「みなさんの中に、自分の欠点を簡単に受け入れられると思っている方、どのくらいいらっしゃいますか？」

手を挙げた人はごくわずかだった。

「これはきわめて危険な状態ですね」。彼は陽気に言った。「僕はみなさんのことを存じ上げませんが、みなさんがつき合いやすい方ではないことはわかりました。もしみなさんが、『自分はつき合いやすい人間だと信じている』と強く主張するなら、みなさんはだれと一緒でもうまくやっていけません！　ここにはいくつかのマイクがあり、何人かの愛すべき正直な方々がいらっしゃいます。ソーシャルメディアは使わないでくださいね。では、みなさんが受け入れられないところをお聞かせください」

何人かが手を挙げる。

「わたしは気分屋で、やかましいんです」

「わたしは何ごとも分析しすぎてしまうんです」

「わたしってだらしないし、四六時中、曲をかけているんです」

アランが叫んだ。「みなさんにご忠告します！　みなさんは、自分の悩みごとの山を天井まで積み上げることもできるでしょう。ですが、デートのときは忘れてくださいね。デートがさんざんな結果に終わった自分を笑う、昔ながらの比喩表現があるんですよ。――『私は、狂気の海の中で〝完ぺき〟に囲まれ、身動きがとれない』」

彼は、こう続けた。「では、みなさんの中にどなたか、ありのままの自分を好きになってほしいと思っている方、いらっしゃいますか。ありのままの自分を好きになってほしい方、手を挙げてください」
ふたたび、何人かが手を挙げた。

「何てことでしょう」。アランはこうたしなめた。「私たちはまだやるべきことがありますね。みなさんは、僕がお伝えしてきたことをちゃんと聞いてましたか？　ありのままのみなさんを好きになってもらうなんて、いったいどうしたらできるんでしょう？　みなさんは大きな欠点のある人間なんですよ！　いったいだれが、ありのままのみなさんを好きになるでしょう？　みなさんは大人にならなければなりません。成長しなければなりません！」

アランはこうした授業を何度か中断して、受講者にショートフィルムを見せる。ショートフィルムは、カップルがお互いを理解できなくなっているさまざまな場面を描いたものだ。カップル（あるいは、彼らがひそかに空想の対象にしている人たち）は、公園のベンチで小説を読んでいるような、もの思いにふけった青年とか、電車に乗ろうとしている、カーディガンを着たかわいい顔の女性など、「ビタースイート」タイプが多い。そしてメランコリックなピアノのメロディーがバックに流れている。「ザ・スクール・オブ・ライフ」の受講者たち――フリーのデザイナーやソウルフルなエンジニア、失業して職探し中の人などが入り混じっているように見える――は、ショートフィルムのカップルたちにとてもよく似ている。まじめで礼儀正しく、分別をわきまえているが、こちらが気後れするほど最新のファッションに身を包んでいるわけではない。アランは自身が身につけている衣服のことに触れ、壇上から、これはＧａｐ（ギャップ）のパンツだと語っている。

そして、私たちには「失った半分（片割れ）」などいないことを気づかせる。彼は「ちょっと暗い話になりますけど」と断りを入れ、こう語った。「私たちのことを丸ごと理解してくれるような人や、私たちの大小さまざまな好みをすべて共有してくれる人なんて、どこにもいません。私たちはその事実を受け入れる必要があります。結局のところ、私たちは、『相性』の何割かしか、合わせることができないのです。さあみなさん、みんなでプラトンのところに行って、魅力的ではあるものの、恋愛を破綻させるような、常軌を逸した『無邪気さ』を発揮するのは、きっぱりやめてもらおうではありませんか。私たちには『ソウルメイト』など、いないのです」

アランはこう続けた。「実際、私たちが自分のパートナーを正当に評価するのを妨げているのは、『失った半分』が存在するという幻想なんです。私たちは欠点のある自分と、見知らぬ人たちに対して抱くすばらしいイメージ――とくに図書館や電車の中で抱くイメージ――を、絶えず比較しているんです」。そして、彼はこの問題を「アンチ・ロマンティック・デイドリーム」というエクササイズを使って実証する。このエクササイズは、私たちが魅力的な「見知らぬ人」の欠点を想像できるようにするためのものだ。まず、私たちの友だちになる可能性のある人として、4人の男女――男性二人、女性二人――の写真が提示される。

「この4人の中から、一番惹かれる人を選んでください」。アランが指示する。「その人と3年間一緒に暮らして、いろいろと厄介な人だとわかったとしましょう。では、その厄介なところを五つほど、細かいところまで考えてみてください。彼らの瞳を奥までのぞき込んでみましょう」

受講者の一人で、スタイリッシュなめがねをかけ、チャーミングなアイルランドなまりでしゃべる青年は、赤いスカーフを頭に巻き、悲しげな表情を浮かべた女性の写真を選び、こう語った。「彼女の表情は、ぼくが出かけるときにうちの犬が浮かべる表情にそっくりなんです。なので、ものすごく愛に飢えている人なんじゃないでしょうか」

ペイズリー柄のワンピースを着た金髪の受講者は、図書館にいるほっそりした若い女性の写真を選び、こう語った。「彼女は本が好きなんじゃないでしょうか。でも、彼女が何か本を読んだら、必ず、私もそれを読まなければなりません。そして、彼女の選択は正しかったと言う必要があるんです」

スーツにネクタイ姿の金持ちそうな男性の写真を選んだ女性の受講者は、こう語っています。「わたし、この人のきれいな髪に惹かれました。でも、とてもうぬぼれが強い人だとわかりました。わたしが彼の髪をなでると、『俺の髪にさわるな』って言うんです」

＊＊＊

アランは優秀な人だと、私は思った。そう思ったのはこれが初めてではない（私は、数十年にわたって、彼の仕事ぶりを高く評価している）。彼はひょうきんで洞察力のある作家、講師であり、今では、結婚生活が破綻するのを防ぐこともできる。とはいえ、彼の考え方を私たちの恋愛に当てはめてみても、フランチェスカの「切なる思い」――つまり私たちの「切なる思い」――についての疑問は解消しないままだ。私たちはそうした思いにどう対処したらいいのだろうか？　そもそも、そうした思いにどんな意味があるのだろうか？

過去のビタースイートな物語は、こうした疑問について多くを語っている。そうした物語は、恋愛の世界では「切なる思い」が叶うことを教えている。とはいえ、「切なる思い」は恋愛から生まれるわけではない。それどころか「切なる思い」が先にあり、単独で存在する。恋愛は、「切なる思い」の一つの現れにすぎない。世の中を夢中にさせているのは、その「現れ」というわけだ。とはいえ、私たちの「切なる思い」は、多種多様な現れ方をする。たとえば、私が、自分のこれまでの人生とか、多くの人が悲しい曲を好むのはなぜかといったことについて思いをめぐらせているときの感じ方などにも現れる。

私が気に入っているユーチューブ動画を紹介しよう。動画には、2歳のふっくらしたお顔をした金髪の――髪の毛がとっても細いので、ピンク色の頭皮が見えている――男の子が、ベートーベンのピアノソナタ「月光」を初めて聴いたときの様子が映っている。男の子はピアノの発表会に来ていて、画面には映っていない若い弾き手が、一生懸命ソナタを弾いている。男の子は、それがまじめなイベントで、「自分は静かにしていなければならない」と、わかっているように見受けられる。ところが男の子は、心にしみるメロディーにすっかり感動してしまった。その結果、泣き声をあげまいとする不毛の努力のせいで、顔全体がゆがんでいる。そのうち、ウアンという小さな嗚咽を漏らしてしまう。その後は、涙が静かに彼の頬を伝い続ける……。曲を聴いたときの彼の感情は、心の底からのもので、神聖な感情と言ってもいいように思える。

この動画は拡散され、男の子の涙の意味を解明しようとするコメントがたくさん寄せられた。たまに見られる失礼なコメントを除けば（そうした興ざめな雑音にいちいち耳を傾けていたら、私もあの男の子のように泣いてしまいそうだ）、ほとんどの人が、人間らしさの最高の形とはどんなものか、心の最も奥深くにある問いはどんなものかが、男の子の悲しみの中に、暗号のように記されているのを感じ取ったように見える。

そもそも「悲しみ」という言葉は、適切なのだろうか？　コメントを寄せた人のなかには、男の子の「感受性」と表現している人もいれば、「共感」、あるいは「歓喜」と表現している人もいる。また、あの曲の「強い喜びと悲しみとが入り混じっているという矛盾した、不可解な曲調」に男の子が反応したことに驚いたという人は、こうコメントしている。「この男の子のような経験が、何世代もの人々の人生を、価値あるものをしてきたのだ」

私には、この意見が「当たり」に一番近いように思える。だが、「月光」のようなビタースイートな曲が高く評価されるほんとうの要因はなんだろう？　どうして、一つの曲で、喜びと悲しみ、愛と喪失感を同時に表現できるのだろうか？　そして、私たちがそういう曲を、とても聴きたがるのはなぜだろうか？

「月光」のような曲を聴くと、多くの人がこの男の子（や私）と同じように感じることがわかっている。「悲しい曲」は、「楽しい曲」に比べて、神経科学者ヤーク・パンセップ（1943〜2017年）の言う「震えて、鳥肌が立つような種類の皮膚感覚」、別名「戦慄」を生じさせる可能性が大幅に高いという。ミシガン大学教授のフレデリック・コンラッドとジェイソン・コーリーの調査では、「楽しい曲」を好む人たちが「楽しい曲」を聴くのは、平均175回だったそうだ。一方、「ビタースイートな曲」を好む人たちが「ビタースイートな曲」を聴くのは、800回近くにのぼり、彼らのほうが、「楽しい曲」を好む人たちよりも、「曲とのつながり」を強く感じていたそうだ。また「ビタースイートな曲」を好む人たちは調査員に、「悲しい曲」を聴いて連想するものとして、「幽玄な美しさ」、「深いつながり」、「超越」、「ノスタルジア（望郷の念）」、「共通の人間らしさ」などを挙げたという。そうしたものへの思いは、どれも、「崇高な感情」と言われているものだ。

人々に愛されている音楽ジャンルに、「切なる思い」や「もの悲しい気持ち」をうまく利用しているものがどれほど多いか、考えてみてほしい。ポルトガルの「ファド」（哀愁を帯びた民謡で、ギターの伴奏で歌われる）、スペインの「フラメンコ」（歌、踊り、ギター伴奏を主体とする芸能）、アルジェリアの「ライ」（イスラム道徳の建前をかなぐり捨てて、人間としての本音、苦しみ、悲しみ、愛欲をナマの言葉で表現した歌）、アイルランドの「ラメント（哀歌）」、アメリカの「ブルース」（アメリカに移住した黒人奴隷によって歌われた、生活苦や故郷への郷愁を主題とするワークソング）……。ポップミュージック（ポピュラー音楽）までもが、しだいに短調（マイナーキー）で書かれるようになっている。心理学教授E・グレン・シェレンベルクと社会学教授クリスチャン・フォン・シェーブの調査によれば、1960年代には、ポップミュージック全体の中で短調の曲はわずか15％だったのに対し、今日では60％にのぼるという。バッハ（1685～1750年）やモーツァルト（1756～91年）の曲でも、とくによく知られた曲には短調――ある音楽家の表現を借りれば、「楽しく、もの悲しい」キー（注）――で書かれたものが多い。アメリカで好まれている子守唄「Rock-a-Bye Baby（ロッカバイ・ベイビー）」は、「木の枝に吊るされたゆりかごで、赤ちゃんが寝ている。風が吹けばゆりかごが揺れ、枝が折れたら、ゆりかごも赤ちゃんも落ちてしまう」と歌っている。アラブ世界の子守歌は、「この世に、友だちが一人もいない」よそ者としての人生を歌っている。スペインの詩人フェデリコ・ガルシア・ロルカ（1898～1936年）は、自国の子守歌を数多く収集し、次のように判断した。「スペインでは、お母さんが赤ちゃんの最初の眠りを促すのに、最も悲しげなメロディーと、最ももの悲しい歌詞を使っている」

こうした現象は、ほかの種類の美的形態にも広がっている。私たちのなかには、「悲劇」や「雨の日」、「涙を誘う映画」が大好きな人がたくさんいる。そして私たちは「桜の花」をめでる。桜の開花を祝って、祝宴まで開いている。同じくらいきれいな花はいくらでもあるのに、桜の花が大好きなのだ。それは、桜の花が「短命」だからだ（日本の人々は、とりわけ桜が大好きで、その理由を「もののあわれ」のせいだとしている。「もののあわれ」とは、「ものごとに対する哀愁」と「命のはかなさを感じやすいこと」によって生まれる「おだやかな悲しみ」という望ましい精神状態）。

哲学者たちはこうした現象を「悲劇のパラドックス」と呼び、これについて何世紀にもわたって頭を悩ませてきた。私たちがときどき「悲しみ」を歓迎し、それ以外のときには、どんなことをしてでも「悲しみ」を避けようとするのは、なぜなのか？　今では心理学者や神経科学者たちも、こうした疑問について考えるようになり、さまざまな説を打ち出している。たとえばこんな調子だ。――「月光」の曲には、喪失感を抱いたり、うつ状態に陥ったりしている人を癒やす力があるのではないか。この曲は、私たちがネガティブな感情を、無視したり押さえつけたりせずに受け入れるのを助けるのではないか。この曲は私たちに、「悲しいのはあなただけじゃない」と教えているのではないか……。

ユヴァスキュラ大学（フィンランド）の研究者たちの最近の調査によって、もっと説得力のある理由が見つかった。彼らは、人が悲しい曲に感動しやすいかどうかに影響する要因の中で、最も影響力が強いのは「共感力」であることを突き止めたのだ。この調査では、１０２人の調査協力者に、テレビドラマ「バンド・オブ・ブラザーズ」のサウンドトラックから抜き出した「悲しい

（注）　１８０６年に、ある音楽学者がこう述べている。「ハ短調というキーは、『恋』を宣言すると同時に、『不幸せな恋』を嘆き悲しんでいる。このキーには、恋に悩む人間の『焦がれる思い』、『切なる思い』、『ため息』のすべてが詰まっている」。（一方、ハ長調についてはこう述べている。「まったく混じりけがない。ハ長調というキーは、清らかで、シンプルで、ナイーブで、子どものおしゃべりのようである」）

曲」を聴いてもらった。その曲に対して、2歳の男の子がお姉さんのピアノ発表会で見せたのと同様の反応を示した人たちは、「共感力」が高く、「人から人への感情の伝染」に敏感で、他人に焦点を合わせて想像する――言い換えれば、他人の目で世界を見る――傾向があったという。そういう人たちは、本や映画に登場する架空の人物に夢中になることができ、他人の悩みや苦しみに対して、戸惑いや不安感ではなく、「思いやり」を示したそうだ。そういう人たちにとっては、おそらく「悲しい曲」が一種の「魂の交わり」につながったのではないだろうか。

もう一つの理由は、アリストテレスの時代から、長年にわたって言われてきた「カタルシス（精神の浄化）」が得られることだ。たぶん、古代ギリシャの人々は、アテネの舞台でオイディプス王が自分の目をえぐり取るのを見たことで、自分の感情のもつれを解き放てるようになったのではないだろうか。もっと最近の例を挙げよう。神経科学者のマシュー・サックスとアントニオ・ダマシオ、心理学者のアサル・ハビビは、「悲しい曲」についての研究文献全体を見直し、「切ないメロディー」は、人間の体がホメオスタシス（恒常性）――さまざまな感情や生理機能が最適な範囲内で働いている状態――を保つのに役立つのではないかと考えた。また、いくつかの調査によれば、集中治療室に入院している赤ちゃんのうち、子守歌（たいていは悲しげな歌）を聞いた赤ちゃんたちは、別の種類の曲を聴いた赤ちゃんたちに比べて、呼吸や食事のとり方、心拍などが力強かったという！

世の中の「月光」のような曲は、たんに私たちの感情を解き放つだけではない。気分を高めもするのだ。また、「魂の交わり」とか「畏敬の念」といった気高い状態を生み出すのは悲しい曲に限られ、ほかのネガティブな感情、たとえば「恐怖」や「怒り」を伝える曲には、そうした効果はないという。サックスとダマシオ、ハビビは、「楽しい曲でさえ、悲しい曲ほどは、精神的報酬を生み出さない」と結論づけている。私たちはノリのいい曲を聴くと、キッチンで踊り回りたくなったり、友だちを夕食に招きたくなったりする。でも、私たちが「空に触れたい」と思うのは、悲しい曲を聴いたときなのだ。

＊＊＊

「悲劇のパラドックス」を説明する大統一理論は、（たいていのそうした理論と同じように）うそみたいにシンプルなのではないかと、私は思っている。実際のところ、私たちは「悲劇」そのものを歓迎しているわけではない。私たちが好きなのは、悲しく、なおかつ美しいもの――つまり、ビターでありながらもスイートなもの――なのだ。たとえば、私たちは「悲しい言葉」のリストとか、「悲しい顔」のスライドショーを見ても感動しない（こうしたことは、研究者たちによって実証済みだ）。私たちが好きなのは、哀愁に満ちた詩とか、霧に包まれた海辺の町、雲まで届きそうな尖塔といったものだ。言い換えれば、私たちは、「結びつくことへの切なる思い」や「もっと完全で美しい世界への切なる思い」が現れている芸術的な形態を好むのだ。私たちは、「月光」の曲が表現する「悲しみ」に奇妙な感動を覚える。そのとき私たちが感じているのは、「愛への切なる思い」――壊れやすい愛、いつしか消える愛、つかの間の愛、枠を超越した愛への、切なる思い――ではないだろうか。

明るい性格が好まれる私たちの社会では、「『切なる思い』は、ものを生み出す力になり、大事にすべきものだ」という考え方は、かなり奇妙に見えるだろう。でもこの考え方は、さまざまな形態をとりながら、異なる呼び方で、何世紀にもわたって世界じゅうに伝えられてきた。そして長いあいだ、作家やアーティスト、神秘主義者や哲学者たちが、この考え方を言葉に表そうとしてきた。たとえばガルシア・ロルカは、こう呼んでいる。「みんなが気づいているのに、どの哲学者も説明できない不可思議な力」

古代ギリシャの人々は「ポトス（pothos）」と呼び、プラトンはこの言葉をこう定義した。「自分が持つことができないすばらしいものが欲しいという切なる望み」。「ポトス」とは、あらゆる「美しくてよいもの」への渇望だったようだ。当時は、人間は、物質の世界に閉じ込められている「低い存在」だが、ポトスによって、より「高い存在」に手を伸ばすよう仕向けられていると考えられていた。ポトスという概念は「愛」と「死」の両方と関係があったようだ。ギリシャ神話では、「ポトス（切望を擬人化した神）」は、「ヒメロス（欲望を擬人化した神）」の兄弟で、「エロス（恋愛をつかさどる神）」の息子になっている。また「ポトス」には、手が届かないものが欲しくてたまらないという意味合いがあったので、この言葉は、ギリシャ式の墓に置かれた花を表すのにも使われたようだ。「切なる思い」と言うと、現代人の耳には、受動的で、陰うつで、自分ではどうすることもできないものといった印象を与えるが、「ポトス」は、活性化させる力になると受け止められていた。若き日のアレクサンドロス（アレキサンダー）大王（紀元前356〜323年）は、川岸に腰を下ろし、遠くを見ながら、「自分はポトスに駆られている」と述べたという。ホメロスの叙事詩『オデュッセイア』を、「難破したオデュッセウスの故郷への切なる思い」からスタートさせたのは、「ポトス」だったのではないだろうか。

作家のC・S・ルイスはそうした思いを、「何なのかわからないものへの慰めようもないほどの切なる思い」、あるいはドイツ語で「Sehnsucht（ゼーンズフト、渇望）」と呼んでいる。「Sehnsucht」は、「Das Sehnen（＝the yearning　切なる思い、渇望）」と「sucht（＝an obsession　執着、こだわり）」に由来する。「Sehnsucht」はルイスの私生活と仕事を活気づける力になっていたようだ。彼はこう記している。「それ（Sehnsucht）は、名前がつけられないような何かであり、かがり火のにおいをかいだときや、頭上を飛ぶ野ガモたちの鳴き声を耳にしたとき、『世界のはての泉』というタイトルを目にしたとき、コールリッジの詩「クーブラ・カーン」の冒頭の数行を読んだとき、夏の終わりに朝から頭がもやもやしているとき、波が打ち寄せる音を耳にしたときなどに、私たちを剣のように鋭く突き刺すものを欲する気持ちである」（訳注　『世界のはての泉』は、ウィリアム・モリス（1834〜96年、イギリスの詩人、デザイナー）による大河ファンタジー。「クーブラ・カーン」は、サミュエル・テイラー・コールリッジ（1772〜1834年、イギリスのロマン派詩人）の詩。和訳では「夢で見た幻影、断片」といった副題がつけられている。）。ルイスがそうした気持ちを最初に抱いたのは、少年のころ、お兄さんが箱庭を持ってきてくれたときだった。その箱庭はビスケットの缶にコケや花が敷き詰められたもので、それを見たルイスは、「喜びに満ちた痛み」に見舞われた。ルイス少年は、その痛みの正体がわからなかったが、その後、生涯にわたってそれを言葉に表すことや、それの出どころを見つけ出すこと、同じような不思議な「喜びによる痛み」を知っている、気の合う仲間を探すことに努めている。

また、宇宙的な謎に対する答えとして、そうした思いを説明している人もいる。たとえばドラマーのピーター・ルシア（1947~87年）は「Sehnsucht」についてこう記している。「生命とか、愛、人生で通る道や通らない道——つまり、宇宙そのもの——の秘密は、『Sehnsucht』によって約束されるものの中に、含まれているんじゃないかと思う」。私が大好きなミュージシャン、レナード・コーエンはこう語っている。「大好きな詩人ガルシア・ロルカから学んだよ。自分は、痛みを抱えた宇宙のど真ん中で生きている、痛みを抱えた人間なんだから、痛みを抱えていたって大丈夫だってね。大丈夫なばかりか、痛みを抱えることで、太陽や月を大事にすることができるんだ」

フランチェスカとカメラマンのケースを見ればおわかりだろうが、「切なる思い」は、「性的な愛情（性愛）」という形で現れることがよくある。小説家マーク・メルリスは、次のようなすばらしい一節を通じて、たまらないほど魅力的な（異性を引き付けてやまない）人と出会ったことで生まれる不可解な「苦痛」について説明している。

一人の男と出会い、自分はその男とセックスしたいのか、それとも泣きたいのか、わからなくなることも、ときにはあるというのを、あなたはご存じだろうか？　わからなくなるのは、その男を自分のものにできないからではない。たぶん、できる。でもすぐに、その男の中に、知っている範囲を超えた何かが見えるのだ。それを無理やり引き出すことはできない。金の卵を産むガチョウの腹を切り裂いたところで、金の卵は手に入らないのと同じだ。だから泣きたいのだが、子どものように泣きたいのではなく、追放された流人《るにん》が故国を思い出したときのように泣きたいのだ。それが、ルーコンが初めてピュロスを見たときに気づいたことだった。ルーコンはまるで、私たちがいるはずだった別の場所、私たちが生まれる前に追放された海岸を垣間見ていたかのようだった。

また「切なる思い」は、究極の「ミューズ（詩や音楽の神）」にもなっている。シンガーソングライターで詩人でもあるニック・ケイヴはこう語っている。「俺の芸術家人生の中心にあるのは、俺の骨で口笛を吹き、俺の血の中でハミングしている『喪失感』や『切なる思い』といった感情をはっきりと表現したいという『願望』、もっと正確に言えば『ニーズ（欲求）』なんだ」。ジャズ歌手でピアニストのニーナ・シモンは、「ハイ・プリーステス・オブ・ソウル（魂の女性指導者）」

と呼ばれている（訳注　「ハイ・プリーステス・オブ・ソウル（High Priestess of Soul）」は彼女のアルバムのタイトルでもある）。それは彼女の曲が、正義や愛への「切なる思い」に満ちていたからだ。スペインの人々はそれを「duendeドゥエンデ（小悪魔、妖精、抗しがたい魅力）」と呼んでいる。スペインのフラメンコダンスなど、かき立てられた心を表す芸術形態の中心にあるのは、燃え立つような「ドゥエンデ」なのだ。また、ポルトガル語を話す人々には、「saudadeサウダージ」という概念がある。これは、心を優しく突き刺すようなノスタルジア（懐古の情、懐かしむ気持ち）のことで、音楽では、とても大切にしていたのにとうの昔になくなってしまったもの、そもそも存在しなかったかもしれないものへのノスタルジアとして表現されることが多い。ヒンドゥー教の世界では、「virahaヴィラハ」――別離（たいていは愛する人との別れ）のつらさ――が、詩や音楽を生み出す源だと言われている。ヒンドゥー教の言い伝えによれば、世界最古の詩人、ヴァールミーキは、鳥が愛の営みの相手（つがい）を猟師に殺され、悲しんで鳴くのを聞いたあとに、叙事詩を語る気になったという（訳注　ヴァールミーキは、古代インドの詩聖。大長編叙事詩『ラーマーヤナ』を編纂した。出生年は紀元前500～100年と考えられている）。ヒンドゥー教の精神的指導者シュリ・シュリ・ラビ・シャンカール（1956年～）はこう記している。「『切に望むこと』自体が神聖な行為なのです。みなさんが『世俗的なもの』を切に望めば、生気がなくなるでしょう。みなさんが『無限のもの』を切に望めば、生気にあふれるでしょう。大事なのは、切に望むことのつらさに耐えて、前に進むことです。真の切望は、無上の喜びをもたらすものです」

こうした伝統の中心にあるのは、「別離のつらさ」や、「再会への切望」であり、ときには「そうした思いの超越」であることもある。それにしても、「別離」って、正確には何との別離なのだろうか？　プラトン哲学によれば、それは「ソウルメイトとの別離」であり、ソウルメイトの居場所を突き止めることが、私たちの人生最大のタスクだという。もしあなたが精神分析的な考え方をするなら、それは「安定した精神状態との別離」ということになるだろう。「ありのままの自分でいても心地よいという状態との別離」という人もいるだろう。たいていの場合、そういう人は過去のトラウマや心の傷を癒やすことに苦労している。あるいは、もしかすると、そうした別離はどれも、「神（人知を超えてすぐれた、尊い存在）との別離」のメタファー（たとえ、象徴）や別の表現にすぎないのかもしれない。「別離」とか「切なる思い」、「再会」といったものは、ほとんどの宗教の中心に息づいている。私たちは「エデンの園」に憧れ、「聖地エルサレム」、イスラム教の聖地「メッカ」に行きたいと切に願う。また私たちは「愛する人（the Beloved）」を切に思うが、スーフィー（イスラム神秘主義者）たちは、「神」のことを「愛する人（the Beloved）」と呼んでいる。

＊＊＊

私の大切な友人タラは、カナダのトロントにある、スーフィー（イスラム神秘主義者）の教団施設で育った。彼女と出会い、知り合いになったのは、彼女が開いた、「生きる意味と超越」についてのトークイベントに参加したときのことだった。タラは、鐘の音のような声と、優しげな下がり目の持ち主だ。イタリアの画家たちはよく、彼女のような目をした聖母を描いて、聖母への共感を示している。そのトークイベントで、私は彼女に友人版「一目ぼれ」をしたのだ。

そのときの私は、「スーフィズム」についてはよく知らず、イスラム教の神秘主義の一派なのだろうと漠然と考えている程度だった。その晩のトークイベントでは、タラが壇上で、お年寄りたちにペルシアン・ティーをふるまいながら、自分が教団施設でどのように育ったかを説明した。そのお年寄りたちは、週に2回、そこに瞑想や講話をしにやって来る人たちで、彼らの活動には、愛の行為（性行為）を通じた奉仕活動も含まれるという。教団施設で育ったタラは、ご両親とともに、トロントから「成功」と「プラス思考」の国アメリカに移住した。そしてまずは、新しい世界を受け入れた。大学では、学生団体の会長や、学生新聞の編集長を務めた。そして、完ぺきな成績を修め、完ぺきな仕事をし、完ぺきなボーイフレンドとつき合い、完ぺきなアパートに住むことを切望した。だが、彼女の日々の生活にスーフィズムがなくなってしまったことで、自分をつなぎとめていた錨《いかり》が解かれたような気がして、「生きる意味」を探し求めるようになったという。そしてそれが、彼女のライフワークになっている。

彼女のトークイベントが開かれたのは小さな教会堂で、トークのあとは交流会に入り、テーブルにはワインやオードブルが並んでいた。私は、タラのお父さまのエドワード――自分で家を建てたという、白いあごひげをたくわえた男性――にこう話しかけた。「イディッシュ語の『kvelling（クヴェリング）』という言葉をご存じですか？　この言葉は、『愛する人、とくにわが子に対する誇りや喜びにあふれている』という意味なんです」（訳注　「イディッシュ語」は、ヘブライ語、ドイツ語、スラブ語が合わさってできた言語で、アメリカや東ヨーロッパなどのユダヤ人移民が使っている。動詞「kvell」は、「（家族や仲間の功績を）おおいに誇りに思う、おおいに喜ぶ」の意）。タラが初めて開いたトークイベントだったので、私は、お父さまが、彼女の新しい社会的役割を誇りに思い、喜んでいるのではないかと思ったのだ。だから、「ああ、それそれ、その言葉は今の自分の気持ちにぴったりです」とおっしゃるだろうと期待していた。ところが彼は、こう言った。「このイベントは、僕にとってうれしい体験ではありますが、もの悲しい体験でもあるのです。だって、あの子は僕の腕の中から飛び立ってしまったのですから。僕はもう、あの子に話を聞かせる側ではありません。あの子のほうが僕に、そして聴衆のみなさんに話を聞かせるようになったのです」

私は、お父さまが「空の巣症候群」のような気分に陥っていたことを、隠し立てせずに即座に語ったことや、お父さまにとって、そうした「切なる思い」が身近なものだったことに感銘を受けた（訳注　「空の巣症候群」は子どもが成長し巣立って、巣（家）が空っぽになってしまったことが一種の喪失体験となり、寂しさなどを感じること）。何しろ私たちアメリカ人は、カクテルを飲みながらそうした思いを認めることなど、まずないのだから。そして、お父さまとはお会いしたばかりだったのに、彼にはどこか、私のこうした印象を伝えてもいいと思わせるようなところがあった。そこで私は、伝えてみた。

　すると彼は顔を輝かせて、こう叫んだ。「スーフィズムというのは、まさに『切に思うこと』なんです」。そして次のように説明した。「『切に思うこと』が教団の活動全体のベースになっているんです。人との結びつきを切に望むこと、神を切に思うこと、そしてルーツを切に思うこと……。僕たちは瞑想をし、慈愛（慈しみ）の心を実践し、他人に奉仕しますが、そうした活動をするのは、（心の）ふるさとに帰りたいと望んでいるからです。スーフィーの詩で一番有名なのは、13世紀の学者ジャラール・ウッディーン・ルーミーが書いた『Masnavi（マスナヴィー）』ですが、この詩は『切なる思い』を描いたもので、こんな一節から始まります。「一介の葦《あし》（＝人間）が語る別離の物語を聞いてほしい。（中略）ルーツから引き離されたら、だれもが戻ることを切に願うものだ」（訳注　『Masnavi（マスナヴィー）』はペルシア語の詩で、邦訳は『精神的マスナヴィー』というタイトルで『世界文学大系68　アラビア、ペルシア集』（筑摩書房、1964年）に収められている）

　エドワードは、トロントのスーフィーの集会で、タラのお母さまアフラと出会ったときのことを、私に話してくれた。彼はアメリカ生まれで、信仰心はほとんど持ち合わせていなかったが、運よく、ルーミーのすばらしい詩に出会ったという。一方、アフラはイランのイスラム社会で育ったが、19歳のときにカナダに移住するまで、スーフィーに出会ったことはなかったそうだ。彼女はスーフィーの集会にぶらりと立ち寄り、エドワードの隣にすわった。するとエドワードはたちまち「彼女と結婚したい」と思うにいたった。しかし、彼女はトロントで、彼はシカゴに住んでいた。二人が別れのあいさつをしたとき、エドワードは彼女にこう言った。「家に帰ったら、僕が大好きなルーミーの詩の英訳をあなたにお送りしましょう」。彼は週末がくるたびにアフラのところに出向くようになり、そのうち、彼女の2歳の娘タラに会い、タラのことも大好きになったという。

彼はこう語った。「そのころに抱いていたほどの『切なる思い』は、経験したことがありません。僕が住んでいたシカゴから、よくトロントの方角を見つめたものです。彼女たちに会いにいくときは鉄道を使っていました。でも、さよならを言うことがなかなかできなくて、結局、電車に乗るのをやめてしまうんです。それで、車で出かけるようになりました。鉄道だと、つらすぎるんです。私たちが『切なる思い』を話題にするとき、それは、とどまるところを知らないほど、とてつもなく大きなものなのです。『ふるさと』というのは場所のことではありません。そうした『切なる思い』が宿るところ、そして、そこにいない限り、いい気分になれないところです。結局のところ、『切なる思い』は一つの大きな『渇望』と言っていいでしょう。スーフィズムでは、それを『痛み』や『癒やし』と呼んでいます」

エドワードとアフラは、次の5月が来たころに結婚し、エドワードはタラを養子にした。その2年後、二人は教会堂を運営するようになり、タラは「奉仕」や「愛」のある雰囲気の中で育った。そしてタラは、生涯にわたって、そうした雰囲気を取り戻そうとすることになる。

私はエドワードとこうした話をしているときも、相変わらず不可知論者ではあったが、この本の執筆にどっぷりつかっていたこともあって、私の中で何かがはじけた。「宗教的衝動」がどういうものかが、頭でわかっただけではなく、直感的にも理解できた。だから、そんなものは一生否定するという気持ちは失せていた。また、自分が短調の曲に抱いていた、人生観が変わるほどの強い感情は、並外れたもの（理解の外にあるもの）への不安だったのではないかと思い始めた。エドワードと話をしたことで、意識が変わったのだ。正確には、神への信仰が芽生えたわけではないし、古代の書物に登場する特定の神への信仰が芽生えたわけでもない。私の中の「スピリチュアルな本能」がよみがえったのだ。

私はまた、そうした本能を引き出すものはたくさんあって、「短調の曲」はその一つにすぎないことや、たとえば、エドワードがアフラに出会った瞬間にも、そうした本能が同じように存在していたことにも気づき始めていた。「短調の曲」というのは、私たちが「切に望んでいるもの（こと）」を表現したものの一つなのだ。では、「切に望んでいるもの（こと）」って、いったい何だろう？　私たちは「二分の一」と言ったり、「0・5」、「半分」と言ったりするが、どれも同じものを表現している。では、「同じもの」って、いったい何だろう？　分数や小数、語句は、何らかの数学的概念の本質を表現し、その本質は、私たちが言葉で表現したあとも変わらない。私たちが花瓶に挿す花の一本一本、私たちが美術館に飾る絵画の一枚一枚、新たに掘られ、私たちが涙を見せる墓の一つ一つが、同じもの、言い表しにくいながらも驚くべきものを表現しているのではないだろうか。

＊＊＊

タラやご両親と知り合った直後に、私の人生につきものとなっている「甘く切ない気持ち」が最高潮に達した。そんなある晩、「longing（切なる思い）」と「Sufism（スーフィズム）」という言葉をグーグルで検索してみた。すると、「The Pain of Separation（別離のつらさ）」というタイトルのユーチューブ動画が出てきた。動画の画面には、ビルマの寺院群を空から撮った映像や、シドニーの空を背景にした建造物の連なりや、ブラジルの貧民街の映像、日本の芸者の白く塗られた頬をひと粒の涙が伝う映像などが流れ、音声として、スーフィズムの講師ルウェリン・ヴォーン＝リー博士のイギリスのウェールズなまりの明るい声が流れる。ヴォーン＝リー博士は「切なる思い」について話している。彼はこう語った。「さあ、そろそろふるさとに戻りましょう。さあ、そろそろ、あなたがいるべきところに帰りましょう。さあ、そろそろ、ほんとうのあなたに気づきましょう」

スーフィズムは、世界中で、さまざまなタイプの人々――多くはイスラム教徒だが、そうではない人もいる――によって、さまざまな形で実践されている。どの宗教にも神秘主義の一派があり、伝統的な儀式や教義を離れて、「神との直接的、集中的な交わり（接触）」を達成しようとしている。型にはまった宗教指導者などは、神秘主義者を、「頭が混乱している」、あるいは「異端である」、あるいはその両方だとして退けている。おそらく、教団を介さずに、直接「神」へと向かう人は、教団をつぶしかねないと恐れているのではないだろうか。「イスラム国」（を名乗るイスラム過激派組織）は、2016年以降、スーフィズム信奉者に対して集団処刑を行い、たくさんの人を殺害した。

幸いながら、たいていの神秘主義者は、アメリカ在住のスーフィズム講師ヴォーン＝リーのように、邪魔をされずに活動している。そして私は、インターネット上ですぐに彼を目にすることになった。ある動画では、彼はオプラ・ウィンフリーにこう語っている。「私たちは神を切に思います。ですが神のほうでも私たちを切に思ってくださっているのです」。これを聞いたオプラは椅子から飛び上がりそうになったように見えた。また2016年には、「別離と結びつき」というテーマで講演を行い、その数年後には、「世界に精神的な暗黒が到来する」と警鐘を鳴らしている。彼はいつも、スポットライトを浴びたいという願望はかけらもないような話し方をする。そしていつも同じように見える。いつも白い服を着て、「時間」とは無縁のように見えるのだ。彼は、細いメタルフレームの丸めがねをかけ、もの柔らかな話し方をする、地味にハンサムな男性で、よく「心の痛み」についての話や、「愛」についての話をしている。

彼はこう記している。「『longing（切なる思い）』というのは、自分は神のものであるという『甘美な痛み』のことです。心の中で『切なる思い』が目覚めたら、それが、（心の）ふるさとに行くための最も直接的な手段になります。『切なる思い』は、私たちの心の奥底にある、神と一体となって変貌を遂げることができる場所に、私たちを磁石のように引き寄せるのです。スーフィズムの神秘主義者たちが『切なる思い』の重要性をずっと強調してきたのは、それが理由です。偉大なスーフィー、イブン・アラビー(1165~1240年)は、こう祈ったそうです。『ああ主よ、私に栄養をお与えください。〝愛〟という栄養ではなく、〝愛されたいという願望〟の栄養を』。一方ジャラール・ウッディーン・ルーミーは、同じことを次のようなシンプルな言葉で表現しています。『水を探し求めるのではなく、渇きを覚えなさい』」

またヴォーン=リーは、「別離のつらさ」を心理的な経験ではなく、精神的な世界に入るきっかけと捉え直し、こう記している。「私たちは、どんなつらい道、心が傷つく道を歩んでも、結局は一つの根源的な苦痛、『別離のつらさ』を経験することになります。この世に生を受けた私たちは(中略)エデンの園から追放され、エデンの園との別離による『心の傷』を負うことになりました。ですが、私たちがその『苦しみ』を受け入れ、その『苦しみ』が私たちを内面の奥深くに導くのを許したら、その『苦しみ』は私たちを、どんな心理的な『癒やし』よりも深くまで連れていってくれるでしょう」

ヴォーン=リーは、ルーミーの言葉をよく引用する。ルーミーは抒情詩の分野で功績を残し、今日では、アメリカのベストセラーの詩人となっている(ただし、アメリカで一番人気のある英訳の詩集については、訳の正確性を疑う人もいる)。よく知られているように、ルーミーは、友人で師でもあった、タブリーズのシャムス・アル=ディィンを敬愛した。シャムスが失踪したときには(もしかすると、シャムスをねたんでいた、ルーミーの弟子たちに殺されたのではないだろうか）、悲嘆するあまり、廃人同然になったらしい。とはいえ、彼の心がはり裂けると、彼の中から「詩」があふれ出てきたという。そうした詩から（そして実際には、スーフィズムや、世界の神秘主義の言い伝えから）（注）、「『切なる思い』が神秘の中核を担っている。『切に思うこと』自体が癒しになる」という中心的な考え方が生まれたのだ。

ルーミーの詩のなかに、不可知論者で疑い深い私の心に、とくに響き渡るものがあった。それは「Love Dogs（愛のある犬たち）」という詩で、アラー（イスラム教における唯一神）に呼びかけている男を描いたものだ。その男は「アラー、アラー！」と呼び続けるが、そのうち、一人の皮肉屋がこう言う。「あんたが大声で呼んでいるのを聞いたけど、何か返事をもらったこと、あるのかい？」。皮肉屋は、どうしてわざわざそんなことをするのかと、問いただしたのだ。

男は動揺する。そして眠り込んでしまい、水先案内人ヒズルに会う夢を見る。ヒズルは男にたずねる。「どうして祈るのをやめたんです？」

男は答えた。「返事をもらったことがないからです」。たぶんこの男は、祈るのは時間の無駄だと思い、虚しい気分に陥ったのではないだろうか。

でもヒズルは、男にこう伝える。

あなたが表明したあの「切なる思い」が

返事のメッセージなのです。
あなたは、泣いてしまうような「深い悲しみ」に見舞われるでしょう。
その「深い悲しみ」が、魂の結びつきにつながるのです。
あなたは、助けが必要になるような
「つらい思い」をするでしょう。
その「つらい思い」が、秘密の杯《さかずき》になるのです。
主《あるじ》を思う犬の「クーンという鳴き声」に耳を傾けましょう。

（注）　神秘主義の中心になっているのは、次のような考え方だ。――神の不在は、信仰心の試金石になるわけではなく、むしろ、「神の愛」へと続く道になる。私たちは切に思うことで、切に思っているものに近づくことができる――。16世紀のキリスト教神秘主義者、アビラの聖テレサにとっては、神は「魂（人）を傷つける」存在だが、「魂（人）は、その美しい傷（が原因）で死にたいと切に願っている」という。16世紀のヒンドゥー教神秘主義者ミーラー・バーイーは、こんな詩を書いている。「返事はこないけれども、わたしは愛する神、親愛なるクリシュナ神に何度も手紙を送っている」（訳注　「クリシュナ神」は、ヒンドゥー教の三柱の主神の一つ）。現代の神秘主義者ジョージ・ハリスン（1943～2001年。ビートルズのメンバーだった）は彼の代表曲「マイ・スイート・ロード（愛《いと》しい主よ）」の中で、「切なる思い」をこう歌っている。「主よ、僕は何としてもあなたに会いたい。何としてもあなたと一緒にいたい。ほんとうにあなたに会いたいんだ。でも、それにはとても時間がかかる」

その「泣き声」が、主と犬をつなげるのです。
愛のある犬たちがいます。
その犬たちの名前は、だれも知りません。

その犬たちのように
あなたも生きていきましょう。

私はこの「皮肉屋」の中に、自分自身を見た。さらに、「ヒズルに会う夢を見る男」の中にも自分自身を見た。そしてこう思った。――この詩が私にこれほど深く訴えかけるのだったら、たぶんヴォーン＝リーの言葉も、同じように深く訴えかけるのでは……。私は彼にじかに会いたいと思った。それに、私には身をやつすほどの「疑問」があり、彼ならそれに答えることができるのではないかという思いもあった。私は「仏教」についても、スーフィズムと同じくらい読んで研究していたのだが、仏教の教えの多くが、「『切なる思い』は精神面におおいに役立つ」というスーフィズムの考え方と矛盾しているように思えたのだ。仏教では、「人生は苦である」と知ることが出発点となる（この「苦」については、サンスクリット語の「duḥkha（ドウッカ）」の解釈次第では、「不満」と考えることもできる）。そして「苦」の原因は、渇望（craving）（たとえば「富」や「ステータス」、「独占的な愛」といったものへの渇望)と、嫌悪(たとえば「傷ついた心」、「不快感」、「苦痛」といったものへの嫌悪)への「執着」であり、自由(あるいはニルヴァーナ〔涅槃〕)はそうした「執着」を捨てることで得られると、考えられている(訳注 「ニルヴァーナ(涅槃)」は、一切の煩悩から解放され、心の安らぎを得た状態のこと)。また、「執着」を捨てるには、「マインドフルネス瞑想」や「慈愛の瞑想」といったものを実践することが役立つとされている。こんなふうに、「執着」がない状態を理想とするなら、「切なる思い」を抱えるというのは、おおいに問題がある状態のように思える。ある仏教徒のウェブサイトにも、こう記されている。「私たちは、仏陀の教えにもとづいた修行を数多くこなしてからは、『切なる思い』を抱えるという心の状態は、よい結果を生まないと気づいて、気持ちを切り替えて『今実際にあるもの』に目を向けるようになっています」

どうすれば、こうした考え方と、スーフィーの詩との折り合いをつけられるのだろうか? ルーミーと仏陀は、相反する教えを提供しているのだろうか? スーフィズムの「切なる思い(longing)」は、仏教で「渇望(craving)」と呼ばれているものとは、別ものなのだろうか? 私はスーフィズムと仏教については、せいぜい「(たまに聴きに来る)聴講生」といった程度だ。でも、疑問の答えを知る必要があると思っていた。

私はヴォーン=リーが「ゴールデン・スーフィー・センター」という組織を運営し、カリフォルニア州バーリンゲームで、「Journey of the Soul(魂の旅)」というリトリートを開催していることを知った(訳注 ここでの「リトリート」は、日常生活から離れた環境で行う研修会のこと)。さっそく、アメリカを横断する航空便を予約した。

＊＊＊

リトリートは、39エーカー（約4万8000坪、一坪は畳2枚分）の敷地にある女子修道院で開催された。この修道院は、カソリック女性の宗教団体「シスターズ・オブ・マーシー」の施設だという。修道院の窓はステンドグラスで飾られ、壁にはイエスや（イエスの母）マリアの絵が、地味な色彩で描かれている。私は、修道女用の個室に入った。細長い長方形の部屋で、空気がちょっとムッとしたが、ちり一つないほど清潔だ。グレーのカーペットが敷いてあり、木製の机が置かれている。この手の部屋によくあるタイプの洗面台が、むき出しの壁に取りつけられている。私は飛行機で着ていた服を着替えようと思った。でも、カバンの中の服はどれもしわくちゃだ。個室の小さなクローゼットには、アイロンは見当たらない。私は思った。――このサンドレス、人前で着るにはしわしわすぎるかしら？　部屋には鏡が一つだけあるけれど、サイズが車のバックミラーぐらいだし、洗面台の上の高いところにかかっている。でも、もしかすると、この椅子に立って鏡を見たら、私がどんな感じに見えるかわかるかも……。ところが、その椅子はロッキングチェアであることが判明した。私は勢いよく床に投げ出されたのだ。そしてざらざらしたカーペットに四つんばいで着地した。鏡でチェックするのはあきらめて、しわしわのワンピースに着替えた。

そして部屋をでて、会場に向かった。会場は広々とした大ホールで、この日は300人ほどが集まることになっていた。私は早めに到着した。ところが空席はわずかしか残っていない。何列もの椅子が、格安飛行機の機内のように、くっついたままぎっしり並んでいる。ようやく、二人の女性のあいだに埋もれていた空席を見つけて腰を下ろした。座席があまりにも窮屈なので、じっと座っていても、お隣さんに触れずにいるのがむずかしいし、じっとしたまま、質素なステージを見るのもむずかしい。ステージは高さがあまりなく、袖のほうに日本の屏風《びょうぶ》や花を生けた花瓶が置かれている。ほとんどの人が目を閉じて座っていて、リトリートが始まるまでにまだ15分もあるのに、おしゃべりをする人はだれもいない。

一方、ヴォーン＝リーは目を開けている。彼は肘かけ椅子に座り、ごま塩ひげをさすりながら、私たちを穏やかに眺めている。私が動画で見たときと同じような、細いメタルフレームの丸めがねをかけ、同じような、優しく知的な表情をし、同じような白い服を着ている。会場は、静かながらも緊迫した雰囲気に包まれていた。

ヴォーン＝リーがようやく話し始めた。それからは、さまざまなことについて、とくに、スーフィーたちの言う「旅（遍歴）」について話をした。彼にとっては、それが最も興味深いもので、その旅には三つの段階があるという。旅の第一段階は、「神から始まる旅」で、この段階では、そもそも人間は、かつて「神との一体化」を果たしていたことを忘れている段階だという（私は、最近までこの段階にあったと思う）。第二段階の「記憶（回想）の旅」は、中間の時期で、ヴォーン＝リーはこの時期についてこう語っている。「（この時期に）みなさんは光を探し始めます。自分の役に立つ祈りの言葉や修行法を探し始めるのです。西洋では、そうした状態は「スピリチュアル・ライフ」として知られています。みなさんが魂とつながるための手法が、東洋から西洋に数多く入ってきています。人それぞれに、自分に合った祈り方や、賛美のしかたがあるものです。ですから、みなさんは『スピリチュアルティーチャー（精神の師）』を見つける必要があるでしょう」。そして第三段階の「神のなかの旅」では、「みなさんは次第に、神の神秘の奥深くへと導かれることになります」

「みなさんがこうした旅をするには、エネルギーやパワーの源になるものが必要です。みなさん一人の力では十分ではないのです。道教では、『気』がそれに当たるでしょう。『気』というのは生命力、あるいは、『道』という万物の根源的なエネルギーに波長が合っている状態のことで、あなたはこれを育てることができます。仏教では、『純粋意識』がそれに当たるでしょう。スーフィーたちは、生きものが持つ最大のパワー『愛のエネルギー』を使っています」（訳注　「道教」は、中国の漢民族に古くから伝わるさまざまな宗教的伝統に、道家思想や仏教思想などを取り入れた複合的な土着宗教。「道」は「宇宙の秩序を保つ力や真理」と考えられている。民間信仰の道教は、祖先の霊に対する崇敬や、不老不死の探求などを特徴としている）

彼が「愛」のことに触れると、私はアフラを思い出した。彼女はキビキビしていて、有能で、問題解決能力が高いように見える。イランで育ったので、「すべての生きものが愛を必要としている」というスーフィーの考え方をよく知っていたが、今でもまだスーフィズムがさかんに実践されていることは知らなかった。彼女は、「愛」と「切なる思い」をうたったスーフィーの詩人たちの名前を出して、夢見るように私にこう言ったのだ。「私、ルーミーが体験したことを体験したいと思った。ハーフェズが体験したことを体験したいと思ったの。彼らはとても幸運だわ。だって彼らはああいう時代に生まれたんだから。私は、あの時代には行けなかった」（訳注　ハーフェズ（1325〜89年）はイランの詩人。『ハーフェズ詩集』（黒柳恒男訳、平凡社、1976年）は東西の文化に影響を与えた）

こうしたこともあったので、私は教祖的存在を警戒しているにもかかわらず、このリトリートに引きつけられたというわけだ。ヴォーン＝リーはときおり、あるスーフィーが語った「徒弟というものは、師の足元のちり（ごみ）以下の存在になる必要がある」という言葉を引き合いに出し、彼自身の師イリーナ・トウィーディー（1907〜99年）への献身的愛情について語ることがある。ヴォーン＝リーが伝えようとしていたのは、師には、生徒が「エゴを捨てる」という重要な精神的課題を達成できるよう手助けする役割がある、ということではないだろうか。だが、「師」といっても、同じ「誤りを犯す人間」であることに変わりはない。私としては、同じ「人間」に権力を明け渡すような考え方は、好きになれない。

そうは言うものの、私は、ヴォーン＝リーの動画をいろいろ見てきて、彼への愛情を感じている。ただし彼によれば、こうした愛情が、インターネットを通じて伝わることはないらしい。私は、こんなことを考え始めた。――もしヴォーン＝リーに私の師になってもらえたら……、もしかすると、私は「教祖嫌い」を克服できるかもしれないし、サンフランシスコ・ベイエリアに出張するときに、ゴールデン・スーフィー・センターに立ち寄れるのではないだろうか……。そして、ヴォーン＝リーが目の前で、爆弾宣言をしている今になっても、まだそうしたことを考えている。彼は、口調も態度も変えずに、爆弾を落としてきた。何をしゃべるときにも、同じように思慮深い口調でしゃべるが、このときもその口調でこう言ったのだ。「私は30年にわたって教師を務めてきましたが、もう疲れてしまって、続けることができません」。彼は仕事を終わりにした。もう終わったのだ。彼の説明によれば、スーフィーの教師のほとんどが30〜40人の生徒を抱え、生徒の入れ替わりを繰り返しながら15〜20年にわたってその仕事を続けるそうだ。彼は、もっとたくさんの人に手を差し伸べたいと思い、最終的には800人の生徒を引き受けたという。

ヴォーン＝リーは私たちにこう伝えた。「数千年にわたって、スーフィーたちのあいだで知られている『神聖な転換』の秘訣を教えるのが、私の仕事です。以前は、『愛』をマスターした人たちが、アメリカで教師の仕事をすることはありませんでした。アメリカで教えるようになったのは、ここ数十年のことです。私はそうした状況をできる限り長く保とうと努めました。ですが、かつては存在していた私の一部が、燃え尽き、枯渇してしまいました。みなさんが目にしているのは、衰弱している教師なんです。私は師の足元で学ぶことに15年を費やし、その経験を通じて財産を作りましたが、もうその財産を使い果たしてしまったんです。私は、自分がチャンスを与えた方全員が、『魂の旅』をコンプリートするのに必要なものを、確実に手に入れてほしいと思っていました。私はそれを約束しました。でも、みなさんが必要なものは、もう授けました。それを、これから使ってください。それを実践してください」

ここに集まっている人の多くが、ヴォーン=リーを何年も信奉してきた。彼の言葉を聞いて、彼女たちは感情を爆発させ、こんな疑問の声を噴出させた。——あなたは、「道は続く」とおっしゃった。あなたがいなくなったら、それはどうなるんでしょう?

ヴォーン=リーは彼女たちにこう伝えた。「私は大丈夫だと思っています。つながりはこれからも維持しますから。私はこれからもみなさんのことが大好きでしょうか? はい、もちろんですとも! 私はいつだってみなさんのことが大好きです! では、私はこれからもビッグダディーでしょうか? いいえ、それはちがいます」

質問はさらに続いた。冷静に質問する人もいれば、今にもパニックに陥りそうな人もいた。ヴォーン=リーは根気よく答えていた。だがしばらくすると、彼のほうが、少しばかり感情を爆発させた。「この老いぼれに、『内にこもる自由』をください!」。彼は叫んだ。「それが、現存する、最も内省的な精神修養法なのです。そうした自由があれば、何かがはじけることになるでしょう。みなさんが『内にこもる自由』をくださるなら、私はとてもありがたく思います。でも、もしみなさんが私を攻撃してくるなら、私はバリアと壁をつくって、優しい天使たちに私をお守りくださるようお願いするでしょう」

午前の部が終わってヴォーン＝リーが舞台から降りた。私は彼が思っていたより老けて見え、ちょっと太っていて、体の動きがやや緩慢であることに気づいた。私は参加者たちの「深い悲しみ」を吸収して、私自身の「深い悲しみ」に混ぜ込んだ。何しろ私は、彼を見つけ出したとたんに、彼を失ってしまったのだ。彼とは、オンライン上の、一方通行の関係ではあったが、おなじみのビタースイートな思い、――今回は「別離のつらさ」――が波のように押し寄せるのを感じていた。彼がいるというだけで、彼なら、自分が「愛にあふれる」という何かピュアな状態に近づくのを手助けしてくれるんじゃないかと思わせるようなところがある。もしかすると、彼は私の「師」になってくれたかもしれないが、彼のところに行き着くのが1世代（30〜35年）ほど遅かった。

＊＊＊

ランチを食べながら、ヴォーン＝リーの生徒さんの何人かとおしゃべりをした。彼女たちのなかには、彼が仕事を辞めることを知っていた方もいれば、ショックを受けている方もいた。みんなの意見が一致したのは、彼が「ただものじゃない」ことだった。彼女たちによれば、スピリチュアルティーチャーのなかには不評を招いたり、不祥事を起こしたりする人も多いが、ヴォーン＝

リーはそういう人たちと違って、金持ちになることも、女の子を追いかけることもなかったという。そして奥さまのアナットを裏切るようなことはなかったし、名を広く知られるだけのカリスマ性を備えているのに、有名になろうとはしなかったという。そういえば、私も、彼の動画を偶然見つけたときに、彼のもの柔らかな語り口はとても魅力的だから、もっと有名でもいいはずなのにと、不思議に思ったものだ。そして今では、彼にとって800人の生徒——つまり、800の魂——は、面倒を見るにはとても大きな数だったことを知っている。彼は休むべきなのだ。私は結局、彼に接触するのはやめることにした。

ところが、この日のプログラムの最後に、彼が質疑応答の時間を設けたので、私は立ち上がって、スーフィズムと仏教の違いについて質問するチャンスを得た。そしてこう伝えた。「私がここにやって来たのは、『切なる思い』についてのあなたの動画を見たことがきっかけでした」

彼は興奮した面持ちで私を見た（だから、私に親近感を抱いていると思いたかった）。

彼はこう説明した。「『切なる思い（longing）』というのは、渇望（craving）とは違います。魂による渇望なのです。私たちは『ふるさとに帰りたい』と思います。アメリカ社会では、そう思うのは、落ち込んでいるからだと勘違いされます。ですが、そうではありません。スーフィズムの世界には、こんな言い習わしがあるんです。『スーフィズムでは、まず〝心の痛み〟を経験する。そしてそのあとになって初めて、それが、何か書きたいものへと変化する』」

この答えは、私が彼の講義や文章から収集した情報を裏づけるものだった。私が好きな彼の文章の一つに、次のような一節があり、その中で「切なる思い」は、「不健全な渇望」ではなく、「愛を女性的に表現したもの」だと説明されている。――創造されたすべてのものに言えることですが、「愛」にも二面性があり、ポジティブな面とネガティブな面、男性的な面と女性的な面があります。男性的な面は、「あなたを愛している」と思い、女性的な面は「あなたを待っている、あなたを切に思っている」と思います。神秘主義者にとっては、自分たちを神の元に連れ戻してくれるのは、「愛の女性的な面」であり、「切なる思い」であり、「満たされるのを待つ杯」なんです。（中略）私たちアメリカ人の社会は、女性的な面をあまりにも長く受け入れてこなかったので、私たちは「切なる思い」の秘めた力に触れることがなくなってしまっています。こうした「心の痛み」を感じている人がたくさんいるのに、その価値を知らずにいます。それが、「愛」――心の最も奥にある「愛」――への接続便だということに気づいていないのです。

そして彼は、私にじかにこう語った。「もしあなたが『切なる思い』に見舞われているなら、それを味わいましょう。あなたが間違った方向に行くことはありません。もし、神のところに行くおつもりなら、魂の中の甘美な悲しみも一緒に連れていってください」

＊＊＊

では、『マディソン郡の橋』のフランチェスカとカメラマンの物語が、何百万という人々の心に響いたのは、結局、どういうことなのだろうか？

あなたは、自分自身の恋愛として、彼らのような「切なる思い」を抱いたら、自分は間違っているると思うのではないだろうか。もしかすると、間違っているかもしれないし、間違っていないかもしれない。もちろん、あなたの恋愛のことは、私にはわからない。

でも、恋愛の最もわかりにくい側面はわかっている。それは、たいていの長続きする恋愛は、自分の「切なる望み」がやっと叶ったという確信からスタートするということだ。スタート時点で、仕事はもう済んだ、夢が実現した、自分の恋愛対象の中に「完全で美しい世界」が体現されている、と確信するのだ。でもそれは、求愛の段階であり、理想化の段階であり、ある特定のすごくいい時期のあいだ、あの別世界に到達して、あなたとパートナーが一体化する段階なのだ。この段階では、精神的な愛と、性的な愛の区別がほとんどない。多くのポップ・ソングが初めて性的関係を持ったときのことを歌っているのは、それが理由だ。とはいえ、そうした曲は、ただ性的な愛を歌った曲として聴くのではなく、超越したいという「切なる思い」を歌った曲として聴いたほうがいいだろう（ヴォーン＝リーによれば、西洋のラブソングの起源は、中世の十字軍時代に、東方に旅して、スーフィーの歌――神への「切ない思い」を歌った歌――の影響をうけた歌人「トルバドゥール」たちだという（訳注「トルバドゥール」は、中世のフランスなどで、オック語で叙情詩を歌った詩人や作曲家、歌手の総称。彼らの詩の多くは、騎士道と宮廷の愛をテーマにしたもので、とくに、結婚した恋人を思う真実の愛の歌が有名）。「十字軍」は、11世紀末から13世紀末にかけて、西欧カトリック諸国が、聖地エルサレムをイスラム教諸国から奪還するために派遣した遠征軍）。スーフィーたちは女性の頬や眉、髪へのイメージを、「神への愛」のメタファーとして使っていたそうだ。トルバドゥールたちは、そうしたメタファーを「神への愛」ではなく、文字通り、肉体への（性的な）愛だと受け止めて、西洋の女性たちに、月明かりに照らされた窓の下で、セレナーデを歌うのに使ったという（訳注　「セレナーデ」は、恋人のために窓下などで演奏される楽曲のこと）。

恋愛しているあいだも「実生活」があるので、二人の協力関係をどうするかとか、家事をどうするか、といった日々の交渉がうまくいかなくなったり、人間の心理の限界が試されたりすることになる。ときには、「愛着スタイル（アタッチメント・スタイル）」や何にこだわるかが、相手とまったく異なるために、問題に直面することもある。たとえば、あなたは彼と親密な関係になって、スキンシップをとろうと必死になっているのに、彼はそうしたことを本能的に避けていると気づくかもしれない。あるいは、あなたは徹底したきれい好きなのに、彼女はずぼらだとか、あなたは威張るタイプなのに、彼は踏みつけられてもじっと耐えるタイプだ、あなたは約束の時間に遅れるタイプなのに、彼女は度がすぎるほど時間厳守だといった違いが、判明するかもしれないのだ（訳注　「愛着スタイル」は、他人との関わり方における基本的な傾向のこと。人の性質を「愛着」の観点から分析して、カテゴリー分けしたもので、人間関係の構築に大きな影響を与えている。多くの場合、子ども時代の環境や愛情の受け方によって決まると言われている。愛着スタイルには、「安定型」、「回避型」、「不安型」、「不安と回避の混合型」の四つの種類がある。それぞれ、次のような特徴があるが、人は基本的に、複数の愛着スタイルの要素を持っている。

「安定型」――自分も他人も信じ、愛することができ、安定した人間関係を築ける。

「回避型」――親密な人間関係にストレスを感じやすく、一人の時間を大切にする。

「不安型」――「見捨てられる」という不安が強く、相手の気持ちが気になって無意識に顔色をうかがう傾向がある。

「不安と回避の混合型」――「不安型」と「回避型」の要素を併せ持ち、つかみどころのない印象を与える傾向がある)。


あなたとパートナーがどれほど健全な恋愛関係にあっても、ふたたび「切なる思い」を抱えることはよくある。あなたが「切なる思い」を抱えながら、子どもを育てたいと望むなら、それも可能だ。あなたとパートナーが内輪のジョークを言い合い、休暇に出かけるお気に入りの旅行先を共有し、お互いに称賛し合い、ベッドを共にすることもできる。二人で旅行しているときに、パートナーが背中を痛めたら、あなたは初めての町で、温熱湿布を探して、通りを歩き回ることもできる。パートナーとどんなにいい関係にあっても、それでもまた、遠い夢の世界に行って戻って来ることがときどきあるのだ。

だが、あなたとパートナーとの恋愛関係は、あなたが切に望んだ通りの関係に近づくものの、その通りにはならない可能性が最も高い。ヴォーン=リーもこう語っている。「相手との親密な関係を求めている人は、そうした『切なる思い』に対処しようとします。そういう人は、相手が自分を満足させてくれると考えています。ですが、実際に相手にすっかり満足させてもらったことがある人なんて、私たちの中にいったいどのくらいいるでしょう? もしかすると、少しの間なら、そういうこともあるかもしれませんが、長くは続きません。私たちは、自分をより満足させてくれるもの、より親密な関係を欲します。私たちは『神』を欲します。『切なる思い』を通じて『神』のところへ行ける可能性はありますが、だれもが、『切なる思い』という、底知れぬつらさを味わう勇気があるわけではありません」

あなたが「無神論者」や「不可知論者」なら、こうした「神を欲する」といった話題には、抵抗を覚えたり、イライラしたりするのではないだろうか。あなたが「信心深い方」なら、「神を欲する」のは、当たり前のことに思えるかもしれない。あるいは、あなたは両者のあいだのどこかにいるのかもしれない。C・S・ルイスは、つねに「ビタースイート」な存在が自分を呼ぶ声が聞こえ、30代のころには、キリスト教の熱心な信奉者になっていたが、最終的には、次のような結論に達している。――私たちが空腹を覚えるのは、食べものを食べる必要があるからで、私たちがのどの渇きを覚えるのは、飲みものを飲む必要があるからだ。だから、もし私たちが、この世界では満たすことができないような「慰めようもないほどの切なる思い」を覚えたなら、それは私たちがもう一つの神聖な世界の一員だからにちがいない。

ルイスは、文学作品の中で最も見事な文章と言ってもいい一節の中で、次のように記している。

私たちが最もよく使う手は、（「切なる思い」を）「美しいもの」と呼んで、あたかもそれが、問題を解決したかのように振る舞うことだ。（中略）とはいえ、書籍や音楽は、私たちが「美しいもの」が見つかると思ってあてにすると、私たちを裏切ることになるだろう。「美しいもの」は、そうしたものの中にあったのではなく、そうしたものを通じて伝わっただけのことだし、伝わったのは「切なる思い」だったのだ。「美しいもの」とか、「私たち自身の過去の記憶」といったものは、私たちが心から欲しいと強く望んでいるものに対するよいイメージにすぎない。それなのに、そうしたイメージでしかないものを、自分が望んでいるものそのものだと勘違いしたら、「美しいもの」や「過去の記憶」はつまらない偶像と化し、そうしたものの崇拝者たちの心を引き裂いてしまう。なぜなら、そうしたものは、望んでいるものそのものではないからだ。そうしたものは、私たちがまだ見つけられずにいる花の「香り」であり、私たちにまだ聞こえずにいるメロディーの「残響」、私たちがまだ訪れたことのない国からの「たより」でしかない。

私としては、無神論者と信仰のある人を区別しないのが、ビタースイートの伝統だと信じている。「切なる思い」は、神ヤハウェやアラー、キリスト、クリシュナを通じて伝わるし、書籍や音楽を通じても伝わるのではないだろうか。どちらから伝わる「切なる思い」も同じように神聖なものと言えるし、神聖なものは一つもないとも言え、両者を区別しても意味がない。どれも「切なる思い」に変わりはないのだ。あなたが大好きなミュージシャンのコンサートに行って、そのミュージシャンが、体に電気が流れるような曲を歌うのを聴いたら、「切なる思い」が伝わる。

あなたが恋人と会って、お互いにキラキラ輝く目で見つめ合ったら、「切なる思い」が生まれる。あなたが5歳の娘さんにおやすみのキスをし、彼女があなたをしっかりと見て、「わたしをこんなに愛してくれてありがとう」と言ったら、「切なる思い」が生まれる。どの「切なる思い」も、同じ宝石のカット面の一つなのだ。もちろん、午後11時になったら、コンサートは終わってしまうし、あなたは混雑した駐車場で自分の車を見つけなければならない。そしてあなたと恋人は完ぺきな関係にはならないだろうし、そもそも恋人がいないかもしれない。そしていつか、あなたの娘さんが落第して、高校2年に進級できず、「パパなんて大嫌い」と告げる日がくるかもしれない。

でも、こうしたことは予測できることでもある。だからこそ、フランチェスカの物語には、あの終わり方しかなかったのだ。彼女は、カメラマンと一緒になっても、その後ずっと幸せに暮らすことはできなかった。なぜなら、彼は「現実の男」の象徴ではなく、「完ぺきな男」の象徴でもなく、「切なる思い」そのものの象徴だったからだ。『マディソン郡の橋』は、人が自分の「エデンの園」を垣間見たひとときを描いた物語だった。結婚とか情事についての物語ではなかった。「エデンの園」を垣間見ることのはかなさについての物語であり、なぜ、それを垣間見るひとときが、あなたが経験するほかのどんなひとときよりも大切なのかを伝える物語だったのだ。

第3章
「創造力」は「悲しみ」や「切なる思い」、「超越する力」と関係があるのか？

どんな「苦痛」であれ、あなたが取り除けないものがあるなら、
それを、あなたの創作のために捧げよう。

僕たちいろいろあったけど、そのことを笑って、
泣いて、また泣いて、また笑いはじめるときが来た。
――レナード・コーエン「ソー・ロング・マリアンヌ」より

世界的に偶像視された、詩人にしてミュージシャンのレナード・コーエンは、１９４４年、９

歳のときに父親を亡くした。彼は哀悼の詩を書き、父親のお気に入りの蝶ネクタイを切り開き、その中に詩を書いた紙を入れ、モントリオールにある自宅の庭に埋めた。それが、彼の最初の「芸術的な表現行為」だった。その後、60年にわたるキャリア——のちにグラミー賞の特別功労賞「生涯業績賞」を受賞したキャリア——のなかで、そうした表現行為を何度も繰り返し、「心の痛み」や「切なる思い」、「恋」をうたった何百もの詩を書き残すことになる。

コーエンはよく知られているように、ロマンチストでセンシュアル（官能的）、そして大の女好きだった。カナダのシンガーソングライター、ジョニ・ミッチェル（1943年〜）は、かつて彼を「ブドワール詩人（「淑女の寝室」詩人）」と呼んでいた。彼は、催眠術にかかっているようなバリトンの声と、シャイなカリスマ性の持ち主だった。だが、女性と恋仲になっても、長続きしたことが一度もない。彼の伝記を書いたシルヴィー・シモンズも語っているように、アーティストとしての彼は「切に思っているときが、一番うまく生きることができた」のだ。

たぶん彼の最大の恋は、ノルウェー人のすてきな女性マリアンヌ・イーレンとの恋だろう。彼女とは1960年代にギリシャのイドラ島で出会った。そのころは、この島には、世界各地からやってきた自由奔放なアーティストたちのコミュニティができていた。当時のコーエンは作家だった。だから、その後60年にわたって、自分の詩を曲に乗せることになろうとは、夢にも思わなかっただろう。彼は毎日、午前中はせっせと小説を書き、夜には、彼女のほかの男との息子のために、子守歌を弾いた。彼らは家族のように仲よく暮らした。彼はのちに、イドラでの日々についてこう語っている。「まるで、まわりのだれもが、若くて、きれいで、才能にあふれ、金の粉かなにかをつけてるみたいだったよ。まわりのだれもが、特別な能力、ユニークな能力を持っていた。こういうのって、もちろん、青春時代の感覚だけど、イドラ島の美しい環境の中では、そうした能力が全部拡大されたんだよ」

しかし最終的には、レナードとマリアンヌはイドラ島を離れることになった。彼はカナダで生活費を稼ぐため、彼女は家庭の事情でノルウェーに帰るためだった。その後も二人は、一緒に過ごすことを試みたが、長続きさせることはできなかった。彼はニューヨーク市に移住してミュージシャンになり、彼にとってほんとうはしっくりこなかった世界に呑みこまれた。彼はのちにこう語っている。「イドラ島で暮らしたことがあるなら、もうほかのどこにも住めないね。イドラ島も含めて」

彼は彼の人生を生き、マリアンヌは彼女の人生を生きた。それでも彼女は、彼を最も象徴する曲――つまり別れを告げる曲――のいくつかを引き出した。そうした曲には、「ソー・ロング・マリアンヌ（じゃあまたね、マリアンヌ）」とか「Hey, That's No Way to Say Goodbye（ねえ、そんなさよならの言い方はないんじゃない）」といったタイトルがついている。彼は自分の曲についてこう語っている。「なかには（歌詞の中で）『こんにちは』を言いがちな人もいるよね。でも僕は、別れの言葉を言うことのほうが多いね」。彼が82歳で亡くなる3週間前にリリースされ、最後の大ヒットとなったアルバムには「ユー・ウォント・イット・ダーカー（あなたはもっと暗くなるのをお望みだ）」

というタイトルがついている。

彼の作品が大好きな人たちでさえ、このアルバムは重苦しいと語っている。彼のレコード会社の一つはふざけて、このアルバムに景品としてかみそりをつけた。だが、そういうのは、彼に対する限定的な捉え方でしかない。ほんとうは、彼は「暗」と「明」をうたう詩人であり、彼の最も有名な曲で表現しているように、「冷たく、壊れたハレルヤ」をうたう詩人なのだ。私には、彼がこう言っているように見えた。――どんな「苦痛」であれ、あなたが取り除けないものがあるなら、それを、あなたの創作のために捧げよう。

＊＊＊

「創造力」は、何らかの謎の力を通じて、「悲しみ」や「切なる思い」と関係しているのだろうか？この問いは長いあいだ、「創造力」の研究者からも、ただの観察者からも提起されてきた。そしてデータは、その問いの答えが「イエス」であること（それに、アリストテレスの直感――芸術分野で「憂うつ質」の人が目立つのはなぜかという疑問を通じての直感――が正しかったこと）を示している。心理学者マービン・アイゼンシュタット（1936年〜）が、創造的な分野の第一人者573人を対象として行った初期の有名な調査では、「創造力がとても高い人々」の中で、コーエンのように、子どものころに親を亡くしている人の割合が驚くほど高かった。25％の人が、10歳までに、親の少なくとも一人を亡くしている。「15歳まで」となると、その割合は35％に達し、「20歳まで」となると、なんと45％に達している！

また、別のいくつかの調査で、創造力のある人々は、親がかなりの高齢になるまで存命していた場合でも、「悲しみ」を抱くことがかなり多いことがわかっている。ジョンズ・ホプキンス大学の精神医学教授ケイ・レッドフィールド・ジャミソン（1946年〜）が1993年に行った調査によれば、芸術の分野で仕事をしている人々は、それ以外の人々に比べて、気分障害を抱える確率が8〜10倍にのぼったという（訳注　「気分障害」は、精神障害のうち、長期間にわたって「悲しみ」で過度に気持ちがふさぎ込む（うつ病）、喜びで過度に気持ちが高揚する（躁病）、またはその両方を経験する感情的な障害のこと）。アメリカの作家クリストファー・ザラ（1970年〜）は、著書『Tortured Artists（苦悩するアーティストたち）』で、ミケランジェロやマドンナなど、48人のアーティストのプロフィールを紹介している。彼は、そうしたアーティストたちの精神状態を調べるうちに、彼らの人生の物語からは、かなりの量の「苦痛」や「苦しみ」が伝わることに気づいた。2017年には、経済学者のカロル・ジャン・ボロヴィエツキが経済学雑誌『レビュー・オブ・エコノミクス・アンド・スタティスティクス』に「How Are You, My Dearest Mozart? Well-Being and Creativity of Three Famous Composers Based on Their Letters（最愛なるモーツァルト、お元気ですか？　有名作曲家3人の書簡にもとづいた、彼らの「幸福」と「創造力」についての考察）」という興味深いタイトルの論文を発表している。ボロヴィエツキは言語分析ソフトを使って、モーツァルトとリスト、ベートーベンが一生のあいだに書いた1400通の書簡を調べ上げた。彼は、書簡で、ポジティブな感情（「幸せ」などの言葉で示したもの）とネガティブな感情（「深い悲しみ」などの言葉で示したもの）に言及されている箇所を探し出し、そうした感情が、その書簡が書かれた時期に作られた曲の量や質に、どの程度関係しているかを調べた。その結果、作曲家たちの「ネガティブな感情」が、彼らの作曲する曲の量と相関関係にあるばかりか、「ネガティブな感情」から、作曲する曲を予測できることがわかった。ただし、どんなネガティブな感情にも、そうした影響力があったわけではない。第2章でお伝えした通り、「短調の曲」について調べた研究者たちは、ネガティブな感情を表現した曲の中で、私たちの気分を高めるのは、「悲しみ」を表現した曲に限られると気づいている。ボロヴィエツキも、同じようなことに気づき、こう記している。「ネガティブな感情の中で、『創造力』を駆り立てるのは、主に『悲しみ』である」

興味をそそる実験をもう一つ紹介しよう。コロンビア大学ビジネス・スクール教授モドゥペ・アキノラ（1974年〜）は、実験に参加してくれる学生を集め、彼らの血液を採取して、デヒドロエピアンドロステロン・サルフェート（DHEA-S）というホルモンの血中濃度を測定した。このホルモンには、コルチゾールのようなストレスホルモンの働きを抑制して、うつ状態に陥るのを防ぐ働きがある（訳注　「ストレスホルモン」は、ストレスを受けたときに、脳からの刺激を受けて分泌されるホルモン。ストレスホルモンの分泌は、身体の防御反応だが、過剰に分泌されると心身の不調につながる。コルチゾールの血中濃度が異常に高くなると、うつ病、不眠、生活習慣病などのリスクが高まる）。アキノラは次に、学生たちに、就きたいと夢見ている職業について、聴衆の前で話をするよう依頼した。彼女はひそかに、話をする学生たちを、聴衆がうなずいたり笑顔を見せたりして好意的に反応する学生と、聴衆が顔をしかめたり首を横に振ったりする学生に振り分けておいた。彼女は、話を終えた学生に、「気分はどう？」とたずねている。当然ながら、聴衆から好意的な反応を受けた学生たちのほうが、「自分の話は失敗だった」と思った学生たちよりも、気分がよかった。その後、彼女は学生たちに、コラージュを制作するよう依頼し、プロのアーティストたちが、でき上がったコラージュ作品の創造性を評価した。その結果、好意的ではない聴衆に直面した学生たちのほうが、笑顔を向けられた学生たちよりも、コラージュの出来がよいことが判明した。また、すべてのコラージュの中で、最高のコラージュを作ったのは、ネガティブな反応を受け、なおかつDHEA-Sの血中濃度が低かった学生たち――つまり、ネガティブな感情にとらわれやすく、聴衆から受け入れられなかった学生たち――だったという。

また別のいくつかの実験で、「悲しい気分」に見舞われると、注意力が高まることがわかっている。私たちが悲しい気分のときには、集中力が増して細かいことにも気づくようになるので、記憶力も高まり、認知バイアス（思考や判断の偏《かたよ》り）を訂正することもできるという。ではそうした実験結果の一例を紹介しよう。ニューサウスウェールズ大学（オーストラリア）の心理学教授ジョセフ・フォーガスの実験では、曇りの日に店で品物を見た実験参加者たちは、晴れた日に店で品物を見た参加者たちよりも、見た品物をよく思い出せたという。また、気分が悪いときに（悲しい思い出に意識を集中するよう依頼されたあとに）自動車事故を目撃した参加者たちは、幸せだったときのことを思い浮かべていたときに自動車事故を目撃した参加者たちよりも、事故についてよく記憶していたという（注）。

もちろん、これらの実験結果には、さまざまな原因が考えられる。フォーガスの実験結果が示している原因は、注意力が高まったことだろう。あるいは、ネガティブな感情に見舞われると、「我慢強さ」や「粘り強さ」が増し、なかには、そうしたものを創造的な活動に生かせる人もいる、ということではないだろうか。また、別のいくつかの調査（実験）によれば、逆境に陥っている人たちには、「想像の世界」という内面の世界に閉じこもる傾向が見られるという。

どんな考え方をするにせよ、私たちは、「暗やみ」が創造的な活動に通じる一番の「きっかけ」、あるいは唯一の「きっかけ」になると勘違いすべきではない。結局のところ、「多血質」タイプ（楽観的なタイプ）のアーティストはいくらでもいるのだ。気分がいいときのほうが、ひらめきが得られやすいことを示す実験結果もいくつかある。また、臨床的うつ病——これは、すべての「光」が消された「感情的ブラックホール」と考えていいだろう——に見舞われたら、創造力を失うこともわかっている。コロンビア大学の精神医学教授フィリップ・マスキンも、月刊誌『アトランティック』でこう語っている。「創造力のある人々も、落ち込んでいるときには創造力がない」

むしろ「創造力」については、「ビタースイート」というレンズ——つまり、「暗やみ」と「光」に同時に対処するレンズ——を通して見たほうが有益ではないだろうか。「苦痛」イコール「アート」ではない。「創造力」のある人には、「苦痛」を直視する力、そして、それをもっといいものに変えようと決意する力がある。コーエンの物語が示す通り、「苦痛」を「美しいもの」に転換しようという探求心が、芸術的な表現行為への最大の「きっかけ」になるのではないだろうか。シルヴィー・シモンズはこう記している。「彼は、（中略）『暗やみ』にいると、居心地がよかった。だから、そこでものを書き、そこで仕事をした。でも、結局、暗やみにいるのは、ほんとうは『光』を見つけるためだった」

実際、「はじめに」でお伝えした通り、「ビタースイート」レベル診断テストの予備調査で、このテストの高得点者には、「夢中になりやすい」傾向があることがわかっている。そして別のいくつかの調査で、「夢中になりやすい」という資質から、「創造力」があると予測できることがわかっている。ワシントン大学ビジネス・スクールの教授クリスティーナ・ティン・フォンによれば、ポジティブな感情とネガティブな感情を同時に抱える人たちのほうが、飛躍的な発想をした

（注）ついでに言えば、悲しい気分のときに自動車事故を目撃した実験参加者たちのほうが、紛らわしい質問をする（たとえば、事故現場には、実際には「譲れの標識」しかなかったのに、「あなた、一時停止の標識が見えなかったんですか？」といった質問をする）ことをうまく避けることができたという。また、実験参加者に犯罪容疑者たちのビデオテープを見せて、有罪の容疑者と無罪の容疑者を識別してもらう実験を行ったところ、悲しい気分のときにビデオテープを見た参加者たちのほうが正解率が高かったという。そうした参加者たちは、「ハロー効果」――私たちがルックスのいい人を「賢くて優しい人にちがいない」と思い込んでしまう現象――に引きずられる確率が少なかったそうだ。フォーガスは、「悲しみ」には、私たちに誤りを悟らせるような働きがあるのではないかと考えている。

り、一見関係がないように見えるコンセプト間のつながりに気づいたりするのが得意だという。彼女は2006年に行った実験で、参加者たちに、映画『花嫁のパパ』（1991年のアメリカのコメディー映画）のビタースイートなシーン――若い女性が、もうじき結婚式を挙げる喜びと、子ども時代を卒業する悲しみを語っているシーン――を見てもらった。そのシーンを見た参加者たちは、楽しくなる映画を見た参加者や、悲しくなる映画を見た参加者、楽しくも悲しくもならない映画を見た参加者たちに比べて、創造力を調べるテストの成績がよかったという。

「暗」から「明」へとダイナミックに移行するときの「創造力」がわかるすばらしい例は、ベートーベン（1770～1827年）の「歓喜の歌」の作曲と初演だろう。「歓喜の歌」は彼の交響曲第9番の最終楽章で歌われる、有名な合唱曲だ。交響曲第9番は1824年5月7日に、ウィーンのケルントナートーア劇場で初めて演奏された。この初演の晩の物語も、クラシック音楽史上、とくに感動的な逸話の一つになっている。

ベートーベンは、ドイツの詩人フリードリヒ・シラーが「自由」と「兄弟愛」をうたった詩「歓喜の歌」を自分の曲に組み込むことを、30年も前から考えていた。ベートーベンは、アメリカやフランスで革命が起こっていた時期に育ち、啓蒙主義の価値を熱心に信じていた（訳注　アメリカの革命は「独立革命」。「啓蒙主義」は、18世紀のヨーロッパで起こった、中世的な思想、慣習を打ち破り、近代的、合理的な知識体系を打ち立てようとした運動）。彼にとって「歓喜の歌」は、「愛」と「団結」の究極の表現だった。自分が曲をつけるときも、そうしたものを十分に表現しなければならないと思い、

200種類もの曲を作ったうえで、自分が一番気に入った一曲に決定した。

しかしそうした年月は、彼に優しくはなかった。1795年には、彼は弟に、自分は幸運だという旨の手紙を書いた。彼はこう記している。「僕は元気、すこぶる元気だ。僕は自分の作品のおかげで、友人や敬意を得ることができた。これ以上、いったい何を望もう？」。しかしやがて、何人かの女性を好きになっては、その女性たちからは愛してもらえない経験をする。また、甥のカールの後見人となったものの、カールとはけんかが絶えない関係となり、ついにはカールが自殺を図る（訳注　一命は取りとめた）。さらにベートーベンは、聴力を失う。1801年に弟に書いた手紙は、はるかに暗いトーンになっていた。彼はこう記している。「実を言うと、私は惨めな生活を送っている。ここ2年ほどは、社交の場に出るのを一切やめてしまった。なぜかというと、みんなにこう伝えることがどうしてもできないからだ。『私は耳が聞こえません』」

交響曲第9番の初演の晩、ベートーベンは舞台にいた。観客に背を向け、指揮者のそばに、うろたえた様子でだらしなく立ち、管弦楽団に向かって、一定しない動きのジェスチャーを繰り返していた。彼は、楽団員たちが演奏する交響曲を心の中で聴きながら、どう演奏したらいいかを、ジェスチャーで彼らに示したいと思っていたのだ。のちにある音楽家が、このときの彼のようすについて、こう説明している。「（彼は）指揮者が立っている台の前に立って、自分の体を前後に投げ出し、まるで狂人のようでした。一瞬、背筋をピンと伸ばしたかと思ったら、次の瞬間には、身をかがめて床につきそうになってるんです。両手と両足を使って、激しく揺れ動くさまは、あたかも、自分がすべての楽器を演奏したい、自分がすべての合唱パートを歌いたいと思っているかのようでした」

演奏が終わったとたんに、ホールの静寂は破られた。でもベートーベンはそのことに気づかない。何も聞こえてこなかったのだ。相変わらず観客に背を向けて立ち、彼の頭の中だけで演奏されている曲に合わせて、拍子をとっている。見かねたソロ歌手のカロリーネ・ウンガーがそっと彼を振り向かせ、ようやく彼にも観客の姿が見えた。彼らは立ち上がっていた。畏敬の涙が彼らの頬を伝っていた。彼らは、音や声を発するのではなく、ハンカチを振ったり、帽子を掲げたり、身ぶりや手ぶりを使ったりして、「切なる思い」を表現した男に敬意を表した。シラーの詩「歓喜の歌」は、「喜び」にあふれていることで有名な作品だ。でも、観客がそうした反応を見せたのは、ベートーベンがその詩に曲をつけたことで、「悲しみ」が織り込まれた歌になったからだ。今ではだれもがこの歌を聴けるようになり、この歌の気高い勝利の響きのなかで、「悲しみ」がこだまするのを聴くことができる。

＊＊＊

たとえ、惨めな気持ちになるとか、耳が聞こえなくなるといった境遇から、百年に一度、卓抜した曲が生まれるとしても、だからと言って、私たちがそうした境遇を背負う必要はない。また私たちは、偉大なアーティストじゃなくても、自分の苦闘を、創造的な転換の対象として眺めることはできる。どんな「苦痛」であれ、自分が取り除けない「苦痛」をただ取りあげて、それを何かほかのものに変えてみてはどうだろう？　私たちは、ものを書けるかもしれないし、演じることができるかもしれない。あるいは、勉強をするとか、料理をする、ダンスをする、作曲をする、即興で演奏する、新しいビジネスを思いつく、キッチンの模様替えをするといったことができるかもしれない。私たちにできそうなことはいくらでもある。そして、それをうまくやれるかとか、差をつけることができるか、といったことは重要ではない。だからこそ、「アートセラピー」――問題（悩みや苦しみ、障害）を抱えている人が、アート作品を作ることで、その問題を表現し、処理する手法――が、たとえセラピストがそうした人たちの作品を、ギャラリーに展示しなかったとしても、効果をあげるのだ。

　自分でアート作品をつくることさえ、私たちには必ずしも必要ではない。ノルウェー科学技術大学のコンラード・カイパースによる、5万人以上のノルウェー人を対象にした調査によれば、コンサートや美術館、あるいはその他の芸術領域で、アートの世界に浸った人々は、アートを作り出す側の人であれ、それを味わう側の人であれ、アートの世界に浸っていない人々に比べて、「健康状態がよい」、「人生に満足している」といった項目の自己採点の点数が高く、「心配事がある」、「落ち込んでいる」といった項目の点数が低かったという。ロンドン大学の神経生物学者セミール・ゼキ（1940年〜）による実験では、美しいアート作品をただ眺めるだけで、脳の報酬系――快楽中枢――の働きが活発になることが判明した。ゼキはこう語っている。「そうなったときには、恋に落ちたような感覚になります」。また、画家のマーク・ロスコ（1903～70年）はこう語っている。「私の絵の前で、涙を流している人たちは、私がその絵を描いていたときに体験した宗教的境地と同じものを体験しているのです」

私は、パンデミックが始まってからというもの、朝っぱらから、ツイッターをドゥーム・スクロールして、ネット上の毒にどっぷり浸かるのが癖になってしまった（訳注　「ドゥーム・スクロール」は、暗いニュースや書き込みに引きつけられてしまい、ネットで悲観的ニュースを延々と追ってしまうこと。不安や憂うつを助長する恐れがある）。その結果、精神状態が、ロスコが語っていたものとは正反対の状態になった。そこで、ドゥーム・スクロールの代わりに、アート系のアカウントをフォローすることで、インターネット中毒を転換することにした。すると、最初は2、3のアカウントだったのが、そのうち10に増え、気がつくと、私のフィードはアートだらけになり、気分が軽くなっていた。そしてその直後から、毎朝、お気に入りのアート作品を私のソーシャルメディアのページでシェアするようになった。今では、それが大切な日課となっている。この日課のおかげで、私は瞑想しているようなひとときを過ごして、元気を回復し、コミュニティを作ることができた。アート作品は世界各地からもたらされるし、その作品をともに楽しむ人たちも世界各地から集まっている。そしてそうした気の合う人たちは、増加の一途をたどっている。

そんなわけで、私たちの原則を、次のように修正しよう。――どんな「苦痛」であれ、あなたが取り除けないものがあるなら、それを、あなたの創作のために捧げよう。あるいは、あなたに代わって創作してくれる人を探そう。もしあなたがそういう人に惹かれるなら、ちょっと考えてみよう。その人はなぜ、あなたにアピールするのか？　その人が、あなたに代わって表現しているものは何なのか？　その人はあなたをいったいどこまで連れていく力があるのか？

＊＊＊

私にとっては、「その人」はレナード・コーエンだった。数十年前に、初めて彼の曲を聴いたときから、彼の曲も、彼のことも、めちゃくちゃ大好きだった。それに、彼とは、最高に気が合うように思えた。何しろ彼は、短調の曲の中に、私が愛や人生についていつも感じていたことや、短調の曲を通じて到達できる境地を、すべて表現したのだから。彼の曲には、私が物心ついたころからずっと触れようとしてきたもの、ただしそれが何かを正確には言えなかったものの本質が含まれていた。

そんなわけだから、彼の息子でミュージシャンのアダム・コーエンが、父親の死の1年後にあたる2017年11月6日にメモリアルコンサートを開催し、著名なミュージシャンたちにコーエンの曲を歌ってもらうことになっていると知って、私たち一家は、その日のために、ニューヨークから飛行機でモントリオールに出かけた。夫が私に、コンサートを見に行くよう強く勧めてくれ、ついでに家族みんなでモントリオール旅行をしようと言ってくれたのだ。

私は、子どもたちを連れて飛行機に乗りながら、変にしらけた気分だったし、ちょっとばかばかしい気もしていた。何しろ、大事な打ち合わせの予定を変更しなければならなかったし、私がコンサートに参加できるようにするためだけに、休日でもない月曜日の朝に、家族で飛行機に乗ってよその国に行くなんて、何だか大げさだし、自分が身勝手なように思えたのだ。そうした気分は、その晩、1万7000人のレナード・コーエンファンとともに、チケットは完売したというコンサート会場——「ベル・センター」という巨大な屋内競技場——に入ったときも、まだ続いていた。そしてコンサートが始まったが、そうした思いは、さらに強まっただけだった。コンサートを見ながら、私はこう思った。——私が大好きだったのは、コーエンなのよ。このミュージシャンたち、ここで何してんの……。私はうんざりし、がっかりしたので、そんなときに決まってやること——事態を書き留めること——をやり始めた。私はスマートフォンにこう打ち込んだ。「彼は、ほんとうにもういないのね。あの人たちはレナードじゃないし、彼になろうとすべきではない。これじゃあ、家に帰って、ひとりで、彼自身が歌うのを聴いたほうがましだわ。彼がまだ生きているような気分で」

ところがその後、ダミアン・ライスというミュージシャンがステージに立ち、「フェイマス・ブルー・レインコート」を歌った（訳注　ダミアン・ライス（1973年〜）は、アイルランドのフォークシンガー）。この曲は、コーエンの数ある陰うつな曲の中でも一番陰うつかもしれない。歌詞は親友に宛てた手紙の形になっていて、その中で、ひとりの男が自分たちの「三角関係」について語っている。その男の妻ジェーンは、その親友とベッドを共にした。そのあと、彼らの関係は永遠に変わってしまった。ジェーンは「だれの妻でもなくなった」し、男は手紙の中で、友人に「私の兄弟よ、私を殺した男よ」と呼びかけている。そして大事なのは、――理由はのちほど、説明するが――手紙が12月の終わりの午前4時、つまり、秋から冬に変わる時期の、夜から朝に変わる時間に書かれたことだ。

ライスの歌はすばらしかった。そして彼は最後に、彼自身の長いファンファーレ（飾りつけ）――実際には、悲嘆のうめき声――を付け加えた。そのうめき声のような歌声が、あまりにも無防備であまりにも見事だったので、観客が総立ちになった。ライスは、口では言い表せない「悲しみ」を表現するために、巨大で寒いアリーナ（実際、この翌日に、そこでアイスホッケーの試合が行われた）を「愛」と「切ない思い」で覆いつくした。彼は私たちに、アイスホッケースタジアムにいることを思い出させたが、そこは、私たちが望んでいた「エデンの園」になったのだ。そして私はその場所で、あの懐かしい、心が開かれるような感覚に、ふたたび見舞われた。それは、何年も前にロースクールの寮で抱いた感覚であり、悲しい曲や、スーフィーたちが詩に書いた、われを忘れるほどの「切なる思い」を耳にしたときに、いつも見舞われる感覚だった。でもこのときの感覚は、いつもの感覚をはるかに超えていた。ダミアン・ライスがあの曲を歌っていた数分間は、私の人生の中でもとくに意義深いひとときとなった。私は、ダミアンやレナード、あらゆる人とつながっていて、ぞくぞくするほど美しいものに、受け入れられ、支えられているような気がした。

私は、何の感動もなく、うんざりした気分でモントリオールに出かけたが、まるで魔法にでもかかったような気分で、家に帰ってきた。それは、頭が心地よく混乱しているような気分で、自分の子どもが生まれたあととか、子犬を引き取ったあとに、数週間にわたって抱える気分の「親戚」のようなものだった。とはいえ、このときの気分は、遠縁の親戚だった。「深い悲しみ」が入り混じっていたからだ。ユダヤ教では、親が亡くなったときには、1年後に喪が明ける。だからこそ、コーエンの息子さんは父親の死の1年後にコンサートを開催したのだ。ところが私は、ダミアンの歌う「フェイマス・ブルー・レインコート」を聴いてから、深い悲しみにとらわれるようになった。数週間後には、自分でも驚いたことに、コーエンの話をしたら、必ず目に涙がたまるようになっていた。彼の作品が展示されている、モントリオールの美術館で、レジの人にお金を払ったときも、泣きたいのを我慢したし、再度のモントリオール旅行の前に、ベビーシッターさんに、数日留守にする理由を話したときも、涙をこらえていた。とはいえ、モントリオールに行くよう説得してくれた夫には、心から感謝している。もし行かなかったなら、私の人生の中でもとくにすばらしい経験を逃してしまうところだった。

それにしても、私はいったい、どうしてしまったんだろう？　私は、あなたに「考えてみよう」とお勧めした問いについて、自分が考えてみた。レナード・コーエンが長年にわたって、私に代わって表現していたものは何なのか？　彼の曲は、私（や、彼を讃えるためにベル・センターに集まった1万7000人のファン）をいったいどこまで連れていく力があったのか？

私はこれまで、ほとんどの場合、彼の曲を通じて彼のことを知ってきたが、それで満足していた。でも今では、彼の私生活についてもっと知りたいと思うようなった。そして調べるうちに、いろいろなことがわかってきた。彼は、モントリオールの有名なユダヤ系一族の出身で、ユダヤ教の影響が、生涯を通じて色濃く残っていた。ただし、ロサンゼルス近郊のマウント・ボールディーの頂上にある禅寺で5年ほど過ごした時期もある。また、新興宗教サイエントロジーの専門家として仕事をした時期もあり、そのときに、彼の子どもたちの母親と出会っている。キリスト教の宗教画に触れた歌詞もある。自分を「信心深くない」とみなしていたが、彼のラビ（ユダヤ教の指導者）には、「自分が書くものはすべて『ことばの祭儀』なんです」と伝えている（訳注「ことばの祭儀」は、神の言葉に耳を傾け、ともに神に祈りを捧げること）。私が調べたところでは、彼は歌詞に、「カバラ」という、ユダヤ教の神秘主義思想をとくに多く取り入れている。カバラは、次のように教えている。――かつては、この世のすべてのものが、聖なる光に満ちた、一つの器だった。ところが、その器が粉々に砕けてしまい、今では、その聖なる破片が、いたるところに散らばり、「苦痛」や「醜さ」に見舞われている。私たちの仕事は、そうした破片を見つけたら、必ず、それを集めることだ――。私には、こうした思想がすぐに理解できたし、完全に理解することもできた。

アダム・コーエンは、音楽プロデューサー、リック・ルービン（1963年〜）とのインタビューで次のように語っている。「『壊れたハレルヤ』やら、『あらゆるものの裂け目』やら、父が抱えていた『壊れた感じ』、――父の人生全体がそんな感じでしたけれど、――というのは、カバラの考え方の一部でした（訳注　「壊れたハレルヤ」はコーエンの曲「ハレルヤ」の歌詞。「あらゆるものの裂け目」はコーエンの曲「アンセム」の歌詞）。父の体験には、敗北感とか、不完全だという思い、壊れた感じが詰まっていたのでしょう。そして、たんに「悲しい」と主張するのではなく、そうしたものについて書くこと、それも、人が考えもしないような形で、気前よく、官能的に、創意工夫を凝らして書くことが、ほんとうの気前よさだと考えたんです。そして父は、それに加えて、書いたものをメロディーに乗せることができたんです。たとえば、ニコチンはたばこに入っていますよね。それが、ニコチンのデリバリーシステムです。父は人々に、「超越」のデリバリーシステムを提供していたんです。父がいつもやろうとしていたのは、そういうことなんです」

私は長年にわたって彼の曲が大好きだったが、そうしたことは何も知らなかった。それでも、そうしたことを感じてはいた。とくに、「壊れた感じ」が「超越」に移行しているということは、感じ取っていた。

＊＊＊

私は後日、メモリアルコンサートでのできごとをデイビッド・ヤーデンに説明した。ヤーデンは、ジョンズ・ホプキンス大学の「センター・フォア・サイケデリック・アンド・コンシャスネス・リサーチ（幻覚剤と意識の研究センター）」の教授で、彼の分野では新進のスーパースターだ。彼は、偉大な心理学者ウィリアム・ジェイムズ（1842〜1910年）――画期的な『宗教的経験の諸相』（桝田啓三郎訳、岩波書店、1969年ほか）の著者――の理論を継承し、彼が「自己超越の体験」と呼んでいるものの研究にキャリアを捧げている。

ヤーデンによれば、「自己超越の体験」は、「『つながっているという感覚』と『自己喪失感』を伴う、一時的な精神状態」と定義できるという。「自己超越」は、体験していることの「強烈さ」のスペクトル――スペクトルの一方の端は、「感謝の気持ち」や「フロー」、「マインドフルネス」といった穏やかなもので、もう一方の端は、本格的な「ピーク・エクスペリエンス（至高体験、最高の瞬間）」や「神秘的な体験」といった強烈なもの――のどこかで体験するようだ。またヤーデンによれば、「自己超越の体験」は、創造力を生み出す体験でもあり、人生におけるとくに重要な体験なのだという。彼は、この体験への土台となる心理や神経の働きについては、驚くほど知られていないと述べている。

彼のようなキャリアは、たいていの場合、知りたくてたまらない（たとえば「エゴサーチ」をしたい）という気持ちからスタートするものだが、ヤーデンの場合も、不可解なできごとがキャリアのきっかけになった。彼の場合は、そんなできごとを経験したのはコンサートホールではなく、大学の寮の部屋だった。その少し前までは高校生で、両親の家で暮らしていたが、そのころは、一人で暮らしながら、どんな道に進むべきかと悩んでいた。ある日の夕方、ベッドに寝ころがって、頭のうしろで腕を組み、天井を見つめていた。すると「何が起ころうと心配ない」という言葉が頭に浮かんだ。そして胸が熱を帯びていることに気がついた。最初は胸やけのような気がしたが、熱は全身に広がった。すると、彼の心の声がこう言ったという。「これは愛だ」

そのときの彼には、自分のまわりのすべてのものが360度見渡せるように思えた。自分のまわりに、複雑な模様の布が果てしなく広がっているように見え、自分が、言葉では言い表せないような形で、その布の一部になっているように思えた。胸の温かさは沸点に達して、喜びにあふれ、その状態がしばらく続いた（彼によれば、そのときには、その状態が何時間も何日も続いたように感じたが、あとから思えば、ほんの数分だったかもしれないとのことだ）。その後、彼は目を開けた。「愛」がこみあげてきた。声をあげて笑い、同時に泣いた。家族や友人たちに電話して、「大好きだよ」と伝えたくなった。あらゆるものが新鮮に感じられ、将来が開かれた。

彼はこう語っている。「でもそのとき、僕がまず思ったのは、『何これ！　いったい何が起きたんだ？』ということでした。そしてその後ずっと、その疑問を抱えることになりました」

ヤーデンはその後の大学生活を、――そして今の心理学者、神経科学者、精神薬理学者としてのキャリアも――その疑問に答えることに捧げてきた。答えを探して、たくさんの本を読んだ。心理学の本も読んだし、宗教や哲学の本も読んだ。儀式主義的でハードな催しにもたくさん参加した。たとえば座禅会や、アメリカ海兵隊の士官候補生学校（訓練プログラム）にも参加した。（ちなみに彼は、訓練プログラムを卒業できた数少ない候補生の一人だった）。また、自分が求めているものの中心にあるのは、一時的な「過渡期の体験」ではないかとうすうす感じていたので、「通過儀礼」をテーマとする卒業論文を書いた。そしてキャリアの早い段階で、影響力のある心理学者ジョナサン・ハイト（1963年～）とチームを組んで、学生時代に体験した精神状態について研究した。

何世代か前のフロイト派の心理学者たちは、「oceanic feeling（海洋的感情）」――つまり、ヤーデンの言う「自己超越の体験」――を、神経症のサインとみなしていた。「oceanic feeling」というのは、フランスの作家ロマン・ロラン（1866～1944年）がフロイトへの手紙の中で使った言葉で、「永遠の感覚」や「自分のまわりの世界全体と一体になっている」という感覚を表している。しかしハイトとヤーデンは、実際には、フロイト派の見方とはまったく逆であることに気がついた。「自己超越の体験」をした人たちは、ほかの人たちよりも、自尊心（自己肯定感）が高く、向社会的（社会性のある）行動をとり、「人生には意義がある」という意識が高く、落ち込んでいる人の割合が低く、人生満足度や幸福感が高く、死に対する恐怖心が少なく、全体的に「心」が健康であることがわかったのだ。ハイトとヤーデンは、「自己超越の体験」は、「人生の中でもとくにポジティブで有意義なひとときになる」と結論づけ、1世紀前にウィリアム・ジェイムズが推測した通り、その体験が「私たちの最高のやすらぎ」につながることを確認した。

そんなわけなので、ヤーデンは、私のベル・センターでの体験について、実に多くのことを考えてくれた。一例を挙げると、彼は私にこう言った。「人々はまさにそういう体験ができればと思って、コンサートに行くんですよ」。彼によれば、私が体験したような状態を、みんなが探し求めている、そういう状態のことを宗教用語で考えるかどうかは関係ない、みんなが「完全で美しい世界」に行きたがっているという。またヤーデンは、こうも語っている。「悲しい曲を好きにさせるのと同じ資質のいくつか——たとえば、『体験を積極的に受け入れる姿勢』(新しいアイデアや芸術的な体験に対する受容性)とか、『没頭性』(心的イメージや空想を抱きがちであること)など——からも、『創造や超越を進んで行う姿勢』を予測できます」

また、ヤーデンによれば、私が「ビタースイートで一時的なひととき」、つまり、大好きな人のメモリアルコンサートで、恋愛関係の終わりについての歌、冬への変わり目、夜から朝への変わり目に生まれた歌を聴いているときに、海洋的体験をしたのは、決して偶然ではないという。ヤーデンは、私たちが「生きる意味」に気づいたり、「魂の交わり」や「超越」を体験したりすることが多いのは、まさにそうした「変わり目の時期」——転職や離婚の時期、「死」という究極の変わり目の時期なども含まれる——だと気づいていた。「死」の時期には、愛する人たちが死にかけている時期だけではなく、自分が死にかけている時期も含まれるという。ヤーデンはこう語っている。「死に瀕したときに、自分の人生で最も重要なひとときを過ごす人が、驚くほどたくさんいます」

ヤーデンと仲間の研究者たちは、サイコメトリクス(心理統計学)を用いた、次のような調査を行っている（訳注　「サイコメトリクス」は、統計学的な解析法を用いて、人間の知能・性格・知覚・感覚・認知・態度・価値観などを、できるだけ客観的に測定しようとする学問）。まず、調査の参加者たちに、自身の強烈なスピリチュアル体験を思い出してもらい、それを用紙に記入し、その体験について、いくつかの質問にも回答してもらった。研究者たちは、用紙を回収して、参加者たちの体験をいくつかのタイプに分類していった。たとえばこんな調子だ。この体験は、「一体感」を覚えたものか？それは、神との一体感か？　神の声が聞こえたのか、神の姿が見えたのか？　シンクロニシティーを体験したのか？（訳注　「シンクロニシティー」は、スイスの精神科医、心理学者のカール・グスタフ・ユング（1875〜1961年）が提唱した「意味のある偶然の一致」のことで、理屈では因果関係が説明できないようなできごとが起こる現象を指す）畏敬の念を覚えたのか……。研究者たちは、分類を終えると、参加者たちに、どんなことが「引き金（きっかけ）」となって、スピリチュアルな体験をしたのかを答えてもらった。その結果、研究者たちは、回答のとても長いリストの中に、主要なきっかけとして二つの要因がたびたび登場することに気づいた。それが「人生の変わり目の時期」と「死が近づいていること」だった。言い換えると、「時が過ぎゆくのを鋭く感じ取ること」になるのではないだろうか。これは、「ビタースイート」タイプの顕著な特長にほかならない。

ヤーデンの研究は、なぜレナード・コーエンの曲のような「悲しい曲」が、ほんとうは、まったく悲しい曲ではないのか、どうして彼の曲が「壊れた感じ」を帯びているのか、といったことの説明になる。それは、「超越」を示唆しているからだ。

ヤーデンたちの調査は、カリフォルニア大学デービス校の著名な「創造力」研究者、ディーン・キース・サイモントン（1948年〜）の調査を思い出させる。サイモントンによれば、アーティストたちが中年あるいはそれを超える年齢になって、「生」と「死」が交わる時期にさしかかると、彼らの創造力がスピリチュアルな方向に向けられるようになるという。彼はシェークスピアや古代ギリシャの戯曲81作品を調査し、作者の年齢が高くなるにつれ、戯曲のテーマがより宗教的、より神秘的、よりスピリチュアルになると結論づけている。彼は、クラシック音楽の作曲家たちについても調査し、作曲家の年齢が高くなるにつれ、音楽学者たちによる作品の「深遠さ」に対する評価が高まることに気づいている。

19世紀なかばに「人間性心理学」を生み出した偉大な心理学者アブラハム・マズローは、似たような現象が自分に起きていることに気づいている（訳注 「人間性心理学」は、主体性・創造性・自己実現といった人間のポジティブな側面を重視する心理学の分野）。彼が心臓病で死に瀕していた時期に、強烈な「ピーク・エクスペリエンス」を得ることがそれまで以上に頻繁になったという。2017年には、ノースカロライナ大学の心理学者アメリア・ゴランソンをリーダーとする研究者グループが、調査の参加者たちに、死ぬときはどんな気持ちになるか、想像するよう依頼したところ、ほとんどの参加者が「悲しみ」や「恐怖」、「不安」といった感情を想像した。ところが、研究者グループが、末期の患者や死刑囚を調査したところ、そうした実際に死に直面している人々は、「人生の意義」、「人とのつながり」、「愛」について語る人のほうが多かった。研究者たちが結論づけた通り、「死神との出会いは、傍から見るほど恐ろしくはない」のだ。

ヤーデンによれば、「死」そのもののような、一見、「一時的な苦痛」に見えるものが、これほど大きな影響をもたらす科学的な原因――心理的メカニズムや、神経生物学的な経路――は、まだわかっていないという。とはいえ、彼の調査結果は、人生の節目を「スピリチュアルな気づきや、創造力の目覚め」への入り口として大事にするという、数多くの社会の考え方と一致している。エステル・フランケルが優れた著書『Sacred Therapy（神聖な心理療法）』の中で検証している通り、そうした考え方をしているからこそ、たくさんの社会が、宗教的な背景のなかで、成人の儀式（「初聖体拝領式」や、「バル・ミツバ」など）を執り行い、そうしたセレモニーの多くが、子ども時代の「死」と大人時代の「誕生」に関係しているのだ（訳注　「初聖体拝領式」は、キリスト教徒の子どもが7歳ごろに行う正式なキリスト教徒になるための儀式。「バル・ミツバ」は、ユダヤ教の男子が、13歳のときに行う成人式）。なかには、子どもが土中に埋められ（もちろん「一時的に」だ！）、大人として掘り出される儀式を行っている地域もある。また、子どもがタトゥーを入れられたり、ひどい傷を負わせられたり、それ以外の、子ども時代の終わりと、新たな大人の誕生を告げる印をつけられたりする地域もある。また、そうしたことが、物理的に切り離されたスペース、たとえば、儀式用の小屋や池、教会やシナゴーグなどで行われる地域もある。そうした儀式の本質は、Xは必ずYに移行する必要があり、そのプロセスには「犠牲」と「再生（究極の創造）」が含まれていること、そしてそのプロセスは「精神的高揚」の場となることだと言えるだろう。イエス・キリストの誕生、十字架上での犠牲、その後の再生（復活）という、キリスト教における一連のできごとも、同様のストーリーを示している（「sacrifice」の語源はラテン語の「sacer-ficere」で、このラテン語は「（人を）神聖な状態にする」という意味だ）。

だからこそ、伝統的に、一つのシーズンから次のシーズンへと移行する時期に、宗教的なセレモニーが行われてきたのだ。春分のころには、ユダヤ教の「ペサハ（過ぎ越しの祭り）」やキリスト教の「イースター（復活祭）」が行われ、冬至のころには、キリスト教の「クリスマス（キリスト降誕祭）」や、北欧諸国のクリスマスに当たる「ユール（冬至祭）」が行われる。秋分のころには、中国では「中秋節」、日本では仏教行事の「彼岸」が行われている。ユダヤ教では、昼から夜に移行するときまでもが「神聖なとき」であり、安息日は日没から始まり、夜明けへと移行する。それはまるで、「暗やみの始まり」は、私たちが想像するような「悲劇」などではなく、むしろ「光への序章」なのだと伝えているかのようだ。

今の欧米には、物語は、一本の有限直線のように進行すると考える傾向がある。私たちは、物語は「始まり」から「終わり」へと移行し、「終わり」は悲しみをもたらすと考えがちだ。あなたは、自分の「人生の物語」をどんなふうに伝えるだろうか？　「誕生」から始まって「死」で終わり、幸せそうに始まって、悲しげに終わるのではないだろうか。私たちはハ長調の「ハッピー・バースデー」を歌い、嬰《えい》ハ短調の葬送行進曲を作曲する。だが、こうしたビタースイートな伝統は、ヤーデンの近年の調査結果を考え合わせると、別の考え方——つまり、私たちは人生が次から次へと転換すると予測している、という考え方――が存在することを示している。そうした移行が、とても喜ばしいとき（たとえば、子どもが生まれたとき）もあれば、ビタースイートなとき（たとえば、その子どもを送り出したとき）もある。あるいは、それが、あなたの人生を大きく揺るがすような激震として訪れるとき（ここには、あなたの「最大の恐怖」を入れよう）もある。「始まり」から「終わり」へと移行するのと同じくらい、「終わり」から「始まり」へ移行する。あなたの祖先の人生が終わって、あなたの人生が始まった。あなたの人生の物語が終わりを迎えたら、あなたの子どもの物語が中心的な位置を占める。あなたが人生を送っているあいだにも、あなたを構成しているピースが、絶えず死んでいく。たとえば、あなたは「仕事」を失うかもしれないし、「恋愛関係」が終わるかもしれない。そして、その気があれば、それらの代わりに、ほかの仕事や恋愛を組み込むことになる。初めにあったものより、そのあとのもののほうが「よい」かもしれないし、「よくない」かもしれない。だが、そうした移行を経験することによって、過去を手放せるし、一時的な「苦痛（つらさ）」を「創造力」や「超越する力」に転換できるのではないだろうか。

レナード・コーエンは、こうしたことがすべてわかっていた。そして、マリアンヌ・イーレンもわかっていた。二人は別れたあと、二度と会うことはなかった。ただし、次の大きな「移行」の時期を迎えたときには話は別だった。2016年の7月、レナード・コーエンが白血病（血液のがん）で亡くなる4カ月前に、マリアンヌの友人がコーエンに連絡を取り、彼女が同じがんで死に瀕していることを伝えた。コーエンは彼女に、次のような「別れの手紙」を送った。

「愛しいマリアンヌ、僕はきみのすぐ後ろにいる。手を伸ばせば、きみの手を取れるくらい近くにいるよ。きみの体と同じように、この老体も力尽きてギブアップしたんだ。だから、配達中の立ち退き通知書がもうじき届くところだよ。僕は、きみの愛ときみの美しさを一度も忘れたことはない。でも、それはきみもわかっているよね。だから、もう言いたいことはない。旧い友よ、安全な旅になるよう祈っている。じゃあ向こうでまた会おう。愛してる。そしてありがとう。レナードより」

マリアンヌの友人は、レナードからの手紙を彼女に読み聞かせた。その友人はこう語っている。「彼女は笑みを浮かべ、手を伸ばしました」

＊＊＊

レナード・コーエンのメモリアルコンサートの2年後となる2019年11月、私は別のコンサートホールの中にいた。そのホールは、スコットランドの首都エディンバラにある国際会議センターだ。そしてそのときには、私がステージに立っていた（そこは、私にとってあまり居心地のいい場所ではない）。私は、「切なる思い」や「ビタースイート」、「超越」をテーマにして、TEDの講演を行っていたのだ（訳注　「TED」は、毎年、さまざまな分野で活躍する人を講師として招き、「TEDカンファレンス」と呼ばれる講演会を開催しているＮＰＯ。そのほか世界各地で、ＴＥＤからライセンスを受けた「ＴＥＤｘ」と呼ばれる団体が講演会を開いている。ＴＥＤでは、ＴＥＤカンファレンスやＴＥＤｘの講演の一部を、「TED Talks」として動画配信している。著者のこのときの講演も「TED Talks」として、「The Hidden Power of Sad Songs and Rainy Days」のタイトルで配信されている）。ただし、ステージに立っていたのは私一人ではない。私の大切な友人でバイオリニストのミン・キム（キム・ミンジン、１９７８年〜）も、私と一緒にスポットライトを浴びていた。そして彼女は、そうしたテーマについて、心底わかっていた。彼女はそれまでの人生を通じて、「苦痛」を「創造力」に変えてきたのだ。

ミンは6歳のときにバイオリンを始めた。そして、ほかの生徒たちならマスターするのに何年もかかるような音階やソナタを数週間で習得したので、レッスンでは、軽々と飛び級を繰り返した。7歳で、ロンドンにある名門音楽学校パーセル・スクール・フォア・ヤング・ミュージシャンに合格。それまでの合格者で最年少を記録した。8歳のときには、あと1年も経たないうちに、大人の教師をしのぐ腕前になるだろうと告げられる。13歳で、ベルリン交響楽団と組んで初舞台を踏み、16歳のときには、伝説のバイオリニスト、ルッジェーロ・リッチ（１９１８〜２０１２年）に、「私がこれまで指導したバイオリニストの中で、彼女が最も才能がある」と言わせている。のちに、彼はこう言って、ミンを無料で指導するようなった。「彼女が私から学ぶのと同じくらい、私が彼女から学んでいる。だから、料金を受け取るのは間違っているんです」

ミンは才能があったために、多くの天才児にとっておなじみの「制約」を受けていた。大事にされ、甘やかしてもらえたが、金の鳥かごに入っている鳥のように、一見豪華だが自由のない、きつい生活を送っていた。教師たちはたいてい支配的だったし、厳格な練習スケジュールを抱えていた。世界から期待されてもいた。また、心に重くのしかかるような、家族への責任感も抱えていた。彼女の両親は、朝鮮戦争（1950～53年）のときに経済的にさんざん苦労したうえ、末の娘がロンドンで音楽教育を受けられるように、何世紀も続いた伝統を破って、韓国を離れていた。

それでも彼女には、一種の魔法のような、類いまれな能力が授けられているように見えた。それだけでもすごいことなのに、彼女が21歳になったときに、もう一つの、同じようにすばらしいギフトが――300年前に作られたストラディバリウスのバイオリンという形で――授けられた（訳注「ストラディバリウス」は、イタリアのストラディバリ父子3人が製作した弦楽器のこと。とくにアントニオ・ストラディバリが17～18世紀にかけて製作した弦楽器が有名）。あるバイオリン販売業者が彼女にそのバイオリンを見せ、45万ポンド（現在の為替レートで約7500万円）で買わないかと申し出たのだ。彼女は見た瞬間に、それが自分のソウルメイト、つまり「自分の片割れ」なのだと思った。彼女はためらいもせず、バイオリンの支払いのために、アパートを借り換えた。

一夜にして、その「ストラッド」――彼女はそのバイオリンをそう呼んでいる――が、彼女のすべてになった。つまり、そのバイオリンが、彼女の約束を果たしてくれるもの、彼女の演奏の鍵となるものになったばかりか、彼女の恋人、彼女の子どもであり、双子の姉妹、自分自身にもなったのだ。彼女にとってはそれが、私たちが追い求めている「完成されたもの」であり、私たちが切に望んでいる「神聖なもの」であり、やっと自分にフィットした「ガラスの靴」だったのだ。

彼女はそのバイオリンを初めて手に取ったときのことを、次のように記している。

私は、初めて弓を引いた瞬間に、自分はシンデレラみたいだと思いました。シンデレラが靴に足を入れてみたら、ぴったりだったように、あのバイオリンは私にぴったりだったのです。とってもスリムで、とってもナチュラルで（中略）。まるで、300年前にストラディバリが一枚の板を手に取り、私だけのためのバイオリンを作り出し、それ以来ずっと、私のストラッドは、私を待ち続け、私も彼女を待ち続けたように感じました（中略）。それは一目ぼれでしたし、恋でしたし、私は、ほかのありとあらゆる思い——たとえば、名誉とか、服従とか、信頼とか、ありとあらゆる思いでいっぱいでした（中略）。

そして、私の人生はこれにつながっていたんだと気づきました。これまでの人生は——個人指導の先生たちも、フラストレーションも、寂しさも、喜ぶことによる胸の痛みも——すべてリハーサルで、何もかも今、つまり、私のバイオリンに出会って、私たちが始まるときにつながっていたのだと気づいたんです。

私たちは、この地上にある楽園で結婚し、死が二人を分かつまで一緒にいることになる、私は一生安泰だと思いました。

バイオリンはデリケートな生きもので、定期的なメンテナンスや修理を必要とする。そして弾き手の好みに適合させる必要もある。とくにミンのストラッドは、何世紀にもわたってダメージに耐えてきた。彼女は何年もかけて、バイオリンの魂柱や駒、弦を調整した（訳注「魂柱」は、バイオリンの内部で、表板と裏板をつなげている棒状の小さなパーツ。「駒（ブリッジ）」は、弦を表板に接触しないように支え、弦の振動を表板に伝える部品）。適切な弓を見つけるためのサンプル選びだけでも、3年を要した。彼女は、稼いだお金はすべて、ストラッドを完全なものにすることにつぎ込んだ。だから、小さな靴箱みたいな狭いアパートに住んでいたし、高級車や高価な服は持っていなかった。彼女は、そうした犠牲を払ったあとに、魅力的なものが見えてくると固く信じていたのだ。

精神力動的な観点から見れば、ミンの執着（こだわり）は、戦争や貧困を経験した家族の歴史と威圧的な権威に服従した子ども時代の影響で脆弱になっていた「若い女性の心」の産物と解釈することができる（訳注「精神力動」は、リビドー（性的欲動）やアグレッション（攻撃欲動）を含めて人の心を解釈する手法および学術体系。精神分析に用いられる理論。心のエネルギーが愛、憎しみ、欲望などへ変化し、それらが相互に作用することであらゆる心的メカニズムが生まれる、という考え方にもとづいている）。ミンも、こうした解釈を否定はしないだろう。ただし彼女は、「それだけではない」とも言うはずだ。では、これからちょっと、ミンのストラッドの、別世界のような背景についてお伝えしよう。あなたにそれを理解していただくことで、彼女に次に起こったことの影響力の大きさをわかっていただけると思うからだ。

バイオリンは、それに魅了されている人々にとっては、「人間の創造力」と「神の恵み」を象徴するもの、と言えるだろう。ミンはそのことを「バイオリンは、ゆくゆくは天国に行ける唯一の楽器なの」と表現している（「このことは、チェリストのみなさんには内緒ね」とつけ加えた）。そのボディーはスリムでセンシュアルだし、板は柔らかく輝いている。そしてバイオリンならではの「神話」がある。なかでも、300年ほど前にイタリア人のストラディバリ、アマティ、グァルネリの3人が製作したバイオリンは、最高峰とされている。とくに、ストラディバリのものは、ドロミーティ山地の「音楽の森」と呼ばれている森の木で作られたとされている。言い伝えによれば、ストラディバリは満月を迎えるたびにその森を訪れ、木の幹に頭を持たせかけては、自分が探し求めている、言葉では表せないようなすばらしい音はしないかと、耳を傾けたという。その後、数え切れないほどの弦楽器職人が、彼のバイオリンと同じようなものを作ろうとしたが、作り方がわかった職人は一人もいない。

今では、ストラディバリのバイオリンは数百万ドル（数億円）で取引され、資産家や新興実業家らに買い取られて、彼らの家で、ガラスケースの中で眠っている。また、バイオリンの盗品の闇市場でもさかんに売買され、盗難にあって悲嘆に暮れている被害者たちがネット上にたくさんの足跡を残している。グーグルで「stolen violin（盗まれたバイオリン）」を検索してみるといい。次のような記事が延々と続くことに気づくだろう。「あのバイオリンは、私が14歳のときから、私の『声』のようなものだったから、それを失って、すごくショックで悲しいの」。「私の人生は、苦痛と悲嘆の道を通っている（中略）。何もかもが行き詰まってしまった」。「あたしのステキな美しきバイオリンが盗まれちゃった！」

ミンに起こったのは、まさにこうしたことだった。彼女は四六時中ストラッドをガードし、必ず目の届くところに置いていたのに、ある日、ロンドン中心部のユーストン駅のカフェ「プレタ・マンジェ」で、ちょっと目を離したら、ストラッドがなくなっていた。盗まれたのだ。そして、非常に貴重な品々を扱っている地下犯罪組織の手に渡ってしまった。

この盗難は国際的なニュースとなり、スコットランドヤード（ロンドン警視庁）がこの事件を担当することになった。警察は、3年に及ぶ捜査の末、ようやくバイオリンのありかを突き止めた。バイオリンは犯罪組織から別の犯罪組織へと次々に渡っていたという。ところがその間に、ミンは、保険金を使って別の、もっと値の張らないバイオリンを入手していたし、バイオリン市場では価格が高騰していた。彼女のストラッドは、そのとき、数百万ポンドに相当した。彼女にはそれを買い戻す余裕はなかった。ストラッドは、ある投資家に買い取られ、今もその投資家の自宅に眠っている。

彼女はうつ状態に陥り、バイオリンを弾くのをすっかりやめてしまった。盗難にあったとき、彼女は重要なアルバムをリリースし、世界各地を巡るコンサートツアーに乗り出すことになっていた。そうすることで、世界でも有数の才能あるバイオリニストの登場を告げるはずだった。しかし、そうなるどころか、彼女は打ちのめされ、ベッドに伏せっていた。そしてそんな状態で、数年を過ごした。ミン・キムについての唯一のヘッドラインは、盗まれたバイオリンについてのニュースを伝えるものだった。

「どんな『苦痛』であれ、あなたが取り除けないものがあるなら、それを、あなたの創作のために捧げよう」。この教えを、彼女はそれまでの人生を通じて守ってきた。彼女が捧げたのは、「靴の中に石がゴロゴロ入っていようが、バイオリンの巨匠のいる神殿まで歩いていく意欲」だった。だがこのときには、喪失感の霧の中で、自分の過去――そして未来――についての新しい物語が見えてきた。彼女は、ストラッドが大好きだったことも事実だが、ほかのいろいろなこと――たとえば、悪影響をもたらすほどの完ぺき主義や、自分がただの人間でいるのは許されないという意識、自分には、音楽の才能以外に、自分の人生を示すものが何もないという認識――も事実だったことがわかったのだ。彼女は、創作のために捧げる別のものがあること気づいた。こうして彼女は、自分の物語を書こうと決心した。

最初は、ストラッドが盗まれたことについての本を書こうと思い、本のタイトルを『Gone（消え去って）』にした。そして実際に、それについて書いた。だが、さらに、戦争中の家族の苦闘や、従わねばならないという自身の強迫観念、うつ状態に陥ったこと、少しずつ活力を取り戻していることなども書き加えた。こうして彼女は、ずばぬけて美しい作品を生み出した。

ミンと私は面識がなかったが、たまたま編集者が同じで、その編集者が、彼女の本が出版される数カ月前に、原稿を私に送ってくれたのだ。原稿は、メールの添付書類として届き、魅力的な表紙とか、有名人からのエキサイティングな推薦文などは含まれていなかった。私のノートパソコンの中の一つのワード文書にすぎなかった。そのときの私は出張中で、それがどこだったかは忘れてしまったが、ホテルの部屋でその原稿を読みながら、ひと晩じゅう起きていたことだけは覚えている。私は、音楽そのもののような抒情的な文章に魅了されていた。読み終えると、文章を通じて思いを共有したときの通常の余韻に浸ると同時に、こんな空想を抱いた。——ミンの本が超ベストセラーになり、世界の読者たちが、彼女のストラッドを所有している投資家からそれを買い戻すために一致団結する……。もし私にそれだけのお金があったら、すぐさま小切手を書いて、彼女に郵送しただろう。

それから間もなく、私は自分の本の宣伝ツアーでロンドンを訪れ、そのときにミンと夕食をともにした。場所はケンジントン・ハイストリートにある、パリのビストロをイメージしたレストラン「アイヴィ・ケンジントン・ブラッセリー」だった。実際に会ってみると、彼女は本の中の取り乱した姿とは似ても似つかなかった。彼女は一緒にいて楽しい女性だった。陽気で、おしゃべり好きで、つややかな黒髪を揺らしながらしゃべる。その晩、レストランを最後に出た客は、私たちだった。私はミンに、自分が抱いた空想のことを伝えた。彼女はその話に飛びつくものと期待した。ところが彼女は、そうはしなかった。それどころか、私をひどく驚かせることを口にした。彼女はこう言ったのだ。「私は、あのストラッドを取り戻すべきではありません」

彼女はこう説明した。「今のストラッドは、以前のものと同じバイオリンではありませんし、私も以前の私と同じ人間ではありません。あのストラッドに出会ったときには、私は『従順な天才』のミンで、何百年にもわたるダメージに耐えてきたあのバイオリンは、そうした危険な状況を反映していました。今の私は、新たな創造力を備えたミンに成長しているところです。私、失うことのメリットがわかるようになったんです」

彼女のストラッドについてはこう語っている。「大好きだというのは、いつまでも変わらないでしょう。でも、どこにあるかがわかっていれば、それで満足なんです。まだ生きていてよかったと思います。でも、あのバイオリンは、あのバイオリンならではの経験をし、私は私で、独自の経験をしてきたのです」

その後、彼女は何回か、人間との恋愛を経験した。彼女は男性を好きになり、その男性も彼女を好きになった。今では、アルバム制作や、ほかのアーティストや作曲家たちとのコラボレーションといった、新しい創作プロジェクトに取り組んでいる。また彼女は、何年ものあいだ、自分の楽器を持たなかったが、その後、バイオリンを1丁発注した。彼女のかつての教師ルッジェーロ・リッチが所有していたグァルネリ・デル・ジェスのレプリカだ。

ミンはこう説明している。「バイオリンが盗まれたときに、私の中で何かが死んだんです。それでも、最近まで、かなり長いあいだ、回復するだろうと思っていました。でも、そうはなりませんでした。私は、以前の私——ほかの人と一緒だったら絶対にありえないような形で、あのバイオリンと一緒にいた私——はもういないことを受け入れなければなりませんでした。あのバイオリンと一緒だった私がもういないことを受け入れるのに、長い時間がかかったんです。

それでも私は、生まれ変わりました。捨てる神あれば拾う神あり、です。再出発についてのお決まりのたとえは、全部ほんとうなんですね。今では、新しい自分が入るためのスペースがあるんです。それは私がいつも選んでいたようなものではありません。私のバイオリンと一緒に残りの人生を送ったとしても、完全に一体化して、楽しくやっていけたでしょう。でも私たちが何らかの喪失感から立ち直ったときには、——つまり、私たちの心が癒えたとき、打撃を受けた心が回復したときには——新しい部分が成長するものです。今の私は、その段階にあるんです。たぶん私、もうソリストには戻りません。でも、喪失感を受け入れて、それを使って新しいアートの形を作り出したいと思っているんです」

ある日、ミンと私はイタリアの町クレモナで落ち合った。クレモナは、ストラディバリが暮らし、仕事をした町で、今でも、世界のバイオリン愛好家たちのひそかな「心のよりどころ」になっている。その町のマルコニ広場にバイオリン博物館がある。私たちはそこに入り、音声ガイドを聴きながら館内を見て回った。最後に入ったのは薄暗い部屋で、そこでは、世界の最たるバイオリンの名器たちが、ガラスケースの中に1丁ずつ吊るされていた。どれも貴重で見事なバイオリンだが、ミンは悲しみに打ちひしがれているように見えた。彼女は手で口元を押さえながら、こうささやいた。「ひもで上から吊るされていると、まるでバイオリンたちが拷問部屋にいるみたい。彼らが沈黙させられているように感じるんです」

私たちは急いで博物館から出て、まぶしさに瞬きしながら、太陽が降り注ぐ広場に入った。クレモナのいくつかの塔から鐘の音が鳴り響き、自転車に乗った人々がそばを通り過ぎていった。ミンはこう言った。「わたし、ああいう楽器を見たばかりで、マラソンを走ったような気分です。息切れした感じなんです。お腹の底から」

しばらくすると、そうした時間は過ぎ去り、ミンのゆったりした笑みが戻ってきた。私はこの日のことを何度となく思い出し、「ミンはなんてすばらしい旅の道連れだろう！」と思わずにはいられない。彼女はざっくばらんで優しいし、『Gone』に書いた、心がずたずたになるような「深い悲しみ」を抱えていた痕跡はほとんど残っていない。あなたが彼女に会ったら、それにはまったく気づかないだろう。私でさえ、「それは今もあるのだ」と自分に言い聞かせなければならないほどだ。ということは、世の中にはミンのような人はいくらでもいるということではないだろうか。

＊＊＊

私たちはその日の晩、ＴＥＤのステージに立ち、私は「サラエボのチェリスト」のストーリー

——この本の冒頭でお伝えしたのと同じもの——を紹介し、ミンは「アルビノーニのアダージョト短調」を演奏した。その晩は、借りものの楽器で演奏した。彼女は借用する楽器として、友人が所有するストラディバリウス——愛称は「エディンバラ公」——を選ぶという完ぺきな選択をし、その友人がそれをこの日のために快く提供してくれたのだ。彼女は私と一緒にステージに立ってアダージョを演奏した。その演奏はとても感動的で、もしあなたがあの場にいたら、聴衆が息を止めるのを感じただろう。もしかすると、彼女はもうクラシックの曲のソリストではなかったのかもしれないし、もしかすると、ソリストに戻るつもりはなかったのかもしれない。でも彼女は、もっと大きな存在だった。あなたは彼女の曲の中に、彼女の「喪失感」と「愛」を感じることができただろうし、あなた自身の「喪失感」と「愛」を感じることもできただろう。彼女の「苦痛」と、それを「超越」したことを感じることもできただろう。そしてあなたは、聴衆が一体となって彼女の曲に耳を傾けながら、それぞれが自分の問題を超越するのを感じることができたのではないだろうか（注）。そして彼らの心は、しめつけられて「張り裂けた」というより、むしろ、しめつけられて「破り開けられた」と言えるのではないだろうか。

（注）この本の非常に多くの文章について言えることだが、「そしてあなたは」からの文章は、ルーミーの詩からアイデアを得ている。

第4章
愛を失ったときには、どうしたらいいのか？

恋人達が死んでも愛は死なない。

——ディラン・トマス

私の一番古い記憶の一つは、4歳のときに初めて幼稚園に行った日の午後のひとこまだ。私は赤いいんげん豆の形をしたテーブルに座って、幸せそうにぬり絵をしている。黄色いクレヨンで輝く太陽を塗り、緑色のクレヨンで下のほうの草を塗り、そのあいだを青く塗って、青空にした。目を上げると、母が、ほかのお母さんたちと一緒に、教室のうしろのほうに立っている。私を迎えに来たのだ。母は、愛情あふれる、限りなく寛大な笑みを浮かべている。私は喜びでいっぱいになる。母は、カールした赤毛を取り巻くように、後光が差しているように見えた。私にとっては、天使が迎えに来てくれて、私はその天使のあとについて彼女の家「エデンの園」に帰るようなものだった。

私が子どものころは、母はずっとこんな調子だった。――学校から帰ってくる私のために、一皿のチョコレートアイスクリームを用意し、小学校4年生の友だちづき合いについて、喜んでおしゃべりした。いつもたわいのない冗談を言い、うまくいかなくて泣いている私をなぐさめてくれた……。姉や兄たちは、私とはかなり年が離れていたし、父は医大の教授で、長い時間働いていた。私は彼らのことも大好きだったが、母は別格だった。あの母より愛情にあふれたいい母親が、世界のどこにいただろうか？　いたはずがない。何しろ、私の友人たちが口をそろえてこう言ったのだから。「あなたはあんなお母さんがいて、幸せ者ね」。母はチキンスープや蒸し焼きローストビーフを作り、金曜の夜にはキャンドルをともした。声を荒らげることはめったになかった。ただし、私がやりたいと言ったり書いたりしたことをやるよう励ますときは別だったが。

母は、私が3歳のときに、私に読み書きを教えた。ほどなく、私はトランプテーブルの下の床を、自分の「作業場」にすると言い張り、そのテーブルの下にうずくまっては、ホチキス止めした罫線入りの紙に、劇や物語、記事を書いた。そのころは、母も私も、その「書く」という行為が二人の仲を引き裂くことになろうとは知る由もなかった。また私は、母が実際にはとても理解しにくい人だなんて、思いもしなかった。

母は一人っ子だった。彼女の母親は長く重病を患い、母が子どものころは何年にもわたって、壁のほうを向いてベッドに寝ていた。自分の母親が何年にもわたって、来る日も来る日も自分に背を向けているのを見るのは、どんな気分だろう？　そして、どんな影響を受けるだろうか？私の母の場合は、自分が何かとんでもなく悪いことをしたせいで、お母さんがこんなに具合が悪くなってしまったのだと思い込んだ。そして「自分を見てほしい」という飽くことのない欲求にさいなまれた。

母の父親はラビ（ユダヤ教の指導者）で、愛情にあふれ、賢く、キラキラ輝いているような人で、自分の娘を溺愛した。だが、心の痛みをずっと抱えていた。彼は1927年、17歳のときに一人で東ヨーロッパからブルックリンにやって来て、結婚した。そのわずか10年後、当時5歳の母に、ラジオのところに来て、ヒトラーが話すのを聞くよう伝えた。そして、ヒトラーの歯切れのいい大声が、薄暗く、狭くて細長いキッチンに響き渡るなか、祖父は母にこう言った。「いいかい、マムエル（「ちっちゃなお母さん」を意味する、愛情のこもったイディッシュ語）。この人はとても悪い人なんだ。私たちは気をつけないといけない」。それからまもなく、その「悪い人」は、ヨーロッパにいた祖父の母親、父親、妹、叔父や叔母、いとこたちを殺した。殺されただれもが、祖父がよく知っていて、大好きな人たちだった。祖父は、公の場では、信徒たちに尽くしながら、生き生きとした人生を送っていた。しかし家では、自身のため息で、寝室が一つのアパートの空気を重くしていた。

母のまわりで起きた悲劇が、母の一部になった。そしてのちに、母のほぼすべてになった。母は「恐怖」と「自分には価値がないという思い」でいっぱいだった。それでも、私が子どものうちは、そうした感情に陥るのを何とか食い止めていた。今振り返ってみると、私が子どものころから、のちに起こることの兆候はあった。たとえばスーパーマーケットで、私が母から数歩離れたところをうろついていたら、母はパニックに陥った。また、子どもの通常の活動――木登りや乗馬など――を数多く禁止した。母が「危険すぎる」と判断したからだ。私にこう言ったこともあった。「あなたをとっても愛しているの。だから、できるものなら、あなたを綿でくるんでおきたいわ」。母は愛情表現のつもりでこう言ったのだろう。私には、刑を言い渡されたようにも思えた。

また母と私は、宗教的なことでも、私が幼少のころから正反対の立場に立っていた。母は正統派ユダヤ教徒として私を育てた。だから、安息日には車に乗ってはいけなかったし、テレビも電話も禁止だった（訳注　ユダヤ教の「安息日」は、金曜の日没から土曜の日没まで続く休日。この日には、いかなる労働も行わないことが求められる）。マクドナルドのハンバーガーもダメ、ペパロニ・ピザ（辛いサラミのピザ）もダメだった。でも私はそうしたルールに決して縛られなかった。私の最も古い記憶の一つに、土曜の朝に、テレビアニメ「スクービー・ドゥー（日本でのタイトルは「弱虫クルッパー」）」をミュートにして見ていたというものがある。そのほか、学校のスキー旅行でベーコン――ユダヤ教の食事規定には完全に反するけれど、とってもおいしいベーコン――を食べているというものがある。なぜこんなことになったかと言えば、一つには、わが家が、影響力の「ごちゃ混ぜ」状態にあったからだ。まず、私の大好きな祖父はラビで、母は、祖父の忠実な支持者だ。その一方で、父は、言葉には出さないが「無神論者」だ。父にとっての神は、明らかに「科学」と「文学」なのだ。もう一つの理由は、私が生来、疑い深いことだ。今日にいたるまで、人が「X」と言ったら、私は無意識のうちに「Yはどうだろう?」と考えてきた。大人になってから、こうした性癖は、知的な面で役に立っている(とはいえ、ときには、この性癖のせいで、夫をひどくイライラさせることがある)。子どものころは、「神」の存在を疑っている自分が、どうして「神」の名の下で、食事規定を守らなきゃならないのか、理解できなかった。

それでも、母と私のほんとうの確執が始まったのは、私が高校生になって、子どものころのちょっとした制限が、貞節を求める厳格なルールに変わってからのことだった。挑発的な服装をしてはいけなかったし、私が男の子と一緒のときには、必ず母が監視した。母は、私が髪をカットしてもらっているときまで監視し、美容師さんが挑発的なヘアスタイルにしようものなら、彼をこっぴどく叱りつけた。母のルールは、理論上は、宗教的、文化的な性質のものだった。だが、ルールのほんとうの役割は、私の船を、母の港にいつまでも停泊させる「いかり」になることだった。私がルールを守っているときには、船は、その港に打ち寄せる波の中で、静かに揺れていた。私がルールを破ったときには、彼女の激しい怒りが、私たち二人の心をずたずたに引き裂いた。

1980年代のアメリカ人の標準で考えたら、私は礼儀正しく、責任を果たせて、ちょっとお堅いところのある高校生だった。でも、どうしてもルールを破ってしまうのだ。不適切な服を着て、不適切な友だちをつくり、不適切なパーティーに参加しては、そのあと決まって、パニック状態の母から、敵意に満ちた非難を浴びた。母は、波のように押し寄せる怒りと、滝のような涙を見せた。かと思えば、石のように押し黙り、それが何日も何週間も続いた。そうした言葉を交わさない日々が長く続くうちに、私の心の中で、「愛」が枯渇してしまったような気がした。胃がむかついて、食事がとれなかった。だが、それによって失った体重は、感情的飢餓や、母をひどく悲しませたために背負った罪に比べたら、取るに足らないものだった。

私の友人たちに、母とのこうした確執やそれに対する私の反応の強さのことを伝えると、彼女たちは困惑した。友人たちから見たら、私は「学校で最も規則を守る生徒」で——たぶん実際にそうだった——、最高の成績を取り、たばこも吸わなければドラッグもやらない生徒だ。だから、「いったいあなたのお母さんは、それ以上何を望んでいるの?」という感覚なのだ。一緒に夜遅くまで出歩きたいときには、友人たちはよくこう言った。「うちに泊まるって言えばいいじゃない」。彼女たちはわかっていなかったのだ。母と私はとても密接な間柄だったので、母は、私の顔から「うそ」を正確に読み取ることにかけては、どんなうそ発見器よりも上手だったことや、私の家のルールは彼女たちの家のルールとは違っていたこと、そしてルールを破ることは、青年期によく見られるささいな罪などではなく、母の壊れやすい「心」を打ち砕くことになったことを。私が正しいことをしさえすれば、私をだれよりも何よりも愛していた母は、ふたたび幸せな気分になった。そして私も、幸せな気分になった。

母と私はどちらも、離れていることに耐えられなかったので、トラウマになるほどの仲たがいのあとでも、必ず仲直りした。そして私が子どものころの、子育てをしている母が必ず戻ってきた。私たちはハグをし、少し涙を流した。そして母の、愛と癒やしに満ちた、温かい湯船に、私は喜んで身を沈めたものだ。仲直りするたびに、戦いは過ぎ去ったと思った。だが、過ぎ去ったためしはない。そのうち、私は「休戦中」であることを疑うようになった。学校から帰って、家に近づくと胃痛を抱えるようになり、家に入った瞬間に母がどんな気分か判断するのが得意になった。私は、母の落ち着いた心を乱したり、母の怒りを買ったりするようなことは、一切すべきではないと思っていた。また、母の子ども時代の悲しみや、現在の、心にぽっかり穴があいたような虚無感に、以前よりも気づくようになった。そして、脱出する日――大学に行くようになって母から自由になる日――を夢見るようになった。

一方で、そのままでいることを切望する気持ちもあった。彼女はまだ私の母親だ。私は何とか母の心の深い裂け目を埋め、心の痛みを取り除きたいと強く望んでいたのだ。何かをそれほど強く望んだことは、それ以前もそれ以降もない。私は自分自身の涙なくして、母の涙――その原因はたいていは私だ――を思い出すことはできなかった。母にとって、末っ子だった私はとても大事な存在だった。あまりにも大事な存在だったのだ。太陽のように大事な存在だった私が成長したことで、母を暗やみに追いやることになった。当時の私は、そうした厄介な状況から抜け出す方法はあると、まだ信じていた。自分がすべてのことを正しくやれば、ありのままの自分でいながらも母を幸せにする方法、エデンの園にいた子ども時代に難なくこなしていたようなやり方が、見つかると思っていたのだ。

＊＊＊

わが家では、いい大学に入ることがとても大事だと考えられていた。母は、私が家を出ていくのを恐れていたが、私が大学受験に成功するのを望む気持ちのほうが強かった。だから、高校3年の4月15日――大学の合格発表があるというとても重要な日――には、母と私は、日ごろの対立を脇に置いた。郵便物が届いたとき、私はまだ眠っていたが、母は顔を輝かせて、プリンストン大学のマークが入った、大きな分厚い封筒を私の寝室に持ってきた。私たちは一緒に、大事な文書をじっと見つめた。きっと60年前に祖父も、アメリカに渡る蒸気船の3等船室のチケットを、同じようにじっと見つめたにちがいない。当時の彼は、そのときの私と同じ年だった。

しかし、合格通知を受け取った私が、次の9月に目にしたのは、大勢の人があふれかえっているエリス島ではなく、照明に照らされたゴシック風の中庭と、俗世間から離れた芝生の光景だった（訳注　「エリス島」はニューヨーク湾にある島。旧移民検査収容所が置かれていた）。プリンストン大学は、よくも悪くも、私の子どものころの家とは正反対の雰囲気で、学生たちはお金持ち風で、のほほんとしていた。キャンパスには、私がまったく見たこともなかった「身体面での優雅さ」――たとえばほっそりした腰や、強靭な手足、流れるようなつややかな金髪――を備えたクラスメートがたくさんいた。当時は1980年代で、異なる民族出身の学生はそれほど多くなく、いまだにフィッツジェラルドの世界を思わせる雰囲気があった（訳注　フィッツジェラルド（1896～1940年）は、アメリカの小説家。代表作は『グレート・ギャツビー』）。格別に魅力的な学生たちは「ＢＰｓ」として知られていた。「ＢＰｓ」は「beautiful people（美しい人々）」を意味するキャンパス・スラングだ。秋の空気までもが、ピリッと身が引き締まるようで、貴族的だった。

こうした高貴な光景の中に、一つだけ汚点があった。それは、寮の私の部屋にある電話だった。その電話は、私をいや応なく母につなげた。最初は、電話が鳴ると、ただ場違いに感じただけだった。電話の向こうの母の声は、子ども時代の遠く離れた惑星から発せられたように思えたのだ。母は私が大学で楽しくやっているかどうか、知りたがった。そして、ルール――もちろん、結婚するまで純潔を守るためのルール――をきちんと守っているかどうか、知りたがった。私は落ち着かない気持ちで、そうしたルールと、演習のあとにベーコンチーズバーガーをがつがつ食べるプリンストンのがっしりした男子学生をてんびんにかけた。母にとっては、そうしたクラスメートたちは言うまでもなく「出入り禁止」だった。でも私にとっては、彼らはたまらないほど魅力的だった。17歳の私には、彼らが「未来の大統領」のように見えた。彼らは、学生時代という人生の幕間を使って、私たちに恩恵をもたらし、いずれは、政策を決めたり、戦争をしたりし、やがて太鼓腹になって、愛人をつくるように見えたのだ。私には、彼らの人生で一番いい時期を、彼らと過ごしているように思えた。一方彼らは、いまだグレイトフル・デッドのTシャツを着こみ、月明かりに照らされたアーチ道で優しくキスをし、美術史のクラスで、レンブラントの絵画とカラヴァッジオの絵画を見分けられるクラスメートを、尊敬のまなざしで見つめた（訳注　「グレイトフル・デッド」は、1965年に結成されたロックバンド。ヒッピー文化、サイケデリック文化を代表するアーティスト。レンブラント（1606～69年）はオランダの画家。カラヴァッジオ（1571～1610年）はイタリアの画家）。

母はこうしたことをすべて感じ取った。そして、そのうち私が妊娠し、私の評判はガタ落ちになり、卒業前にエイズで死ぬと固く信じた。母は、大学1年目の私にイライラしながら、私が母から離れる、容赦のない一歩を踏み出すたびに、それを感じ取っていたのだ。彼女はますます取り乱すようになり、まるで「娘がモンスターに食べられることに同意した」と心底思い込んでいる母親のように、狼狽した。高校時代には、母と私は、離れてはまたくっつくというのを繰り返していたが、このころには、私の子ども時代の母は完全に消え去った。代わりに登場したのは、復讐心に燃えた女性だった。その女性は毎日電話をかけてきて、間違った行為を非難した。大学が休暇のあいだは、私の寝室のドアの前に何時間も立って、もし私が「賢くならない」なら、私をプリンストン大学から引き離して、自分の目が届くようにすると、脅しをかけた。私は恐怖に襲われた。アイビーリーグの学位を失う恐怖より、むしろ、ふたたび母の監視下で暮らすことになる恐怖のほうが強かった（訳注 「アイビーリーグ」は、アメリカ北東部にある八つの私立エリート大学の総称）。

そのころ、もし母が10輪トラックにはねられたら、あるいは、進行の早い不治の病に倒れたら、私の4分の1は安堵し、4分の3は悲嘆にくれただろう。そして、その結果として葬儀が行われたら、私の「苦痛（痛み）」を示す言葉は、他人には理解できないようなものになるだろう。でも実際には、彼女の死を嘆き悲しむなんて、一度も考えたことがなかった。寮の部屋の電話の向こうに毎日のように現れ、心臓が脈打つのが聞こえそうなほど元気で、まるでゴルゴンのような母親のために悲しむなんて、だれが考えるだろう？（訳注 「ゴルゴン」は、ギリシャ神話に登場する醜い女の怪物。髪の毛がヘビで、その顔を見た者を石に変える）

その代わり、私は日記の中で、恥ずかしい欲望を打ち明け、日記のノートを次々に埋め尽くしていった。「母が好き」と書いたが、「母が嫌い」とも書いた。禁止されていたことを、大学で行っていたことについても、うんざりするほどこと細かく書き留めた。そのころ気づき始めたことも書き留めた。たとえば、私が大好きだった母——私のことが大好きだった母——は死んだのではなく、いなくなったということ。もしかすると、そんな母は最初からいなかったのかもしれないこと。ある意味では、私には母が存在しないということ……。要するに、現実の世界では、母にとても言えそうもないことを記録したのだ。もし母に伝えたなら、私は母を精神的に殺すことになるとわかっていたのだ。こうして私は、大学の1年目を何とか乗り切った。

ではこれから、このストーリーの、あなたがとても信じられないような部分に入るとしよう。それから何年も経ったが、私はそれを、自分でも信じられない。

それは、その年度の最後の日のことだった。どんな理由だったかは忘れたが、私はあと何日かキャンパスに残る必要があり、それでも、私の所持品を自宅に送る必要があった。両親が、私の荷物を運ぶのを手伝いに来てくれた。両親と私が寮の部屋であいさつを交わすと、空っぽの部屋で声が響いた。私は居心地が悪かった。両親がここにいるのは場違いだと思ったが、そう思ったことで、場違いなのは私も同じであることを思い出したからだ。廊下を行ったところに、同じ1年生のレクサが住んでいた。彼女は建築学科の学生で、ワードローブはチャコールグレー一色、そしてマンハッタン出身や、ヨーロッパ各国の首都出身の洗練された友人が大勢いた。彼女はそうした友人たちを「nice（ナイス）」と評した。私はその「nice（ナイス）」は「glamorous（華やかな／魅惑的な）」という意味だと理解するのに、数週間かかった。私は、世界の重荷を抱え込んだような心配顔をしている母と、レクサのお母さま――映画製作の仕事をしていて、一昨日、スリムなレザージャケットを着て、腕にシルバーのバングルをたくさんつけて、車で彼女を迎えにきていたお母さま――を比較せずにはいられなかった。私は「二人は大違いだ」などと考える自分が嫌になった。

両親と私は、さようならを言った。それが起きたのは、そのときだった。それを計画していたわけではなく、それを暗示するような心境の変化があったわけでもなかったのに、私は、日記を母に手渡した。日記を彼女に手渡してしまったのだ！　何も考えずに、思いつきで！　私は母にこう頼んだ。「私の代わりにこれを家に持って帰って、しまっておいてね」。しまっておいてくれると、私は信じたのだ。重大な転機となったその瞬間に、私が自分に言い聞かせたストーリーは、次のようなものだった。――お母さんはまだ、私が子どものころのような天使で、人の日記を読むような間違ったことは、決してしない。たとえだれかに、あの日記を手渡されたとしても、「しまっておいて」と言われたなら、そんなことはしないはず……。

とはいえ、もちろん、母と私の「大きな愛」と、それの、トラウマになるほどの消滅のストーリーを記したノートの山を母に手渡した瞬間に、私は、二人の関係を断つことを選んだことになる。10代の娘がほんとうは自分をどう思っているかを知るのは、親ならだれでもつらいはずだ。私の母の場合は、耐えられないほどつらかったにちがいない。その証拠に、翌週、私が家に帰ると、母は日記を持って私の寝室のドアのところに立ち、自分の首がギロチンの刃にはねられる動作をしてみせた。母は正しいと思った。心理的な事実に照らして見れば、私が母を殺したと思ったのだ。

＊＊＊

子ども時代は必ず終わる。でも、こうした「心の痛み」は、青年期によくあるものとは別物だった。私が母に日記を渡したあとも、私たちは数十年にもわたって、相変わらず電話で話をし、休暇には顔を合わせ、相変わらず「アイラブユー」と言い、その言葉にうそはなかった。だが、彼女は私の夢にしょっちゅう現れた。夢の中では、主人公の彼女が、あるときは恐ろしい人、あるときは元気のない人といった調子で、いろいろな姿で登場し、私はその人につながれていて、その人を愛してはいたが、その人から逃れることを切望していた。起きているときには、私たちは、温かい気持ちで、でも用心して、お互いのまわりを回っていた。私たちの会話は、相変わらずフェンシングの試合のようなもので、早く終えるに越したことはなかった。私は母を信用していなかったし、母も私を信用していなかった。私は母と距離を置くことや、より強力な境界線を引くことを学んだ。また、私たちが、とり立てて珍しい事態に陥っているわけではないこともわかるようになった。親が子どもに、「あなたはありのままの自分でいることも、愛されることも可能だが、その両方は不可能なのだ」と伝える事態や、子どもが、自分が大人にはならないことに同意さえすれば、いつまでも愛してもらえたのにと思い込むような事態は、珍しいことではない。たいていの場合、子どもはそうした同意にいたる。でもいずれは、同意を破棄する。

私は、一方の当時者として責任を果たさなかった自分を許せず、許せるようになるのに長い時間がかかった。そして、感情面で母抜きでやっていけるようになるには、さらに長い時間がかかった。でも私は、大人になったことの後遺症に対処する方法を学んだ。もともと対立を避ける傾向があったし、自分にとっての「現実」を信用しないで、より説得力のある意見を持つ人たちに従うようにしてみたのだ。私の中には二人の自分がいて、そのうちの一人は、自分のリズムで歩き、自分が「真北」だと思う方向に進んだ。私には生まれつきそんな傾向があった。でももう一人の自分は、母と仲たがいするたびに苦しみ、できごとについてのほかの人たちの解釈のほうが正しいにちがいない、当然ながら、私の意見などより勝っている、と思い込んだ。こうして私は、あの一件後のダメージからかなり立ち直った。そして今も、立ち直ろうと努めている。それは、これからもずっと続くだろう。

だが、私はとても長いあいだ、——私の人生が先に進み、大きく好転したあとも、私自身が自分の家や自分の家族を持つようになって、多くの点で子どものころに夢見た活気ある人生を送れるようになったあとも——母のことを、涙なしに語ることができなかった。「母はブルックリンで育ちました」といった単純なことさえ、泣かずには話せなかった。これが理由で、私は母の話を一切しなくなった。そういう涙は、受け入れられないと思ったのだ。人がまだ生きている母親のことで深く悲しむというのは、たとえその母親が私の母と同じくらい扱いにくい人だとしても、おかしなことなのだ。それでも私は、そのころの母と、記憶に残っていた母、つまり、私の最高の仲間、一番の擁護者であり、私が一番大好きな人だった母との隔たりを受け入れられずにいた。でもそうした子どものころの母は、——そういう母が実際に存在したと想定しての話だが——大学1年の最後の日に手渡した日記とともに立ち去り、私がそういう母を見たのは、事実上、それが最後だった。

＊＊＊

それでも母は、私をプリンストン大学から引き離しはしなかった。私はキャンパスに戻ると、クリエイティブ・ライティング（文芸）の授業に参加し、どうしようもない母親のことが死ぬほど大好きな娘の物語を書いた。大人の生活や大人の恋愛を経験したいと切に望んでいる若い女性の話だ。物語のタイトルは「The Most Passionate Love（熱烈な愛）」にした。授業を担当していた先生は、ぶっきらぼうなベテラン小説家だった。彼女は、私の小説を最後まで読み、こう言い放った。「あなたは世俗的なものに近寄りすぎています」

そしてこう忠告した。「これは引出しにしまって、今後30年は取り出さないでください」。

先生は正しかった。でも、それから30年以上経っている。

＊＊＊

私が母をどのように愛し、どのように失ったかを、あなたにお伝えしたが、それは、私の物語が特殊なものだったからではない。あなたの愛と喪失の物語――ビターとスイートの物語――は、これとは違っている。あなたの物語のほうが、ずっと大きな痛手を伴っている可能性があることはよくわかっている（そうではないといいのだが）。それでもこの物語をお伝えしようと決めたのは、あなたが世の中のさまざまな苦しみに比べて、私が母を失ったことはささいな喪失とみなすにせよ、大きな喪失とみなすにせよ、「母親」というものが（前のほうの章で、ダーウィンやダライ・ラマの言葉から気づいた通り）、「愛」そのものを象徴しているからだ。あなたも愛（大好きな人）を失ったことがある、あるいは、失うことになるのは、私もわかっている。また私は、これまでお伝えしてきたできごとを理解するのに数十年かかったし、心の傷が癒えるのにも同じくらいかかっている。だから、もしかすると私は、あなたに役立つような何かを学んでいるかもしれないと思ったのだ。

私たちは、心の傷や体の傷を「人生における異常事態」、「あるべき状態からの逸脱」、ときには、「悪いイメージ（汚名）を生み出すもの」と考えるよう教えられてきた。だが、私たちの「喪失の物語」や「別離の物語」は、ベースライン（基準値）の状態でもあり、そのすぐ近くに、「理想の仕事を見つけた話」や「恋に落ちた話」、「奇跡のような赤ちゃんを出産した話」があったりする。そして最高の状態——たとえば、「畏敬の念」や「歓喜」、「感嘆」や「愛」、「生きる意義」や「創造力」といったもの——は、現実の持つ、こうした「ビタースイート」な本質から生まれる。私たちが最高の状態を経験するのは、「人生が完ぺき」だからではなく、「人生が完ぺきではない」からなのだ。

あなたは、どんなものとの別離を経験しただろうか？　どんなもの、どんな人を失っただろうか？　生涯の恋人に裏切られた？　それとも、小さいときにご両親が離婚している？　お父さまを亡くした？　お父さまはひどい人だった？　ご家族があなたのほんとうの性的傾向に気づいたとき、あなたはご家族に拒絶された？　それともあなたは、ふるさとや母国が恋しい？　夜、眠りにつくには、ふるさとや母国の曲を聴く必要がある？　では、私たちはどうやって、こうした「ビター」を自分の「スイート」に結びつけたらいいのだろうか？　どうすれば、すっかり元通りになったと感じられるだろうか？

この質問に対して、答えは無数にある。では、三つのタイプを紹介しよう。

その1　こうした「喪失」が私たちの心を形づくり、人とのやり取りのすべてに影響を与えている。もし、そうした影響に気づかず、感情面での新しい習慣作りに積極的に取り組まなかったとしたら、喪失の影響が色濃い行動を何度も繰り返すようになるだろう。「喪失」のせいで、人間関係がめちゃくちゃになるが、なぜめちゃくちゃになるのかわからない。だが「喪失」に向き合う方法はたくさんある。そのいくつかをこの本で紹介しよう。

その2　あなたは心を癒やすための活動に取り組んでいるのに、どれほど取り組んでもこうした「喪失」があなたの人生の「弱点」になっている可能性がある。たとえば、あなたには「捨てられるのではないかという恐怖」、あるいは「成功することへの恐怖」、「失敗することへの恐怖」があるのではないだろうか。もしかすると「根深い不安感」、あるいは「拒絶感受性（拒絶されることに過剰に反応する性質）が強い」」、「不安定な男らしさ（「男らしさ」が脅かされたときに、攻撃する傾向があること）」、「完ぺき主義」を抱えているのではないだろうか。もしかすると、「すぐカッとなる性格」だったり、「深い悲しみの〝こぶ〟」が、それがなければ滑らかな皮膚から飛び出しているような気がしているのではないだろうか。たとえ、いったんそうしたものから抜け出した、そして、抜け出すことができるようになったとしても、「誘惑の言葉」によって、あなたのいつもの見方や考え方、反応のしかたに戻る可能性がある。あなたが、ほとんどの時間を耳をふさいで過ごせるようになることもあるが、それがつねにささやきかけている事実を受け入れる必要があるだろう。

その3　三つ目の答えは、理解するのが最もむずかしいが、あなたを救う可能性がある。あなたが失った「愛」であれ、欲しかったのに手に入らなかった「愛」であれ、その「愛」は、永遠に存在する。形を変えるが、いつもそこにある。大事なのは、新しい形の「愛」を受け入れることだ。

＊＊＊

「yearning（切なる思い、渇望）」という言葉の語源を思い出してほしい。あなたが苦痛を感じているところは、あなたが大事に思っているところでもある。あなたの心が痛むのは、あなたが大事に思っているからだ。だから、「苦痛」への一番いい対処法は、あなたの「大事に思う気持ち」

を深く掘り下げて調べることではないだろうか。それは、私たちのほとんどが望むこととは正反対だ。私たちは「苦痛」を避けたがるし、「スイート」のことはあまり気にかけないようにすることで、「ビター」を退けようとしたがる。だが、ネバダ大学の臨床心理学者スティーブン・ヘイズ博士が心理学専門誌『サイコロジー・トゥデイ』に寄せた記事「From Loss to Love（喪失から愛へ）」の中で記しているように、「『苦痛』に対して心を開いたら、『喜び』に対して心を開くことになる」（訳注　「臨床心理学」は、心に問題を抱える人に対して、その原因を探り、心の回復を実際に支援するための専門知識や技法を実践的に学ぶ学問分野）。彼はこう記している。「私たちは自分の『苦痛』の中に、自分の『大事なもの』を見いだし、自分の『大事なもの』の中に『苦痛』を見いだすのです」

ヘイズは「アクセプタンス＆コミットメント・セラピー（ＡＣＴ）」という影響力のある心理療法を開発した。知られている通り、ＡＣＴでは、こう提唱している。――あなたの「思い」や「感情」を、「つらい思い」や「つらい感情」も含めて、受け入れよう。「つらい思い」や「つらい感情」は、生きていることに伴う試練や、あなたが個人的に抱えている困難への、適切な反応なのだと考えよう。またＡＣＴでは、こんなことも勧めている。――あなたの「苦痛」を利用して、あなたとって一番大事なものを突き止め、その後は、「一番大事なもの」にもとづいて行動しよう。要するに、ＡＣＴというのは、「ビターなものを調査し、スイートなものに力を入れること」と考えていいだろう。

ヘイズはこう述べている。「あなたが、とても大事にしているもの、気分を高めてくれるものとつながっているときには、あなたの心が痛むところ、心が痛む可能性のあるところとつながっているということです。あなたにとって『愛』が大事なものなら、あなたは裏切りを経験したらどうしますか？　あなたにとって『人々とつながる喜び』が大事なものなら、誤解されるつらさや、他人を理解できないつらさに、どう対処しますか？」

ヘイズと仲間たちは、こうした考え方を煮詰めて、喪失に対処するための「七つのスキル」にまとめた。彼らは、35年にわたって1000回以上の実験を行うなかで、この「七つのスキル」を備えることができるかどうかで、喪失に直面した人が「不安」や「うつ状態」、「トラウマ（心の傷）」、「薬物乱用」などに陥るかどうか、喪失に強いかどうかを予測できることに気づいた。

最初の五つのスキルは、「ビターなものを受け入れること」に関係している。一つ目のスキルは、「喪失は事実である」と認めること。私たちはまずは、それを認める必要があるのだ。二つ目は、喪失に伴う感情を受け入れること。私たちは「苦痛」をコントロールしようとしたり、食べものやお酒、仕事などで紛らわせようとしたりしないで、「心の傷」や「悲しみ」、「精神的打撃」、「怒り」などをただ感じたほうがいいのだ。三つ目は、自分の感情、考え、記憶をすべて受け入れること。たとえ予想外のものであっても、一見、不適切に見えるものであっても、すべて受け入れる必要がある。四つ目は、ときには私たちが「自分はもういっぱいいっぱい」と感じることもあると、予測しておくこと。そして五つ目は、役に立たない考えを抱かないよう気をつけること。たとえば、「私はこれを終わらせるべきだった」とか、「すべて私のせいだ」、「世の中、不公平だ」といった考えには、気をつけたほうがいい。

実際、つらい感情を受け入れる能力――つらい感情を観察したり、吐き出したりするだけではなく、偏った判断を避けて、心から受け入れること――が、長期的な成功につながることがわかっている。トロント大学のブレット・フォード教授は2017年に、次のような実験を行っている。まず実験参加者たちに、習慣的にネガティブな感情を受け入れているか、そうではないかを確認した。そのうえで彼らに、「就職面接の場」という設定で、自分のコミュニケーションスキルについて即興のスピーチを行うよう依頼した。その結果、習慣的にネガティブな感情を受け入れている参加者たちのほうが、――「職を失う」とか「浮気をされる」といった大きなストレスを経験したばかりの参加者でさえ――プレッシャーを感じなかったことがわかった。別の実験で、習慣的にネガティブな感情を受け入れている参加者たちは、そうではない参加者たちに比べて幸福感が強く、大切な人と口論をしたとか、刑務所に入っている息子から電話があったといったストレスがかかる経験をしたときでも、幸福感が強いことがわかっている。

だが、私たちの目を「ビター」から「スイート」へ、「喪失」から「愛」へと移してくれるのは、「七つのスキル」の残りの二つ――「大事なものにつながること」と「価値観にもとづいた行動を取ること」だ。「大事なものとつながる」というのは、喪失の「苦痛」は、あなたが、自分にとって最も大事な人や最も大事な原則、さらには人生の意義に目を向けるのに役立つと気づいていることだ。「価値観にもとづいた行動を取る」というのは、そうした「大事なもの」にもとづいて行動することだ。ヘイズはこう記している。「あなたの喪失が、最も有意義なものに気づき、ひいては人生を価値あるものにする機会になることもあります」

そこで、さきほどの質問について、もう一度考えてみよう。あなたは、どんなものとの別離を経験しただろうか？　あなたはどんなもの、どんな人を失っただろうか？　それから、次のような質問についても考えてみよう。あなたが抱えている「別離の苦痛」は、あなたの目をどこに向けているだろうか？　あなたにとって、ことのほか「大事なこと」は何だろうか？　どうしたら、それを実現できるだろうか？

こうした、大事なものにつながったり、それにもとづいて行動したりするスキルは、さまざまな形で見られる。建築家でエンジニアのバックミンスター・フラー（1895〜1983年）は、事業に失敗し、さらに1922年に4歳の娘が髄膜炎で亡くなったことで、ひどく落ち込み、自殺まで考えた。でも彼は、「もう生きていてもしかたない」という思いをひるがえし、こう考えた。――人生を価値あるものにするのは、いったい何だろう？　人類に利益をもたらすために、ひとりの人間ができることは何だろう……。それは、たくさんあることがわかった。こうしてフラーは、ジオデシック・ドームをはじめ、さまざまなもののデザインを考案し、「20世紀のレオナルド・ダ・ビンチ」として知られるようになった（訳注　「ジオデシック・ドーム」は、球体を三角形の要素に分割するという考えにもとづいて作られたドーム型の建築様式で、「人間が作り出した最も安定し耐久性のある構造物」として広く認識されている。ジオデシック・ドームの例として、モントリオール万国博覧会「アメリカ館」や、アメリカ南極基地、日本では「富士レーダードーム」、「なにわの海の時空館」などが知られている）。

詩人で作家のマヤ・アンジェロウの場合は、失ったものは「自分の声」であり、それとともに「自分の尊厳」と「自己愛」も失った。しかしのちに、ふたたび「声」につながり、それにもとづいて、まったく新しい、パワフルな形で、行動を起こした。彼女は、パワフルな回想録『I Know Why the Caged Bird Sing（かごに入れられた鳥が歌う理由を、私は知っている）』（邦訳は『歌え、翔べない鳥たちよ』、矢島翠訳、人文書院、1979年ほか）の中で、子どものころの物語を伝えている。その本には、次のようなことが書かれている。まだとても小さかったころに、アーカンソー州に住む祖母と暮らすために、兄とともに電車に乗せられ、彼らの胸には「関係者の方へ」と書かれた紙が、ピンで留められていたこと。5歳のときに、イースターの詩を、教会に集まる人々の前でそらんじることになったが、自分は、そういう役を務めるには図体が大きすぎて醜いし、その役にふさわしくないと思ったこと。そのころはまだ、彼女の言う「black ugly dream（黒人は醜いという悪夢）」から覚めていず、結局、お漏らしをしてしまい、泣きながら教会から逃げ出したこと。8歳のときに母親のボーイフレンドにレイプされ、法廷で、その男に不利な証言をしたら、その後その男が、腹を立てた暴徒たちに蹴り殺されたこと。自分がだれかほかの人に話しかけたら、その人も死ぬかもしれないと思ったこと。

こうして彼女は、兄以外のだれに対しても、話しかけるのをやめた。そしてそれが、5年にもわたって続くことになる。

その間はもっぱら、読書の世界に逃げ込んでいた。そして13歳のときに、バーサ・フラワーズ夫人という女性の自宅に招待された。フラワーズ夫人は優しく上品で、教養があった。彼女は、マヤには完ぺきな（欠けているものがない）ように見えたらしいが、「悲しみ」や「切なる思い」を抱えていたと考えていいだろう。夫人はよくほほ笑みを浮かべるのだが、声を立てて笑うことがなかった、とアンジェロウが書いているからだ。夫人はマヤに詩集を一冊渡してこう伝えた。「この中の詩を一つ覚えて、次に来たときに聞かせてちょうだいね」。そして夫人は『二都物語』の読み聞かせを始めた（訳注 『二都物語』はチャールズ・ディケンズの長編小説。初版は１８５９年。邦訳多数）。しかしマヤが最初の一節「それは最良の時代であり、最悪の時代でもあった」を聴いたとき、マヤには、夫人がその一節を読み上げたというより、その一節を歌ったように思えた。マヤはその本を以前に読んだことがあったが、本のページを確かめたいと思った。「その本って、私が前に読んだ本と同じなのかしら？」。彼女は不思議に思った。「それとも、その本には、讃美歌の本のように、ページに線が引いてあって、音符とか、楽譜が書かれているのかしら？」

こうして彼女は再び話すようになった。最初は、他人の言葉を使い、その後、自分の言葉で、詩やエッセイ、思い出を語るようになった。やがて、彼女が語ったことが、ほかの人たちに影響を与えるようになる。その一人が、彼女より26歳年下の少女だった。彼女はミシシッピ州で育った読書好きの女の子で、15歳のときにアンジェロウの回想録に巡り合った。そして、その本の中に自分の姿を見いだして、とても驚いた。「このマヤ・アンジェロウっていう著者は、いったいどうして、わたしみたいなミシシッピ出身の貧しい黒人少女と同じ体験をし、同じ感情、同じ願望を持ち、同じ感じ方をすることができたんだろうと思いました」。オプラ・ウィンフリーはマヤの『I Know Why the Caged Bird Sing』に寄せた序文の中で、こう記している。そしてこう続けている。「わたしはあの、イースターの詩をそらんじた少女でした（中略）。わたしはあの、読書好きな少女でした。わたしはあの、南部の祖母に育てられた少女でしたし、8歳のときにレイプされ、そのことについて口をつぐんでいた少女だったんです。マヤ・アンジェロウがどうして何年間も沈黙したままだったのか、わたしにはよくわかります」

一人の若い女性が、自分の「悲しみ」についての真実を語って、次の世代のもう一人の若い女性がこう思って、気持ちを高めたというわけだ。――私みたいな人がほかにもいる。私の物語は、私だけのものではない。

こうした癒やしのプロセスには、回想録を共有する必要はない。オプラもこう記している。「かごに入れられた鳥が歌ったら、私たちはみんな、感情をかき立てられます」。「悲しみ」や「切なる思い」についての真実を伝える言葉を、語ったり歌ったりする行為には、何か特別な力があるようだ。だからこそ、社会学者のW・E・B・デュボイス（1868〜1963年）は、アメリカ南部の奴隷にされた人々が歌う「悲しみの歌」を、「海のこちら側で生まれた『人間の経験を表現したもの』の中で最も美しい」と評したのではないだろうか？　だからこそオプラは、アンジェロウの回想録の中に、鏡に映し出されたような「自分の人生」を見ただけではなく、オプラ自身の言葉を借りれば、「啓示」を見たのではないだろうか？　オプラは回想録を読んだとき、「畏敬の念を抱いた」と記している。そしてその本が彼女の「お守り」になったという。その10年後に、アンジェロウと会うチャンスを得たのは、「神の導き」なのだという。これらの言葉は、通常の「強い興味」を示すものではない。「転換」を示す言葉と考えていいだろう。「道に迷っていた自分」が転換され、別の形になって戻って来たということではないだろうか。

＊＊＊

アンジェロウの物語が示唆しているように、多くの人が、自分自身が抱えているのと同じような、他人の傷を癒やすことで、喪失に対処している。アンジェロウは書くことによってそれを行ったが、そのプロセスはさまざまな形を取っている。実際、「傷ついた癒やし手」――心理学者ユングが1951年に作り出した言葉――は、その最も古い典型と言っていいだろう。ギリシャ神話では、ケンタウロス（半人半馬の怪物）の賢者ケイローンは、毒矢で傷を負ったために、激しい苦痛を抱えることになったが、治療する能力も手に入れた。シャーマンの世界では、たいていの場合、癒やし手（シャーマン）になるには、かなり大変な思いをするイニシエーション（通過儀礼）を経験しなければならない（訳注　「シャーマン」は、霊魂との交信や、病気の治療ができるとされている職能・人物のこと（祈祷師、巫女など））。ユダヤ教では、救世主のさまざまな能力は、救世主自身の苦しみから生まれている。ユダヤ教の救世主が貧しい人々や病気の人々の中に身を置いているのは、救世主自身がそういう人々の一人だからだ。キリスト教では、イエス自身が「傷ついた癒やし手」だ。彼は、血を流している女性たちを治し、ハンセン病患者たちにハグをし、私たちみんなを救うために十字架の上で死んだ。

現代においては、「傷ついた癒やし手」は、もっとわかりやすい形で登場している。たとえば、交通事故で10代の娘を亡くしたお母さんが、「飲酒運転に反対する母親の会」を創設している（訳注　「飲酒運転に反対する母親の会（ＭＡＤＤ）」は、１９８０年にアメリカで結成され、飲酒運転の撲滅、被害者の支援などに取り組んでいる。１９９８年にMADD Japanが設立された）。父親を脳腫瘍で亡くした9歳の少年が、大人になってグリーフ・カウンセラーになることもある（訳注　「グリーフ・カウンセラー」は、最愛の人・大事なもの・仕事などを失って悲痛な思いをしている人に精神的援助を行うカウンセラー）。また、銃乱射事件の生存者が、銃規制団体を設立している。

いくつかの調査で、自身が精神疾患（心の病）を抱えているメンタル・カウンセラーのほうが、仕事への熱意が高い傾向があることがわかっているが、こうした調査の参加者の中にも「傷ついた癒やし手」たちが見られる。国民的なトラウマとなった２００１年9月11日のテロ事件のあと、記録的な数のアメリカ人が、消防士や教師、医療関係の仕事を志願した。『ニューヨーク・タイムズ』紙によれば、教育ＮＰＯ「ティーチ・フォー・アメリカ」では、９・11後の6週間で、志願者が3倍に増え、その半数は、９・11の大惨事がきっかけで、教師の仕事をやる気になったと語っていたという（訳注 「ティーチ・フォー・アメリカ」は、一流大学の卒業生を、教員免許の有無にかかわらず、2年間、国内各地の教育困難校に派遣する活動を行っている）。ニューヨーク市のある消防士は、同紙にこう説明している。「消防隊に加わることについては、態度を決めかねていました。加わったら、かなり時間を取られるからです。でも9・11のあと、とにかく『人助け』の仕事がやりたくなったんです」。女優のエイミー・ティンは、その日にワールドトレードセンターにいて、あやうく死ぬところだった。その後、映画業界を離れ、「エア・フォース・メディカル・サービス（アメリカ空軍医療部隊）」に加わった。彼女は空軍の公式雑誌「Airman（エアマン）」にこう語っている。「9月11日のあと、人生観が変わりました。人助けをしたいという気持ちがずっとあったので、医療分野での仕事に戻ることにしたんです」

「傷ついた癒やし手」の感動的な例を、もう一つ紹介しよう。作家で公選弁護人のレネ・デンフェルドは、性的虐待やネグレクトを経験した悲惨な子ども時代のことを文章にまとめた。彼女の母親はアルコール依存症、継父（母親が再婚した男）は売春のあっせん屋、彼女の家は小児性愛者のたまり場だった。彼女は虐待を通報しようとしたが、だれにも信じてもらえない。そこで、家出をして、オレゴン州ポートランドで路上生活を送りはじめた。そして、人の弱みにつけこんで利用する連中にさんざん食いものにされることになる。

こういった家庭の「その後」としては、さまざまな可能性があった。デンフェルドの母親は、彼女自身がレイプや暴力の被害者で、自分の子どもたちを守れなかったという罪悪感にさいなまれ、自ら命を絶った。デンフェルドの兄は、胸を締め付けられるような彼女のエッセイ「The Other Side of Loss（喪失感の向こう側）」で彼女が「〝ノーマル〟の王様」と表現したものになることで、自分の過去から逃れようとした。彼はボタンダウンのシャツを着込み、ポケット・プロテクターを携帯し、子ども時代の汚点を消し去ろうと努力した（訳注 「ポケット・プロテクター」は、ペンなどを入れる小さなポケット状の入れもの。これにペンを入れて、胸ポケットに入れることで、服のポケットが痛んだり汚れたりするのを防げる。よくエンジニアが使っていることから、「真面目なエンジニア」の代名詞としても使われている）。しかし努力は無駄に終わり、彼もまた、自ら命を絶った。彼はこの世を去る前にこう言ったという。「おれ、いい子になってみたかったよ」

デンフェルドが母親や兄と同じ道をたどったとしても、だれも驚かなかっただろう。でも彼女は、ポートランドにある公選弁護人事務所の調査主任となり、レイプの被害者が悪徳業者に引っかからないよう手助けしたり、被告人が死刑判決を免れるよう弁護したりしている。トラウマを抱えた人々を描いた小説を3編書いてもいる。また、養護施設から3人の子どもを引き取って養子にした。子どもたちは、彼女と同じくらい悲惨な過去を抱えていて、彼女自身と同様、愛が届かないところに置かれているように見えたという。最初は、子どもたちは彼女に怒りをぶつけ、生気のない目で彼女を見たそうだ。それでも彼女は辛抱した。それから20年以上経った今では、彼らと、無理だと思われた「家族」になり、その家族のことが大好きだという。

彼女はエッセイに次のように記している。

子どもたちは私に、「喜び」と「過去の回復」、「目的意識」をもたらした。私たちが一緒に笑い合うたび、触れ合うたびに、「現実は、ほんとうに変えられるんだ」と強く思った。トラウマから立ち直って、「光り輝く、完ぺきな魂」がよみがえった。それはずっとそこにあって、活かされるのを待っていたのだ（中略）

あなたは、自分を癒やす一番の方法は何だと思うだろう？　それは、「ほかの人たちを癒やすこと」だ。

私たちが自分の過去から逃れられるとは、私には思えない。私の兄と母は、そうしようと努めたのに、うまくいかなかった。私たちは「悲しみ」と友だちになる必要がある。私たちは「喪失感」を、愛する子どもたちのようにしっかり抱え、持ち運ぶ必要がある。私たちがそうしたつらい「苦痛」を受け入れたとき、初めて、私たちを向こう側へ連れて行ってくれる道があることに気づくのだ。

私たちのほとんどは、バックミンスター・フラーやマヤ・アンジェロウ、レネ・デンフェルドが経験したような試練は経験していない。たとえ経験したとしても、その後、ジオデシック・ドームを考案したり、転換につながるような回想録を書いたり、虐待された子どもたちを家族にし、その家族を大好きになったりはしないだろう。それでも実際には、私たちの多くが「傷ついた癒やし手」ではないだろうか。「喪失感」を「愛」に変えるための活動は、それほど英雄的だったり、独創的だったりする必要はない。イヌを引き取って、大事に世話をしてもいいだろう。教師や助産師、消防士などの仕事を見つけてもいいだろう。あるいは、スマホを置いて、友人や家族たちにもっと注意を払うだけでもいいだろう。

あるいは、私が少し前に行ったように、「慈愛の瞑想」に取り組んでもいいのではないだろうか。

＊＊＊

「慈愛の瞑想（loving-kindness meditation）」――パーリ語では「metta（メッター）」と呼ばれている――は、他人の幸福を祈る瞑想法だ（訳注 「パーリ語」は、古代北インドの言葉で、釈迦が亡くなったのち、その教えをまとめるために用いられ、聖典用語として定着した。「metta」は、生きとし生けるものに深い友愛の心、慈しみの心を持つこと）。アメリカの「慈愛の瞑想」指導の第一人者の一人、シャロン・サルツバーグが私に語った通り、この英語の名称を、「へんに感傷的でインチキくさい」と思う人もたくさんいるだろう。この瞑想が西洋では、「マインドフルネス」ほど流行っていないのは、それが理由の一つだろう。しかし、古くから仏教徒の修行に使われてきた「メッター」には、多くのメリット、たとえば「畏敬」、「喜び」、「感謝」などの感情を高める、片頭痛や慢性的な痛み、心の傷などを和らげるといったメリットがある。この瞑想は、心が「喪失感」に代わって「愛」で満たされるようにするための、昔から続いている方法でもある。もしあなたが「大切な愛」を失った、あるいは、自分にとってとても大事なものは「愛」だと思っているなら、「メッター」を通じて――アクセプタンス＆コミットメント・セラピーの言葉を借りるなら――「価値観にもとづいた行動を取ること」や、「大事なもの（こと）につながること」ができる。

この瞑想をアメリカに広めたサルツバーグは、今では、「メッター」の世界的権威になっている。『Lovingkindness（慈しみの心）』、『リアルハピネス――28日間瞑想プログラム』（有本智津訳、アルファポリス、2011年）をはじめとする11冊の著書を出版したベストセラー作家でもあり、マサチューセッツ州バレーにある、西洋でもとくに影響力を持つ瞑想センターの一つ「インサイト・メディテーション・ソサエティ」の共同設立者でもある。

そして彼女もまた、かつては、心を深く傷つける「別離」を次から次へと経験した子どもだった。それは、彼女の父親から始まった。彼女は「父親っ子」で、父親が大好きだった。しかし彼女が4歳のときにノイローゼ（神経衰弱）に陥り、家族を見捨てた。母親は、シャロンが9歳のときに亡くなった。そして、ほとんど面識のない祖父母と暮らすことになる。その祖父も、彼女が11歳のときに亡くなった。そのころ、父親が戻ってきて、喜んだのもつかの間、彼は睡眠薬を飲みすぎて、その後の短い人生を精神病棟で過ごした。シャロンは16歳になるまでに、5種類の家族構成で暮らし、そのいずれもが、「トラウマ（心の傷）」や「喪失」、「死」によって終わりを迎えている。

彼女は、自分はほかの人とは違うし、人より劣っていて、恥ずかしいと思っていた。家では、だれも彼女の父親の話をしなかったし、睡眠薬の一件は、事故ということになっていた。学校では、まわりの子どもたちから「お父さんは何の仕事をしているの?」とたずねられ、答えに窮した。クラスメートたちには、両親が揃った家庭があった。その両親たちは、子どもに愛情を注ぎ、いなくなったりはしなかった。彼女は、自分以外に、親を失うとか親に見捨てられるという経験をした子どもをだれ一人知らなかった。そして、そうした経験が、自分は「人とは違う」という意識や劣等感につながっていると気づいていた。当時は、そうした意識や劣等感について、「間違っているのでは?」と疑問には思わなかった。もし彼女が大学に入学して、「アジア哲学」の授業を取らなかったら、そうした疑問を抱くことはなかったかもしれない。

彼女は、東洋の英知を学ぼうと思っていたわけではない。自分の空いている時間帯に取れる授業を探していただけだった。だが、その授業で学んだことが、彼女の人生を変え、その後、数千とも数万とも知れない、彼女の教え子たちの人生を変えた。彼女はその授業で、だれもが「別離」の苦痛に直面することや、人はだれもがかけがえのない存在であること、問題はそうした揺るぎない事実にどう対応したらいいかだ、といったことを学んだ。

だが容易には信じられず、こう思っていた。——だったら、みんなも、私のような思いをすることになるってこと? 私のような思いをするのは、普通だってこと? 自分がつらい思いをしているからといって、べつに変わったことではなく、自分の居場所がないわけではないってこと？

彼女はさらに学ぶためにインドに渡り、そこに4年近くとどまった。家族のことを秘密にして子ども時代を過ごしたあとだけに、その地で知った「開放性」や「透明性」が大好きになった。インドでは、その国で最も尊敬されていると言ってもいい瞑想教師ディパ・マ（1911〜89年、バングラデシュ出身）に師事した。「ディパ・マ」というのは「ディパの母親」の意味で、「ディパ」というのは、その教師の子どもの中で、一人だけ生き残った子どもの名前だった。ディパ・マもまた、つらい経験をしていたのだ。12歳のときにお見合い結婚をし、何年間も子どもができなかったが、そのうち、3人の子どもを立て続けに授かった。しかし、そのうちの2人は亡くなり、彼女の夫も亡くなった。幼いディパ以外は、みんなこの世から去った。その子どもの母親ディパ・マは、子育てをするにはあまりにも悲しみに打ちひしがれていた。彼女は心臓病と高血圧に見舞われ、医師は、彼女が傷心のあまり、死んでしまうのではないかと思ったという。彼女は医師から、瞑想のやり方を学ぶよう告げられた。だが、体がとても弱っていたので、近所の寺院に通うのに、階段をはって上らなければならなかった。それでも彼女はのみ込みが早く、「深い悲しみ」を、何とか「思いやり」に転換した。そして、幼いディパを育て、コルカタ（旧カルカッタ）に移住し、インドの偉大な瞑想教師になった。

シャロン・サルツバーグはディパ・マから、「慈愛の瞑想」を学んだ。この瞑想では、「愛」を自分に届け、自分が愛する人たちに届け、世界中の人々に届ける。またディパ・マから、仏教徒に古くから伝わる「カラシの種の物語」も教わった。物語は次のようなものだ。――ある女性が、一人っ子だった息子を亡くした。彼女は悲嘆に暮れながら、息子の亡骸《なきがら》を抱え、彼を生き返らせてくれる医者や賢者を探し求めて、町じゅうをよろめくように歩き回った。そして最終的に、仏陀に出会う。仏陀は彼女にこう言った。「あなたの望みを叶えましょう。私のところに、カラシの種をひと粒持ってきてくれるだけでいいです。ただし一つ条件があります。その種は、これまで死んだ人が一人もいない家、つまり、「喪失感」や「深い悲しみ」をまったく知らない家で取れたものにしてください」。子どもを亡くした母親は感激し、種を探しに出かけた。そして家を次々にたずね回るうち、一つの教え――それは、シャロンが「アジア哲学」の授業で知った教えでもある――に気づくことになる。それは、「喪失」は人生につきものであり、それを免れている家は一つもないということだ。母親は息子を埋葬し、尼僧となって、人々を教え導いたという。

シャロンがようやくインドから帰る気になったとき、ディパ・マにこう言われたという。「アメリカに帰ったら、今度はあなたが教える番です」。シャロンは、以前からの「考え方の癖」がまだ残っていたので、こう答えた。「えっ、私がですか？　私にそんな価値があるでしょうか？人さまに何かを伝授するなど、私にできるはずがありません」

ディパ・マはこう言ったという。「あなたは苦しみを理解しています。だから、教えるべきなのです」

シャロンは私にこう語っている。「そのとき、生まれて初めて、『苦しみ』というのもいくらか価値があるのだと思いました」

＊＊＊

私は、母と対立するようになって以来、弱い者いじめをしている人たちや人を思い通りに操るのがうまい人たちと、なかなか一線を画せずにいた。ようやく、適切な境界線を引けるようになると、そういう人たちから自分を守るには、「無関心」か「怒り」のよろいで、自分を覆うしかないのだと考えるようになった。でもそういう考え方は、好きにはなれなかったし、もっといいやり方があるはずだと思っていた。だから、友人から「慈愛の瞑想」のことを聞き、さらに、「シャロンに紹介しよう」という申し出があったとき、私はそのチャンスに飛びついた。

そしてある日、彼女に会いに行った。会ったのはマンハッタンのグリニッチヴィレッジにある、彼女の予備用のスタジオで、部屋は明るく、眼下に華やかな五番街が見渡せた。シャロンは、深みのあるやわらかな声と、相手を静かに包み込むような存在感の持ち主だ。私が、体験してきたことや、その精神的な後遺症について話をすると、彼女は静かに耳を傾けた。私は自分の「ビターな部分」を認めるのが気恥ずかしかった。それが、彼女が象徴しているものとは正反対のものに思えたのだ。だが彼女は、とくに驚いたようすもなく、ただ耳を傾けた。そして彼女は、その手の話は何度も聞いたことがある人のように、こともなげにこう言った。「そうなんですね。

でももっといいやり方がありますよ」

私は、自分が批判されているとは思わなかった。むしろ、大船に乗ったように思えた。だからと言って、いつもの「疑い深い私」じゃなくなったわけではない。この瞑想に興味をそそられてはいたが、「慈愛の心を持つ」なんてことがほんとうに可能なのだろうかと、まだ疑問に思っていた。伝統的な「メッター」は、人は、母親がただ一人のわが子を愛するのと同じように、あらゆる生きものを愛することができるという考え方にもとづいている。でも私には、自分の息子に注ぐような限りない愛をだれかれなしに注ぐなんて、無理なように思えた。そういうことをすべきかどうかさえ、わからない。子どもたちが、自分は母親にとって一番大事な存在なのだとわかっていることが重要なのではないだろうか？　母親が、ほかの人たちでなく、自分のために喜んで人生を捧げるとわかっていることが重要なのではないだろうか？　それに、サディストとかサイコパス（反社会性パーソナリティ障害者）に対してはどうするのだろう？　そういう人たちまで、わが子を愛するのと同じように愛するべきなのか？　私には、それが正しいようには思えなかった。

だが、こうした疑問に対するシャロンの答えも、彼女のすべての考え方と同様、きわめて合理的だった。彼女はこう言った。「あなたはすべての人に、自分と同居するよう誘ったりはしませんよね。それでもあなたは、自分を守れるでしょう。すべての人があなたの友人になるわけではありません。でもあなたは、すべての人が愛する気持ちを持つよう、願うことはできますよね」

彼女は一例として、精神を病み、暴力を振るう母親との接触を絶った友人のことを話してくれた。その友人は、虐待的な母親がまた会いたいとせがむようになったころ、たまたまダライ・ラマに師事していた。友人は母親を怖がっていたし、母親に会いたくはなかった。それでも、罪悪感を抱いてた。彼女はこう思ったのだ。「わたしは、いつもダライ・ラマと一緒に過ごしているのに、自分の母親とは、一緒に過ごす気がないなんて」

彼女はダライ・ラマにアドバイスを求めた。すると彼はこう提案したという。「お母さんに、安全な距離のところから『慈愛』を送りましょう。『愛にあふれた心』は、じかに会わなくても伝わるものです。もしお母さんが子どもで、あなたが親だとしたら、果たすべき責任が違ってきます。あなたは、子どもと一緒でなければなりません。でもあなたは、子どもとしてなら、たとえお母さんのところにいなくても、そこに『愛する気持ち』を生み出すことができるのです」

いつも疑い深い私は、シャロンに、この言葉がほんとうはどんな意味なのか、聞いてみようと思った。私はこう言った。「この言葉は、娘さんをいい気分にさせますよね。だって、彼女は、『慈愛』のことを考えながら、のんびり構えていればいいわけですから。でも、お母さんは遠く離れていて、そんなことになっているなんて思いも寄りません。お母さんには、娘が自分と会うのを拒んだということしかわかりません。だったら、『慈愛』を送ったところで、どんなメリットがあるんでしょう？」

シャロンはこう言った。「自分をいい気分にするのは、何にもならないわけではありません」

そんなふうには、考えたこともなかった。

シャロンはこう続けた。「いい気分になったら、つながりを持つのを許せるようにもなるでしょう。もしかすると、彼女はお母さんに手紙を書いて、自分はお母さんのことを思っていると伝えるかもしれません。あるいは、お母さんの幸福を祈っていると伝えるかもしれません。もしかすると、彼女もいつかは、自分が安全と思える公共の場なら、お母さんとじかに会ってもいいと思うかもしれません」

シャロンは、人の幸福を個人的に祈るという単純な行為を通じて、その人との関わり方や、世の中との関わり方を変えることができると考えている。彼女はこう説明した。「たとえば、あなたが、じっと考え込んでいることが多く、スーパーのレジでも、レジ係には顔を向けないようなタイプだとしましょう。あなたは人々の幸福を祈ることで、もしかすると、レジ係に目を向けるようになり、彼らの人生についてたずねるかもしれません。あるいは、あなたが怖がり屋さんだとしましょう。その場合は、「愛」が「恐怖」に対する解毒剤になります。「恐怖」はあなたを委縮させ、尻込みさせますが、「愛」はあなたの心を開かせます。あるいは、あなたが、自分のミスや欠点がとても気になるタイプだとしましょう。あなたは人々の幸福を祈ることで、もしかすると、頭を占めるものが、一つの事実（「私には欠点がたくさんあるし、今日はたくさんのミスをした」）から、もう一つの事実（「私には欠点がたくさんあるし、たくさんのミスをした。それでも、私には価値もあるし、明日もう一度トライするつもりだ」）に変わるかもしれません。そしてもしかすると、二つ目の事実が頭を占める時間が、長くなるかもしれません」

だが、頭でこうした考え方を受け入れ、慈愛の瞑想をやってみたいと考えるのと、実際にやってみるのとは、別のことなのだ。私は、菩薩のようにほほ笑むシャロンを前にしても、実際に瞑想するのを先延ばしにするために、さんざん悪あがきをした。私はこの日のセッションをカセットテープに録音したのだが、文字に起こしたものを読むと、おかしくて笑ってしまう。私ときたら、「では始めましょう」というときが来るたびに、シャロンに、理論に関する質問をしているのだ。彼女は親切にも、「思いやる喜び」、「心の平静」、「慈悲心（思いやり）」といった、仏教の伝統的な教えについて説明した。そして、決して私を急かさなかった。

とはいえ私は、理論的な分析をあまりにも長くやりすぎた。彼女はついに、実際にやるべきことを伝えた。

シャロンがビルマ（現ミャンマー）で初めて「メッター」を学んだとき、復唱するためのフレーズとして、次のフレーズを教えられたという。

私が危険を免れますように。
私が精神的な苦痛を免れますように。
私が身体的な苦痛を免れますように。
私が幸福を手に入れやすくなりますように。

「慈愛の瞑想」では、まず、あなた自身がこうした状態になるよう願い、次に、つねに広がり続ける「人とのつながり」の中の人々——たとえば、愛する人たち、知人たち、これまでに出会った、扱いにくい人たち——がそうなるよう願い、最後に、生きとし生けるものがそうなるよう願う（なかには、真っ先に自分のことを願うのは気が引けるという人もいるだろう。順番は入れ替えてもかまわない。いろいろ試して、あなたに合った順番を見つけよう）。

もしかするとあなたは、この瞑想は「スイート」ばかりで、「ビター」がないという印象を受けたかもしれない。だが、「私たちは二元性の世界に生きている」という考え方が、「メッター」のベースになっている。私たちがお互いに「危険」を免れるよう願うのは、「安心」がなかなか得られないのを知っているからだ。私たちがお互いに「愛」が手に入るようを願うのは、「愛」は「喪失」と永遠にセットになっているとがわかっているからだ。

シャロンは1985年にニューイングランドで、初めて「慈愛の瞑想」を教えた（訳注「ニューイングランド」は、アメリカ東海岸のマサチューセッツ、メイン、コネティカット、ロード・アイランド、ニュー・ハンプシャー、ヴァーモントの6州を指す）。これらのフレーズは、そのときの生徒さんにとっては、問題がなかった。ところがその後、カリフォルニア州でのリトリートで教えたときには、生徒さんたちが「『危険』とか『苦痛』といったネガティブな言葉は唱えたくない」と口を揃えた。生徒さんたちは、ポジティブな言葉、楽観的な言葉を望んでいた。「メッター」にはどんな言葉を使うかについての決まりはないし、シャロンは度量が大きい。そこで、カリフォルニアでは、次のようなフレーズに切り替えた。

私が安全でありますように。
私が幸せでありますように。
私が健康でありますように。
私が楽に生きられますように。

私としては、カリフォルニアの生徒さんの言い分も理解できるが、こちらのフレーズは間違っているように思えた。現実を否定しようとしているように思えたし、「ビタースイート」の中の「ビター」の部分を否認させようとしているように思えたのだ。
私はシャロンに、ビルマ版のほうでやりたいと伝えた。そして私たちは、ともに目を閉じ、魔法の言葉を唱えた。

＊＊＊

それ以来、私は断続的に「メッター」を実践している。ときどき――実を言うと、しょっちゅう――この瞑想は型にはまっていて、うそっぽいと思うこともある。それでも、しばらくのあいだ瞑想を続けたあとは、いつも、落ち着いて友好的に境界線を引くことが、簡単にできるようになっている。また、自分が17年前にバカなことを口にしたことを思い出しては、恥ずかしさで縮こまる、ということが少なくなり、愛するわが子を大事に思うのと同じくらい自分を大事に思うことが多くなる。そして何より、特定の形の「愛」――たとえば、自分の夫への愛や、自分の子どもたちへの愛、自分の友人たちへの愛――だけではなく、いろいろな場面でいろいろな形を取る永遠のエッセンスとしての「愛」も、見えるようになる。そして、「愛」というものが生まれ出るものだということ――つまり、私たちは魔法のように「愛」を生み出せること――を、理解しやすくなるのだ。

フランツ・カフカ（1883～1924年）は、20世紀のヨーロッパの偉大な小説家の一人だ。しかし彼には、小説家としてのものとは別の物語がある。それはカフカについての物語だが、彼が書いたものではなく、スペインの作家ジョルディ・シエラ・イ・ファブラ（1947年～）が書いたものだ。その物語は、カフカが死の直前にベルリンで一緒に暮らしたドーラ・ディアマントという女性の回想録にもとづいている。物語は次のようなものだ。

カフカが公園を散歩していると、お気に入りの人形を失くしたばかりで、涙ぐんでいる少女に出会った。カフカは人形を探すのを手伝ったが、見つからなかった。そこで少女にこう言った。「お人形さんはきっと、旅に出たんだよ。僕が、お人形さんの郵便配達人になって、お人形さんからの言葉をきみに届けよう」。その翌日、彼は少女に手紙を渡した。手紙は前日の夜に、彼が書いたものだ。人形は手紙でこう伝えていた。「悲しまないでくださいね。わたしは世界を見るために旅に出ています。わたしの冒険について、手紙に書きますね」。それ以後、カフカは次のような手紙を、少女にたくさん渡した。——わたし（人形）は学校に入って、ワクワクするような人たちと出会っています。新しい生活を始めたので、帰ることはできませんが、あなた（少女）のことが大好きですし、これからもずっと大好きです」

カフカは、少女と最後に会ったときに、人形を一つ手渡し、それに手紙も添えた。彼はその人形が、少女が失くしたものと同じには見えないことは百も承知だった。だから手紙にはこう書かれていた。「わたし、旅をしたことで、変わったんです」

少女はその贈りものを、その後ずっと大事にした。そして数十年後、その代用の人形に、見落としていた割れ目があり、その中に、もう一つの手紙が詰め込まれていることに気づいた。その手紙には、こう書かれていた。「きみは、いずれは大好きなものをすべて失うことになるでしょう。でもね、結局のところ、『大好きなもの』は別の形になって戻ってくるんです」

＊＊＊

この物語の中のカフカは、人形の言葉を通じて、少女に、自分自身の想像力を通じて「強さ」

を引き出す方法を教えている。だが彼は、「人形の郵便配達人」という役割を作り出すことで、いろいろな形の「愛」に――彼が実現したものも含めて――気づく方法も示している。

この物語は作り話かもしれないし、事実なのかもしれない。はっきりした記録が残っていないのだ。でもいずれにせよ、この物語には深遠な真実が含まれている。ただし、「大好きなもの（愛するもの）」が、ときには別の形になって戻ってくるからといって、私たちがそれを失おうが、そもそもそれを得られなかろうが、じりじりと焦がれるような気分にならないわけではないし、「大好きなもの」を失おうが、人生は狂わない、というわけでもない。また、切に望んでいる「大好きなもの」が、最初に望んだ形では戻ってこないというのは、とても受け入れらないと思うかもしれない。しかし、あなたが7歳のときに離婚したご両親が、あなたのところに一緒に戻ってくることはないだろうし、たとえ戻ってきたとしても、あなたはもう、ご両親が離婚したときの子どもではなくなっている。また、あなたが生まれ故郷に戻ったとしても、「よそ者」として戻ることになるだろうし、あなたの記憶の中でいまだにとてもいい香りを放っているレモン畑も、舗装されて駐車場になったのだと気づくのがオチだろう。あなたが失った特定の環境（場所）や、特定の人、特定の夢は、もう二度と見つからない。

だが、あなたは何か別のものを見つけることができる。あなたが思い描く「完全で美しい世界」のすばらしい光景を、一瞬、垣間見ることができるのだ。たとえひと目見ただけだとしても、それがとても重要な体験になる。

私個人用の「慈愛の瞑想」に興味をお持ちの方のために、私のウェブサイト「susancain.net」で、ガイドつきの「慈愛の瞑想」を公開している。

＊＊＊

私の母は、80歳のときにアルツハイマー病を発症し、この病気の通常の経過をたどった。まず、食事をとったり髪をとかしたりしなくなり、「今日は何日か」がわからなくなり、そのうち、同じ質問を何度も何度も繰り返すようになった。それでも、私がこの原稿を書いているときには、母はどこか根本的な部分で、本来の母に戻った。母が舞台から退場する前に、こうした空白の時期があり、その時期の母はこんな調子だった。私が青年期だったころの暗い日々も、それに続く、数十年にわたるぎくしゃくした関係のことも、すっかり忘れていた。だから優しかったし、リラックスしていた。母は、私と一緒にいられるのをとても喜んだし、私と電話で話をするのがとても楽しそうだった。そしてハグをしたがり、ハグをされたがった。また、「あなたはなんていい子なんでしょう」、「あなたは決して私を怒らせたりしない」といった言葉や、彼女が私をどれほど愛し、理解しているかといったことを、何度も繰り返し伝えたがった。

それに対して、私は「なんてすてきなお母さんでしょう」と答え、「私が子どものころはね」

とつけ加えた。(「私が子どものころはね」という言葉で、用心深く修正を加えたのは、真実を伝えることが大事なように思えたからだ。私が性に目覚めた青年期のころの母については、ほめる気はないということを、その時期の私の変化を目の当たりにしたかもしれない、透明人間のような母に示唆することが、大事なように思えたのだ)。私は、母が多大な気づかいと思いやりを注いでくれた「子ども時代」があったおかげで、生涯にわたって維持できるような「愛」と「パワー」を蓄えることができた。そのことを母に知ってほしいと思っていたのだ。

ところが母は、私の「なんてすてきなお母さんでしょう」という言葉を払いのけ、イライラしながらも優しくこう言った。「わたし、ほめてもらいたいとは思っていないの」。母はこれを本気で言っていた。ほめ言葉を求めてはいなかったのだ。母はしつこいほど、こう主張した。「わたしはね、あなたがいつもいい子だということをわかってもらいたいだけなの。あなたにわかってもらいたいだけなのよ」。母は、こうした晩年の日々には、私が訪ねるたび、電話するたびに、必ずこう言った。「あなたに話をするのも、この先はあまり長くできそうもない。だから、わたしがあなたをどれほど愛していたかを、どうか覚えておいてほしいの」。母は、自分が自分の母親から聞きたいと切に願った言葉を、私に伝えていたのだと、私は確信している。

あるとき、私が明るい声で、冗談めかしてこう言ったことがある。「お母さんは私のことを『いい子』だと、いつも思っているわけではないでしょ」。すると母は、ほんとうに戸惑っているように見えた。彼女の衰えつつある記憶力は、そういう年月を削除したのだ。

　また、母が混乱した意識の中で、私の顔をのぞき込んで、こう語ったこともあった。「わたしね、自分が何か悪いことをしたんじゃないかと、心配になることがあるの。悪いことをしてないといいんだけど。もししていたのなら、お詫びするわ」。私はこの言葉を聞いて、「罪悪感が入り混じった愛」という慣れ親しんだ感覚に見舞われた。ただしこのときの「罪悪感」は、母が、かなり以前の、自分でも思い出せない罪のことを詫びているにもかかわらず、私が、かつて母に日記を手渡すという罪を犯したのと同じように、この本を世に出すという罪を犯そうとしていたことによるものだ。母は「私人」なのだ。そのことが、私が「母と私の物語」を書くのを、母が生涯を閉じるまで待っていた、もう一つの理由だった。

　ただし、そのときの私は、はっきりとはわからない「感覚」にも見舞われていた。それが「安堵の気持ち」だとわかるには、しばらく時間がかかった。自分の、かなり以前の感じ方は、結局のところ正確だったのだという「安堵の気持ち」だ。私は長いこと、自分の「子ども時代」を間違って記憶しているのではないか、「エデンの園」にいるようだと感じたのは勘違いではなかったのかと疑っていた。でも母の言葉を――限りなくスイートで愛情あふれるしゃべり方や、心が満たされ、開かれているようすも含めて――聞いていると、すべて聞き覚えがあると思えた。そのとき、私が覚えていたことは事実で、私の記憶の中の母はほんとうに存在したのだと、わかったのだ。私の子ども時代も、こんな感じだった。かつての母もこんな感じだったし、かつての私たちもこんな感じだった。そしてこのとき、母の記憶が永久に消えてしまう前に、私たちはかつて同じような関係に戻っていたのだ。

ただし「安堵の気持ち」に見舞われたのは、それだけが理由ではない。実を言うと、それは母の聴力が衰えはじめた時期でもあり、母はもはや、私が言ったことについて問いただせるほど、よく理解することはできない。だから安堵したのだ。私は、母の人生が別の形に展開すればよかったのにと、いまだに強く思うし、母は自分のことを愛したらよかったのに、あるいは、自分のことを少しでも好きになれたらよかったのにと、いまだに思っている。でも私は、彼女の過去を変えることはできない。そして今では、たとえ母と私がお互いに傷を負わせたとしても、母は彼女なりのやり方で、母親として見事に成功したのだと思っている。何しろ、私は母と違って、「自分には価値がない」と感じたことは一度もなく、むしろ、その正反対なのだから。母は、私が子どものころから、いつもこう言っていた。「あなたや、あなたのお兄さん、お姉さんが生まれた日が、私の人生で最高の日なの」。私は彼女が言ったことを信じていた。そして今でもまだ、彼女の言ったことを信じている。

あらゆるものが、いずれは壊れ、あらゆるものが美しい。――この「あらゆるもの」には、「愛」も含まれている。結局のところ、私に対する母の「愛」や、母に対する私の「愛」を取り除けるものなど、何一つなかったのだ。

「無題」
©Safwan Dahoul（サフワン・ダホール）
（Instagram: @safwan_dahoul）

第２部
「勝者」と「敗者」

「ポジティブ」一辺倒の社会で、私生活でも仕事でも、
本音でやっていくにはどうしたらいいのか?

第5章
多大な「悲嘆」の上に成り立った国家が、どうやって「笑顔」が当たり前の文化を築いたのか？

今日では、「敗者」という言葉は、多大な軽蔑とともに使われますから、人生における いくつかの「敗北」のことは、忘れたほうがいいかもしれません。でもほんとうは、「敗北」を通じて「分別」を養うことができるんですけどね。

——ガリソン・キーラー

これまでの章で、「悲しみ」や「切なる思い」の知られざるメリットを紹介してきた。ここからは、ではどうして、アメリカ社会がそうした感情をひどく恐れるのかを、客観的に考えてみよう。ここからの2章で、アメリカの「ポジティブ（前向き）文化」について、その歴史や、現在の宗教や政治などへの影響も含めて検討し、ほかの国々の状況と比較もしてみたい。あなたは、「ポジティブ文化」のルーツがアメリカの経済発展にあることに気づくことになるだろう。また、職場にも「ポジティブ」でいることを強いるような文化があることや、そうした状況を乗り越える方法もお伝えしよう。その過程で、優れた専門家や学者たちの研究成果を引き合いに出すことになるだろう。ハーバード・メディカル・スクールの心理学者で、マネジメントのトップクラスの専門家でもあるスーザン・デイビッドの画期的な研究も紹介するつもりだ。

＊＊＊

スーザンがまだ15歳だったときに、彼女の42歳の父親が結腸がんと診断された。まわりのみんなが彼女にこう言った。「ポジティブでいてね。何もかも大丈夫だから」

だからスーザンは、病気が父親の体を傷めつけていたにもかかわらず、そしてまったく「大丈夫」などではないとわかったにもかかわらず、まるで「大丈夫」であるかのように振る舞い続けた。父親の体がどんどん弱っていくのを、感情を表に出さずに見守り続けたのだ。すると、5月のある金曜日の朝、彼女が学校に出かける前に、母親がこう耳打ちした。「お父さんにお別れを言ったほうがいいわ」。スーザンは、バックパックを背中から下ろし、廊下を歩いて、死の床にある父親のそばに行った。「お父さんはまだ聞こえるはず」と思った彼女は、自分がどんなに彼を愛しているか、これからもどんなに彼を愛することになるかを伝えた。それからバックパックを拾い上げ、学校に行った。そして数学と歴史、生物の授業を受け、ノートを取り、クラスメートとおしゃべりをし、お昼を食べた。家に帰ると父親はすでに亡くなっていた。

一家は、精神的に打撃を受けたばかりか、経済的にも打撃を受けた。スーザンの父親は、普段は堅実で理性的な人だったが、短い闘病期間中に、「神を信じ、ポジティブでいさえすれば、自分の病気は治る」と思い込むようになった。また「信じる気持ちを十分に示せなかったり、ポジティブさが足りなかったりしたら、自分は死ぬことになる」とも考えていた。ポジティブであることの証《あかし》として、自分の生命保険のキャンセルまでしていた。彼はその20週後に亡くなり、一家は、山のような負債に直面することになった。

しかしスーザンは、その後数カ月にわたって、どこに行っても笑顔で通した。まわりのみんながそれを望んでいるのがわかっていたからだ。みんながこう思っていた。「スーザンは明るい人よ」。「スーザンは強いわ」。そして何より、「スーザンなら大丈夫」と思っていたのだ。ときどき、学校の先生や友人たちに、「調子はどう?」と聞かれたが、彼女は決まってこう答えた。「大丈夫」。彼女は生まれつき陽気な性格だったし、「大丈夫」と答えることにかけては達人でもあった。「ほんとうのところはどうなの?」と彼女に聞く人はだれもいなかったし、スーザンもほんとうのことは、まわりのみんなに言わなかった。自分にさえも言わなかった。そして「食べもの」を通じてのみ、「深い悲しみ」を表現した。彼女はドカ食いをしては吐き出し、またドカ食いをするという行為を繰り返していたのだ。

中学2年生のときの英語の先生がいなかったとしたら、それをいつまでも続けていたかもしれない。その英語の先生は、ある日、スーザンのクラスに無地のノートを配った。偶然ながら、その先生も若いころに親ごさんを亡くしていた。

彼女は、優しいながらも射るような目でスーザンを見つめながら、クラスに向けてこう言った。「書いてください。みなさんの人生について、ほんとうのことを書きましょう。だれも読まないと想定して、書いてみましょう」

スーザンは、先生は自分に話しているのだと理解した。今では、こう述懐している。「先生は、私の『深い悲しみ』や『痛み』を正直にさらけ出すよう勧めてくれたのだと思ったわ」

彼女は、「喪失」のひどい影響や、「喪失」の苦しみについて、毎日のように書き込んだ。そしてそのノートを先生に提出した。すると先生は、必ず文章を書き添えて返してくれた。ただしその文章は、鉛筆で軽く書き込んだもので、まるでこう言っているかのようだった。「いちおう聞くだけは聞いておきますね。でもこれは、あなたの物語なんですよ」。先生は、スーザンの「気持ち」を否定することも、その「気持ち」に励ましを与えることもしなかった。ただ、それに立ち会っただけだった。

でもスーザンにとっては、そうした「ラブレター」——スーザンは先生とやり取りしたノートをこう呼んでいる——は、「革命」以外の何ものでもなかった。無地のノートの中での「革命」

だったのだ。そしてその革命が、彼女の魂（精神）を救った。その革命が彼女に強さと立ち直る力、喜びをもたらし、彼女のライフワークを形づくったのだ。

それにしても、この「〝ポジティブ〟という絶対権力」（今ではスーザンは、こういう呼び方をしている）は、いったいどこからやって来たのだろうか？（注）どうして彼女の父親は、極端な楽観主義を抱きながら、がんと闘うことになったのだろうか？　どうして父親を亡くした娘が、「笑顔を見せなければ」という多大なプレッシャーを抱えることになったのだろうか？

こうした疑問の答えは、アメリカ文化に根づいている「自分自身についての思い込み」の中で見つかるのではないだろうか。私たちは、内心「自分は勝ち組だ」と思っていようが、「自分は負け組だ」と思っていようが、「多血質（楽天的）」タイプや「胆汁質（怒りっぽい）」タイプのように振る舞って、「勝ち組」に属していると示すことが奨励されている。こうした考え方が、私たちの人生のさまざまな側面に影響を及ぼしている。そしてたいていの場合、私たちはそれに気づいていない。

一方、スーザンの物語――むりやり「ポジティブ」に振る舞ったことや、ノートの中での「革命」――もまた、アメリカ文化の物語だ。彼女の物語は、私たちアメリカ人の現状を伝える物語であり、私たちは変わることもできると伝える物語だ。そして、私たちの一人一人――とくに、ビタースイートの傾向がある人――が、自分の「悲しみ」や「切なる思い」を否定するような社会の中で、もっとうまく生きていく方法を伝える物語でもある。

＊＊＊

つい先日、私は十代のころの写真を引っ張り出して眺めてみた。そこには、高校の卒業プロム(ダンスパーティー)や大学の休日パーティーで、満面の笑みを浮かべている私がいた。でも私は、そうした写真が撮られたときの自分の気持ちを覚えている。ときには、私の外面通りに陽気な気分だったこともあるが、たいていの場合、笑顔はうわべだけだった。あなたは、青年期の若者なんて、みんなそんなものだと思うかもしれない。ところがこんなことがあった。私に東欧育ちのボーイフレンドができて、彼が自身の十代のころのフォトアルバムを見せてくれた。私は、彼や彼の友人たち、高校時代のガールフレンドが、アルバムのどのページでも、ふくれっ面やしかめっ面をしているのを見て、ショックを受けた。彼らにとっては、そういう顔をすることがカッコよかったのだ。その彼は、私にレナード・コーエンを教えてくれた人でもあった。

アメリカ人は、「笑顔」を見せることが、世界のどの地域の人々よりも多いことがわかっている。また、ポーランドの心理学者クバ・クリスによれば、日本やインド、イラン、アルゼンチン、

(注) この一文は、スーザンの、がんで亡くなった友人が語ったもの。スーザンは『ワシントン・ポスト』紙にこう語っている。「友人のこのフレーズには、こんな意味が込められているんです。——ただポジティブに考えるだけで病気が治るんだったら、乳がんサポートグループで一緒だった私の友人たちは、全員、今も生きているはずよ」

韓国、モルディブなどでは、笑みを浮かべていると、「正直ではない」、あるいは「バカだ」、あるいはその両方だと見なされるという。そして多くの地域の人々が、「幸福感を表に出すと、不運を招く」と信じており、幸福感を表に出すのは、自己中心的であることや、浅はかであること、面白みのない人間であること、さらには腹黒い人間であることのサインだと考えている。アメリカ公共ラジオ（NPR）のラジオ番組およびポッドキャストの「Invisibilia（インヴィジビリア）」によれば、ロシアにマクドナルドの第1号店がオープンしたとき、ロシアの労働者たちは、アメリカ人の店員の「陽気なふるまい」に戸惑ったという。彼らは疑問に思った。「このアメリカ人は、いったい何を笑っているんだろう？」。そういう気持ちについて、ある労働者がこう語っている。「俺たちはみんな、まじめに人生に取り組んでいるんです。だって、人生は闘いですからね。俺たちはずっと、アメリカ人の笑顔はちょっと怖いなと思っていました」

彼らが「怖い」と思ったのは、その笑顔は本物ではない、本物であるはずがないと、わかっていたからではないだろうか。最近になって、アメリカ人の次のような大きな秘密が暴露された。——私たちアメリカ人は、ほかの国々の国民ほど幸福ではないし、幸福そうな見た目より、はるかに幸福ではない——。また、アメリカの国立精神保健研究所や、米国医師会が発行する医学雑誌『ジャーナル・オブ・ジ・アメリカン・メディカル・アソシエーション』によれば、新型コロナが流行する前の時期や、政治的分断が注目を集める前の時期でさえ、アメリカ人の約30％が「不安」に苦しみ、一生のうちに「うつ病」を経験した人が約20％にのぼったという。また、

1500万以上の人々が、5年以上にわたって抗うつ剤を服用していたこともわかっている。

アメリカの文化的な祝祭――たとえば7月4日の独立記念日、ニューイヤーズイブ（大みそか）、各人の誕生祝いなど――は、誕生を祝うもので、私たちが「命のはかなさ」や「悲しみ」とともに生きるのに役立つものではない。メキシコの人々は「死者の日」に、この世を去った先祖を讃えるが、私たちアメリカ人はそういうことはしない。チベット僧は、夜になると自分の水のみコップを伏せる。それは、自分は朝には死んでいる可能性があるのだと覚えておくためだそうだが、私たちアメリカ人はそういうことはしない。日本の人々は稲荷山（訳注　伏見稲荷大社がある）で、自分の願いを板に書き込み、それを風雨に晒しておくそうだが、私たちアメリカ人はそういうことはしない。アメリカのナバホ族の人々は、「不完全さ」をラグに織り込み、日本の人々はそれを陶器に焼き込んで「わび・さび」を表現するが、私たちアメリカ人はそういうことはしない。心理学者のバーギット・クープマン＝ホルムと、ジーン・ツァイの調査によれば、アメリカ人は「お悔やみ状」の中でさえ、深く悲しむ権利を否定するという。ドイツ人が「お悔やみ状」を送るときには、黒のモノトーンで描かれたカードを使い、「深い悲しみの中で～」、「どんな言葉も、重い心を軽くすることはないでしょうが～」といった言葉を書くが、それとは対照的に、アメリカ人はカラフルなカードを使い、「愛は生き続ける」、「思い出が安らぎをもたらすことになるでしょう」といった、幸せな気分にさせる言葉を並べるという。キリストは十字架上で死んだのに、私たちアメリカ人は、キリストの誕生と復活に目を向ける。

以前に何かで読んだのだが、ある部族では、母親は、息子がいずれ青年期を迎えて家を出ていくときに備えて、毎年、何か大切なものを一つ手放さなければならないそうだ。私の息子たちは、今この本を書いている時点で、10歳と12歳だ。もし私が、その部族の人々と同じことをするとしたら、息子たちが13歳になるときに備えて、何を手放すだろうか？　スマートフォン？　お気に入りのワンピース？　そのワンピースは、私が講演をするときにいつも着ているもので、アイロンかけが不要で重宝している。「何を手放す？」というのは非現実な問いに思える。息子たちはすばらしい子どもたちだから、私は、彼らが自立した青年に成長するのをワクワクしながら待っている。でも、スマホやワンピースは手放したくない。私は、息子たちを手放す準備ができているのだろうか？

こうしたことを何年間か自問し続けてきたが、今では、答えは「イエス」だと心から思える。ただし、私が多少なりとも「心の平静」を手に入れたのは、アメリカの文化的慣習のおかげではない。アメリカの文化的慣習があるにもかかわらず、手に入れたのだ。

＊＊＊

アメリカ人は歴史的に、自分の国を「豊富な資源に恵まれた国」とか、「発明品を次々に生み出す最先端の国」、「たやすく金もうけができる国（あるいは、一獲千金を夢見る人々が、危険を冒して移住してくる国）」とみなしてきた。

しかしアメリカは、そうしたスイートな見方の奥に、ビターな物語を隠してきた。アメリカには別の歴史があるのだ。たとえば、バーバラ・エーレンライク（1941〜2022年）が著書『Bright-Sided: How the Relentless Promotion of Positive Thinking Has Undermined America（ブライトサイド寄り——ポジティブ思考がしつこいほど推奨された結果、アメリカは弱体化した）』で述べている通り、アメリカ独立宣言（1776年）は、国家（イギリス）への反逆罪に処せられる覚悟で書かれたものであり、この宣言に署名した人のほとんどが、自身の命や、愛する人たち、戦争で築いた財産を失っている（訳注「アメリカ独立宣言」は、イギリスによって統治されていた北米13植民地が独立したことを宣言する文書で、1776年7月4日に採択された。13植民地の代表者56人が署名している。）。また、アメリカ先住民の生活と文化を消し去った歴史もある。奴隷制という、国家的な悲劇にして国家的な罪業の血と涙の歴史もあり、アメリカの海岸はいまだに、涙の海の波に洗われている。こうした「別の歴史」は、19世紀の南北戦争にも見られる（訳注「南北戦争」は、1861〜65年に、アメリカが南北に分かれて戦った戦争。奴隷制に反対するリンカーンが大統領に当選し、奴隷制存続を主張する南部11州が合衆国から脱退し南部連合を結成したのが契機となった。主な争点は黒人奴隷制度の存続をめぐってであったが、産業構造の違い、連邦制の性格などをめぐる対立もあった。南部が大敗し大きな被害を受けた）。

ハーバード大学の歴史学者ドリュー・ギルピン・ファウスト（1947年〜）によれば、南北戦争は非常に多くの死者を出し、その数は、アメリカがそれ以前もそれ以降も経験したことがないほどの数字なのだという。現在の人口統計用語で言えば、死亡率は第二次世界大戦の3倍にのぼり、およそ600万人が死亡している。また、飢きんや集団虐殺から逃れて、アメリカに住むために海を渡ってきた大勢の移民たち——たいていは、自分たちの過去については絶対に語らないという暗黙の協定を結んでいる人々——が、この恐るべき数字を増やしている。

そしてこうしたことはすべて、何世代もの人々の心の中、家族の中、国民の中に受け継がれている。もし、近年進歩したエピジェネティクス（後成的遺伝学）で説明できるとすれば（それについては第9章でお伝えするつもりだ）、一部の人は、こうした歴史をDNAの発現を通じて次の世代に伝えている可能性もある。そして、昔の人々のトラウマの細胞記憶が、楽天性と陽気さを持つように育てられる、アメリカで生まれた赤ちゃんたちの中で、紛らわしい形でエンコード（符号化）されているのではないだろうか（訳注　「エピジェネティクス（後成的遺伝学）」は、DNAの塩基配列変化を伴わない遺伝子発現の変化について研究する学問領域。生物の設計図であるゲノムの遺伝子は、DNA上の塩基の並び順で規定される。これが分子生物学における基本原則だが、塩基配列に変化は無くても遺伝子の使われ方は細胞の種類や環境に応じて後天的に変化する。エピジェネティクスは、そうした後天的な変化のしくみを研究する学問）。

アメリカに「〝ポジティブ〟という絶対権力」が生まれたのは、一つには、アメリカの歴史的ルーツが正しく認識されていなかったからだろう。最初のメジャーなアメリカ文化は、ニューイングランド地方に到着した白人入植者によって築かれ、「カルヴァン主義」を反映したものだった（訳注　「カルヴァン主義」は、宗教改革の指導者ジャン・カルヴァン（1509～64年）の主張にもとづく、キリスト教プロテスタントの教義。カルヴァンは禁欲や「予定説」を説いたほか、蓄財を認めて商工業者の心をつかんだ)。カルヴァン主義では、「天国」は存在するが、そこに行けると運命づけられた人のためだけに存在すると考える。「地獄」はゾッとするような場所とされ、「地獄」を描写する文章がたくさんある。そうした文章のせいで、子どもたちはしょっちゅう悪夢を見るようになった。カルヴァン主義の教義の一つ「予定説」は、私たちが「天国」か「地獄」に振り分けられるのを逃れるためにできることは、ほとんどないと伝えるものだ（訳注 「予定説」は、救われる人（天国に行ける人）と救われない人（天国に行けない人）はあらかじめ神によって決められているという考え方）。とはいえ、「絶え間なく働く」という善行を通じて、「自分は天国に行く予定になっている」とまわりに示すことはできた。そしてそれを示すには、土地を耕し、台所をきれいにし、快楽そのものは決して求めないことが必要とされた。そうした状況では「悲しみ」とか「喜び」が入る余地はなく、人々は「自分は勝ち組の一人で、天国への片道切符を持っている」と示すことにきゅうきゅうとしていた。

19世紀になって商業が盛んになると、カルヴァン主義は、アメリカ社会への締めつけの手を緩めたように見えた。ウィリアム・ブラッドフォード（1590～1657年、プリマス植民地の総督）が述べている通り、最初の入植者たちにとっては、何もない開拓地は「野生の獣や野性的な人間がたくさんいる、荒れ果てた恐ろしい荒野」に見えた。しかし19世紀のアメリカ人は、窓の外を見れば、道路や鉄道が見えるようになった。ラルフ・ウォルドー・エマソン（1803～82年、アメリカの思想家、哲学者）は1849年にこう述べている。「私たちは、いつまでも干からびた過去を振り返る必要はありません。太陽は、今日も輝いています。羊毛や亜麻も以前よりたくさん出回っています。今では、この国には、新しい土地、新しい人間、新しい考え方があるのです」

そしてカルヴァン主義は、新しい国民的宗教――ビジネス――に取って代わられた。ビジネスの世界では、人々は「天国」か「地獄」に行く運命にあるのではなく、この世で「成功する」か「失敗する」かの運命にある。そうした考え方は、作家のマリア・フィッシュが、スコット・サンデージ（1964年～）のすばらしい著書『「負け組」のアメリカ史―アメリカン・ドリームを支えた失敗者たち』（鈴木淑美訳、青土社、2007年）へのレビューに書いている通り、「予定説を再構成したもの」であり、成功することを「聖杯（至高の目標）」に見立て、ビジネス界の大物を「高僧」、「第一のロールモデル（手本）」に見立てている。そのころから「be a man（男になる）」という言葉は、「ビジネスマンになる」ことを意味することが多くなる。文芸雑誌『ノースアメリカン・レビュー』の1820年の記事に、次のような一節がある。「農民たちも、『売買』の仕事に幅広く携わり、さまざまな商いに精通すべきである。それができない人間は、『大敗者（great loser）』になるだろう」

この「loser」という言葉は、何世紀にもわたって使われてきたが、今では、新しい意味を持つようになった。この言葉は16世紀には、たんに「敗北を喫した人」を意味した。だがサンデージによれば、19世紀には、「loser」という言葉が嫌な響きを持つようになったという。語源辞典「オンライン・エティモロジー・ディクショナリー」では、「勝つことにいつも失敗する、不運な人」

と説明されている。だれかがたびたび不運に見舞われていたら、「compassion（思いやり）」が生まれてもいいはずだ。第1章でお伝えした通り、「compassion」には、だれかと「ともに苦しむ」という意味がある。ところが今では、「loser」という言葉には、「思いやり」ではなく「軽蔑」の気持ちが含まれている（訳注　「loser」には、「敗者」のほか、「負け犬」、「何をやってもうまくいかないやつ」といった軽蔑的な意味がある）。「敗北」は、避けるべきものとなり、避けるためには、「勝者」の考え方や振る舞い方をひたすら身につける必要があると考えられるようになった。

ところが、商業的成功には、成功しても内面的な価値と外面的な富がなかなか結びつかないという、本質的に「当てにならない」ところがあった。幸運にも、「商売繁盛」という聖杯を見つけたとしても、あなたはそれを維持できるだろうか？　この19世紀は、資本主義経済に、にわか景気と不景気が交互に訪れた世紀だった。景気が拡大するたびに、新しい顔ぶれの成功したビジネスマンの一群が誕生したが、そういう人たちは、「1819年恐慌」や「1837年恐慌」、「1857年恐慌」、「1873年恐慌」で、一夜にして破産した。多くの人が絶望し、なかには自殺に追い込まれた人もいた。こうした経験をするうちに、人々はこんな疑問を抱くようになる。――だれかが破産したら、それはだれのせいなのだろうか？　経済システムのせい？　ビジネス上の判断ミスのせい？　運が悪かったせい？　それとも、「敗北」や「心の痛み」といったものは、破産したビジネスマン一人一人の内面にある何らかの「欠点」のせいなのだろうか？

失敗するのは、各人の「欠点」のせいだと考える人が、しだいに増えていった。ある国会議員が1822年にこう述べている。「なかには、人間の力ではどうにもならないようなことが原因で失敗する人もいるが、そういう人は少数派ではないだろうか」。そして「loser（敗者）」は、サンデージの言う「国民的なブギーマン（妖怪）」になってしまった。エマソンは1842年の日記にこう記している。「失敗してはいけない人は、失敗しないものだ。人が幸運や不運に見舞われるのには、必ず理由があるし、『金もうけ』が幸運や不運に見舞われるのにも、必ず理由がある」。またボストン大学の講師も、1846年にこう主張している。「避けられないミスだけが原因で起こる失敗は、一般的に考えられているほど多くはない。たいていの場合、破産状態に陥るのは、個人的な資質が原因で生じるミスのせいである」

どの人が「勝者」でどの人が「敗者」かは、その人の内面を見ればわかるというのなら、次は、財産や勝利を手にすることを予測できる指標を探し始めることになるだろう。私たちアメリカ人は、「勝者」のポジティブで活気にあふれる感情を獲得しようと努めた。

その後、ニューソート運動が盛んになる。この運動は、最初は病気を治すための「精神力」に焦点を当てていたが、19世紀後半には、世俗的な成功を収めるための「精神力」に焦点を当てるようになった（訳注　「ニューソート運動」は、19世紀後半にアメリカ合衆国で始まったキリスト教の潮流の一つで、一種の異端的宗教・霊性運動。物質に対する心の力、精神の優位性に重点を置く。現世での利益の追求を戒めるプロテスタント系カルヴァン主義への反発を背景に生まれた）。この運動は、絶えず「ポジティブな考え方」を提唱したことで、ピルグリムたち――「神は人間の過ちを許すと信じ、人々が癒され、成功することができる優しい世界が実現すると信じた、最初の移住者たち――が持っていた「カルヴァン主義の精神」に取って代わった（訳注「ピルグリム（・ファーザーズ）」は、1620年に、信仰の自由を求めてメイフラワー号でアメリカ大陸に渡ったイギリスの清教徒たち）。偉大な心理学者ウィリアム・ジェイムズは、科学者のような「懐疑的な見方」も持ち合わせていて、この運動についても「楽観主義で頭がおかしくなっている」などと揶揄していたが、それでも、大きな影響力を持つことになった1902年の著書『宗教的経験の諸相』で、次のように述べている。「ニューソート運動は、健全なものだ。この運動のおかげで、数え切れないほどの家庭が、明るさを取り戻している」

ジェームズは、この運動が「悲しみ」を追い出したことも認めている。彼はこう記している。「人々は、『リラックスの勧め』や『〝心配しないで〟運動』の話や、朝、着替えをしながら、その日のモットーにする言葉――若く、健康で、元気よく！――を何度も自分に繰り返す人たちの話を耳にするようになっている。天気についての不満を口にすることは、多くの家庭で禁止されるようになり、『不愉快な気分であることを口にしたり、よくあるような不都合や、病気を患っていることを必要以上に心配したりするのはよくない』と考える人が、どんどん増えている」

子どもたちもまた、「陽気でいる」のは必須のこととして教育された。1908年には、「ボーイスカウト」と呼ばれるようになる組織が、メンバーの少年たちにこう教えている。「人生の明るい面を探そう。目の前にある仕事を陽気に片づけよう」。そして「悲しみ」は隠しておくようくぎを刺している。「（悲しくなったら、）一刻も早く、無理にでもほほ笑むこと。そして、口笛を吹こう。そうすれば、きみは大丈夫。ボーイスカウトのメンバーは、笑みを浮かべ、口笛を吹きながら行動する。そうすることで、自分を元気づけ、まわりの人たちを元気づける。とくに、危機的な状況のときにはみんなを元気づけることになる。というのも、ボーイスカウトのメンバーはそんなときでも、いつもとまったく同じように、がんばり続けるからだ」

そして、こうした考え方をとくに急いで採用したのは、「富の追求」にかかわる人たちだった。1910年の自己啓発の通信教育の広告には、猫背の「敗者」のイラストが描かれ、「あなたは〝はみ出し者〟なの?」という一文が添えられている。「勝者」のイラストを描いた広告もあって、たとえば、こんなキャッチコピーが書かれている。「進取の気性に富んだ男は、クッペンハイマーの服を買う」（訳注 「クッペンハイマー（Kuppenheimer）」はアメリカの紳士服メーカー。1997年に廃業）。1930年代には、ナポレオン・ヒル（1883〜1976年）の『思考は現実化する』（田中孝顕訳、きこ書房、文庫版2014年ほか）のような自己啓発書が大人気を博した。この本は最終的には、数百万部を売り上げるベストセラーとなっている。ノーマン・ヴィンセント・ピール（1898〜1993年）は、やはりベストセラーとなった著書『積極的考え方の力』（相沢勉訳、ダイヤモンド社、1964年ほか）の中で、読者にこうアドバイスしている。「あなたの個人的な能力についてのネガティブな思いが頭に浮かんだら、わざとポジティブな思いを声に出し、ネガティブな思いを帳消しにしよう」

こうした考え方は、1929年の株価大暴落や1930年代の世界恐慌の時期も生き残った。

1933年には、アメリカの失業率が24・9％に達した。倒産した会社も2万社近くにのぼり、閉鎖した銀行は4004行に及んだ。それでも人々はまだ、「失敗の原因は、人間の内面にある」という考え方を固く信じた。1929年には、こんな見出しが紙面を飾った。「路上の敗者、自殺の道を選ぶ」。1937年には、「車での一酸化炭素中毒による自殺」の記事が書かれ、こう記されている。「ライリーが残したメモには『「おれは〝人生の落伍者〟だった』と書かれていた」。ある精神科医は、その時代に生きた、中流階級の両親を思い出して、こう述べている。「（そのころは）だれもが、自分の過失のことや、自分に才能がない、自分は不運だといったことで、多かれ少なかれ、自分を責めていました。そういったことはどれも自分が悪いのだ、自分の個人的な失敗は恥ずべきことだ、という考え方を受け入れているようなところがありました」

1955年ごろには、「loser（敗者）」という言葉が、青年期のスラングや、ポップカルチャー（大衆文化）、学術的な研究に使われるようになった。たとえば、「敗者」は、チャーリー・ブラウンのような漫画のキャラクターや、ウィリー・ローマンのようなアンチヒーロー（主人公らしい英雄さがない主人公）、ウッディ・アレン（1935年〜）として登場している（訳注「チャーリー・ブラウン」はチャールズ・シュルツの漫画『ピーナッツ』の主人公。「ウィリー・ローマン」はアーサー・ミラーの戯曲『セールスマンの死』の主人公）。また、デイビッド・リースマン（1909〜2002年）やウィリアム・ホワイト（1917〜99年）などの社会学者やジャーナリストたちが「敗者」についての本を書いて、ベストセラーになった。ミュージシャンたちは「敗者」を歌い、ヒット曲になった。たとえばフランク・シナトラ（１９１５〜９１年）は「Here's To The Losers（ヒアーズ・トゥ・ザ・ルーザーズ、負け犬たちに乾杯）」、ビートルズは「I'm a Loser（アイム・ア・ルーザー、俺は敗者だ）」で敗者を歌い、近年ではベック（１９７０年〜）が「ルーザー」で「I'm a loser baby, so why don't you kill me（俺は負け犬だぜ、さあ俺を殺しちまえよ）」と、歯に衣着せずに敗者を歌っている。チャールズ・シュルツは、『ピーナッツ』のキャラクターたちは自分のいくつかの側面を象徴している、と語ったことがある。冷静沈着なライナス（チャーリー・ブラウンの親友）、口うるさいルーシー（ライナスの姉）、無頓着なスヌーピー（チャーリー・ブラウンの飼い犬）、そしてメランコリックなチャーリー・ブラウン。チャーリーは漫画の中心的キャラクターで、ストーリーの「要」ではあるが、私たちが彼のような存在を認めることはない。シュルツはこう語っている。「僕は、世の中にどれほどたくさんのチャーリー・ブラウンがいるか気づいていませんでした。自分だけがチャーリー・ブラウンだと思っていたんです」

今日では、人々が「勝ち組」と「負け組」を、以前よりもあからさまに区別するようになっている。２０１７年にジャーナリストのニール・ガブラー（１９５０年〜）もオンライン雑誌『Salon』に掲載された記事の中で、次のように述べている。「アメリカでは、『勝ち組』とみなされている人たち（や自分を勝ち組とみなしている人たち）と、勝ち組の人たちから『負け組』とみなされている人たちとが、深く分断されている。『負け組』は社会ののけ者であり、インドで言えば、『不可触民』のような存在になっている（訳注「不可触民（untouchable）」は、「触ってはならない者」の意味で、インドのヒンドゥー教社会における最下層民のこと。総数は約２億人と推計されている）。（中略）私たちは、何かしら『尊敬』──『自尊心』も含む──を得たいなら、『勝ち組』になる必要がある」。キリスト教プロテスタントの教義「prosperity gospel（繁栄の福音）」では、カルヴァン主義についてはひと言も触れてはいないが、「神は『富』を、それにふさわしい人々にお与えになり、ふさわしくない人々から引き上げる」と説いている。ニュース雑誌『タイム』が２００６年に行った調査では、この教義を支持していたのは、キリスト教徒の17％にすぎず、61％が「神は人々が裕福になることを望んでおられる」と考えていた。その一方で、書籍検索エンジンGoogle Books Ngram Viewer（グーグル・ブックス・Ｎグラム・ヴューワー）によれば、「loser」という言葉の使用は、１９６０年代以降、飛躍的に増えている（訳注　「Google Books Ngram Viewer」は、特定の語句がどの程度ひんぱんに書籍に出現しているかを追跡し、折れ線グラフで表示するツール）。よく知られているように、勝者に対する尊敬の念と、敗者に対する軽蔑とが、ドナルド・トランプ前大統領（１９４６年～）の世界観を形づくっている。そのことは、彼が戦争の英雄ジョン・マケイン（１９３６～２０１８年）について「彼はベトナムで捕虜になっていたのだから、敗者だ」と言い放ったことからもわかるだろう。このコメントに対しては、保守、リベラル両陣営の多くの人が反感を抱いたが、トランプはアメリカ社会の遺産を、本能的に利用したと考えていいだろう。

これらの事例からもわかるように、この遺産は、宗教や政治など、市民生活のほとんどの領域に影響を及ぼしている。次の章で、この遺産の「職場」への影響や、どうしたら「無理にでもポジティブに振る舞う」というルールを乗り越えられるかといったことをお伝えするつもりだ。そしてこの遺産は、職場に卒業生を送り込んでいる大学のキャンパスにも、大きな影響を与えている。ダートマス大学の研究者たちと、南カリフォルニアアメリカ自由人権協会の調査によれば、近年は、パンデミック以前でさえ、多くの大学で、「不安」や「うつ状態」を抱えた学生の割合が飛躍的に増えたという。それに伴って、「『幸せな勝者』に見えるようにしなければ」というプレッシャーを抱えた学生も、飛躍的に増えたと考えていいだろう。実際、「PhillyMag.com（月刊誌『フィラデルフィア・マガジン』のウェブサイト）」や「ESPN.com（スポーツ専門チャンネルESPNのウェブサイト）」などの情報サイトが、幸せそうに見えたり、うまくいっているように見えたりする学生たちが、内心では苦しんでいる事例をいくつも伝えている。ペンシルベニア大学の学生マディソン・ホレランは、インスタグラムに陽気な写真を投稿した直後に自殺したという。週刊誌『ニューヨーク・マガジン』には、同大学の別の学生が、「無理にでも体面を保たなければならないというプレッシャーに負けて」あやうく自殺しそうになったという記事が掲載されている。

私はそうした記事を読んで、だいぶ以前に耳にした話を思い出した。私がプリンストン大学の学生だったときは、まわりの学生たちの人生が完ぺきに見えたものだ。彼らには、毎晩のように電話で根掘り葉掘りたずねて、取り乱す母親はいなかった。彼らは過去のことを嘆き悲しんだり、ぼんやりと想像する未来に憧れを抱いたりすることもなかった。彼らは、彼らが到達すべき状態に、すでに到達していて、彼らはずっとそこにいるように見えた。もちろん、例外があることもわかっていた。当時は、性的暴力や家庭内暴力の撲滅を目指すＮＰＯ「テイク・バック・ザ・ナイト」がデモ行進を始めた時期で、私は、クラスメートたちの話を聞いたことがあったのだ。私のルームメイトはインディアン居留地で育ったため、プリンストン大学になじむのにさんざん苦労したことも知っていた。ほかの、社会的に認められていた「悲しみ」——たとえば、恋人との破局や、両親の離婚——を明かしてくれたクラスメートもいた。

それでも私は、プリンストンの学生にお決まりの「魅力的な外見」の下は、ほんとうはどうなっているのだろうと、疑問に思っていた。クラスメートたちは、ほんとうはどう感じていたのだろうか？　彼らは日々の生活の中で、どんな喪失感——私たちが悲しんではいけないように感じている喪失感、そして、心理学者たちが今では「公認されない悲嘆（disenfranchised grief）」と呼んでいる喪失感——を抱えているのだろうか？　そういうことが話題に上ることはほとんどなかった。そもそも彼らは、喪失感を抱えていたのだろうか？（訳注　「公認されない悲嘆（disenfranchised grief）」は、本人が重大な喪失と受け止め、精神的苦痛を抱えているにもかかわらず、秘密にされ、公に悲しむことを認められない喪失感のこと）

私はこうした疑問の答えを突き止めることにした。あのころに戻ることはできないが、今の学生たちに話しかけることならできる。ライターズノートブックを手にして姿を見せることで得られる「自由」を利用して、学生たちに「あなたの人生は、ほんとうはどんな感じなんですか？」とたずねたら、どうなるだろうか？

＊＊＊

2月のよく晴れた、身の引き締まるような朝、私は卒業以来、およそ30年ぶりに大学のキャンパスに戻ってきた。尖塔が空にそびえ、ツタのからまるアーチ道には7速の自転車が何台か立てかけられている。かつての私は、両親のセダンの後部座席に、何個かのスーツケースやステレオ機器と一緒にぎゅうぎゅうに詰め込まれてここに到着したが、今回は、自分の車のトランクにスリムなボストンバッグを入れ、自分で運転してきた。そして、大学の寮「ロウリー＝ラブ・ホール」の、毎晩電話で母と話した狭い部屋ではなく、キャンパスから数ブロックのところにあるホテル「ピーコック・イン」にチェックインした。当時の私は、ここの学生でいられるのは幸運だが、ここの卒業生でいられるのは、はるかに幸運なことのように思えた。

卒業してから現在までのあいだに、ケンと結婚し、二人の息子を出産して、夢見ていた作家生活を送るようになった。いくつか問題も抱えているが、毎朝、感謝しながら目が覚める。夫のケンは、普段は超自然現象を信じるようなタイプではないのだが、私に、大学1年生の自分にメッセージを送るよう勧めた。彼はこう言ったのだ。「大学1年生のきみに『すべてうまくいった』って伝えたらいいよ。『今では、自分の家庭を持っている』、『私は作家になって本を出版した』って伝えるんだよ」。私はそのアイデアが気に入り、あいづちを打った。

プリンストン大学は、私の卒業後、変わらないところもあれば、変わったところもある。キャンパスを取り囲む町は、変わっていない。今も、パーマー広場のまわりには高級ブティックが立ち並び、大学の町によく見られるようなだらしなさは、みじんもない。だが今では町に、いろいろな肌の色、いろいろな国籍の学生がいるし、インド料理店や寿司屋も増えた。キャンパスでは、19世紀のゴシック建築の建物に、ガラスとスチールでできたピカピカの新しい建物が交じるようになった。だが、もしここにチャーリー・ブラウンがいたら、相変わらず「自分は場違いだ」と思うだろう。

私は学生たちに、学内の「プロスペクト・アベニュー（プロスペクト通り）」に集まってもらうことにしていた。そこは、プリンストン大学の隠語で「ザ・ストリート」の名で知られている通りで、「イーティング・クラブ（eating club）」と呼ばれる、富豪の邸宅風の学生食堂兼社交場が立ち並んでいる。大学3年生と4年生のほとんどは、こうしたクラブで食事をし、パーティーを開き、キャンパスライフの中心にしている。私は、プリンストン大学3年生のルークに会うために、その一つ「キャノン・クラブ」に向かった。ルークは高校時代に、私のところでインターン（実習生）として働いていた青年で、そのクラブに何人か友人を連れてきてくれることになっていた。

キャノン・クラブは、ファサード（建物の正面部分）がゴシック風の石造りになっていて、建物の前の芝生には、クラブの名前になっているキャノン（大砲）が鎮座している。建物の内部はダークウッドの羽目板が貼られ、とうの昔に亡くなった紳士たちの油絵が飾られている。そして気の抜けたビールの匂いが漂っている。キャノン・クラブは堅実なアスリートのためのクラブとして知られていた。ルークは思いやりのある知的な青年で、アイロンのかかったチノパンツとVネックセーターを着ていた。彼に案内されて2階に上がると、そこは談話室になっていて、会議用のテーブルと、ソファーがいくつか置かれていた。何人かの大きくてがっしりした、ユニフォーム姿の学生たちが、テーブルに足を乗せて、くつろいでいる。ルークが彼らに声をかけた。「ぼく、この部屋を予約しているんです」。アスリートたちは愛想よく立ち上がり、こうたずねた。「ぼくたち、外のバルコニーでぶらぶらしててもかまいませんか?」ルークは「もちろん」と答え、彼らは外に出て、葉巻を吸いだした。

ルークが彼の友人たちを私のところに連れてきた。ペイジとヘザー、ニックだ。ペイジはクロスカントリー競走のランナーだそうだが、彼以外は全員、「NARP」なのだという。「NARP」というのは、non-athletic regular person(ノン・アスレティック・レギュラー・パーソン)のことで、「自分はアスリートではないですが、ある程度は社交上手です」という意味だ。ニックは南フロリダ出身で、美術史を専攻している。おしゃれなめがねをかけ、ひもで編んだブレスレットをいくつもつけている。私は腰を下ろしながら、私にとってはおなじみの「不安感」に見舞われた。社交不安(対人恐怖)も多少はあったが、「はるばるプリンストンまでやって来て、何の成果も得られなかったらどうしようという不安のほうが大きかった(訳注「社交不安」は、人に見られている状況で、何かをするときに抱く不安感/自分が他人にどう思われているかという不安)。こんな思いが頭をよぎったのだ。――もしかすると、この学生たちは心を開かないんじゃないかしら。私の質問を「変なの」と思うんじゃないかしら。だって私は、結局のところ、普段なら口に出さないようなことを話してもらおうとしているのだから。思えば、私のクラスメートたちの外面はいつも輝いているように見えた。この学生たちの外面も輝いている。もしかすると彼らは、内面も、外面と同じくらい輝いているのではないだろうか……。

ところが、私たちが話し始めて2分半ほどたったころ、そんな懸念と正反対のことが起こった。学生たちが私の計画を「変なの」と思わなかったばかりか、彼らは内省的で率直だったし、私がプリンストンの学生だったときに、存在するのではないかと疑っていたものをズバリと表現し、それに名前までつけていたのだ。彼らはそれを「エフォートレス・パーフェクション（努力のいらない完ぺきさ）」と呼んでいる。これは、「自分を『努力する必要のない勝者』に見せなければならない」というプレッシャーのことだ。そしてそれが、さまざまな面に現れているという。

ニックはこう言った。「学業の面では、まるでほとんど勉強していないように見せなければなりません。ですから、まったく準備不足なのにとてもうまくいったと、見せかけるんです。そしていつも、自分にはどれほどやることがあるかといったことを話題にしながらも、自分がそれをやるのをだれも見ないことを期待しているんです」

人づき合いの面では、「エフォートレス・パーフェクション」は、最も高級なイーティング・クラブにただ姿を見せ、ありのままの自分でいる――ように見える――だけで、そのクラブに受け入れてもらえるような「上品さ」を、努力しないで備えている、といった意味だという。ニックはこう説明した。「酒をたくさん飲んで、ほんとうに愉快な人間でいなければなりません。ですが、ばかげて見えるだけでは十分ではありません。人を引きつける会話を続けられたり、いろんなことについてジョークを言えたりする必要があるんです。変わったことができないといけませんが、変わりすぎていてはダメなんです。ユニークでなければなりませんが、型にはまっている必要もあるんです。信じられないくらいつき合いがよいのに、どの授業でもなんとか好成績を上げられるようにしなければなりませんし、知的な会話ができるのに、ビールのショットガン飲みもできなければなりません（訳注　「ショットガン飲み」は、ビール缶の底に近い側面に穴をあけてから、プルタブを引き上げ、穴からあふれ出るビールを口の中に流し込む飲み方。缶ビールを最も速く飲み干す方法）。ちょっとしたアルゴリズム（問題を解決するための手順や計算方法）がある感じなんです。先天的にそういう資質があったのか、後天的に備えたのかわかりませんが。僕はたまたま、そのアルゴリズムに合ってるんです」。ニックは、少し前に、プリンストン大学で一番権威のある高級クラブ「アイビー・クラブ」に受け入れられたという。彼の口調は事務的、報告的で、自慢げな感じや、申し訳なく思っている感じはいっさいなかった。

「エフォートレス・パーフェクション」は、「敗北」や「失敗」、「うつ状態」などの形跡を隠すことでもある。ヘザーはこう説明した。「自分の評判がいつも気になるんです。自分が人にどう思われているか心配なんです。もしニックのように、最近、父親と対立状態にあるなら、それを悟られないよう、全力を尽くすことになるでしょうし、顔に何かよくない感情が出ないようにするでしょう。私だったら、いつもと同じことをやり続けるよう、努力すると思います」。また、ルークのように、第一希望のクラブに入れなかったとしても、心が傷ついたことを表に出してはいけないという。ペイジはこう語っている。「ここでは、イーティング・クラブが原因で、たくさんの『心の傷』が生まれています。みんな、だれがクラブに出入りしていて、だれが出入りできていないか、知っています。そのことでどれほど傷ついているかについては、みんな本心を見せていないと思います。ホースで水をかけられた(注)学生は、そのことについては黙っています。完全に率直な会話なんて、いまだにできませんよ。今朝、各クラブに何人の学生が受け入れられたか、発表されました。みんなが話題にするのは『数』のことだけで、感情面については何も話しません」

こうした社交ルールを守るのは、多くの学生にとってむずかしいのではないだろうか。多くの10代後半の若者が、強度の「ストレス」や「憂うつ」、「切なる思い」を経験している。だが、たとえ深い悲しみの真っただ中にいたとしても、黙っているという決まりになっているのだ。私はその後、大学の健康支援センター「プリンストン・カウンセリング・アンド・サイコロジカル・サービス」に行き、そこで働いているセラピスト、アナ・ブレイヴァマンに話をうかがった。彼

(注)「ホースで水をかけられた(hosed)」は、プリンストン大学の隠語で、「却下された、落選した」を意味する。

女によれば、彼女のところにやって来た学生の多くが、見るからに悲嘆にくれていたり、悲嘆を抱えている兆候を見せたりしているという。

彼女は私にこう語った。「なかには、親ごさんに支えになってもらえない学生もいますし、親ごさんが深刻な問題を抱えている学生もいます。そういう学生たちは、もし支えてくれる親が一緒だったら、自分はどうなっていただろうとか、うちもいつかは問題を解決して、普通の家族になれたらいいのになどと、考えずにはいられないのです。休暇が近づくと、まわりの学生たちにこう言われます。『あなた、家に帰れて、うれしくてたまらないんでしょう?』。彼らはこう答えます。『ええ、すごくうれしいわ』。でも、ほんとうはうれしくありません。ほんとうは深く悲しんでいます。彼らはこう思ってしまうんです。『もし私が家族と一緒に完ぺきな休暇を過ごすことができたら、最高なのに』。それができない悲しみは、肉親を失ったのと同じくらいつらいものになることもあります」

ところが、社交ルールでは、そういう思いは隠しておくことになっている。ブレイヴァマンはこう語っている。「学生たちは、『すべてうまくいっている』という体《てい》になっているんです」。非常に多くの学生が苦しんでいるので、彼らが選んだ「秘密の聞き役」――大学のセラピスト――が、秘密厳守を誓うという皮肉な事態になっている。プリンストンの前副学部長で、プリンストン・パースペクティブ・プロジェクトを共同で立ち上げたタラ・クリスティー・キンゼイは、ラジオインタビューでこう語っている。「私や同僚たちのような、一日中、学生たちの相談に乗っているアドバイザーたちが集まると、不安や苦労を抱えている学生たちは、そういうものを抱えているのは自分だけだと思っているといった話が出ます。私たちは、そういう学生にはこう伝えることにしています。『もしあなたが今から10分前に、そこのソファーに座っていたとしたら、今の話とまったく同じ話を聞いていたはずよ』」

「エフォートレス・パーフェクション」という言葉は、プリンストン大学で生まれたわけではない。2003年にデューク大学で生まれた言葉で、最初は若い女性が抱えるプレッシャー——努力しているようには見えないのに、利口で、きれいで、ほっそりしていて、人気者でなければならないというプレッシャー——を表していた（訳注「デューク大学」はノースカロライナ州にある大規模私立大学。アイビーリーグ校と肩を並べる名門）。しかし、そうしたプレッシャーが存在するという考え方は、すぐに広まり、ほかの大学の学生たちも独自の言葉を作り出すようになった。ペンシルベニア大学では「Penn Face（ペン・フェイス）」という言葉が生まれた。この言葉は、学生たちが——ほんとうはどんな気持ちであろうとも——見せる「にこやかで自信のある表情」を意味している。スタンフォード大学では、「Duck Syndrome（アヒル症候群）」という言葉が作られた。この言葉は、アヒルの——水面下では足で狂ったように水を掻きながらも——湖を優雅に泳ぎ回る能力を表している。表面的には優雅に見えるようにするというノルマはかなりきつかったため、学生たちは「Stanford University Places I've Cried（スタンフォード大学の泣きたいところ）」というプライベート（非公開）のフェイスブックグループを立ち上げた。このグループのホームページには、こんな皮肉が記されている。「このページを『地球上で最も幸せな場所』にささげます」（スタンフォード大学は、「地球上で最も幸せな場所」として知られている）。私がそこを最後にのぞいたときには、2500人のメンバーが登録していた。一方、かつては「Stanford University Places I've Smiled（スタンフォード大学のほほ笑みたくなるところ）」というウェブページも存在し、削除される前の登録メンバーは40人だった。

「エフォートレス・パーフェクション」という言葉が、アメリカの名門大学――年若い「勝者」たちが、自分の利益を確保しようとしている場所――で使われるようになったのは、決して偶然ではない。またこの言葉が、「不安」や「うつ状態」を抱える人や、キャンパスで自殺した人の割合が増えた時期に生まれたのも、偶然ではないだろう。なぜなら、「エフォートレス・パーフェクション」というのは「完全であること」というよりむしろ「勝利すること」と関係があるからだ。勝利を手にするタイプの人や、とても高くまで舞い上がったために、人生のビターな面を避けるようになった人に関係があり、「敗者」にならないためのものだ。「エフォートレス・パーフェクション」は、アメリカのたいていの大学でバズっている言葉ではあるが、アメリカという共和制国家が始まって以来、私たちアメリカ人が抱えてきたのと同じ文化的プレッシャーから生まれたものでもある。そうしたプレッシャーと、不平等が拡大し、社交面での競争が存在するという新しい現実とがあいまって、学生たちにとっては、「勝者」がそれほど多くは生まれない社会の中で「勝者」の気持ちにならなければならないというプレッシャーが、強まる一方なのではないだろうか。

私は、プリンストン大学のセラピスト、アナ・ブレイヴァマンと話をしながら、こう思った。彼女は、自分が「過去の私」に話しかけていることに気づいているだろうか？　私も、「家に帰って完ぺきな休日を過ごせたらどんなにいいだろう」と思っている学生の一人だったことや、「10分前にこのソファーに座っていたクラスメートも、私と同じような苦悩を抱えていたなんて信じられない」と思っている学生の一人だったことに、気づいているだろうか？　もし私が「ほかの人も、何か欠点を抱えている、内面に何か問題を抱えている」とわかったとしても、それだけでは慰めにならなかったことを、彼女は知っているだろうか？

「エフォートレス・パーフェクション」というプレッシャーを抱えた学生たち――つまり、私たちみんな――は、大人になって仕事をするようになったり、自分の家族を持つようになったりしたら、いったいどうなるのだろうか？　「悲しみ」や「切なる思い」を、「秘密にすべき価値のないもの」と見なすのではなく、「人間であることを特徴づけるもの」と見なせるようになるには、どうしたらいいのだろうか？　自分の「勝者」としての側面だけではなく「敗者」としての側面も受け入れることが、その両方を超越するための鍵であり、「生きる意味」や「創造力」、「喜び」を手に入れるための鍵なのだと気づけるようになるには、どうしたらいいのだろうか？

この章の冒頭に登場した、心理学者でマネジメントの専門家でもあるスーザン・デイビッドは、そうした疑問に答えることにキャリアを捧げている。

第6章
職場などで「ポジティブ」を強要されるのを乗り越えるには、どうしたらいいのか？

『積極的考え方の力――ポジティブ思考が人生を変える』って本を買おうと思ったんだけど、やっぱり、こう思っちまったよ。「それを買ったところで、いったいどんなメリットがあんのよ？」

――ロニー・シェイクス

スーザン・デイビッドは今では、国際連合、グーグル、アーンスト・アンド・ヤングといったクライエントたちに、「エモーショナル・アジリティ（感情の敏捷性）」について教えている。「エモーショナル・アジリティ」というのは、彼女の定義によれば、「つらい感情に見舞われたり嫌な思いをしたりしても、ゆったり構え、そうした感情や思いに勇気と思いやりを持って向き合ってから、そうした感情や思いを断ち切って、人生を改善できるようにする」というプロセスのことだ。

しかし、彼女が広範囲の職場文化を観察したところ、自分が15歳のときに父親を亡くしたときと同じような状況――つまり、人前では笑顔をつくり、一人のときには食べたアイスクリームを意図的に吐いていたような状況――から抜け出せずにいる人がたくさんいることがわかった。彼女は、職場に「〝ポジティブ〟という絶対権力」がはびこり、「あなたは職場では泣いてはダメ。どうしても泣きたいなら、お願いだからトイレの個室で、こっそり静かにやってね」という状況になっていることに気づいたのだ。

スーザンにとっては、それは「大問題」だ。なぜかと言うと、人生はビターもスイートも含めて、はっきりと捉えたほうがいいに決まっているし、たとえ私たちが「悲しみ」や「切なる思い」といったつらい感情を抱かないよう気をつけたとしても、そうした感情は、ことあるごとに私たちをむしばむことになるからだ。彼女は大好評を博したTEDの講演で、聴衆にこう伝えている。「感情の抑圧に関する調査によれば、感情は、無視されたり脇へ押しやられたりしたら、ますます強くなるそうです。心理学者たちはそれを「感情の増幅」と呼んでいます。これはおいしいチョコレートケーキが冷蔵庫に入っているようなものですね。みなさんが無視しようとすればするほど、頭から離れなくなります。みなさんは、好ましくない感情を無視したときは、自分はそうした感情をコントロールしているのだと思うかもしれません。でも実際のところは、みなさんのほうが感情にコントロールされているんです。内面の苦痛は、必ず外に出るものです。必ず、です。そのとき、犠牲を払うのはだれだと思います？　それは私たちです。私たちの子ども、私たちの仕事仲間、そして私たちのコミュニティーです」

彼女は、自分は幸せな気分になることに反対しているのではないし、自分も幸せな気分になるのは大好きだと強調した。私はスーザンの親友だ。だから、それはほんとうだと断言できる。彼女はもともと、とても陽気なタイプだ。そして心が温かくて優しいし、屈託なく笑い、えくぼを作ってほほ笑む。彼女からのメールはたいてい「Hi, gorgeous（こんにちは、美人さん）」というあいさつから始まり、私は言葉で抱き締められたような気分になる。彼女が両手を大きく広げて、近づくものすべてに活力と愛を与えようとしているような気がしてくる。彼女がそうしたメールを送るのは、相手が自分のメッセージを気分よく受け取ってくれたらとてもうれしいからではないだろうか。相手は彼女に心を開いて、どんな気持ちになりたくないかについて、ほんとうのことを話す。つまり、こう言うのだ。「私、自分の心を傷つけたくないんです」、「おれ、失敗したくないです」

スーザンは彼らにこう伝える。「その気持ちはわかります。でもそれじゃあ、死んだ人の目標を持つことになりますよ。ストレスを感じないのは死んだ人だけ。心が傷つかないのも、失敗してがっかりしないのも、死んだ人だけです」

＊＊＊

スーザンは、人々が「悲しみ」や「切なる思い」といったつらい感情を受け入れ、うまく対処できるよう手助けすることを、ライフワークにしている。そして彼女は、一人ではない。「勝ち組」と「負け組」についての国民的物語をつくり上げたビジネス文化の中では、新しい物語はなかなか生まれないものだ。組織心理学者のピーター・フロストは、大きな影響を与えることになった論文「Why Compassion Counts!（どうして「思いやり」が大事なのか！）」で、「苦しみ」はほとんどの宗教の中心になっているのに、職場ではそれを表に出すことが禁じられていると述べている（訳注　「組織心理学」は、応用心理学の一分野で、組織における人間行動を科学的に研究する学問。組織という特殊な状況の中での人の行動を解明するには、従来の心理学だけでは不十分だとして1960年代に発展した）。彼はこう記している。「もし、仏陀が語ったとされている通り、『〝苦しみ〟は自由に選択できるものだが、人間であるためには避けられないもの』だとしたら、〝苦しみ〟は、組織の中でやっていくうえで重要なものだと気づくべきだ。我々は、そのことを何らかの形で理論に反映させるべきだろう」。こうした考え方に触発された何人かの組織心理学者が、フロストと、ミシガン大学の組織心理学者ジェーン・ダットンをリーダーに据え、「組織を『思いやり』を表現するための場所と捉える新しい視点」を発展させることに専門的に取り組む研究グループを設立した。彼らはこのグループを「CompassionLab（コンパッションラボ）」と名づけた。今ではそのラボは、ミシガン大学の研究者モニカ・ウォーリンによって運営されている。ウォーリンは、ダットンとの共著で、職場での思いやりについての貴重な本も書いている。

コンパッションラボの二人のメンバー――経営学教授のジェイソン・カノフとローラ・マッデン――が、カノフが以前に、「周囲からの孤立」についての研究用に行った労働者への聞き取り調査の報告書を綿密にチェックした。その結果、二つのことがわかった。一つ目は、報告書には、パニック発作に見舞われたとか、人間関係がうまくいかない、自分は低く評価されていると感じているといった、職場での「苦痛や苦しみ」の物語が数多く記されていたこと。二つ目は、調査に参加した労働者たちは、自分の物語を伝えるのに「苦痛」とか「苦しみ」といった言葉はほとんど使わなかったことだ。彼らは不安を抱いていたのだが、自分は「怒っている」と語っている。彼らは悲しんでいたのに、「イライラしている」と語っているのだ。カノフは私にこう語っている。「職場は、いたって日常的な苦しみに満ちています。でも私たちアメリカ人は、自分が苦しんでいると認めてはいけないと思ってるんです。私たちは必要以上に我慢しています。そして、私たちが必要以上に我慢できるのは、実際には自分に役立つことを軽視しているからなのです」

ある種の「苦しみ」は、ほかの「苦しみ」よりも、職場で表明することが社会的に容認されているという。カノフは私にこう語っている。「『それはつらい』と広くみなされているような、深刻な苦しみ（たとえば、身近な家族が亡くなったとか、自分ではどうにもならない災難の被害者になった、といった苦しみ）の場合は、自分はつらいのだと職場で表明してもかまわないとみなされることが多いようです。一方、慢性的な苦しみや日常的な苦しみ——たとえば、人間関係のもつれとか、経済的な困窮、命にはかかわらない苦痛、仕事のストレス、職場での駆け引き、お粗末な経営といったものによる苦しみ——については、職場ではほとんど話題にできず、押さえつけられています。そして、とくに多く見られるのが、そうした種類の苦しみなんです」

感情を解放するという考え方は、コンパッションラボのほか、「組織のリーダー」論の分野でも、支持を得るようになっている。今では、「自分のすべてを職場に連れて行く」とか、ジェシカ・ラヘイの優れた著書のタイトルにもなっている「『失敗』という贈りもの（the gift of failure）」といった考え方が主流になっている。経営学誌『ハーバード・ビジネス・レビュー』にも、思いやりのあるリーダーのプラス面についての記事が掲載されている。経営学者たちは、「憂うつ質」のリーダーのユニークな長所まで強調するようになっている。

リーダーがどんな感情を見せるかが、リーダーがどのくらいパワフルに見えるかに影響することに、研究者たちはだいぶ前から気づいていた。困った状況に陥ったときに、怒っているように振る舞うリーダーは、たいていの場合、悲しげに振る舞うリーダーよりもパワフルだとみなされる。実際、私が「ビタースイート」タイプの有名なリーダーを探してみたところ、クリエイティブな世界の大物なら簡単に見つかったが、ビジネス界のリーダーはなかなか見つからなかった。それは、「憂うつ質」のリーダーがあまりいないからではなく、「憂うつ質」のリーダーは自分が

「憂うつ質」であることを公に認めていないからではないだろうか。とはいえ、経営学教授のホアン・マデラとD・ブレント・スミスが2009年に行った実験で、リーダーは「怒り」よりも「悲しみ」を見せたほうが、いい結果――たとえば、部下たちとの関係を強化できた、有能であるという評価が高まった、など――につながることがわかっている。

ミュンヘン工科大学の研究者タニア・シュヴァルツミュラーは、なぜそういう結果になるのだろうと考えた。組織心理学者たちは、リーダーたちが発揮するさまざまな「力」について、長年にわたって研究してきた。リーダーの中には、「地位の力（ポジションパワー）」（「自分は褒章を与えたり、命令に背いた部下を罰することができる」という認識）を維持する人もいれば、「個人の力（パーソナルパワー）」（部下に、リーダーの身になろう、リーダーを思いやろうという気を起こさせる能力）を発揮することのほうが多い人もいるという。また研究者たちによって、怒っている人は、たいていは「攻撃的で自信に満ちている」とみなされ、「憂うつ質」タイプの人のほうが、気弱で自信がないものの、心が温かく、思いやりがあって、感じがいいとみなされることも判明している。

こうした研究結果にもとづいて、シュヴァルツミュラーと彼女のチームは次のような仮説を立てた。――怒っているリーダーと悲しげなリーダーとの違いは、発揮する「力」の量にあるのではなく、発揮する「力」の種類にあるのではないか――。この仮説を検証するために、彼女たちはいくつかの実験を考案した。その一つは、ビジネス界のリーダーのような格好をした役者たちが、自分の会社のその年の財政状況が悪かったことについて話している動画を、実験の参加者たちに見てもらうというものだった。「怒っているリーダー」役の役者たちは、目を細め、握りこぶしを作って、顔をしかめながら、大声で話をした。「悲しげなリーダー」役の役者たちは、両手をだらりと垂らして立ち、暗い口調で話をした。その結果、「怒っているリーダー」は、部下に褒章や罰を与える能力があると、受け止められたという。言い換えれば、彼らは「悲しげなリーダー」よりも、「地位の力」を持っていると、受け止められたということだ。一方、「憂うつ質」のリーダーは、「個人の力」を持っているとみなされた。また、彼らのほうが、部下役の参加者たちに、忠誠心を持たせることができ、リーダーの邪魔をする気にはさせず、「自分は受け入れられ、評価されている」と感じさせることができたという。

この実験は、実際のリーダーや部下を使って行われたわけではないが、いろいろなことを示唆している。そして、憂うつ質のリーダーが特殊な力を備えている可能性があると、私たちに教えている。場合によっては、リーダーが怒りを見せたほうがうまくいくときもあるだろう。たとえば、外部からの脅威に直面するという緊急事態が発生したときだ。だが、製品をリコールしたことで、顧客に迷惑をかけたときなど、「ビタースイート」な振る舞いのほうが適切な場合もあるだろう。（実際、マデラとスミスが2009年に、そうした状況で実験したところ、「怒り」と「悲しみ」が入り混じったリーダーが、最もいい結果を出すことが判明した）。シュヴァルツミュラーは、メディア企業Ozy社のデジタル雑誌でこう語っている。「部下たちが大事なプロジェクトを駄目にしてしまったときは、『こんなことになって私は怒っている』と言うのではなく、『こんなことになって私は悲しい』

と言ったほうがいいでしょう。あなたが『個人の力』を発揮することで、部下たちは、『自分はあなたのことが好きだから、あなたと共有する目標を達成するために、あなたの役に立ちたい』という気になるのです」

私たちはよく、「自分の『弱さ』ではなく、自分の『強み』に目を向けよう」と教えられる。でも、ビタースイートな性格や「悲しみ」のようなネガティブな気分と、「弱さ」とを混同してはいけない。実際、自分を非常によく理解しているリーダーたちは、自分の「悲しみ」や「限界」、「性格」に正面から向き合い、そうしたものも含めた「より完全な自分」になることを学んでいる。

そのいい例が、ティム・チャンだろう。彼はベンチャー投資家で、シリコンバレーで大成功を収めたスタートアップ企業のいくつかの立ち上げに手を貸している。彼は長年にわたって、人々が自分の長所や強みだけではなく、彼の言う「中心的な心の傷」も反映させた会社やチームを作るのを見てきた。彼は私にこう語っている。「偉業は、たいていの場合、死にそうなほどの精神的ダメージにも適応できるスーパーパワーを養うことで生まれています。ただし、人は、敗者から勝者に変わりたいという願望を持つことで、ダメージを負うこともあります。シリコンバレーでは、「補償過剰（ある分野に弱いことを、別の分野に優れることで埋め合わせようとすること）」がとても多く見られます。もしかすると、そうした埋め合わせたいという気持ちが、人間のイノベーションのほんとうの原動力なのかもしれませんね。私たちは、自分が最も否定しているものに、最も情熱を注ぐものです。そして、そうした傾向は、私たちがつくる会社やチームにも見られます。もしあなたが同僚や家族にいじめられたことがあるなら、以前にあなたをひどく苦しめた人が間違っていたと、必死に証明しようとするのではないでしょうか。もしあなたが、リーダーとして大きな不安を抱いているなら、イエスマンの部下を大勢雇うかもしれません」

ティムは、コーチングとセラピー（心理療法）、同僚からの容赦のない率直な「360度評価（多面的評価）」を通じて、自己探求（ほんとうの自分を発見すること）に取り組もうと決心した。その結果は、おおいに役立つものだった。彼は私にこう語っている。「僕はタイガーペアレント（教育ママ、教育パパ）の産物なんです。うちでは、「いい成績を取りなさい。そうすれば、まわりの人たちに大事にしてもらえるから」といった調子で、外部からの評価でいい子かどうかを判断するという作戦を取っていました。そういう子は、つねに人に認めてもらおうとします。そして他人が決めた採点システムで最高の点数を取ることで、自分に自信を持とうとするんです」。彼は子どものころから、両親が自分を愛していることはわかっていたが、両親はそれを口に出さなかったし、惜しみなくハグをするようなこともなかったという。彼のご両親は、彼が厳しい世界でも生きていけるよう、強い人間にしたかったようだ。彼がスタンフォード大学経営大学院を卒業して、ベンチャー投資家になったときでさえ、疑いの目を向けられ、こう言われたという。「あなたは自分の小切手記録の収支の合わせ方さえ知らないのに、他人のお金を管理することなどできるはずないでしょ！」。ティムはこう語っている。「でも結局は両親も、『こいつは、自分の仕事のことはわかっているようだ』と思ってくれました」

ティムは優しくて、創造力があって、敏感な人——つまり、ビタースイートタイプの人間だ。（診断テストでは、10点満点中6・5点だった）。小学生のころは、学校が終わると丘の上に寝ころがって、雲を眺めながら、人生の意味について考え込むような子どもだった。プロの俳優かミュージシャンになりたかったが、彼の家では、そうした道に進むのは問題外だった。彼はキャリアの初期のほとんどを、ビジネスの世界の詐欺師になったような気分で過ごしたという。

ティムの性格と生い立ちを考え合わせたら、創造力と思いやりにあふれた人のことを、あなたも理解できるのではないだろうか。コラボレーション（共同作業）とブレインストーミングを通じて、すばやく「つながり」をつくることがとても得意な人のことを理解できるのではないだろうか。自分を認めてほしい、好きになってほしいと渇望し、対立を避け、なんとしてでも「調和」を見つけだしたいのに、自分を理解してもらえていないと感じているリーダーのことを理解できるのではないだろうか。起業家たちは、彼と一緒に仕事をするのを喜んだ。それは、彼が優秀だったからというだけではなく、彼は親身になってくれて、手助けする気満々だったからだ。そして彼は、自分が引かれるのは、成功を最も期待できる起業家ではなく、必死に助けを求めていたり、彼の創造力にほれこんでいたりするために、彼が切望していた「感謝の気持ち」を示してくれそうな起業家だということに気づいた。

こうした思考パターンに気づいてからは、本来の自分を受け入れ、自分の世界に不足するものを補って完全なものにし、いまだに大好きなクリエイティブな活動に感情のはけ口を求め、時間を費やすことを自分に許すようになった。その結果、投資に対する判断力が高まり、自分の投資に自信が持てるようになった。キャリア初期のころは、ほかの人たちが「ホットな業界」と思う分野への投資に力を入れる必要があると思い込んでいた。でも今では、自分が個人的に情熱を注いでいる分野――とくに、ゲーム関係、エンターテイメント、音楽、個人的なバイオハッキングといった、クリエイティブな分野――への投資を考えるようになっている（訳注　「バイオハッキング」は、生物学を用いて自身の身体がより効率よく機能するようにすること）。また彼は、クリエイティブな分野への興味とビジネスを融合させるようにもなっている。（彼によれば、彼のバンドCoverflow（カバーフロー）は、シリコンバレーで開かれるカンファレンスのアフターパーティーの常連であり、彼がえり抜きの起業家たちやスタートアップ企業とつながりを持つためのユニークな手段になっているという）。彼は私にこう語っている。「以前の僕は、いつもものごとを、他人の目から見て正しく行おうとして、結局、すべてを間違ったやり方で行っていました。でもその後、本来の自分でいるようになって、以前よりも心が安らぐようになりました」

「ラーニング・アズ・リーダーシップ」というコンサルティング会社を共同設立したララ・ヌーアも、自分の「生い立ち」や「つらい感情」と向き合い、そうしたものを受け入れて、より豊かな自分をつくり上げた、もう一人のリーダーだ。彼女も、ティムと同様に、自分は「思いやりがあって、親身になれるリーダー」だと思っていた。それは、彼女が「なりたい」と望んでいたタイプのリーダーでもあった。ところが、リーダーになって2、3年ほどで、自分に問題があることに気づいた。自分の会社の社員に、ネガティブなフィードバックを伝えなければならなくなると、「データをもっと集める時間が必要よ」などと自分に言い聞かせて、伝えるのを先延ばしにするのだ。ときには、何も伝えずに終わることもあった。だが結局は、真実が知られることになる（「真実」は、いつだってそうなるものだ）。もしかすると、ララは、仕事のできない社員に冷たい態度を取り始めたのかもしれない。あるいは、何も言わずに怒っていたのかもしれない。彼女のそういう振る舞いは、社員たちにとっては晴天のへきれきだった。彼らは自分の上司に対してどう振る舞ったらいいのか戸惑った。そして上司を信用しなくなった。そんなわけで、そこには二人のララがいた。一人は、社員たちにとって最高のリーダーでありたい、社員をサポートするような職場文化を築きたいと思っているララ、もう一人は、それと正反対の現実を生み出しているララだ。

ちょうどそのころ、ララの会社は、ララが抱えていたような問題の解決法を教えるセミナーを提供し、チームや個人の「行動の制限」とか「できないという思い込み」を解消する手助けをしていた。そこでララは、会社のセミナーで教えている手法を、自分がやってみることにした。まずは、自分の子ども時代の分析に取り組んだ。彼女の家族は彼女が4歳のときにパリからカナダのモントリオールに移住し、彼女はそこの小学校に入学した。当時の彼女は、まわりに受け入れられ、好きになってもらえることをひたすら望んでいた。でも彼女は、髪が縮れ毛で量も多かったし、偏平足だったために、くるぶしまであるヘンな靴をはいていた。小学校のヒエラルキー（序列）の中では、彼女は二流市民だった。

私たちは、子どものころの体験が大人になってからの人生に影響を与えることをよく知っている。でも私たちは、どんな影響を与えたかについては、必ずしも気づいているわけではない。ララは長いあいだ、自分は小学校でつらい体験をしたので、部下に親身になってあげるリーダーになれると思っていた。しかし、そうした体験をしたことで、自分が不親切な人間になったと気づき、それを認めるまでには、はるかに長い時間を要した。彼女が前に進むには、「自分のすべて」に――いまだに「自分は人より劣っている」と思っている部分も含めて――向き合うしかなかった。そして彼女は気づいた。――私は長年にわたって自分にこう言い聞かせてきた。「厳しい真実を伝えるには、私は優しすぎる」。でも自分はたんに「優しい」というだけではなく、恐れてもいた。自分が批判した社員たちから嫌われるのを恐れていた。そしてふたたび「ヘンな女の子」になるのを恐れていたのだ……。

彼女は私にこう語っている。「フィードバックを伝えるときに、いいことだけを伝えると、相手は私を好きになり、受け入れてくれたような気がするんです。ほんとうにそんな気になるんです。だからといって、相手が実際に私をさらに好きになったわけではなく、私がそう思ったというだけです。でも私は、相手に好きになってもらおうとして、相手との距離を広げていたんです」

こうしてララは、「親切なリーダー」というのは、部下に対して率直なだけではなく、自分に対しても率直なリーダーなのだと気づくことができた。そして何より、今の彼女も、縮れ毛で治療用の靴をはいていたころの彼女も、「敗者」などではないと気づくことができた。

ビジネス書には、部下にフィードバックを伝えるときには、どうするのが一番いいかというアドバイスがたくさん載っている。そうしたアドバイスのほとんどが、フィードバックの受け手の心理状態に焦点を当てたもので、「受け手のためを思うなら、リーダーははっきりと伝えるべきだ」、「建設的に批判すべきだ」などと書かれている。だがララのストーリーは、フィードバックを伝えるときにも、ほかのすべてのやり取りと同様に、受け手と伝え手両方の側に「エモーショナル・アジリティ（感情の敏捷性）」が必要だと、私たちに教えている。だれにでも、独自の「生い立ち」があり、むずかしい会話をするときのいつもの反応を引き起こす心理的要因があるものだ。私たちは「生まれ持った性質」を受け入れれば受け入れるほど、それをうまく扱う可能性が高くなる。フィードバックを伝える人は、自分の「感情の安定（落ち着き）」をはからない限り、受け手の「感情の安定（落ち着き）」に気を配ることなどできないのではないだろうか。

＊＊＊

もしかするとあなたは、そういうリーダーは、比較的穏やかな職場でなら、うまくいくだろうが、荒っぽい職場文化が見られるところ、たとえば、海上の石油掘削施設などでは、通用しないのではないかと思っているかもしれない。では、そうした職場で働くリーダーとして、リック・

フォックスを紹介しよう。彼は長年にわたって、メキシコ湾にあるシェル社の石油掘削施設のカリスマ的なリーダーだった（訳注　「シェル社」は、石油、天然ガス等のエネルギー事業を行っている多国籍企業。イギリスのロンドンに本拠を置く）。この石油掘削施設は、ラジオ番組「Invisibilia（インヴィジビリア）」の中の魅力的なコーナーで、「自分の悲しみについては絶対に口にしないという男くさい文化がある」と紹介されている。またこの施設では、わからないことがあっても、質問は一切せず、人に自分の弱みを見せるようなことは絶対にしないのだという。

ある日、私はリックと電話で話をする機会があった。私が最初に受けた印象は、彼の声が低くて、人を催眠術にかける力がありそうなことだった。彼の声は、カントリー歌手と予言者の声を足して2で割ったような声に聞こえたのだ。しかし彼は、石油掘削施設で働くほかの男たちと同じくらい、屈強で寡黙だったという。そして40歳になったときに、二つの大きな難題に直面した。一つ目は、彼のチームが近いうちに、これまでよりもはるかに大きく、はるかに水深の深い、命がけの掘削に入ることになったものの、どうしたらチームのみんなを守れるかわからないこと。そして二つ目は、彼のティーンエージャーの息子であるロジャーが彼と話をしなくなってしまったことだった。ロジャーとの「仲が極めて険悪な状態だった」そうだが、リックには、どうしてそうなったのかがわからなかった。

そこで彼は、彼の言う「非常に思い切ったこと」を実行した。彼はコンサルタントを雇ったのだ。そのコンサルタントはクレア・ヌーアといい、偶然にも、ララ・ヌーアのお母さまで、ララが今、共同代表者を務めている会社の共同設立者でもあった。リックはヌーアに、今後の掘削の予定や、一日にオイル樽何個分を掘り出すことになっているか、といったことを話した。彼女はこう伝えた。「そういうことは全部忘れましょう。そしてあなたのほんとうの問題に向き合いましょう」。彼のほんとうの問題は「恐怖」だった。彼の仕事は恐怖を感じさせたし、大勢のメンバーのマネジメントをするのも怖かった。そして彼らを守らなければならないことが、最も怖かった。ヌーアはこう言った。「あなたがそうしたことを認めるのが早ければ早いほど、あなたの管理者としての問題をうまく解決できるはずです」

リックはヌーアにコンサルティングの延長を申し込んだ。そして今度は、ほかの人たちも連れていった。彼の上司や、彼のチームのメンバー、さらに息子のロジャーまでもが一緒にコンサルティングを受けた。ヌーアは男たちに、互いに会話をするよう促した。ヌーアと男たちの集中的なセッションは、午前9時から午後11時まで続き、それが連続9日間も続けられた。男たちは、子どものころにつらい思いをしたことや、結婚生活がうまくいっていないこと、子どもが病気であることなどを打ち明けた。涙を流す人もいた。なかには、そうした話をすることに抵抗する人もいたし、不快に思う人もいた。でも、そうした話をすることで、気が楽になった人が多かった。

リックには、新たに気づいたことがあった。それは、彼が自分についての間違ったイメージ――「何でも知っている、全能のリーダー」、「何でも知っている、全能の父親」というイメージを与えれば与えるほど、彼のチームも、ロジャーも、自信を失うということだ。彼らは、博識ではないし、弱点などないように見えるリックと違って、いろいろな弱点を抱えている。だから彼らは、「勝者」のリックに比べれば、「自分は敗者だ」と判断してしまうのだ。リックは、自分が多大な労力をつぎ込んで、「苦痛など感じない、完ぺきなリーダー」という間違ったイメージを築き上げたことや、それでも実際には、自分の「苦痛」を、チームや家族に転嫁していただけだったことにも気がついた。

リックは、自分の父親のことを知らなかった。彼の母親が苦労して彼を育てたのだ。でも彼はそうした子ども時代のことを一切口にしなかった。そうやってストイックに自制するというやり方は、暗黙のうちに、ロジャーにじわりじわりと影響を及ぼした。一方ロジャーは、子どものころ、表面的には「不死身」に見えた父親と自分を比べては、自分のあらゆるもの――心の奥底にある不安や、知識の量が少ないことなど――を恥じていた。彼は「インヴィジビリア」でこう語っている。「僕が初めて『フィリップス・ヘッド・スクリュードライバー』（プラスのドライバー）という言葉を耳にしたときのことは、今でも覚えています。父がこう言ったんです。『なあ、店に行ってフィリップス・ヘッドを買ってきてくれないか』。僕としては、『ねえお父さん、それなーに？』とたずねるなんてことは、考えもしなかった。だから、店に行って、何なのかまったくわからないものを探す羽目になり、まいったなと思いました。そんなことになったのは、僕が『弱い人間だ』と思われたくなかったからです」

しばらくすると、「悲しみ」を正常に扱うようになったことの効果が現れた。石油掘削施設の男たちは、お互いに誠実な関係を築き合うようになった。そして、問題を抱えているのを職場で認めることを心地よく感じるようになった。彼らはアイデアを出し合うようにもなった。そして結果的に、生産量が飛躍的に高まり、事故発生頻度が84％も減少するという信じられないような数字を出すにいたった。彼らの物語はかなり驚くべきものだったので、ハーバード・ビジネス・スクールのロビン・エリー教授とスタンフォード大学のデブラ・マイヤーソン教授のケーススタディー（事例研究）の対象になった。そしてそのケーススタディーは広く知られるようになっている。

リックの場合は、同じような奇跡的なできごとが、家庭でも起こった。父と息子の関係が修復されたのだ。今では、二人は親友のような関係だという。リックは「インヴィジビリア」でこう語っている。「ありがたいことに、ロジャー――（彼は今では精神科医）――は、40歳になるのを待たずに、自分がほんとうはどう思っているかという真実を、口に出せるようになりました。息子はほんとうにいいヤツでしてね。僕はあいつのそばになら、いくらでもいられますよ」

＊＊＊

もちろん、そうした新しい事実に気づくことと、気づいたことを仕事仲間や上司、直属の部下たちに公表することとは、別物だ。なかには、リック・フォックスがカウンセリングで体験したようなことは、自分は体験したくないと思う人もいるだろう。私は自ら認める「内向型人間」なので、そうした体験に対しては、本能的に慎重になる。実際、コンパッションラボのメンバーでもあるバブソン大学の組織心理学者ケリー・ギブソンが2018年に発表した研究論文「When Sharing Hurts（心の痛みを分かち合うとき）」によれば、管理職の人が悩みを部下たちに打ち明けると、地位を失ったり、影響力が弱まったりする例もあるという。要するに、私たちは、「〝ポジティブ〟という絶対権力」に対抗するときには、自分の役割や個人的な好み、自分の組織の文化などに気を配る必要があるということだ。

はたして、「〝ポジティブ〟という絶対権力」を暗黙のうちに乗り越えられる職場文化など、築けるものだろうか？　私たちは職場文化に、「人間にとって、悲しみは避けられないもの」という考え方を織り込み、悲しみを抱えている人に「思いやりを持って対応することが大事だ」という考え方を植えつけられるものだろうか？

2011年に、コンパッションラボの何人かの研究者たちが、一つのすばらしい組織——ミシガン州ジャクソンの貧しい地区にある地域住民向けの病院の「治療費請求課」——についての研究論文を発表している。この部署で働く職員たちは、病人たちから未払いの治療費を取り立てるという憂うつな仕事を抱えていた。この仕事以上にやる気の出ない仕事は、なかなか思いつかない。そういう仕事なので、この職種は、離職率が高いという問題も抱えていた、ところがこの課——「ミッドウエスト・ビリング」の名で知られている課——は、個人的な悩みを抱えることは、すべての職員にとって当たり前のことだと考える文化を築いていた。個人的な悩みを抱えることは、職員の「自分には価値がある」という意識に悪影響を及ぼすどころか、課の職員たちがお互いに思いやりを示すいい機会になっていた。職員のだれかが母親を亡くしたときや、離婚したとき、家庭内暴力を受けたときなどは、いつもまわりの職員たちがその職員を思いやった。職員のだれかが風邪をひいたときでさえ、ミッドウエスト・ビリング課の職員たちは互いに助け合った。職員の一人がこう語っている。「もしあなたが、この課の職員ほど思いやりのある人間ではなかったとしても、ここで働くようになったら、『思いやり』が人をどれほどいい気分にするかを理解するでしょう。また、人のために何かをすることが、どれほどわくわくするものかも理解するでしょう。ですから、以前はそういうことをしていなかったとしても、そうするのが当たり前になるんじゃないでしょうか。もしあなたが『思いやり』を十分に示せるようになったら、『思いやり』を持つのも当たり前になるでしょう」。また別の職員が、こんな思い出を語っている。

母が亡くなったのは、まったく予想外のことでした。私はずっと母と暮らしていたんです。ずっとです。母を亡くしたときは、人生最悪のときでした。私は叔父にこう言ったのを今でも覚えています。「私、仕事に戻ろうと思うの。だって、今起きていることを何もかも忘れたいから。私が仕事に戻ろうと思うのは、私に向かって両手を広げてくれる女性たちがまわりにいるからでもあるの」。（中略）私は今でもまだ、ラティシャの顔を見ることが、なかなかできません。なぜかと言うと、（母が亡くなってから、初めて）私が出勤したときの彼女の表情を、今でも覚えているからです。私は、職場の同僚から、思いやりとか同情、愛情、それもほんとうの愛情をもらえるなんて、一切期待していなかったんです。

悩みや苦しみを分かち合うことは、精神面での健康にいいだけではなく、ビジネス面にも役立つようだ。ミッドウエスト・ビリング課は、研究の対象となった年までの5年間で、治療費を取り立てる速さがそれ以前の5倍になり、その速さは、業界標準を上回っていたという。離職率もわずか2％で、ミッドウエストの医療機関の離職率の平均「25％」や、治療費請求業界の非常に高い離職率に比べたら、かなり低く抑えられている（訳注 「ミッドウエスト（アメリカ中西部）」は、アパラチア山脈とロッキー山脈の間の、比較的平坦な地域。イリノイ、インディアナ、アイオワ、カンザス、ミシガン、ミネソタ、ミズーリ、ネブラスカ、ノース・ダコタ、サウス・ダコタ、オハイオ、ウィスコンシンの12の州から構成される）。

スーザン・デイビッドから見れば、こうした調査結果は、明白な「教え」を伝えているという。彼女は私にこう語った。「企業は、たいていの場合、安全で、革新的、協調的、開放的な組織になろうとするでしょ。でも、『安全』は『恐怖』と背中合わせだし、『イノベーション（革新）』は『失敗』と背中合わせ、『協調』は『対立』と背中合わせなの。そういう企業の業績は、ビタースイートな人たちをどのくらい受け入れるかで決まると思うわ」

あなたが、ミッドウエスト・ビリング課のような職場で働いていないとしても、大丈夫だ。もっと個人的なやり方で「〝ポジティブ〟という絶対権力」を乗り越え、「悲しみ」や「切なる思い」といった日々のすべての感情を尊重することができるのだ。テキサス大学の社会心理学者ジェームズ・ペネベイカー（1950年〜）は1986年に、スーザン・デイビッドのライフワークに重なるばかりか、彼女の人生の物語を思い出させるような、一連の画期的研究に着手した。ペネベイカーは大学を卒業してすぐに結婚した。ところが、夫婦間でいさかいが起こるようになると、彼は酒を飲み、たばこを吸い、落ち込んで、世の中から引きこもってしまった。そんな生活が一変したのは、ある日、いくつかの文章を書き留めたときからだった。彼はエッセイとか、記事を書いたわけではない。スーザンが先生から渡されたノートに書いたように、彼の心の中にあることを書いたのだ。そして、書けば書くほど、気分がよくなることに気がついた。彼はふたたび妻に心を開くようになり、仕事にも目を向けるようになった。気持ちの落ち込みも解消した。

彼はこの体験について研究しようと決心した。そしてその後40年にわたって研究を続けることになる。その結果については、ただ驚くばかりだ。彼の実験の一つに次のようなものがある。――実験参加者を二つのグループに分け、一つのグループに対しては、自分が抱えている「苦しみ」について、20分間、書き留める作業を3日間続けるよう依頼した。そのグループの参加者たちは、性的虐待や破局、親による育児放棄、病気、死といったものについて書いた。もう一つのグループには、日常的なものごと、たとえば、「今日はどんな靴をはいているか」といったことについて書いてもらった。

その結果、自分の「苦しみ」について書いた参加者たちのほうが、自分のスニーカーについて書いた参加者たちよりも、はるかに「穏やかな気分」や「幸せな気分」になったことがわかった。それから数カ月経ったときでさえ、「苦しみ」について書いた参加者たちのほうが、「血圧が低い」、「医者にかかる回数が少ない」など、身体的な健康レベルが高かったという。また彼らのほうが、人間関係がうまくいき、仕事で成功する人が多かったという。

またペネベイカーは、4カ月前にダラスのコンピュータ会社に解雇されたばかりで、気落ちしている上級エンジニアたちを対象にした実験も行っている。彼らのほとんどが50歳を超えていて、仕事人生のすべてをその会社で過ごしていた。そして、新しい職が見つかった人は一人もいなかった。

この実験でも、エンジニアたちを二つのグループに分けた。一つのグループには、自分が抱えている「怒り」や「屈辱」、「将来への不安」について書くよう依頼し、もう一つのグループには、当たりさわりのないトピックについて書くよう依頼した。するとまたしても、信じられないような結果になった。その数カ月後、自分が抱えている「心の痛み」について書いたグループの中で、職が見つかったエンジニアは、もう一つのグループの3倍にのぼったという。

私は、ペネベイカーの実験結果について耳にしたときから、それにずっと心を引かれている。たぶん、それが、私自身の体験に密接に結びついているからだろう。私が10代のころに書いた何冊かの日記帳は、私と母の関係を破綻させた。でもその日記帳は、私を救いもした。日記を書くことは、自分自身を理解すること――自分がどんな人間かということだけではなく、どんな人間になりたいかを理解すること――でもあり、私は最終的には、そのころ「なりたい」と思っていた自分になれたのだ。

私は大学時代から成人早期にかけて、いつも書き溜めた日記帳を使い古した赤いバックパックに入れ、鍵付きのファスナーを閉めておいた。その間に何度も引っ越しをした。大学の寮の一室から別の部屋へ、ルームシェアしたアパートから別のところへ引っ越したのだ。どこへ引っ越すときにも、そのバックパックを引きずっていった。ところがある日、引っ越しの最中に、そのバックパックがなくなっていた。アパートのクローゼットかどこかに置き忘れたのだ。それはたぶん、私が生来、忘れっぽいからだろう。あるいは、日記帳はすでに役割を終えていて、私にはもう必要ではなくなったということかもしれない。

たぶんペネベイカーは、研究を始めたときに、カルヴァン主義のことも、私たちアメリカ人が自分を幸せな「勝者」、あるいはみじめな「敗者」とみなすという、カルヴァン主義の文化的後遺症のことも、頭になかっただろう。でも彼の実験結果は、自分を「勝者」または「敗者」とみなす考え方を、暗に否定している。私たちは彼の提唱する「エクスプレッシブ・ライティング（自分が抱えている悩みや不安を書き出すこと）」を通じて、自分の不幸を、世俗的成功（や、至上の幸福）を遠ざける「欠点」とみなすのをやめ、「成長の種」とみなせるようになる。ペネベイカーによれば、悩みや苦しみを書き出したあとにいい結果が出た人たちには、「私は〜を学びました」、「私は〜に心を打たれました」、「私はようやく〜に気づきました」、「私は〜だとわかりました」といったフレーズを使う傾向があったという。そういう人たちは、自分の不幸を楽しむようになったわけではない。「本質を見抜く力」を持って生きることを覚えたのだ。

もしあなたが「エクスプレッシブ・ライティング」という考え方に興味をお持ちなら、次のようなことを新しい日課にしてはいかがだろう。――まず、無地のノートを用意しよう。そしてノートを開いたら、何かを書き留めよう。あなたのビターな部分、あるいは、あなたのスイートな部分を引き出してみよう。

もしあなたがすばらしい一日を過ごしていて、自分の心の奥底を見つめる気にならないなら、あなたの気持ちを高める文章を書いてみよう。私のライティングデスクには、「何かに魅了されながら生きることが急務だ」と書いたふせんが貼ってある。この言葉は、ポルトガルの作家ヴァルテル・ウーゴ・マイン（1971年〜）の詩から引用したもので、すばらしいもの、驚くようなものに目を向けることを思い出させてくれる。

もしあなたが、悲惨な一日を過ごしたなら、そのことについて書いておこう。何があったのか、あなたがそれをどう思ったか、なぜそう思ったかを正確に書き留めよう。あなたがなぜ失望したのか、なぜ裏切られた気がしたのか、何を恐れているのかを書き留めよう。もしあなたが、書くことで自分の悩みや苦しみが解消するような気がするなら、それはいいことだ。でも、そんな気はしなくても、一向にかまわない。また、すばらしい文章を書かなくてもかまわない。ただ、書きさえすれば、それでいいのだ。

スーザン・デイビッドは15歳で父親を亡くし、ノートに思いを書くようになったときも、書きさえすれば、それでよかった。そして彼女が今、人々に教えているやり方も、書きさえすれば、それでいい。

＊＊＊

10月になり、スーザンと私はカンファレンスに参加するために、リスボンに来ている。カンファレンスは、『The Business Romantic（ビジネス・ロマンティック）』の著者で、ポルトガル在住のドイツ系アメリカ人ティム・リーバレヒト（1972年〜）が共同創設したグローバルコミュニティー「House of Beautiful Business（ハウス・オブ・ビューティフル・ビジネス）」が開催するもので、次のような考え方をテーマに掲げている。――高性能な機器やアルゴリズムが普及した今の時代は、人間であることが、最大の差別化要因になる――。カンファレンスが開かれるのは、19世紀に建てられた大邸宅で、邸宅内の各部屋には、このカンファレンスのために新たに名前がつけられている。たとえば、「感激の部屋」、「探求の局《つぼね》」、「指数関数的なヒューマニティーのオフィス」といった調子だ。スーザンはここで、彼女のトレードマークにもなっているワークショップを開くことになっている。

このカンファレンスは、「Twelve Toasts to Madonna（聖母への12の祝杯）」、「Funeral March（葬送行進曲）」、「Silent Party（サイレント・パーティー）」といったイベントも予定しており、土曜の晩に、「Major Desires, Minor Keys: An Evening on Melancholia, Sadness, and Grief as the Ultimate Taboos and Surprisingly Productive Forces in Business（メジャーな願望、マイナーなキー（短調）――ビジネスにおける最大のタブーであり、驚くほど生産性を高める要因でもある「うつ」と「悲しみ」、「死別の悲しみ」についての宵のひととき）」と名づけられた集会で幕を開ける。そしてこの集会は、ポルトガルの哀愁を帯びた民謡「ファド」の演奏でスタートするという。

私は基調講演のスピーカーとして、数え切れないほどのビジネスカンファレンスに参加し、職場の内向型人間たちの才能が活用されていないという話をしてきたが、「うつ」や「悲しみ」、「死別の悲しみ」についての話で幕を開けたカンファレンスは一つも見たことがない。でも、もしあなたが「スイートな悲しみ」が人間の創意工夫の能力につながることを紹介するカンファレンスを開きたいなら、リスボンは理想的な開催地になるだろう。この町の通りは美しい石畳になっているし、この町の空気は海からの塩を含んでいて、何世紀にもわたって、女性たちが遭難した夫を恋しく思って流してきた涙を連想させる。「ファド」は、ポルトガル語独自の言葉「saudade（サウダージ）」――意味は（第2章でお伝えした通り）、「喜び」や「美しさ（甘さ）」が入り混じった、秘められたメランコリックな「切なる思い」――を、音楽で表現したもので、その中心にあるのは、寂しげなまなざしで海を見つめる女性の姿だ。「saudade（サウダージ）」が、この町を特徴づけている。数えきれないほどのカフェや洋菓子屋、ミュージックバーの名前になっているのだ。この言葉が、ポルトガルの人々の魂を知るための鍵になるだろう。

ティムは、背が高く、エレガントでフレンドリーな人だ。彼は私に、「心地よい悲しみ」を抱えているのが自分のデフォルトの状態だと語り、大げさにこうたずねた。「あなたは、幸せな気分になることが、いったいどのくらいありますか？　では、悲しい気分になることはどのくらいあるでしょう？　私たちのほとんどは、悲しい気分になることのほうがはるかに多いのです」

アメリカでは、こうした話は「打ち明け話」のたぐいに入るだろうが、ヨーロッパでは違うようだ。彼はこう語っている。「（ヨーロッパでは）悲しい気分になることのほうがはるかに多いという考え方が育まれています。トリュフォーやアントニオーニの映画をご覧になれば、わかっていただけるでしょう。僕は少し前にロサンゼルスに行ったとき、高速道路でバッハを聴いたんです。ロサンゼルスでバッハを聴くのは、妙な気分でしたよ」（訳注　トリュフォー（フランソワ・トリュフォー、1932～84年）はフランスの映画監督。代表作は『大人は判ってくれない』、『映画に愛をこめて　アメリカの夜』、『アデルの恋の物語』など。アントニオーニ（ミケランジェロ・アントニオーニ、1912～2007年）は、イタリアの映画監督。代表作は『情事』、『太陽はひとりぼっち』、『欲望』など）

「うつ」や「悲しみ」「死別の悲しみ」についての集会は、ティムが「悲しみクッキー」を配ることからスタートした。そのクッキーは、フォーチュンクッキー（おみくじ入りクッキー）に似ていたが、おみくじではなく、表に「House of Beautiful Business（ハウス・オブ・ビューティフル・ビジネス）」、裏には悲しみについてのメッセージが書かれたくじが入っている。

私のクッキーのくじには、こう書かれていた。「目が慣れた人たちは、暗やみの中でも、ものを見ることができる」

＊＊＊

スーザンはこれまで、ワークショップを何度も開いている。その参加者たちは、「これまでの人生の中で最も有意義と思えるひとときを過ごせました」と断言する。ワークショップでどんなことが起こるかについては、「超」のつく機密事項なのだが、私は何度も参加しているので、だれの秘密も漏らさずに、ワークショップの趣旨を説明できると思っている。

では、スーザンが、シリコンバレーで開催された派手なカンファレンスでワークショップを開き、テクノロジー業界の大物たちが集まったと想定しよう。部屋の真ん中にスーザンが立っている。この日の彼女は、紫色のシルクのトップスを着て、それに合うプラム色の口紅をつけている。彼女は自分が体験したことを話し、参加者たちにこう伝える。「では、みなさんご自身の人生について考えてみましょう」。そして、さまざまなエクササイズに取り組んでもらうが、そのほとんどが、「黄色のふせん」を中心にして展開することになる。

参加者一人一人にふせんが配られる。参加者は、自分を気後れさせている「記憶」や「自己イメージ」にもとづいて、ふせんに、「私は～だ」という一人称の文章で、自分について書くことになる。たとえば、こんな調子だ。

「僕はうそつきです」

「私は自分勝手です」

「僕は愛情に飢えています」

スーザンはこう伝える。「ほかの方々に見られてもかまわないことを書いてくださいね」。とはいえ、彼女はこう言って、心の奥深くをのぞき込むよう促してもいる。「みなさんは、自分は間違っていると書いているわけではありません。自分は病的な状態にあると書いているわけでもありません。みなさんは、自分は人間らしいと書いているんです。人間らしいのは大歓迎です」

スーザンは参加者たちに、ふせんを胸に貼るよう依頼する。そして彼女はこう説明する。「ではこれから、みなさんが胸にそうしたむずかしい課題をつけているのはどんな気分なのかを、グループとして考えていただきましょう。そういうものを胸につけるというのは、私たちがいつもやっていることではありません。私たちはいつも、『よろい』をつけています。アクセサリーとか、靴、ジャケットなどのよろいをつけているんです。みなさんは、よろいをつけているのはどんな気分でしょうか？」

参加者たちは、答えを口に出す。彼らは、まるで待ちきれないかのように、大声で、息せき切って答える。たとえば、こんな調子だ。

「不快に感じます」

「僕はわくわくします」

「無防備な感じがします」

「重たく感じます」

そのあと、一人の参加者がこう答える。こんな答えを耳にしたら、私はいつまでも忘れないだろう。

「現実的ですよ。私は現実的だと思います。私は、こういう話題なら、このカンファレンスでのどんな話題よりも気軽に話せますよ」

スーザンは参加者たちにこう伝える。「ではみなさん、靴を脱いで、ご自分の席の前に、きちんとそろえて置いていただけますか。そしてふせんを、靴の隣に貼ってください」。そのあと、参加者たちは立ち上がって、ほかの参加者の席に座る。そしてその席の人のふせんを読み、そこにある靴をはいて暮らしている人の「むずかしい課題」について考えてみる。スーザンはこう語る。「その席の方は、『武装して臨む必要がある』と思っている会合を控えているのかもしれませんね。あるいは、最愛の人との会話が途絶えているのかもしれません。みなさんの前に一足の靴があり、ふせんには、一番親しい人にさえ伝えないようなことが書かれているのではないでしょうか」

スーザンは、こう指示する。「ではみなさん。ふせんを裏がえしましょう。そしてみなさんが、それを書いた方に知ってほしいと思うことを、書き込んでください」

参加者たちが席を交換し、目の前にある靴を見つめ、ふせんに見慣れない筆跡で書かれた文字を読むうちに、部屋はすっかり静かになった。ふせんの裏には、次のようなことが書かれている。

「僕は見捨てられているんです」

「私はいつも不安です」

「僕は過度に束縛され、コントロールされている」

スーザンがこうたずねる。「さてみなさん、裏に書かれていることを読んで、どう思いましたか?」

参加者の一人がこう答える。「メッセージを読んで、泣きたくなりました」

別の参加者がこう答える。「僕はひとりぼっちじゃなかったんです。みんなが苦労しているんですね」

今回のワークショップは、参加者のほとんどが、立派な肩書を持つ、成功した男たちだ。もしあなたが、彼らが大またで重役会議室に入っていくのを見たら、彼らが「見捨てられている」とか「不安だ」、「束縛されている」、「ひとりぼっちだ」などと感じているなんて、とても思えないだろう。

スーザンは参加者たちにこう伝える。「みなさんの人生の中で、みなさんを勇気づけてくれた方、力づけてくれた方のことを思い浮かべてください。みなさんの友人でもいいですし、親ごさん、配偶者でもいいでしょう。すでにこの世を去った方でもかまいません。もしみなさんがその方に、ふせんに書いたことについてアドバイスをお願いしたら、その方はみなさんのことを、まだ好きでいられるでしょうか？　その方は、どんなアドバイスをするでしょうか？」

スーザンがこうたずねるのを聞いて、私は記憶を掘り起こしてみた。そして、一人の昔の友人を思い出した。その友人は、私が口論をしているときに、口論の相手が正しくて自分は間違っていると思い込んでしまう傾向があることに気づいた。

その友人は私にこう言った。「だれかがきみに文句を言ったからといって、それがほんとうのことだとは限らないよ」。そして彼はまるで、私が何年か後にスーザンのワークショップに参加することを見越していたかのように、私にこう提案したのだ。「黄色のふせんに『私はたぶん、チョー正しい』って書いて、持ち歩くといいよ」。

私はこのアドバイスを思い出すたびに、ふきだしてしまう。そしてときには、「彼は的を射ている」と思うこともある。

＊＊＊

リスボン滞在も終わりに近づいたころ、スーザンと私は、「ハウス・オブ・ビューティフル・

ビジネス」が主催する別のイベントに向かった。そのイベントは、リスボンで最も有名な（そしておおいにビタースイートな）詩人フェルナンド・ペソア（1888〜1935年）にゆかりのある場所をめぐる市内ツアーだ。この町では、詩人は、重要人物として扱われている。観光客が立ち寄る店では、レジ横に詩集が山積みされている。ほかの首都の店だったら、そこに置かれているのは地図やキーホルダーではないだろうか。この町の主要な広場に立つ大理石像は、軍事的な英雄や国家元首の像ではなく、崇拝されている詩人たちの像だ。そして詩人たちの中で最も有名なのがペソアだろう。彼は、仏陀のカラシの種の話に似たようなことに気づき、こう記している。「船が立ち寄る港はいくらでもあるが、人生がつらくない港に入る船は一つもない」

私は、この本を書いている最中だったので、そのツアーへの参加がとても大事なことのように思えた。ツアーへの参加は、このカンファレンスにやって来た理由の一つでもあった。

スーザンは、ペソアにとくに興味があったわけではないが、一緒に参加すると言ってくれた。ツアーの参加者は、リスボンの遠く離れた住所に集合することになっていたが、私たちのGPSがうまく機能しなかったうえ、私たちはおしゃべりに熱中して注意散漫になっていた。集合場所に着いたときには、30分遅刻していて、ツアーは私たち抜きで出発したあとだった。そうこうしているうちに雨が降り始め、すぐに大雨になったが、私たちのどちらも傘を持っていなかった。それでも、外にいても暖かく、ツアーの世話役の方々が、私たちにツアーのルートが示されている地図を手渡し、こう言ってくれた。「すぐに追いつきますよ。オレンジ色の傘をさした集団を探してくださいね！　その傘の一つにひょいと潜り込めばいいんですよ」

スーザンと私は大雨の中を、狭い路地やら大通りやら、あちこち探し回ったが、お目当ての傘の集団は見つからなかった。私たちは足を止めて地図をチェックしようとしたが、地図はすぐに雨にべったりと濡れてしまった。するとスーザンが急に笑い出し、一瞬遅れて、私も彼女が笑いたくなった気持ちがわかったので、たちまち私たちは、濡れそぼった街角で、体を折り曲げて大笑いすることになった。そして、有名なカフェ「ア・ブラジレイラ」で雨宿りすることにした。

一世紀近く前に、ポルトガルを代表する詩人たちが、このカフェに集まったと言われている。天井の高い店内には、いくつもの油絵が飾られ、大理石でできたカウンターがある。床には、白と黒の正方形のタイルが貼られている。そして店のドアを出てすぐのところに、ペソアの銅像がある。銅像のペソアは、山高帽をかぶり、蝶ネクタイをつけて店のテラス席に座っている。土砂降りだというのに、通りすがりの人たちが、彼と一緒の写真を撮ろうと、列を作っていた。

私たちは、その像に近いテラス席のパラソルの下で、湯気の立っているココアを飲んだ。私はそのときでもまだ首を伸ばして、ツアー集団が奇跡的に現れることを期待した。私はこう思った。——ツアーのために、もっと早く宿を出ていたらよかったのに。道に迷わなかったらよかったのに……。そして（実を言うと）こんなことまで考えた。——私を注意散漫にさせる、スーザンというめちゃくちゃうれしい連れを伴わずに、一人で出かけていたらよかったのに……。私はこんな思いでいっぱいだった。——はるばるリスボンまでやって来たのに、ここに来た目的の一つだったイベントに参加し損ねたんだわ……。そして、その日の午後遅くになってから、実際、もう夜が近くなったころ、ようやく気がついた。私はペソアに触れる機会を逃したが、今日の午後、スーザンと話し込んでいるあいだに、私たちの関係は「生涯の友」の領域に入ったのだと。

スーザンは、エレガントな財布としても使える完ぺきな「機内持ち込み用バッグ」を持っていて、どこに行けばそういうものが見つかるかを教えてくれるようなタイプの友人だ。スーザンは、最も恥ずかしい人前での失敗を打ち明けられるようなタイプの友人でもある。そして彼女は、土砂降りの町を一緒に歩き回って、ことによると、100年前に生きた、孤独でさびしそうな詩人の人生について多少の知識を披露してくれるかもしれないツアーガイドを一緒に探してくれるようなタイプの人なのだ。私は、ツアーは見失ってしまったが、それよりもはるかに大事なもの——大事な人——を見つけることができた。

＊＊＊

これであなたは、スーザンのワークショップにバーチャルに参加したことになる。そこで、彼女のやり方と、前にお伝えした「エクスプレッシブ・ライティング」の日課を組み合わせてみよう。あなたの記憶や自己イメージにもとづいて、「私は〜だ」という一人称の文章で、自分について書いてみてはいかがだろう？　たとえば、こんな調子でかまわない。——私は集中できないし、ダメな社員だ。私は独り立ちするのを恐れている。私はうわさ話をすることが多すぎるし、人を傷つけている――。そして、もしスーザンがあなたの前にいたら、問いかけたと思われることを、あなたが自分に問いかけてみよう。たとえば、こんな調子だ。

私のことを好きな人たちは、今、書いたことを知っても、まだ私を好きでいてくれるだろうか？　私は、こんな欠点がある自分を、まだ好きでいられるだろうか？　私は、まだ自分のことがほんとうに好きだろうか？

できれば、こうした問いの答えが「イエス」であってほしい。でも、答えが「イエス」だと確信できなかったり、「ノー」だったりしたら、スーザンのこのアドバイスを思い出してほしい。「みなさんは、自分は間違っていると書いているわけではありません。自分は病的な状態にあると書いているわけでもありません。みなさんは、自分は人間らしいと書いているんです。人間らしいのは大歓迎です」

私の父方の祖父母
撮影者不明

第3部
「人の死」と「命のはかなさ」、「死別の悲しみ」

自分の愛する人たちがいずれみんな死ぬと知りながら、
どのように生きていけばいいのか?

第7章
私たちは永遠に生きることを目指すべきか？

いつかは、人類の子孫が星から星へと住みかを広げるときが来るだろうが、そのころの親は、子どもたちに『古代地球』の歴史について話をするのは、子どもたちがその話に耐えられる年齢になるまで待つだろう。だって、子どもたちは、かつては「死」というものが存在したなんて話を聞いたら、泣いてしまうだろうから。

——エリーザー・ユドコウスキー著『Harry Potter and the Methods of Rationality（ハリー・ポッターと合理主義の方法）』より

私の兄は、ニューヨーク市のマウントサイナイ医科大学附属病院で、腹部放射線科の医師として働いていたが、2020年4月に新型コロナの合併症で亡くなった。私はそのあと、数日間、吐き気に見舞われた。人が亡くなったときに起こる、この船酔いのような症状はいったい何なのだろうか？ この症状は、兄のように、親しいつき合いが長年にわたって途絶えていた人が亡くなったときにも起こるのだ。

それは、兄の奥さんが、ベッドの、夫がいつもいた側を見つめたり、ナイトスタンドに置かれた夫の読みかけの本を眺めたりしながら抱く「孤独感」——今夜、自分が話しかけたり、寄り添ったりする相手はだれもいないのだと来る日も来る日も思うような「孤独感」——とは違う。兄のひねりのあるユーモアや、高齢の母に持っていくのにぴったりのバナナを探すためだけにスーパーを3軒も回る、兄の人の好さを恋しく思う「悲しみ」とも違う。父に兄が亡くなったと知らせたときに、普段は感情を表に出さない父が電話の向こうですすり泣いたような「泣きたい気分」とも違う（その父も、その年が終わらないうちに新型コロナで亡くなった）。

「吐き気」はそうした死別の悲しみと関連してはいるが、「吐き気」のほんとうの原因は、息子が3年生最後の日に気づいて泣いてしまったこと、つまり、「それ以前にあったものが、二度と戻ってはこないこと」ではないだろうか。息子は「この先生は二度と戻ってこない、このメンバーのクラスは二度と戻ってこない、そして、（算数がとくに好きというわけではないのに、）割り算の筆算を初めて習うことは二度とない」と気づいて、泣いてしまったのだ。

兄は62歳で亡くなった。愛する妻ポーラに出会ったのは、亡くなる7年前のことだった。二人は最初から惹かれ合い、新型コロナのパンデミックが始まる数カ月前に結婚した。兄は初婚だった。結婚式では、お祝いのスピーチのいくつかは「遅くても、しないよりはまし」というテーマのものだったが、ほんとうに伝えたかったのは「待ったかいがあったね」ということだった。

私は兄が亡くなって数日後に、病院で兄の同僚だった方々から、兄の話を伺った。たとえば、兄は深夜、診断がむずかしい病気を抱えた患者の病室にポータブルの超音波診断装置を持ち込み、診断のダブルチェックを行うことで知られていたこと。そうしたことに時間を取られるのは、兄にとってはたいしたことではなく、「彼は患者のことしか頭になかった」こと。少し前に「優秀講師賞」を受賞したほか、兄の科で最高の名誉である「ティーチャー・オブ・ザ・イヤー（最優秀教師賞）」も受賞したこと……。兄は謙虚な人だった。だから、そうした功績のことを一切話さなかったことは、私には驚きではなかった。でも「おめでとう」は言いたかった。

兄は、私より11歳年上だった。私に自転車の乗り方を教えてくれたし、ばかばかしいルールがいろいろあるゲームも考案した。そのゲームでは、私がルールを破ったときは、「適切な学校」に行かなければならなかった。兄がキッチンにある電話で、想像上の学校を運営している先生方と電話で話しているふりをしていた姿が、今でも目に浮かぶ。兄が亡くなったあとの数日間は、午前5時になると、頭の中にそうした記憶があふれた。記憶はどれも、何十年も前のものだ。そしてこう思った。「以前にあったものが、二度と戻ってはこない」

私たちは、「どんなものにも必ず終わりがくる」という考え方に慣れたり、「死を避けられないものとして受け入れよう」と説いたストア派哲学者たちの本を読んだりすることもできる（訳注「ストア派」は、ソクラテスの思想から派生したギリシャ哲学の一派で、紀元前3世紀初頭にゼノンが創始した。『人生の短さについて』などの名著を残したセネカや、『語録』を著したエピクテトスなど、高名な哲学者を輩出したが、キリスト教の教義と相いれないことから廃れていった）。ストア派の「メメント・モリ」（「生」の大切さを知るために、「死」を忘れないようにしよう）というアドバイスに従うこともできる（訳注「メメント・モリ」は、ラテン語で「自分がいつか死ぬことを忘れるな」の意味）。「命のはかなさ」について思い巡らすこともできる。実際、私はこれらのことを定期的に行っている。そうすれば、ある程度は心の準備ができる。それでも、「はかないこと」の圧倒的な美しさは、私たち人間の存在をはるかにしのいでいる。私たちは、最高に調子がいいとき、とくに荘厳な音楽や芸術作品、自然を目の当たりにしたときなどは、「はかないこと」の悲劇的な尊厳を理解できるだろう。でもそれ以外のときには、「はかない世界」をただ生きていくしかない。

問題は、「どうやって生きるか」ということだ。私たちは、このような考えられない世界を、どうやって生きていったらいいのだろうか？

次の章で、人生につきまとう大きな「疑問」に対する、一見対照的な、二つの「答え」を紹介しよう。

＊＊＊

時は2017年8月、場所はカリフォルニア州サンディエゴにあるホテル「タウン&カントリー・リゾート・アンド・コンベンション・センター」。もうじき、年に1回のカンファレンス「RAADフェスト」の第2回――「ラジカルなライフ・エクステンション（寿命延長）のウッドストック」――が始まろうとしている（訳注　「RAADfest（RAADフェスト）」は、「超長寿」に焦点を当てた年1回のイベント。2016年に初開催。「ラジカルなライフ・エクステンション」を目指す複数のグループが合同で企画する）。「ラジカルなライフ・エクステンション（寿命延長）」を目指すことに賛同する人たちには、いろいろな名前がついている。たとえば、「anti-death activists（反死活動家）」、「radical life extension advocates（ラジカルなライフ・エクステンション支持者）」、「transhumanists（トランスヒューマニスト、超人間主義者）」、「super-longevity enthusiast（超長寿マニア）」といった調子だ。私は彼らを「immortalist（不死主義者）」（注1）と呼ぼうと思っている（訳注　「immortalist（不死主義者）」は、「mortal（死を免れない）」を否定する人のこと）。「RAADフェスト」のホームページでは、このカンファレンスについてこう宣伝している。「老化や死と戦う革命を、ともに起こしましょう。講演者は、世界的に有名な科学者や思想的指導者、ラジカルなライフ・エクステンションについて明確なビジョンを持った方々です。（中略）そうした方々は、スター――現代における本物のスーパースター――なのです」

「immortalism（不死主義）」は、「人間は永遠に生きられる、永遠に生きるべきだ」と信じる人たちが主張するもので、近年広がりを見せている。「不死主義」の第一人者でテクノロジストのオーブリー・デ・グレイ（１９６３年〜）（注２）は、私にこう語った。「もし私たちが『寿命回避速度（寿命が老化速度を超えて延びること）』を達成できたら、今50歳の人でも、健康寿命をあと何年も延ばせる可能性があるんです」（訳注　「寿命回避速度」は、科学技術の進歩によって、老化の速度を超える速度で寿命が延びるという仮説的な状況のこと。たとえて言えば、私たちが1年生きるあいだに、科学技術によって寿命が1年以上延びるということ）。

デ・グレイは風変わりなカリスマといった感じで、メトセラのように、あごひげをおへそのあたりまで伸ばしている（訳注　「メトセラ」は、旧約聖書に登場する族長で、９６９歳まで生きたとされている）。彼はこう続けた。「それを達成したら、人間は今より２００年でも３００年でも長く生きられますよ。最終的には、死ななくなるかもしれません。アルツハイマー病のような高齢期の特定の病

（注１）　ここ数年のあいだに、一部の人たちがこの「immortalist（不死主義者）」という言葉を使わなくなっている。ライフ・エクステンションを目指す運動は、「自然死」だけに目を向けるもので、たとえば、津波による死やバスにひかれたことによる死などは眼中にないからだ。「Life extension advocate（ライフ・エクステンション支持者）」という言葉のほうが正確に表現しているかもしれないが、この本で使うには、大げさな言葉に思える。

（注２）　ちなみに、デ・グレイは、この本が印刷されているころ、セクシャルハラスメントの容疑をかけられたが、否認している。

気に取り組む代わりに、老化プロセスそのものを敵と考え、それに取り組んだらいいのではないでしょうか」

私がＲＡＡＤフェストにやって来たのは、人間が「死に逆らう」ことを目指すというのはどういうことかを調べるためだ。死に逆らったら、次のようなとてもビタースイートな疑問について、何がわかるのだろうか？――私たちは、いずれ死ぬと知りながら、どのように生きていけばいいのか？　不老不死を願っている人たちは、ほんとうは何を求めているのか？　そういう人たちがほんとうに欲しいのは「永遠の命」なのだろうか？　それとも何か別のものだろうか？　哲学者たちが説いている通り、「死」があることで、「人生」が意味を持つのだろうか？　もしそうだとしたら、「死」のない「人生」にどんな意味があるのだろうか？……。こうしたことについて長年にわたって考えている人たちはどんな答えを出しているのか、詳しく調べたいと思っている。

私はサンディエゴ空港で、友人でラトガーズ大学ニューアーク校哲学科教授のラファエラ・デ・ローザ博士に携帯メールを送った。すると彼女は、このカンファレンスには懐疑的だった。金髪をスパイキーな（毛先がつんつんした感じの）ショートカットにして、喜びを感じながら生きようとしている女性たちが身につけるようなセンシュアルな服をいつも悪びれもせずに着ているラファエラは、こう返信してきた。「私たちはみんなそこに向かっている。それって怖いわよ！　でも『死』に逆らうなんて信じられない！　ハイデッガーは『死が私たちの人生を形づくる』って言ってるわ！『死』は切迫感をもたらしてくれる。ねえ、あの人たち、自分が説いていることをほんとうに信じていると思う？」

私は、こんなメッセージを返した。「あなたと一緒にカンファレンスに参加して、彼らの議論を聞けたらよかったんだけど……」

だが、私がRAADフェストの会場に入って真っ先に気づいたのは、そこには「議論」のようなものは一切ないことだった。この集まりに来ている人たちは「疑念」にイライラしていて、こんな空気が伝わってくる。「ありがたいなあ、ここには、『死』なんてばかばかしいものとわかっている、気の合う人たちが集まってますからね」。私は、「Stanford Transhumanist Association（スタンフォード大学トランスヒューマニスト協会）」というフェイスブックページにだれかが書き込んだこんな言葉を思い出した。「あなたの『胃』がもぎ取られることで、『胃』があることが意味を持つが、それと同じくらい、『死』があることで、『人生』が意味を持つ」

この集まりに来ている人たちは人生哲学についてじっくり考える代わりに、こう言う。「私たちは、21世紀のテクノロジーと健康的な生活に、最大限の努力を投じるべきです」。コーヒーの自動販売機のところで、だれかが冗談めかしてこう言った。「このカンファレンスに来ている喫煙者たちは、一服するために、かなりの距離をこっそり移動することになるんでしょうね」。私はカフェラテを飲みながら食べていたクッキーが、急に恥ずかしくなった。RAADフェストでは、「免疫の問題」がよく話題になった。それは、免疫システムが長寿と関係があるからだ。私は自分の自己免疫の問題がとても扱いやすいことを思い出し、ちょっとした後ろめたさを覚えた。私が健康問題を抱えたのは、チョコレートを好きすぎるせいだったのだろうか？　あれは、拙著『内向型人間の時代』の宣伝ツアーによるストレスのせいではなかったのか？　それとも、私の本のトピックの選び方が関係しているのだろうか？　あなたも今お読みの本のトピックから想像がつくだろうが、私は楽観的な（明るい）トピックに惹かれない。だがこの会場では、「切なる思い」とか「心のうずき」、「喜びと悲しみ」といったトピックは受けないだろう。こう言われてしまうのがオチだ。──「ビタースイート」が必要な人なんているの？　「人生のはかなさ」なんて、大切にすべきものではないし、不思議と美しいものでもない。それは、あなたの明るい精神と優れたテクノロジーで解決すべき問題ですよ。

私は、カンファレンスの参加者たちがこれから3日にわたって集まることになっている大ホールに入った。スピーカーから1980年の映画『フェーム』の主題歌が大音量で流れている。こんな歌詞だ。

I'm gonna live forever　私は永遠に生き続ける
I'm gonna learn how to fly（high）　私は（高く）飛べるようになる

RAADフェストについては、「ライフ・エクステンション」派のコミュニティーの中でも評価が分かれている。ここには革新的な科学者や、投資家、水晶マニア、いんちきなセールスパーソン、寿命をあと数年延ばしたいと切に望んでいる高齢者などが集まると、私は聞いている。ここに集まった人の過半数が男性、ほとんどが白人で、その中に、年老いたヒッピーや、つややかでほっそりしたモデル風の人も少しだけ交じっている。この中から科学者を見つけ出すのは簡単だ。科学者は、ダサい感じか、ビジネスカジュアル——男性ならオックスフォードシャツにチノパンツ、女性ならおしゃれなブラウス——で決めているかのどちらかだからだ。

私は左隣の席の高齢者のご夫婦に聞いてみた。「こちらへはどういうわけでいらしたんですか?」。彼らはこう答えた。「私たちは、ただ生き続けようとしているだけです」。彼らは健康雑誌『Life Extension Magazine（ライフ・エクステンション・マガジン）』でこのカンファレンスを知ったという。夫人が私にたずねた。「あなたはどうしていらしたの? ライフ・エクステンションの分野で働いていらっしゃるの?」。私が「いいえ、私は作家です」と答えると、彼らは興味を失ったようだった。

「Living Proof（リビング・プルーフ）」というバンド——中年のギタリスト3人と、初老のキーボード奏者——が舞台に上がり、「不死」についての曲を演奏した。「遺灰になんてならない。私たちは生き続けるように生まれついている」。彼らは力強くこう歌い、スタンディングオベーションを受けた。

「彼ら、今夜はすごかったですね!」。私の後ろの席の女性が、隣り合わせた女性にこう言った。

まるで地元の町の大好きなバンドのことを言っているような調子だ。彼女たちが、何か別のイベントで顔見知りになっていたのは明らかだ。彼女たちは、ここに集まった人たちの陽気で楽観的なムードに影響されたのか、再会を喜んでいるように見える。だがその後、私が右隣の70代ぐらいの紳士に、どうしてRAADフェストに来たのかとたずねたら、引退した英語教師だという紳士は、険《けわ》しい顔でこう答えた。

「『恐怖』があるからです」

＊＊＊

これから、本格的なプログラムに入り、私たちは、「低温生物学者」、「生物老年学者」と呼ばれる人たちのプレゼンテーションを聞くことになっている（訳注　「低温生物学」（クライオバイオロジー）は、低温における生物の習性や、生物の低温への耐性などについて研究する生物学の一分野。「生物老年学」（バイオジェロントロジー）は、老化のプロセスを生物学的に研究する学問分野で、老化を調節するための実用的な方法の開発も行う）。プログラムに載っているのは、次のような名前だ。免疫システムの中で重要な役割を果たしている「胸腺」を、成長ホルモンを使って再生させているグレッグ・フェイ博士（1950年～）、絶滅したマンモスの復活や、アルツハイマー病を引き起こす遺伝子を探すことに取り組んでいるハーバード・メディカル・スクールの遺伝学者スクディープ・スィング・ダドワー博士、ヒトの胚性幹細胞（ES細胞）の分離に初めて成功した科学者の一人で、自身のバイオテクノロジー企業を通じて、加齢に伴う変性（退行性）疾患の治療を目指している有名な博学者マイク・ウエスト博士。（訳注　「博学者」は、専門家とは反対に、多くの分野に通じていてさまざまな知識を有する人のこと。西洋の伝統的な称号の一つ）

　だが、最初に舞台に上がったのは、バーナディーンという、ファーストネームだけの女性だった。彼女と、彼女の亡くなった夫、ビジネスパートナーのジェームズ・ストロールの3人がアリゾナに共同設立した「People Unlimited（ピープル・アンリミテッド）」という会社が、このRAADフェストのプロデューサー兼スポンサーなのだという（訳注　「People Unlimited（ピープル・アンリミテッド）」は、「人間の『不死』は手の届くところにある」という考え方を広める活動をしている会社）。バーニー——これが愛称らしい——は、黒のロングドレスに黒のベレー帽を身につけ、銀白色の髪はルイーズ・ブルックス風のボブ（おかっぱ）、そして真っ赤な口紅をつけている。80歳だそうだが、きっと若い女性の基準から見ても「おしゃれ」で、たぶん「ものすごく格好いい」と言えるのではないだろうか。（この次の日、彼女はアンクルブーツにミニスカートで舞台に登場する。太もものすき間がちゃんと空いていた）

　1937年生まれだという彼女は、こう語った。「1960年、私が23歳のときに、ラジオでだれかが『肉体は死ぬ必要がない』と話すのを聞いて、初めてそういう考え方があることを知りました。私はその時からずっと、老化や死に反対する活動をしています。なので死への準備はしていません。その代わり、自分がこれまで経験したことのないような生き方をする準備をしています。死って悪臭がすると思うんです。そんな経験は、だれもすべきではないと思っています。私に、とても長い時間があるのはありがたいことです。私の体の中に、『私は死ぬ必要がない』という感覚があるんです。それが恥ずかしいとは思いません。だって、私が死から抜け出るのは、私が監獄から出るようなものですから」

バーニーは、人をその気にさせる「モチベーショナルスピーカー」のようでもあり、「工作員」のようでもある。彼女はこう宣言した。「これは、始まりでしかありません。みなさんが更年期を過ごしているからといって、人生の終わりを迎えたことにはなりません。更年期なんて始まりにすぎませんよ。ほんとうです！　私たちは、死から解放されて生きる権利を主張しなければなりません。私はすごくわくわくしています。だって、私たちには終わりが来ないとわかっていますから。私たちは、それを感じる必要があります。私たちは、そういう世界を作り出す必要があるんです。今の私は、これまでにないくらい楽しんでいます。ここまで来られるなんて、すばらしいじゃないですか。（中略）私は今、80代の1年目に入っています。（ここで、聴衆が歓声をあげる）。でも、80代なんて、最後の時ではないってわかっただけです。私は80代になったってへこみません。80代だろうが何だろうが、私は立ち上がるつもりです！　私たちがまだ見たこともないような、人間に役立つものが生まれるはずですから！」

私は、もし自分が「80代」まで生きられるとしたら、それはとても暗いものになるだろうとずっと思っていた。でもバーニーが80代について話をするのを聞いて、それは、私たちが自分に言い聞かせた物語にすぎないように思えた。それは、間違った物語なのだ。

バーニーは叫んだ。「新しい世界が見えています！　私は終わりに向かうつもりはありません！　みなさん、終わってはいけません！　生き続けましょう！」

「いいとも！」。聴衆が叫んだ。「いいぞー！」。「その通りだ、バーニー！」。「ヴィヴァ・ラ・レボリューション！（革命万歳！）」

この人たちはいったい何者なのだろう？　はったり屋？　それとも、優秀で、先見の明がある人たち？　現実から目を背けている人たち？　彼らは「勝者と敗者の文化」の必然的な産物で、「死」との戦いに勝とうと固く決心しているのだろうか？　死を免れたり、大幅に遅らせたりすることを、本気で期待しているのだろうか？　これって、カルト集団？　少なくとも一つのカルト情報サイトが、ジェームズとバーニーの仕事を監視し、彼らがセミナーの受講料として請求している金額を公表している。しかしバーニーとジェームズは、「命（生命）」を売ることで生計を立てていると語っている。それのどこが悪いのだろうか？

確かに、ここに来ている科学者の中には、メトセラのような長いあごひげのテクノロジスト、デ・グレイの言う「pro-aging trance（老化前のトランス状態）」から人々を目覚めさせるという使命に、大真面目に取り組んでいるように見える人もいる。デ・グレイはこう語っている。「人は、自分に訪れてほしくないもの――『死』――が訪れることはないというふりをしたがるものです。そして、嫌なことは忘れて、情けないほど短い人生を送ることになります。そういう人たちは、目を覚まして、もっと勇気を持つ必要があります。そういう人たちは、こう言いたがるものです。『老化は、一見悪いことのように見えるが、ほんとうはいいことなんだ』。そして、『老化』と和睦するのです。困ったことに、遠い将来、自分に恐ろしいものが訪れると予測したときに、その予測で頭がいっぱいのまま生きていくか、何とかそのことは忘れていいほうに考えるかの、どちらか一つを選ばなくてなりません。そして、もしほんとうに手の打ちようがないとしたら、『一見悪いことのように見えるが、ほんとうはいいことなんだ』と自分をだまして、ストレスを抱えないようにすると、完全に理にかなうのです」

私はこうした考え方を聞いて、驚いた。私はずっと、「自分は死をとくに恐れてはいない」と思っていた。自分が死ぬことよりも、だれかと死別する可能性があることのほうがずっと怖い。とはいえ、私は少し前に、自分は乳がんかもしれないという恐怖を味わった。結局、乳がんではなかったのだが、結果を待っているあいだは、自分が思っていたより怖い思いをした。

そんなわけで、「不死主義者」と、それ以外の人たちとの違いは、「不死主義者」にはテクノロジー楽観主義がある点だけではないように思える。たぶん、「不死主義者」は「死」を直視するのをいとわないのも違いの一つだろう。私たちのほとんどは、自分には「死」は訪れないというふりをすることで、死ぬ運命に耐えている。でも「不死主義者」にはそれができないし、そうする気もない。彼らは、「命のはかなさ」が世の人々の大きな心の傷になっていると考え、その傷を癒すために全力を尽くしている。作家で人工知能の専門家でもあるエリーザー・ユドコウスキーは、著書の「ハリー・ポッター」ファン・フィクションに、こう書いている。「いつかは、人類の子孫が星から星へと住みかを広げるときが来るだろうが、そのころの親は、子どもたちに『古代地球』の歴史について話をするのは、子どもたちがその話に耐えられる年齢になるまで待つだろう。だって、子どもたちは、かつては「死」というものが存在したなんて話を聞いたら、泣いてしまうだろうから」。サイエンスフィクションの威勢のいい記述の中に、こんな優しい一節がある。私はこの小説を読むたびに、この優しさにやられている。

実際、RAADフェストで講演を行った科学者の多くが、だれかが愛する人の遺体の前で泣いている動画で、話をスタートさせている。科学者たちは、自分の母親や父親、子どもを亡くしたときの深い悲しみついて説明した。彼らは、「お年寄りを救おう」と熱心に訴え、そのフレーズを「掛け声（スローガン）」に変えた。そして、自分の転機となったとき、たとえば胸が張り裂けるような思いにきちんと向き合ったときや、そうした思いを癒そうとすることの喜びを知ったときのことを説明した。マイク・ウエスト――ヒトの胚性幹細胞の分離に初めて成功した博学者――の場合は、「目覚め」の時が訪れたのは、ミシガン州の故郷の町で、墓地の向かい側でハンバーガーを食べている27歳のときだったという。彼はこう述懐している。「まったく突然のことでした。仏陀の体験と似たような種類のものかもしれません。僕は突如として目覚めました。僕の友人たちや愛する家族の墓が見えたんです。亡くなった年月日も見えました。それはまるで、その日の日の出が見えたような感じでした。思わずつぶやきました。『こんなの、ないだろ』。どうしてそんなことになったのかわかりませんでした。ですが、僕は決心しました。人間は必ず死ぬという、実に重大な問題を解決することに、人生を捧げようと」

＊＊＊

私が初めて不死主義者と知り合ったのは、RAADフェストの数カ月前のことで、その不死主義者キース・コミトにも独自の物語がある。彼は、コンピュータープログラマー、数学者、技術開発者で、「ライフスパン・エクステンション・アドボカシー・ファウンデーション」の会長でもある。彼は細面《ほそおもて》の人懐こい顔と、まわりにしわの寄った茶色の目の持ち主だ。グリニッチヴィレッジにある、彼のお気に入りのコーヒーショップで、彼と私が顔を合わせたときには、彼はマーベル・コミックのキャラクターたちがずらりとプリントされたTシャツを着ていた。そして緑茶を手にして、私を迎えた。コーヒーは大学時代に、体によくないと思ってやめたのだという。

彼は、えくぼを作ってにっこり笑いながら、こう言った。「いろんなプロジェクトを完成させようと、夜中の3時まで起きているのも、長生きするためにはよくないんですけどね。でも生きているうちに達成したいことが、やたらたくさんあるんです。なかでも、『長生き』は、僕の究極の目標なんです」

キースは意識的に、『ギルガメシュ叙事詩』に敬意を表した行動をとっている。『ギルガメシュ叙事詩』は、世界最古とされる優れた文学作品で、「永遠の生命（不死）」を切望したギルガメシュ王を描いている（訳注　『ギルガメシュ叙事詩』は、メソポタミア文明の代表的文学で、紀元前3000年ごろに栄えたシュメール人が残した英雄叙事詩。実在の王ギルガメシュを主人公に、シュメール語で語られていた伝承が、その後、バビロニア、アッシリア、ヒッタイトなどの諸民族のことばに翻訳され、くさび形文字で粘土板に書かれたものが残されている）。キースは椅子の中で飛び跳ね、文字通り、体を浮かせながら、その有名な物語について詳しく説明した。物語の概要は次の通りだ。――永遠の生命をひたすら求めていたギルガメシュ王は、「永遠の生命をもたらす花」を見つけ出し、自国の民に持ち帰ろうとした。ところが、帰る途中で眠り込んでしまい、その花をヘビに食べられてしまった――。キースはこう力説した。「英雄たちの旅はどれも、永遠の生命を手に入れることがほんとうの目的なんです。『スター・ウォーズ』も『オデュッセイア』も、「永遠に生きたい」という昔ながらの願望の昇華バージョンにすぎません」（訳注　心理学における「昇華」は、社会的に実現不可能な目標や満たすことができない欲求から、別のより高度で社会に認められる目標に目を向け、それを実現させることで自己実現を図ろうとすること）。キースは、自分もそうした願望を実現させようとしている主人公の一人と考えているが、その願望を「昇華」させるつもりはないという。

キースは、完全にありのままの自分でいるタイプで、気取ったり、ごまかしたりすることは一切ない。ギルガメシュ王の探求の旅の話をしながら、彼はこう叫んだ。「もう、僕は鳥肌が立ってきましたよ！」。私が彼と過ごした2時間ほどのあいだに、永遠の生命のことを考えて「鳥肌が立った」と、さらに3回語っている。彼はこう言った。「僕は、たとえ自分がもうじき死ぬとわかったとしても、やっぱり『超長寿』の実現に取り組もうとするでしょう。もしかすると、人類にとってほんとうに有意義で、癒しになることがついにできるかもしれないという気持ちが、僕の原動力になっています。今という時代に生きるのは、何てワクワクすることでしょう。だって、今なら、最古の英雄の旅を終わりにできる可能性があるんですからね。僕たちがあの花を持ち帰ることになるなんて、ほんとうにワクワクします！ 世の人々は、自分の人生の意義を探していますよね？ 世界最古の物語が石に刻まれて以来、花を持ち帰ることが、最古の「人生の意義」になったんですよ！」。彼は話をしながら、手を大きく広げてジェスチャーを交えるので、彼の手が何度も私のノートパソコンにぶつかった。彼はぶつかるたびに話を中断して、誠実に謝った。たぶん高校時代のキースは、オタクっぽい感じだっただろうが、尽きることのない情熱の持ち主なので、人気者だったのではないだろうか。今も熱く、こう語っている。「あなたがあの花を持ち帰ることになるんですよ！」

とはいえ、『ギルガメシュ叙事詩』や、「永遠の生命」を扱ったほかの文学（『ガリヴァー旅行記』や「フライング・ダッチマン」の伝承など。「永遠の生命（不死）」というトピックはいつの時代にも、作家たちの想像力をかきたてるようだ）についてよく考えてみたら、作家（語り部）たちは、私たちに主に次のような警告をしているのだと、気づくのではないだろうか。——永遠に生き続けるのは不可能だし（いずれヘビが花を食べてしまうことになる）、愚かでもあること。私たちが永遠に生き続けたとしたら、人間があまりにも多くの場所をふさいでしまうこと。もし数百年も生きたら、私たちはうんざりするだろうし、人生は意味のないものになるだろうということ（訳注　『ガリヴァー旅行記』は、アイルランドの作家ジョナサン・スウィフトの風刺小説。1726年出版。第3篇に「ストラルドブラグ」という不死人間たちについての記述がある。ガリヴァーは、最初は自分がストラルドブラグだったら、どんなに輝かしい人生を送れるだろうと夢想する。しかし、ストラルドブラグは不死ではあるが不老ではないため、老衰から逃れることはできず、いずれ世間から厄介者扱いされるようになる。それを知ったガリヴァーは、むしろ「死」は、人間に与えられた救済なのだと考えるようになる。「フライング・ダッチマン」は、近代イギリスの伝承に現れる幽霊船、またはその船のオランダ人船長。「さまよえるオランダ人」と訳されることもある。あらすじは、アフリカ大陸の喜望峰近海で、オランダ人船長が風（あるいは神）を罵って呪われたため、船は幽霊船となり、船長はたった一人で永遠に（あるいは最後の審判の日まで）さまよい続けることとなった、というもの）。

私はこれらのことを、反論としてキースにぶつけてみた。彼は、RAADフェストに集まった人たちと違って、哲学的議論が好きらしく、私に思考実験をふっかけてきた（訳注　「思考実験」は、頭の中で想像するのみの実験。科学の基礎原理に反しない範囲で極度に単純・理想化された前提で行われる）。

彼は私にこうたずねた。「あなたは明日死にたいですか？」。私の答えはもちろん「ノー」だ。彼はたずねた。「では、その次の日はどうでしょう？」。やはり「ノー」だ。「だったら、その次の次の日は？」。「その次の次の次の日はどうでしょう？」

答えはずっと「ノー」だ。「イエス」と言える日を想像することは無理なことがわかった。「今日は、私が家族と二度と会わなくなる日に選んだ日」とか、「今日は、もう二度と夕日を見なくなってもかまわないし、エスプレッソ・マティーニももういらないし、昔の友人たちと一緒に、16歳のころ聞いていたあの『旅の歌』を大声で歌いながら過ごす最高のひとときも、晴れた日の朝にカフェの窓辺で過ごすひとときも、もうなくていいと宣言した日」など、とても想像できないのだ。

もし、生き続けることができても、体が徐々に衰えていくとしたら、確かに、私たちの多くは、「もういかなきゃ」と言うだろう。だが、不死主義者が目指しているのは、そうした形で生き続けることではない。彼らは、「死」がないだけではなく、病気も老衰もなく生きることを望んでいる。彼らは私たち全員を救いたいと思っているのだ。

キースも、私がＲＡＡＤフェストで出会った不死主義者たちと同様に、自分がなぜ、不死主義者以外の人たちのように「死」について考えないようにはできないのか、わかっていた。彼の実の両親は、精神病院で出会った。二人は、薬物依存症や精神疾患に悩まされていたのだ。キースは誕生した日から里親と暮らし、最終的にはその里親が彼を養子にした。彼は今では、養父母を「あらゆる点でほんとうの親」と評している。しかし、二組の両親は、彼の親権をめぐって激しく戦った。養父母の側が勝ち、実の両親は、彼が小学校に入学するころには亡くなっていた。母親は餓死。父親は自殺同然の過剰服薬で亡くなった。キースは非常にショックで悲しかったが、

「深い悲しみ」にどう対処したらいいかわからなかった。それを感じていいものかどうかさえわからなかった。彼はこう思った。「愛情あふれる家族と一緒にいい暮らしができて、自分は幸せ者じゃないか？」。だが、自分が、友人たちにはついて来られない別の世界、つまり、「死」がリアルなものになった世界に入ったことはわかったという。

彼はこう説明する。「『ロード・オブ・ザ・リング』に魔法の指輪が出てきます（訳注 「ロード・オブ・ザ・リング」は、2001〜03年に公開されたアメリカのファンタジー冒険映画シリーズ。イギリスの学者、作家のJ・R・R・トールキンの小説『指輪物語』（1954年）を原作としている）。登場人物がその指輪をつけると、影の世界に移行します。それでも、悪い奴の手先たちだけには、指輪をつけた人の姿が見えます。奴らは『現実の世界』という別の世界に入っているんです。僕と『死』との関係も、それと似たようなものです。幼い子どもは、『死』について考えないものです。自分の両親は死なないと思っているし、その延長線上で、自分も死なないと考えるでしょう。親が子どもの緩衝装置のような役割を果たすんです。でもね、幼い子どもが、自分をつくり出した人たちが死んでいることを知ると、その壁がなくなるんです。その子どもと『死』とが直接つながることになるんです」

彼はそうした状況に対処するために、実にいろいろなことを思いついた。最初は、聖職者になろうと思ったという。（彼は今では、自分は不可知論者だと思っているものの、宗教の影響をとても受けやすく、いまだに、キリストの十字架像を何時間も見つめていられるという）。次は、セルフ・エンパワーメント（自分への理解を深めて、本来持っている意欲や能力を引き出すこと）や、科学、フィットネスについて、学べる限りのことを独学で学んだ。ヨガや武道、体操、バイオテクノロジーの研究にも取り組んだ。彼は、針金のような自分の腕を見下ろしながらこう言った。「でも年を取るにつれて、過ぎゆく年月が、僕からパワーを奪っていきます。だったら、ライフ・エクステンションに取り組むことに生涯を費やしてはいけない理由など、どこにあるでしょう？　もしあなたに関心事が山ほどあって、その一つが『健康寿命を延ばすこと』だったら、あなただって、まずはそれに取り組みたいと思うかもしれませんよ」

＊＊＊

不死主義者の計画に対する最もよく見られる反論は、「そんなものは妄想だ」というもの、つまり、テクノロジーがどれほど進歩しても、必ずヘビがギルガメシュの花を食べてしまうというものだ（私個人としては、最終的には、健康寿命を、祖父母世代のどれほど大胆な予想よりも延ばせるだろうと楽観視しているが、「死」がなくなるとは思えない）。

だが、不死主義者の計画に対するもっと深い懸念は、「人間は『神』になってはいけないのではないか」というものだ。もし私たちが実際に生き続けたとしたら、なかには、「それでも自分たちは人間なのだろうか」と思う人もいるだろう。また、第1章でお伝えしたように、愛情を抱いたりきずなをつくったりする能力が、泣いている赤ちゃんの世話をしたいという本能から生まれたものだとしたら、人間が「弱い存在」ではなくなったときは、どうなるのだろうか？　人間はそれでもまだ、愛情を抱いたり抱かれたりすることができるものだろうか？　プラトンが言ったように、人間は、「死」についてよく考えない限り、現実を理解することができないのだとしたら、「死」を完全に避けられるようになったら、どうなるのだろうか？　そのほか、現実的な懸念もある。もし人間が「死」を撲滅したときに、ほかの居住可能な惑星がまだ見つかっていなかったとしても、人間全員が住める余地が残っているのだろうか？　人間は、新たな「欠乏（食糧難）と争い」の時代に突入するのではないだろうか？

一部の不死主義者は、こうした問題に対処しようとしている。そういう人たちは、「死」をなくそうとしているだけではなく、人間が避けては通れなかった「喪失感」をなくし、その代わりに「愛する気持ち」を高めようとしている。そして、人間が「必ず死ぬ」という問題を解決できたとしたら、どうしたらうつ病を治せるか、貧困をなくせるか、戦争をやめられるかといった問題も解明できるだろうと推測している。ＲＡＡＤフェストに来ていた科学者の一人が、私にこう語っている。「僕らが、人類が直面している中核的な問題の一つ（つまり「死」）を解決したなら、何とか力をつけて、ほかの問題も解決できるか試してみるのは確かでしょう。とくに、「必ず死ぬ」という問題は、文明が始まって以来、人間を苦しめてきました。もし僕らがそれを解決できたとしたら、僕らは何だって解決できますよ」

こうしたユートピア構想の一部——少なくとも、世界平和に関係のある部分——は、「恐怖管理理論」という社会心理学の考え方から生まれている。この理論によれば、私たちは死の恐怖を抱くと、「部族主義」に走り、自分よりも長生きするように見えるグループに入りたくなるという（訳注　「恐怖管理理論」では、人間は死への恐怖を抱くが、その恐怖を和らげる心理的メカニズムを備えているとしている。恐怖を和らげるメカニズムには、集団で共有する世界観、自己肯定感、他者との関係性などがあり、死の恐怖が近づくほど、これらへの欲求が高まると考えられている。「部族主義」は、人種、民族、宗教、ジェンダー、教育、所得、世代、地域などの差異に沿って、自らの集団の中に閉じこもり、外部を敵視すること）。さまざまな実験で、私たちは死の危険を感じると、愛国主義者になったり、外部の人たちに敵意を抱いたり、外集団（自分が属さない集団、よその社会）に偏見を抱いたりすることがわかっている。ある実験では、「死」を思い浮かべた実験参加者たちは、思い浮かべていないグループ（コントロールグループ）に比べて、政敵たちに口の中がヒリヒリするほど大量の辛いソースを与える傾向が強かったという！　また、政治的に保守的な学生を対象とした実験では、「死んだら、自分の体がどうなるか」を考えてみるよう依頼された学生たちは、依頼されていないグループ（コントロールグループ）に比べて、自国を脅かしている国々への大胆な軍事攻撃を支持する傾向が強かったという。となると、こんな考え方が生まれることになる。——もし「不死」が実現して、死への恐怖がなくなったら、私たちはもっと和やかになり、それほど国家主義的ではなくなり、外部の人たちをもっと受け入れるようになる。

ピープル・アンリミテッド社の設立者たちは、この考え方を明確に打ち出している。バーナディーンとジェームズ・ストロールのウェブサイトには、こう記されている。「私たちがぜひお伝えしたいと思っている、大局的観点からのメッセージは、次のようなことです。――『不死』というのは、ハリウッド映画のヴァンパイアの物語が示唆するような非人間的なものではありません。それどころか、私たち人間の一番いい面を引き出すものなのです。『不死』は、『死』を終わらせるばかりか、『人々の分断』を終わらせます。人々は、『不死』になったら、生まれながらに持つ『死への恐怖』がなくなりますから、他人に対して、かつてないほど心を開くようになるのです。現代の生活の中の『有毒なもの』は、私たちの健康にとって深刻な脅威ですが、一番有毒なのは、おそらく『人』によってもたらされるものではないでしょうか。ですが、『不死』への情熱が、まったく新しいレベルの『一体感』を生み出します。そうした『一体感』のある世界では、人々は『人』によって傷つけられるどころか、『人』のおかげで気分が高揚するようになるでしょう」

これはすてきな考え方ではあるが、「有毒なもの」や争いをなくすことは、それほど簡単ではなさそうだ。実際、私たちにとってほんとうに大変なのは、本書の内容が示唆しているように、「死」ではなく、(あるいは、「死」だけではなく、)むしろ、生きていることによる「悲しみ」や「切なる思い」ではないだろうか。私たちは、自分たちが「永遠の生命」を切に望んでいると思っている。でもほんとうに切に望んでいるのは、もしかすると、「完全で無条件の愛」なのではないだろうか。私たちが望んでいるのは、ライオンたちが子羊たちと一緒に寝ころがっている世界、飢きんや洪水、強制収容所や収容所群島のない世界、大人になった人々が、かつて自分の親を愛したときと同じように、どうしようもないほど熱烈に他人を愛する世界、人々がいつまでも、かわいい赤ちゃんのように愛される世界、今の私たちの世界とはまったく異なる論理にもとづいてつくられた世界なのではないだろうか。（訳注　「収容所群島」は、ソ連の作家アレクサンドル・ソルジェニーツィンの著書のタイトルでもある。著書は、旧ソ連における強制収容所の凄惨な実態を告発した記録文学で、1973年～75年にフランスで発売された。タイトルの「収容所群島」は、広大なソ連の各地に点在する収容所を、大海中に点在する島々になぞらえた表現）。たとえ私たちが、金属のように壊れない手足を備え、空中のハードドライブに自分の心をアップロードできるようになったとしても、たとえ私たちが、快適で地球と同じくらい美しい惑星が集まっている銀河を植民地化できたとしても、それでもまだ、私たちは「落胆」や「悲嘆」、「争い」や「分断」に直面するのではないだろうか。そして、そうしたものに対しては、「不死」であることは何の救済にもならないのではないだろうか。

もしかすると、仏教やヒンドゥー教では、「ごほうび」が「不死」ではなく、「輪廻転生からの解放」なのは、それが理由なのかもしれない（訳注　仏教やヒンドゥー教では、輪廻転生の鎖から解放されることを「ニルヴァーナ」と呼んでいる。生と死を繰り返す不滅の魂が最終的に目指すのは、ニルヴァーナであり、それに達するには、何世にもわたって功徳を積まなければならないとされている）。もしかすると、キリスト教で理想とされているのが、「死を逃れる」ことではなく、「天国に行く」ことなのは、それが理由なのかもしれない。ルウェリン・ヴォーン=リー（第2章で紹介したスーフィズムの講師）やほかの神秘主義者たちなら、「私たちは、愛の源泉そのものと、ふたたび結びつくことを切に望んでいる」と言うだろう。私たちは「完全で美しい世界」や、「虹のかなた」、C・S・ルイスの言う「美しいものが生まれる場所」に憧れる。こうした、言わば「エデンの園」への切なる思いは、ルイスの友人J・R・R・トールキンが言い表した通り、「私たちが、最も堕落していず、最も優しく、最も人間らしい、最高の状態のときの、自然な思い」なのではないだろうか。もしかすると、不死主義者たちが生き続けることや「人々の分断を終わらせること」を目指しているときには、彼らは、そうした「エデンの園」への切なる思い（憧れ）も抱いているのではないだろうか。彼らはそのことを、別の言葉で表現しているだけではないだろうか。

とはいえ、不死主義者たちは、別の方向も指し示しているように思える。確かに私は、やしゃご（孫の孫）を見られるくらい長生きしたいし、それが無理なら、私の子どもたちに、彼らのやしゃごを見られるくらい長生きしてほしいと思っている。でも、彼らが――そして私たちが――長生きしたからといって、人間というものの「ビタースイートな」本質を否定してほしくないとも思っている。RAADフェストに集まった人たちは、「死」をなくすことで、平和と調和への道が開かれると信じている。でも私は、まったく反対のことを信じている。つまり私は、「悲しみ」や「切なる思い」、そしておそらく「人は必ず死ぬということ」自体が、人と人とを結びつける力になり、「愛する気持ち」につながると信じているし、そこにつながる道の歩き方を学ぶことが、私たちの最も困難で最も大きな仕事なのだと思っている。

第8章 私たちは「死別の悲しみ」や「命のはかなさ」を吹っ切ろうとすべきなのか？

……そして、それを忘れる時が来たら、忘れてしまおう。

——メアリー・オリバーの詩「In Blackwater Woods（ブラックウォーターの森で）」より

私の兄と同じように、日本の仏教徒の詩人、小林一茶（1763～1828年）も結婚が遅かった。彼は1814年、51歳のときに最初の結婚をしている。一茶はつらい人生を送ったようだ。実の母親は、彼が2歳のときに亡くなっている。彼が言うには、継母（父親が再婚した女性）から1日に100回ひっぱたかれたという。のちに、腸チフスを患った父親の看病をすることになるが、その父も亡くなった。一茶の妻は男の子を二人生んだが、二人とも生後1カ月で亡くなっている。しかしその後、一茶夫婦に女の子ができた。健康でかわいらしい、「さと」という名の女の子だ。ようやく幸せになったのだ！　ところが、さとは天然痘にかかり、2歳になる前に死んでしまった。

一茶は、日本の「四大俳人」の一人だ。娘を失って、悲しみに打ちひしがれた詩人は、「命のはかなさ」を受け入れられないことを、次のように記している。「この期に及んでは、行く水のふたたび帰らず、散る花のこずえにもどらぬ悔いごとなどと、あきらめ顔しても、思ひ切りがたきは恩愛のきづななりけり（水がその源には戻ることはなく、散った花が枝に戻ることもないのは認めよう。そうではあるけれど、愛情のきずなはなかなか断ち切れない）」（訳注　この一節は、『おらが春』から引用したもの。『おらが春』は、1819年の1年間に一茶の周囲に起こったできごとを、彼の俳句を中心に日記のようにまとめたもの。一茶の没後25年に、門人の白井一之《いっし》が出版した）。一茶は、これと同じテーマで、次のような詩もつくっている。

露の世は
露の世ながら
さりながら
（この句は、英文では、次のような詩として紹介されている）

It is true
That this world of dew
Is a world of dew
But even so . . .

興味深い詩だと思う。とても穏やかなもの言いなので、あなたがこれを読んでも、この詩が持つ「深い抗議の気持ち」には、気づきにくいのではないだろうか。この詩は、「私たちの人生は、露のしずくと同じくらいはかないものだ」という、仏教徒の根本的な考え方を伝えているように思える。仏教徒や、ヒンドゥー教徒、ジャイナ教徒（訳注　「ジャイナ教」は、仏教と同時代（紀元前5世紀ごろ）に開かれた、インドの宗教の一つ）は、「私たちは、いずれ死ぬと知りながら、どのように生きていけばいいのか？」という質問に、こう答えるだろう。「執着を捨てることです」。つまり、私たちは愛情は抱くべきだが、自分の願望（一茶の場合は、娘に生きていてほしいという願望）や、嫌なこと（一茶の場合は、娘が天然痘で死んだこと）に固執してはいけないという意味だ。だが、「命のはかなさ」をなかなか受け入れられないことが、人間の苦しみの大きな要因になっている。優れた瞑想家たちは、命がはかないとわかっているからこそ、つねに「死」を思い出そうとして、たとえば、寝るときには火を消して、燃えさしが朝まで燃え続けることがないようにしているのではないだろうか。自分が朝まで生きているかどうかなんて、だれにもわからない。

それでも、「命ははかない」とわかっているのと、それを受け入れるのには、大きな隔たりがある。だから、「露の世は／露の世ながら」は、一茶の詩の中心ではない。彼の詩の、訴えかけているような中心は、「さりながら（そうではあるけれど）」という控えめな言葉なのだ。

一茶はこう言っているのではないだろうか。――そうではあるけれど、私は娘のことをこれからもずっと、切に思い続ける。そうではあるけれど、私の痛みはなくならない。そうではあるけれど、この美しい惑星に「生と死がある」などという残酷な現実を、受け入れることはできないし、受け入れるつもりもないし、大きな声では言えないけれど、現に受け入れてなんかいやしない。そうではあるけれど、そうではあるけれど、そうではあるけれど……。

＊＊＊

私たちは、自分も愛している人たちも、みんな死ぬと知りながら、どのように生きていけばいいのだろうか？　私には、一茶は、彼独自のビタースイートな答えを提供しているように思える。彼はこの詩を通じて、「『命のはかなさ』を受け入れる必要はありません」と私たちに伝えているのではないだろうか。「『命ははかない』とわかっていて、それによる、刺すような痛みを感じているなら、それで十分です」と伝えているのではないだろうか。

そして結局のところ、その「痛み」が私たちみんなを結びつけるのではないだろうか。

では、一茶がこの詩を書いたときの心理状態について考えてみよう。彼は、執着を捨てられなくて困ったと思っていただろうか？　自分だけがそれで困っていると思っていただろうか？　そんなことはない。彼には、私たちみんなが自分と同じように思っていることがわかっていた。彼は、こう思っている同じ人間たちに向けて書いたのだ。「人生が露のしずくのようだというのはわかっている。でもそんなことはどうでもいい。私は娘に戻ってきてほしいのだ」。彼はそもそも、どうして俳句を書くようになったのだろうか？　そして、それから200年も経っているのに、いまだに私たちが彼の俳句を読むのは、なぜだろうか？　それは、私たちにも、一茶がどう感じているかがよくわかるし、一茶自身も、「人々はわかってくれる」と思っていたからだろう。そして、今から200年後に彼の俳句を読む人たちも、一茶がどう感じているかがよくわかるのではないだろうか（ただし、不死主義者たちが彼らの計画を成功させたら、話は別だが）。一茶は体験を詩にすることで、人は必ず死ぬという「悲しみ」や、人間らしくありたいという「切望」を私たちに共有するよう誘いかけている。また、私たちはどういうわけか、自分のプレイリストを「悲しい曲」で埋め尽くしているが、私はそうした曲が作られる目に見えない原動力となったのは「愛」ではないかとずっと思っている。一茶は、私たちをそうした「愛」へと導いてもいる。いつも「そうではあるけれど」と言うばかりで一向に悲しみを乗り越えられないほかのみんなと、自分が結びついていると気づいたときに、私たちははじめて悲しみを乗り越えることができ、いつまでも「さりながら……」と言うことになるのではないだろうか。これは、究極のパラドックスにちがいない。

もしかすると、あなたは、人は必ず死ぬことへの「抗議の気持ち」を抱きながら、黙って生きてきたのではないだろうか？　あなたは、「別離のつらさ」を切に感じているのではないだろうか？　もしかすると、あなたは、そうした思いを抱くことが何となく気まずくて、それを胸にしまい込んでいるのではないだろうか。不死主義者たちは冒険心に富んではいるが、彼らの考え方は、私たちが社会から刷り込まれた考え方とは相いれない。私たちには、日常的な問題が起きたときに使う、特定のフレーズがある。「吹っ切って、前に進もう」だ。そして、大切な人を亡くした場合は、そのフレーズをもっと優しいオブラートに包んで、「忘れよう（Let it go）」と言う。書籍検索エンジンGoogle Books Ngram Viewer（グーグル・ブックス・Nグラム・ビューワー）によると、「Let it go」という語句の使用が、過去20年のあいだに飛躍的に増えている。ただし、誤解しないでほしいのだが、この言葉は賢い教えで、自由をもたらす考え方だ。私のライティングデスクには、メアリー・オリバーの詩の一節（この章のエピグラフに使ったもの）がテープで貼ってある。私はここ2、3年のあいだに、忘れることがとても上手になった。

とはいえ、今の社会では、この言葉は、承諾を無理強いするようなニュアンスを含んでいる。かつての西洋には、「往生術」――死に方――と呼ばれる文献が存在した。そうした文献には、死を迎えるための心得が記され、たいていは小冊子として印刷された。そうした小冊子はとても人気があり、1415年にラテン語で書かれたバージョンは、ヨーロッパ全体で、100回以上増刷されたという。だが1930年代に入ると、「死の床」が家庭から病院に移った。人々は、それまでは、出産やインフルエンザ、がんなどで自分のベッドで息を引き取ったものだが、その後は、人目につかずに、安心して死を迎えるようになった。その後、およそ1世紀にわたって、人々は示し合わせたように病院で死を迎えるようになり、その結果として、「死は、ほかの人たちだけに訪れる」というふりをすることになる。

そして、フィリップ・アリエス（1914～84年）が著書『Western Attitudes toward Death（死に対する西洋の考え方）』に記している通り、「死」は、「触れてはならない、けしからんもの」と化した。彼はこう記している。「あなたにとっては、たった一人の人がいなくなっただけで、全世界が空っぽになるだろう。しかしもはや、それを声に出して言う権利はない」。人類学者のジェフリー・ゴーラー（1905～85年）は著書『死と悲しみの社会学』（宇都宮輝夫訳、ヨルダン社、1994年ほか）で、死者を悼む人たちは、「楽しく過ごす道徳的義務」と、「ほかの人たちが楽しむのを妨げるようなことは一切しない義務」を負うようになったと述べている。彼によれば、遺族は、「死者を悼むことを、病的なわがままとして扱わなければならず」、世の人々は、「家族を亡くした深い悲しみをすっかり隠しているので、何があったかがだれにもわかりそうにないような人をほめ称えた」という。

私はこの章で、そうした考え方とは異なる考え方を提案したいと思っている。「人生のはかなさ」や「別離のつらさ」を強く意識しながら、ビタースイートな状態で生きていくことが、過小評価されてはいるが、「強み」になるし、意外にも、「英知」や「喜び」、とくに「魂の交わり」への道にもなる。この章で、それがどうしてかということも、お伝えできればと思っている。

＊＊＊

私たち一家は、息子が6歳と8歳のときに、田舎のサマーハウスを10日間借りた。息子たちは泳いだり、外で遊んだり、アイスクリームを食べに行ったりした。そして彼らは恋もした。相手はラッキーとノーマン。サマーハウスの隣の柵に囲まれた草地で暮らす、つがいのロバたちだ。息子たちは毎日のように、ロバたちにりんごやニンジンを持って行った。ロバたちはとても内気だったので、最初はそうした贈りものを受け取らなかった。でも数日後には、子どもたちの姿を見ると、草地を走って近づいてきた。ロバたちが贈りものを、口から果汁をまき散らしながら噛みつぶすのを、息子たちはうっとりと眺めた。

それは、ひと夏の優しい恋だった。だが、すべてのそうした恋と同様に、必ず終わりが来る。自宅に帰る2日前の晩、ふだんははしゃいでいる息子たちが泣き出し、泣き疲れて寝た。ロバたちから離れるのが悲しかったのだ。夫と私は彼らにこう言った。「ラッキーとノーマンは私たちがいなくても大丈夫。ほかの家族も、食べものを与えるでしょうし」。そしてこう伝えた。「私たちが来年の夏も同じハウスに入れるかは、だれにもわからないけど、ひょっとしたらラッキーとノーマンにまた会えるかもしれない」

しかし、彼らにとって唯一の慰めとなったのは、私たちがこう言ったときだった。「お別れがつらいのは、人生では当たり前のことなの。だれだってつらいわ。あなたたちは、いずれまた、つらい思いをすることになるでしょう」。こういうことを言ったら、「気を滅入らせる」ように思えるだろうが、結果はその反対だったのだ。子どもたち（とくに、ある程度、不自由なく育っている子どもたち）が、何らかの喪失を深く悲しんで泣くのは、一つには、私たちが無意識のうちに、彼らに誤った考え方を教え込んできたからだ。たとえば、「ものごとは、欠けたものがないようにしなければならない」、「すべてうまくいっているときが、ほんとうの人生なのだ」、「落胆や病気、ピクニックのお弁当に群がるハエといったものは、本筋への遠回りになる」といった考え方だ。詩人のジェラード・マンリー・ホプキンス（1844〜89年）は、「Spring and Fall（春と秋）」という詩の中で、「金色の木立」から葉が落ちることに動揺している少女に、こう語りかけている。

マーガレット、きみは「金色の木立」の葉がなくなるのを
悲しんでいるのかい？

彼は、少女に「泣くのはおやめなさい」とは言わないし、「冬は美しい」とも言わない（ほんとうは、冬は美しいのだが）。彼は少女に、「死」についての真実を次のように伝えている。

人が生まれてきたのは、枯れて死ぬため
きみが悲しんでいるのは、マーガレット、きみ自身のことなんだ

これは、子どもたちは、無邪気に楽しく遊んでいるだけではいけないという意味ではない。人生のはかなさを、大人だけでなく、子どもにも知らせることで、安心感をもたらし、間違った考え方を信じ込むのを防げるという意味だ。彼らが、輝く地平線上で目にした「悲しみ」は、現実のものだし、彼らだけがそれに気づいているわけではない。

「そうではあるけれど」という言葉は、大人だけではなく、子どもにとっても、自分とまだ生きているすべての人を結びつける言葉になる。

＊＊＊

「そうではあるけれど」という意識を持つことには、うまく言い表せないような形で、私たちを結びつける効果があるが、効果はそれだけではないようだ。影響力のある心理学教授で、「スタンフォード・ライフスパン・ディベロプメント・ラボラトリー（スタンフォード大学生涯発達ラボ）」と「スタンフォード・センター・オン・ロンジェビティ（スタンフォード大学長寿研究所）」を運営し

ているローラ・カーステンセンによれば、「今を生きることができる」、「もっと簡単に許せる」、「もっと深く愛せる」、「感謝したり満足したりすることが多くなる」、「ストレスを抱えたり怒ったりすることが減る」といった効果があるという。

カーステンセンは60歳くらいで、白髪交じりの髪をボブヘアにし、べっ甲フレームのめがねをかけている。彼女には、控えめでいることと威厳を持つことを同時にやってのけるようなところがある。２０１２年に、大人気となった「年をとるほど幸せになる」というＴＥＤトークを行い、その中で、人は年をとるほど、前述のような効果を得ているという驚くような研究成果を紹介している。もちろん、昔から人々は、年齢を重ねるほど英知を授かると直感的にわかっていた。でもカーステンセンは、その理由についての、何世代にわたる思い込み（仮説）を覆した。アトゥール・ガワンデ（１９６５〜）が洞察に満ちた著書『死すべき定め――死にゆく人に何ができるか』（原井宏明訳、みすず書房、２０１６年）で説明している通り、カーステンセンの調査で、その理由は、年齢を重ねたから、もっと正確に言えば、それによって経験を重ねたからではなく、「命のはかなさ」に気づいたからだと判明したのだ。「命のはかなさに気づく」というのは、「時間は限られている」と気づくこと。そして「そうではあるけれど」という意識を持つことでもある。

カーステンセンと仲間たちは、18歳から94歳までの調査参加者を10年にわたって追跡調査した。彼女たちは、経験サンプリング法を用いて、調査参加者たちにポケットベルを持ち歩いてもらい、昼や夜のランダムな時間に、心の状態を報告してもらった（訳注　「経験サンプリング法」は、日常生活を送っている調査参加者に、1日に数回、さまざまな状況や時間の中で、自身の思考や感情、行動、環境などについて答えてもらい、繰り返しデータを取得する調査手法）。その結果、年をとっている人たちのほうが、若い人や中年の人たちよりも、ストレスや怒り、不安、苦悩を抱えていると報告する回数が少ないことがわかった。また、年をとるにつれて、彼女と仲間たちが「ポジティビティ・エフェクト」と名づけた効果が得られることもわかった。彼女によれば、年が若い人ほど、「ネガティビティ・バイアス（ポジティブな情報よりも、ネガティブな情報に注意を向け重点を置く性質）」を持つ傾向があり、不快感や脅威を抱かせるものに目を向けやすく、年をとった人ほど、ポジティブなものごとに気づき、記憶する傾向が強いという。そして年をとった人ほど、「笑顔」に目を向け、しかめっ面をしたり、怒ったりしている人たちを無視する傾向があるという。

最初は、ほかの社会科学者たちはこうした現象を「老化のパラドックス」とみなした。結局のところ、たとえ年をとって賢くなったとしても、自分の体が衰えていくとか、カレンダーが亡くなった友人や親族のお葬式の予定でつまっているというのは、やはりおもしろくないだろうと考えたのだ。だったら、どうして「年をとるほど幸せになる」なんてことになるのだろうか？　年をとると、やせ我慢が上手になり、気の滅入るような現実を、こともなげに笑顔で切り抜けるようになるのだろうか？　カーステンセンが調査した集団――いわゆる「グレーテスト・ジェネレーション」に属する人々――は、気を落とさずにがんばることに慣れているのだろうか？（訳注「グレーテスト・ジェネレーション」は、1901年から1927年にかけて生まれた世代で、世界恐慌、第二次世界大戦を経験し、現代米国の基礎を築いた）。だがその後の調査で、「年をとるほど幸せになる」というデータは、どの世代に属する人にも当てはまることがわかった。つまり、第二次世界大戦の兵役経験者だろうが、ベビー・ブーマー（１９４６年から１９６４年にかけて生まれた世代）だろうが、年をとるほど穏やかになり、満ち足りるようになったということだ。

カーステンセンは、「年をとった人たちに実際には何が起きていたのか」について、直感が働いたという。年をとった人たちは、ほんとうは「ポイニャンシー」の状態（心がうずいて、深い感情的反応を引き起こす状態）だったのではないか、年をとった人たちは若い人よりもその状態になることがはるかに多いのではないかと考えたのだ。（すでにお伝えした通り、「心のうずき」はビタースイートの核心でもある）。彼女は私にこう語っている。「『ポイニャンシー』は、人間が抱く最も豊かな感情ですし、人生に意味を持たせる感情なんです。私たちは、幸せと悲しみを同時に感じたときに、この感情に見舞われます」。あなたがうれし涙を流したときには、「ポイニャンシー」の状態になっている。また、自分の人生が終わろうとしていることで頭がいっぱいになった、貴重なひときにも、うれし涙が出てくることがよくあるという。彼女はこう説明した。「愛するわが子が、雨上がりの水たまりでバシャバシャ水しぶきを上げるのを見ているときに、私たちがうれし涙を浮かべたとしたら、私たちは、ただうれしいだけではなく、そういう時間がいずれ終わることや、つらい時期だけではなく楽しい時期も過ぎていくこと、私たちはみんな結局は死ぬといったことも、「はっきりと」ではないにしても、わかっているのです。年をとると、そういうことがわかっていても平気でいられるようになるんだと思います。それは感情面での成長と言えるでしょう」

そうした「ポイニャンシー」の状態になることは、だれにでもあるが、高齢者のほうが頻繁になるのだという。カーステンセンは、その理由は、高齢者は「死が近い」からではないかという仮説を立てている。彼女はこう考えた。――若い人たちは、音楽が鳴りやむことはないと思い込んでいる。だから、彼らにとって意味があるのは、じっくり味わうよりも探検することであり、身内の人たちに時間を割くよりも、だれかと新たに出会うこと、ものごとをじっくり考えるよりも、新しいスキルを学び、知識を吸収すること、今のままでいるよりも、将来に目を向けることではないだろうか。「ポイニャンシー」は、若い人たちにとって、心を動かされるものかもしれないが、「生きる」という日々の行為とは無関係だと思うのではないだろうか。

もちろん、若い人たちのそうした行動は、人生を築くための包括的な方法としてすばらしいものだ。でも人は、「自分はあまり先が長くはない」と気づき、それがはっきりわかると、ものの見方が狭くなり、深くもなるのではないだろうか。一番大事なことに目を向けるようになり、野心とかステータス、出世といったものには、こだわらなくなるのではないだろうか。そして、愛する気持ちや生きる意味を持てるだけの時間が残っていてほしいと思うのではないだろうか。自分が残す遺産について考え、生きるという単純な行為をじっくり味わうのではないだろうか……。

カーステンセンがこうしたことを口にするのを聞くと、「高齢者は満足している」というのも当然のことのように思える。世の賢人や哲学者たちが、「死」を忘れないようにするための実にさまざまな方法（たとえば、自分のライティングデスクに頭蓋骨を置いておく、など）を考え出したのも、「満足している」からではないだろうか。

それでも、この21世紀の西欧社会では、カーステンセンの科学者仲間は、最初は彼女の考えに懐疑的だった。だが彼女には、ほかの研究者には見えないものが見えていた。それは、彼女が神秘主義者とか修道者だったからではない。彼女自身が21歳のときに、危うく死にそうになったことがあるからだ。

カーステンセンは交通事故で重傷を負い、整形外科病棟に入院した。彼女の相部屋の病室には、腰の骨を折った80代の患者が次々に入ってきては、出て行った。彼女はそこで数週間にわたって、生死の境をさまよった。そうした暗い日々を過ごすうちに、自分が同室の高齢者たちと同じことを優先するようになったと気がついた。高齢者と同様に、自分のまわりの世界（人々）への視野が狭くなり、生きる意味を持っていたいという思いを深めたのだ。

彼女は回復するまでのあいだ、さらに4カ月を病院で過ごした。漫画で描かれる骨折患者――ベッドにあおむけに寝て、片足をベルトで天井に吊るされている患者――と同じように、固定されて、退屈な日々を過ごした。父親が毎日お見舞いに来たという。そして、彼が教授を務めているロチェスター大学（ニューヨーク州の私大）の授業を受けてみたらどうかと勧めた。彼はこう言ったという。「何でも好きな分野を選ぶといい。私が代わりに授業に出て、講義をテープに録音してくるよ」。彼女は心理学を選んだ。そのときは、老化のプロセスには特に興味はなかった。だがその後のキャリアで、「人は年をとるほど、人づき合いの輪が小さくなる」とか、「高齢者が、高齢者センターにお昼を食べに行くとか、そのほかの高齢者に役立つと考えられている人づき合いのための企画に参加するといったことは、あまり考えられない」という話を何かで読み、彼女は「それは当然だ」と思ったという。そして、入院していたときに感じたことを思い出した。彼女はこう感じていたという。——どうして「死」が近くなると、新しい友だちをつくることに時間を割かなくなるのだろう？　「死」が近くなると、すでに手に入れた人間関係やひとときに意義を見いだしたほうがよくなるのだろうか？

そのころには、ガワンデも著書で詳しく述べている通り、「私たちは人生の終わりに近づくにつれ、人づき合いをしなくなる」という説が有力だった。でもカーステンセンは、それは間違っているのではないかと考えた。彼女はこう考えたのだ。——確かに、高齢者センターでランダムな人たちに話しかけるのは気が進まないだろうが、だからといって、人とつながりを持つのをやめたいとは思っていないのではないだろうか。私たちは終わりに近づくにつれ、「魂の交わり」や、「生きる意義」を優先して、つき合いを広げるのを自発的に控えるようになるのではないだろうか？

カーステンセンは、18歳から94歳までの人々を10年にわたって追跡した最初の調査のあと、自分の仮説——人が年をとるにつれて賢くなるのは「命のはかなさ」に気づいたからであり、人がどんな生き方を選ぶかは、年齢ではなく「命のはかなさ」に気づいたかどうかで決まるという仮説――を検証するために、次々に画期的な調査を行った。そして、年をとった人ほど、人との新たな出会いよりも、友人や家族とのひとときを大事にする傾向が強いと気がついた。だが、彼女が年をとった人たちに、「医学の進歩によって、寿命が20年延びると想像してみてください」と依頼すると、彼らは若い人たちと同じような生き方を選ぶことがわかった。一方、エイズで終末期を迎えている若い人たちは、80代の人たちと同じような生き方を選んだという。また、まったく健康な若い人たちでも、たとえば、自分が愛する人たちから遠く離れたところにもうじき引っ越すと想像する、といった方法で、「人生のはかなさ」を感じた場合も、80代の人たちと同じような生き方を選んだという。

彼女はさらに、社会不安に直面している健康な人たちにも、同じような傾向が見られることにも気づいている。香港に住む若くて健康な人たちは、1997年に香港がイギリスから中国に返還されることに不安を抱いていた時期や、のちに、SARSの流行に不安を抱いていた時期には、年をとった人たちと同じような人づき合いのしかたを選んだ。だが、中国への返還後の、世の中が落ち着いたように見えた時期や、SARSの脅威がなくなった時期には、そうした若い人たちが、ふたたび「自分らしく」振る舞うようになったという。カーステンセンの一連の調査は、人がどんな生き方を選ぶかの一番の決め手となるのは、「何年、生きてきたか」ということではなく、その人が「自分に残されている年月がどれほど少ないと思っているか」であることを、何度となく示している。

こうした情報は、80代の方々には朗報になるだろう。だが、まだ80代ではない私たちにも、大きな影響を与えることになる。もしカーステンセンが正しく、英知は、経験によってもたらされるだけではなく、彼女の言う「人生のはかなさ」を知っていることでも得られるのであれば、「人生のはかなさ」を知る方法はいくらでもあるからだ。結局のところ、私たちは、30歳とか50歳の自分になることはできない（し、たぶん、なりたくもない）が、考え方を変えることはいつだってできるのだ。

＊＊＊

もしあなたが生まれながらの「ビタースイート」タイプなら、有利なスタートを切るだろう。あなたは性格的に、「人生のはかなさ」をしっかり感じ取れる状態になっているからだ。また、中年（およそ40〜60歳）になるのをただ待つことでも、そういう状態に到達することができる。「中年」の時期には、体にガタがくるというマイナス面を持たずに、年をとることの精神的なメリットが得られるように思える。カーステンセンは、「フューチャー・タイム・パースペクティブ」尺度という、簡単な診断テストを開発し、彼女のラボのウェブサイト「lifespan.stanford.edu」に掲載している（訳注　このウェブサイト内のhttps://lifespan.stanford.edu/download-the-ftp-scaleで、日本語版もダウンロードできる）。この診断テストでは、次の二種類のことがらについて診断する。「あなたはどのくらい大きな可能性を感じているか」。「あなたは、自分がいつかは死ぬということをどのくらい意識しているか」

私は50歳のときにこの診断テストを受け、自分が前半の質問（将来が希望に満ちていることを、どのくらい期待しているかを診断するための質問）には若い人のような答え方をし、後半の質問（残された時間が無くなりつつあることを、どのくらい意識しているかを診断するための質問）には80代の人のような答え方をすることに気がついた。今でも、私には、まるで21歳の若者のように、プランやアイデア、わくわくすることがたくさんある。だが、15年前にはなかった「時間には限りがある」という強い意識もある。この意識のせいで不安になることは、少なくとも今はない。それでも、自分が吸収できるうちに、あらゆるものを吸収しなきゃ、という気にはなる。カーステンセンによれば、これは、中年期にはよくあることだそうだ。

とはいえ、カーステンセンは、たとえあなたが22歳だろうが、性格的に「ビタースイート」タイプではなかろうが、別の方法でお年寄りなみの英知を手に入れることができると考えている。彼女が勧める方法は、――驚いたことに！――「ビタースイートな短調の曲を聴くこと」だそうだ（私のウェブサイト「susancain.net」に、そういう曲を聴きたい方のためのプレイリストや、ビタースイートな詩やアートを掲載している）。

彼女は、「死についてじっくり考えること」も勧めている。それなら、自然界の「命のはかないもの」を見つけてみてはどうだろう。秋の美しさとか、あなたの車庫の近くに落ちているスズメのひな、といったものが見つかるだろう。あなたのご家族のお年寄りと一緒に過ごしてみてもいいだろう。そして、あなたがそのお年寄りの人生の物語を記録していいか、聞いてみよう。信じるのはむずかしいだろうが、そのお年寄りがいつまでもそこにいて、話を聞かせてくれるとは限らない。そして、そうした物語もいつかは、デジタル化された形でしか存在しなくなることも知っておこう。

また私たちには、宗教の昔ながらの習わしに従うという手もある。たとえば、キリスト教の「灰の水曜日」や、ユダヤ教の「ヨム・キプール」、仏教の「無常」についての黙想などがあり、そうしたものはどれも私たちに「死」を思い出させてくれる。（訳注　「灰の水曜日」は、イースター（復活祭、おおむね4月）の46日前の水曜日のこと。カトリック教会ではこの日、キリストの受難、死を思い起こし、回心する印として信者の頭に灰をかけたり額に灰をつけたりする。「ヨム・キプール」は、ヘブライ語で「贖罪の日」を意味し、過去1年間の罪を反省し神に許しを請う日。この日は終日、断食する。毎年9月末～10月半ばの1日が当てられる）。中世の学者トマス・ア・ケンピス（１３７９～１４７１年）は、キリスト教徒としての生き方を説いた影響力のある著書『キリストにならいて』（大沢章、呉茂一訳、岩波書店、１９６０年ほか）で、キリスト教徒たちに、「いつ死んでもいいという気持ちで生きよう」と勧めている。こうした考え方は、「自分は無敵だと思うときこそ、『死』を思い出そう」と勧めたストア派の哲学者たちの知恵に似ている。

ストア哲学についての影響力の大きな著書があるライアン・ホリデイ（1987年〜）は、次のように記している。「ローマ帝国軍が勝利を収めたときには、その軍の将軍は上座に身を置いたものだった。その場所なら、将軍を崇拝する群衆から、彼の姿が最もよく見えるのだ。ところが将軍は、栄光に浸るどころか、うしろにいる側近に耳元でこうささやかれる。『自分がいつか死ぬことを忘れないでください』」（訳注　古代ローマでは、将軍が凱旋式のパレードを行うときに、将軍のうしろに立つ補佐官は、「将軍は今日絶頂にあるが、明日はそうであるかわからない」ということを思い起こさせる役目を担当していた。そこで、この言葉を伝えることで、それを思い起こさせていたという）。ローマ皇帝マルクス・アウレリアス（121〜180年）も『自省録』（神谷美恵子訳、岩波書店、改版2007年ほか）にこう記している。「あなたは今すぐこの世を去ることだってある。だから、自分は何をやり、何を言い、何を考えるのか決めておこう」。ローマ帝国のストア派哲学者セネカ（紀元前1年ごろ〜65年）はこう提案している。「毎晩、自分にこう言おう。『私は明日、もう起きないかもしれない』。それから、毎日、自分へのこんな言葉とともに朝を迎えよう。『私は、もう二度と眠らないかもしれない』」。こうしたことはどれも、私たちが、自分の人生や人の人生を、貴重な贈りものとして扱えるようにするためのものだ。

前にお伝えした通り、私もこうしたことを実行してみた。そして、どれほど効果があるかを実感している。子どもたちにおやすみのキスをするときに、ときどき、自分にこう言い聞かせることもある。「明日には、この子たちがいなくなるかもしれないし、私がいなくなるかもしれない」。もしかすると、こうした言葉はあなたをゾッとさせるかもしれないが、私はこう思ったら、とたんに携帯電話を下に置く。あるいは、もっと望ましいことに、携帯電話を別の部屋に置きにいく。

ときには意図せずに「メメント・モリ（「自分がいつか死ぬことを忘れるな」の意味）」に気づかされることもある。私が10代のころ、父が、ベルギーの偉大なソングライター、ジャック・ブレル（1929〜78年）の曲を紹介してくれた。父も私も、彼の曲が大好きだった。彼の曲の華麗で哀愁に満ちたところが気に入ったのだ。ブレルや、音楽全般を「愛する気持ち」は、父からの数ある贈りものの一つだった。父が新型コロナで入院していた数週間のあいだ、私は父についての知らせを待ちながら、ふたたびブレルを聴くようになった。彼の曲を最後に聴いてから何十年も経ち、もうとっくに中年と言われる年齢になって、私はようやく、彼の曲の主要なテーマが「時の移り変わり」だったのだと気づいた。そんなことがあったら、私は悲しい気持ちになってもよさそうなものだが、そんなことはなかった。それどころか、私は「愛されている」と感じたのだ。ブレルは、愛する人が亡くなる時が来ることを予測していた。何十年も前に私に彼の曲を演奏してくれた父も、いつか自分に最期の時が来ることがわかっていたのだろう。そして今では、私もわかっている。最期の時は来るのだ。ジャック・ブレルにも、父にも、私にも。そしてあなたにも。

＊＊＊

私は、カーステンセンの調査結果について考えているうちに、彼女が、科学者の服を着た聖職者のように思えてきた。この話を彼女に伝えたら、彼女は声を立てて笑ったが、実は、ラビの説話として有名な話を気に入っているのだと教えてくれた。その話は、次のようなものだ。


ラビが幼い男の子と小道を歩いていると、目の前の道に死んだ鳥が横たわっていた。男の子はたずねた。「この鳥、どうして死んじゃったの？」

ラビが答えた。「生きているものはみんな、死ぬんだよ」

男の子はたずねた。「じゃあ、あなたも死ぬの？」

「そうだよ」

「ぼくも？」

「そうだよ」

男の子は動揺したようだ。

慌ててたずねた。「どうして？」

ラビが答えた。「それはね、死ぬと思えば、生きていることが大事に思えるからだよ」

彼女に、どうしてこの話が大好きなのか聞いてみた。彼女は感極まったような声で、こう答えた。「だって、私の調査も、データを通じて、同じことを物語っているんだもの」

＊＊＊

カーステンセンの研究は、私たちが「自分の死」にどう向き合うかということに焦点を当てているが、「大切な人の死」にどう向き合ったらいいかという疑問がまだ残っている。一茶が、「子どもの死」に直面して詩を書いたのは、偶然のことではない。それは、多くの人にとって、心を痛めるあらゆるものの中で、最もつらいものになっている。

一茶は、「執着を捨てる」という理想と闘おうとしていたのだが、そうした姿勢は、死を悼むことについての西欧の考え方とは、まったく対照的なように見える。たとえばフロイトは、前もって執着を捨てるのではなく、「死後に執着を断つこと」を勧めている。それは、大切に思っていた人に注ぐ感情を徐々に減らしていくということで、その人との感情的なつながりを断つためのつらく大変なプロセスとなる。フロイトはこのプロセスを「喪の作業」と呼んだ。

一方、今の西洋の研究者たち——たとえば、コロンビア大学の臨床心理学の教授で、影響力のある本『The Other Side of Sadness（悲しみの向こう側）』の著者でもあるジョージ・ボナンノなど

――が支持しているもっと新しい考え方は、「忘れること」ではなく、私たちが生まれながらに持っている「回復力《レジリエンス》」に重点を置いている。ボナンノはこう語っている。「私たちは、最愛の人を亡くしたら、膝から崩れ落ちることもあれば、神を呪うこともあるでしょう。ですが、私たち人間は、死別の悲しみに耐えられるようにつくられています。何しろ私たちは、お母さんのお乳を飲んだときから長きにわたって、愛する人たちを亡くすことになるわけですから。なかには、長期にわたる慢性的な死別の悲しみや、中程度の苦痛に見舞われている方もいます。でも私たちの多くは、自分が思っているより回復力があるんです。

みなさんは、愛する人を亡くすと、長いことつらい思いをし、そのあと、苦労しながらゆっくりと回復するというのが、残された人がたどる一般的な道だと思っているのではないでしょうか。ですが実際のところは、それほど単純ではありません。人は、娘を亡くした次の日に、ジョークを聞いて笑うこともあれば、50年後に、娘のことを思い出してむせび泣くこともあるのです」

大切な人を亡くした直後は、強烈な幸福感と強烈な悲しみのあいだを行ったり来たりすることがよくあるという。作家のチママンダ・ンゴズィ・アディーチェ（1977年〜）も、父親を亡くした直後にそうした体験をし、そのことを『ザ・ニューヨーカー』誌に次のように書いている。

「もう一つ、発見がありました。それは、どれほどたくさんの笑いも、死別の悲しみの一部でしかないということです。笑いは、私たち家族の会話にしっかり組み込まれているので、このときも、私たちは父を思い出しながら、笑いました。でも、笑いの裏に、どこかしら疑念のようなものがあったんです。笑い声は次第に小さくなりました」

ボナンノは、デイビッド・ヴァン・ナイズ博士によるポッドキャストインタビューで、こう説明している。「（大切な人を亡くしたら、）主に『悲しみ』に見舞われますが、いくつか、ほかの感情にも見舞われます。（中略）『怒り』や、ときには『屈辱』や『恥辱』を覚えることもあります。何しろ、人の思い出はあらゆる種類の感情を伴いますし、体験することも人それぞれですから。（中略）そんなわけで、何カ月にもわたってずっと死別の悲しみに陥るという厄介な状態よりも、死別の悲しみから抜け出してはまた戻るという揺れ動いた状態になることのほうがはるかに多く、そうした悲しみは、ポジティブに考えること、笑みを浮かべること、笑い声をあげること、人とつながりを持つことで、中断されることになるのです」。そして、たいていの人は、悲しみが中断していないときでも、「悲しみの強さは徐々に弱まっていく」という。

最も回復力のある人たちでも、完全に立ち直るというわけにはいかないようだ。ボナンノはこう語っている。「そういう人たちでも、喪失感が解消しないことがあります。つらい気持ちを完全に忘れられないこともあるんです。それでも、回復力のある人たちは、人間として機能し続けることができるんです」。私たちは、喪失感と愛する気持ち、つまりビターとスイートを同時に抱えて生きられるように、つくられているのだ。

東洋の人々は、「執着を捨てること」を重視する。そうした姿勢は、「大切な人の死」に対する別の考え方を示しているのではないだろうか。「執着を捨てる」というのは、死別の悲しみを否定することではない。ダライ・ラマでさえ、母親を亡くしたときには嘆き悲しんだと言われている。「執着を捨てる」というのは、愛する気持ちを否定することでもない。ヒンドゥー教の精神的指導者シュリ・シュリ・ラビ・シャンカールはこう語っている。「執着を捨てるのは『愛する気持ち』に反するとよく誤解されますが、そんなことはありません。執着を捨てるのは、高等な形の『愛』と言えるでしょう」。むしろ、執着を捨てることによって、執着しない形で愛することができるのだという。

「執着を捨てる」という考え方はすばらしい知恵だとわかった……が、私はそれでもまだ、その原則を、子どもを亡くした親にも――一茶にも――当てはめていいのか、当てはめるべきなのか疑問に思っている。それとも、執着を捨てようという考えなど、子どもを亡くした親、父親を襲う「悲嘆」の高波に、押し流されてしまうだろうか？

私は内輪で調査をしてみることにした。その第1弾として、まずはシュリ・シュリにこの疑問をぶつけてみた。私は幸運にも、イェール大学でのフォーラムに参加していた彼に、インタビューすることができたのだ。彼はためらわずにこう答えた。「はい、執着を捨てるという原則は、子どもを亡くした場合にも当てはまります。もちろん、親ごさんは嘆き悲しむでしょう。でも、あなたがだれかの死を深く悲しむとしたら、それはたんに、死んだ人があなたのものだからです。あなたが子どもさんに抱く圧倒的な愛情でさえ、執着があっても執着を捨てても、生まれるものなのです。あなたがありのままの子どもさんを愛することと、子どもがあなたのものだから愛することとは、別物なんです。執着なしで愛するというのは、息子さんが今のような息子さんだから愛するということです。息子さんがあなたのものだから愛するというのであれば、執着を持って愛することになります。

もちろん親ごさんには、新しい現実に慣れる時間が必要です。人は慣れてくるものです。母親にとっては、すぐに慣れるというのは無理かもしれません」

調査の第2弾として、私は同僚のスティーブン・ハフを訪ねた。男の子の母親である私は、シュリ・シュリから、私の母親としての愛を拡大することで、執着（愛着）のきずなを緩めるよう、アドバイスされていた。その言葉が、シャロン・サルツバーグに教わった「慈愛の瞑想」のように、頭の中で繰り返されていた。彼はこう言ったのだ。「あなたはもっと多くの子どもたちを自分の子どもとして、自分の子どもを愛するのと同じように愛するべきです。あなたが執着（愛着）を拡大したときに、執着を捨てることができるのです。広い意味での知恵を備え、自分には知恵があるという意識を深めることができるのです」

偶然にも、スティーブンは、シュリ・シュリがアドバイスしたような生き方をしている。彼は、薄茶色の髪をした、むさくるしいながらも情熱的な人で、栄光ある演劇大学院を卒業している。今では、ブルックリンのブッシュウィック地区で、教室が一つだけの学校を経営し、そこに通う恵まれない子どもたちに教えることにキャリアを捧げている。学校経営の資金は、その学校が出している店からのわずかな収入でまかなっている。「スティル・ウォーターズ・イン・ア・ストーム（嵐の中の静かな水たまり）」と名づけられたその学校は、放課後に読み書きを学べる「安らぎの場所」になっていて、そこでは、10代以下の子どもたち――ほとんどメキシコからの移民――が、文学や演劇の世界に浸ることができる。子どもたちは、詩や小説、体験記を書いては、交代で、自分の作品を声に出して読みあげる。するとほかのみんなは、スティーブンの言う「畏敬に値するほどの静けさ」の中で、耳を傾けるそうだ。彼は、週に60時間をこの学校で過ごしているが、収入は、自分の家族の家賃を何とか払える程度だという。彼は私にこう言った。「まわりの人たちから、ランダムな子どもたちをどうしてそんなに深く愛せるのか理解できないと言われるよ。でもね、僕はここに来る子どもたち全員に惚れ込んでいる。あの子たちのためにできる限りのことをやっているよ。彼らの声をすべて聞きたいと思ってるんだ」

しかし、シュリ・シュリのアドバイスについてたずねると、彼はポケットから、折りたたんだ1枚の紙を取り出した。それは彼がいつも持ち歩いているもので、ジョージ・オーウェルの次のような文章が書かれていた（訳注　ジョージ・オーウェル（１９０３～５０年）はイギリスの作家、ジャーナリスト。代表作は『動物農場』、『１９８４年』）。「ヨーガ行者だらけの今の時代には（ちなみに、この文章が書かれたのは１９４９年で、街のあちこちにヨガスタジオができる前のことだ）、人々は容易に、『〝執着を捨てる〟のはいいことだ』と思うだろうが（中略）、普通の人は、それと同時に『それはできない』と思うだろう。なぜなら、それはあまりにもむずかしいからだ。（中略）もしだれかが、それを心の奥底まで実践できたとしたら、執着を捨てるための一番の原動力になるのは、人生の苦痛、なかでも、人を愛すること――それは、性的に愛するのであれ、性とは無関係に愛するのであれ、骨の折れることだ――から逃れたいという欲求だと気づくのではないだろうか」

スティーブンは私のほうを向き、私の目を見てこう言った。「だれかを愛するというのは、一部の人たちをほかのひとたちよりも愛するという意味じゃないなら、意味がないんだ。僕はそれがわかってからは、人を愛することが前よりうまくなったよ。やっぱり優先度があるんだよ。僕は生徒たちを愛している。でも間違いなく、自分の子どもたちをもっと愛している。その気持ちを捨てることには、興味がないな。その気持ちはあまりにも強い。『何もない心』とは、あまりにもかけ離れている。僕はその気持ちを、徹底的に感じていたいんだ。仏教の考え方を『すごいな』って思うことはよくあるけれど、同時に、『ほんとうはどういう意味なんだろう』と疑問に思ったよ。執着を捨てるって、結局は、冷たい心になるってことじゃないの？　このオーウェルの文章を初めて読んだとき、ありのままの人間でかまわないという許可をもらったように思えたんだ」

私は、できるだけ優しくたずねた。「もし、あなた自身の子どもたち、ご夫婦で育てていらっしゃる子どもたちに、何かあったら、どうなるかしら？」

彼はためらわずに答えた。「もし僕が子どもたちを失ったとしたら、完全に打ちのめされるよ。ほかの子どもたちを失ってもひどく打ちのめされると思う。でも、自分の子どもだったら、僕は壊れると思う」

そして最後の調査として、もう一人の友人アミ・ヴァイディアと話をした。彼女は医師で、婦人腫瘍科の共同責任者を務めている。産婦人科で研修をスタートさせ、今では、末期の卵巣がんを抱えた母親たちをケアすることもよくあるという。そういう女性たちには、できるだけ親身になって、できるだけうまく接するようにしているそうだ。彼女はヒンドゥー教徒で、「生まれ変わり」――彼女の説明によれば、「生と死が循環するパターン」――を信じている。彼女が幼いころ、彼女の祖母が親指を立てるしぐさをして、こう説明したという。「あなたの心の中にこの親指くらいの小さなあなたが住んでいるの。私たちの体は、永遠には生きられない。体が死んだら、その魂はそこを抜け出して、新しい体を見つけて、そこに住むの。その魂は、それをずっと続けるの。だから死ぬことはない。でもいつかはその魂も、生と死のサイクルを断ち切って、宇宙と一つになることができるのよ。それが『オーム（宇宙の根本原理）』の考え方なの」

アミはこの考え方を信じることで、「死」が耐えやすいものになっている。また、この考え方は、彼女の医療に対する考え方にも影響を与えているようだ。彼女はこう説明する。「『体』には意味がないの。私たちヒンドゥー教徒は、人が亡くなったら、その体を火葬し、その灰をとっておくことさえしない。『体』は、ほんとうは一時的なもの、どんな体もそうなの。だから私たちは、死を受け入れて、この世での命を限られたもの、すごく限られたものとみなすことができるのよ」

アミは、患者たちに治療法の幅広い選択肢を伝えて、彼らが自分の今後の人生を、尊厳を持って決められるようにすることに力を入れている。彼女はこう語っている。「西洋のがん患者さんは、すべての治療法を試したがる傾向があるの。がんを治すどころか、進行を遅らせる効果さえたったの3％しかないという治療法でも、試したがるの。不運にも、進行がんを抱えていたり、がんが再発したりした患者さんは、とてもつらい症状に見舞われることがある。そういう患者さんはクオリティ・オブ・ライフ（日常生活における精神的・身体的・社会的・文化的・知的な満足度）が大幅に低下していて、ベッドから起き出すエネルギーもなく、食べたり飲んだりする能力も限られていたりする。そういう患者さんにとっては、進行を遅らせるだけでは十分ではないでしょう。それでも、どんなチャンスもつかんで、それにしがみつこうとするなら、それは、たんに死に直面したくないからではないかしら。私の両親はヒンドゥー教徒で、3％の可能性しかない最期の賭けはしそうにないわ。これは一般論で、ヒンドゥー教徒にも例外はあるでしょう。でも、両親はこう言う可能性が高いと思うわ。『その時が来たんだよ』」

アミは急いでこうつけ加えた。「私は、ヒンドゥー教徒は死を喜ぶと言ってるのではないの。ヒンドゥー教徒だって同じくらい喪失感を抱くわ。でも、『死は生の一部』という感覚のほうが強いの。運命論のような感じで、『自分たちには死の時を変える力はない。自分よりも大きな力が存在する。治療法や治療薬を見つけ出す科学の力よりも大きな力が存在する』と思っているの。何かが起こるのは、理由があるからよ。もしその時が来たのなら、それがその時だからなの」

これは心強い考え方だ。ところが……。私が一茶のケース、つまり「子どもの死」について聞いてみたら、彼女は黙り込んでしまった。アミはとてもエネルギッシュで、ものすごく頭のいい、優れた医師だ。彼女と話していると、自分が、言葉とアイデアが楽々と流れている川の上空にいるような気分になる。でもこのときの彼女は、ためらいがちに話した。「子どもを亡くすのって、一番つらいと思う」。彼女はゆっくりとしゃべった。「それを受け入れることを求めるのは、厳しすぎるんじゃないかな。私は小児腫瘍医じゃなくてよかった。それは、私には絶対にできない仕事の一つね。とくに、自分に子どもができてからは、無理だわ。私は、この子たちはどんなことをしてでも手放すまいと、毎日のように思っているの。私たちが、子どもを亡くしたご家族にどう向き合ったらいいのか、どうなぐさめたらいいのか、ほんとうにわからない。子どもを亡くしたら、最も深い、最も大きな喪失感を抱えるでしょう。子どもの死となると、それについてどう説明するのがいいのか、どんなふうに話すのがいいのか、わからないの。私にとって、子どもを亡くすことは、耐えることを強いられるような苦しみでしかないわ」

これを聞いて、最初は混乱した。私はこうたずねた。「あなたがほんとうに『魂は生き続ける、人の死は、生まれ変わりをほぼ永遠に繰り返すサイクルにすぎない』と信じているのなら、そう信じることで、最も悲痛な喪失感も和らぐんじゃないの？」

アミはこう説明した。「でも、『生まれ変わり』という考え方をもってしても、二つの結びついた魂の別離のつらさは解消しないわ。そうした二つの魂がもう一度出会えるとは思えない。一方の魂がどの場所に行き、もう一方がどの場所に行くかは、だれにもわからない。ほんとうの『喪失』ってそういうものでしょう」

ここでまた、あの人類最古の問題と、最も切実な夢――つまり、別離のつらさと、また結びつきたいという願望――が登場した。この二つが、信じる宗教が何であれ、生まれた国がどこであれ、どんなパーソナリティーの持ち主であれ、「心の痛み」と「願望」の核心となっている。これが、一茶が私たちに伝えようとしたものであり、私たちが最初からわかっていたことではないだろうか。

仏教もヒンドゥー教も、こう教えているように思う。――私たちは、執着がなくなったら、「ニルヴァーナ（涅槃）」に到達する。ニルヴァーナというのは、天にあるものでも、どこか遠くの幻想的な場所にあるものでもなく、だれもがこの地上でアクセスできる「悟りの境地」であり、私たちが癒しや一体感を得ているばかりか、苦痛や喪失感にも、落ち着きと思いやりを持って向き合える状態のことなのだ。

それならたぶん、私が少し前に紹介した人たちは、だれも悟りに達していない。スティーブンも、アミも、一茶さえも。一茶が達していないのは間違いない。たぶん、完全に悟りに達したら、「ビタースイート」なんてどうでもよくなるだろう。私には理解できそうにない（もしあなたが、自分は悟りに達しているとお考えなら、スピリチュアルティーチャー、ラム・ダス（1931～2019年）の次のような意見について検討してほしい。「あなたが自分は悟りに達しているとお考えなら、感謝祭にはあなたの家族のところに行って、一緒に一週間を過ごすべきです」）。

しかし、私たちみんなが求めている「心の安らぎ」へのルートは、ほかにもある。「忘れること」もその一つで、それにより一定の距離を置くことができるだろう。「自分には回復力があると理解すること」もその一つで、それにより安心と勇気を得ることができるだろう。「執着を捨てること」が三つ目のルートで、それは、私たちが自分の子ども以外にも愛を拡大する気になるのに役立つだろう。そのほか、愛する人たちと天国で再会できると信じることで、心の安らぎを得ている人たちもいる。

だが一茶のやり方――つまり「そうではあるけれど」と思うこと――には、別の知恵が含まれている。その知恵は、私たちの多くが感じている「切なる思い」が、「心のふるさと」に到達する原動力になることを示している。「そうではあるけれど」という言葉は、私たちの愛する人が去ったときに、入るのが許されなかったように見えた世界への扉を開いてくれる。そして「そうではあるけれど」という言葉が、私たちを、深く悲しんだ経験があるすべての人――つまり、すべての人――に結びつけてくれるのだ。

＊＊＊

ロイス・シュニッパーの一人娘ウェンディが、38歳のときに卵巣がんと診断された。そのとき、がんの専門医たちは、そのがんを慢性疾患として治療するつもりだと語った。だから、母親のロイスは、そのときの予後診断がとても厳しいものだったにもかかわらず、ウェンディの10年にわたる闘病生活のあいだ、「ウェンディは生き続ける」とずっと信じていた。ロイスは生まれながらの楽天家なのだ。それはウェンディも同じで、可能な限り、夫や娘さんたちと一緒に普通の生活を送り続けた。娘さんの学校の劇やサッカーの試合を見に行ったし、家族旅行にも出かけた。その10年の写真を見ると、ウェンディのヘアスタイルは変化した。頭にバンダナを巻いていたときもあれば、もとはストレートの茶色の髪が化学療法のあとに生え替わって、くせ毛に変わったこともあった。でも彼女の笑顔はいつも輝いていた。何度も危機に陥って、入院した。そのたびにウェンディは最新のつらい治療を受け、家族は最期の時に備えて、病院の別の部屋に集まって待機した。だが、危機はいつも去り、ロイスは、「ウェンディは自分より長生きする」と信じ続けた。

一方、ロイスの夫マーレイはそれほど楽天的な性格ではない。彼は16歳のときに父を亡くしていて、ウェンディについては、万一の覚悟をしていた。彼は娘との最後の10年を、楽しみもしたが、防御の態勢で過ごしていたのだ。そんなわけで、ウェンディが最終的に亡くなったときには、マーレイはある程度の心構えができていたが、ロイスは完全に打ちのめされてしまった。彼女はその後2年にわたって、ほとんど家から出ず、毎日泣きぬれて目を覚まし、その2年で体重が4、5キロ増えた。彼女とマーレイがウェンディを育てた家の壁一面に、ウェンディの写真をパッチワークのように貼りつけた。陽気で有能な彼女は、いなくなってしまい、もう戻ってこないように見えた。

でも最終的には、マーレイのサポートと、「ウェンディを祭る聖堂を造ったところで、だれの役にも立たない」という優しいアドバイスのおかげで、ロイスは立ち直ることができた。彼女は、自分にはほかの子どもたちや孫たちもいて、自分を必要としていることに気がついた。深い悲しみから抜け出せずにいるのは、彼らを排除するようなもの、彼らのことは大事じゃないと言っているようなものだし、彼らも残りの人生を引きこもって過ごすべきだというサインになりかねないと思った。そして、自分にはまだ、愛する夫、マーレイがいるのだと気がついた。彼女はまだ人生を愛していたようだ。私にこう語っている。「私、だれかと一緒にいたり、いろんなところに出かけたりするのが好きなの。だって、そうすると、わくわくするんだもの」

今の彼女は、当時を振り返ってこう語っている。「ウェンディの予後についてもっと現実的に考えていたら、最後の10年間をあれほど楽しくは過ごせなかったんじゃないかしら。そんなことにならなくてよかったわ。彼女が死んでしまうことを簡単に受け入れていたら、あの楽しかった時間は手に入らなかったのかも」

ロイスは、私の姉の義理の母（姑）で、今では私の親しい友人だ。彼女は、マンハッタンのアッパーウエストサイドにある居心地のいいレストランでブランチをとりながら、この一連のストーリーを話してくれた。彼女の隣には、マーレイがいた。そのときの彼女は82歳。私は彼女が自分の体験を詳しく話すのを聞いて、彼女が好きになったし、彼女を立派だと思った。そして、最悪の不幸に見舞われたときにどうしたらいいかについて頭の中でメモをとった。それでも、彼女の驚異的な楽天主義に接して、彼女は自分とは別世界の人だという思いもあった。私はむしろマーレイに近い。私だったら、ウェンディの予後をはっきり把握しただろうし、最悪の事態に備えただろう。私は、よくも悪くもそういう人間なのだ。心理学者たちには、そうした傾向を表す名前まである。「防衛的悲観」だ。それにしても、人間には実にさまざまなタイプがあると私が思うのは、これで何回目だろうか。

だが、彼女がこのあと口にした言葉によって、別世界の人などではないと気づいた。嫌になるほど不完全なソースコードに対してベストを尽くしている同じ人間なのだという、奇妙で美しい一体感を覚え、突如として、私たちは同じ世界の人間になったのだ。ロイスはこう言った。「今は、ひびの入った鏡のようなもの。何かがいつも欠けているの。鏡は元通りにはならないけれど、人は、がんばったら、その破片を取り戻すことができるの」(注)

彼女はここで、ひと呼吸置いた。

そして、そっとつけ加えた。「そうではあるけれど、それにはかなりの意志が必要ね」

彼女は、とても弱々しく、まるでただのつけ足しのように、こう言ったのだ。「そうではあるけれど、それにはかなりの意志が必要ね」

ロイスは、一茶があの詩を書いてから200年近くたった2016年に、ほうれん草のオムレツやストロベリー・スムージーが並んだ陽気なテーブル越しに私を見つめ、私に言ったのだ。人間がいつも言っているに違いないこの言葉を。「そうではあるけれど」。「そうではあるけれど」。「そうではあるけれど」

＊＊＊

一茶は200年前に、こう伝えたのではないだろうか。「私たちは『命のはかなさ』――露のしずくがどれほど短命なのか――に気づくべきですが、大切な人を亡くした悲しみが解消したというふりをすべきではありません。あなたがたの社会から、笑顔をつくるよう、どれほど教え込まれていても、かんたんに気持ちを切り替えるのは人間らしくありません」

だが、気持ちが切り替わらないからといって、前に進めないことにはならない。

作家のノラ・マキナニーがTEDトークで、「気持ちを切り替える（move on）」ことと、「前に進む（move forward）」ことの違いについて語っている。私は、この二つは違うということが、人生のビタースイートな本質――私たちを結びつけているもの――を受け入れるための最も強力な枠組みになることに気がついた。マキナニーは、夫のアーロンを脳腫瘍で亡くした。そしてその

（注）この一節は、ロイスが何かの本で読んだ、鏡のイメージについての文章を引用したもの。彼女はその本のタイトルを思い出すことができない。だから、申し訳ないが、この文章の著者のクレジットはできない！

あと、自分と同じように「パートナー（配偶者）の死」を経験した人たちに、「死別の悲しみについての他人からのアドバイスの中で、一番嫌だった言葉は何か」と聞いてみた。最も多かった答えは、「気持ちを切り替えよう」というアドバイスだったという。

彼女自身は、その後、再婚している。彼女と新しい夫は、それぞれの再婚前からの子ども4人と救助犬とともに、郊外の家に住んでいる。そして、今の彼女はいい人生を送っているが、いまだにアーロンと一緒の人生を送っているのだという。彼女はこう語っている。「彼は、以前と同じような形で存在しているのではなく、――以前のほうがずっとよかったですけど――（中略）私は彼を消し去ることができないのです。だから彼が、今もいるんです」。アーロンは、彼女の現在の仕事の中にも、彼との子どもの中にも、その後の彼女――二人目の夫が恋に落ちた女性――の中にもいるのだという。彼女はこう語っている。「私はアーロンから気持ちを切り替えたのではなく、アーロンと一緒に前に進んでいるんです」

こうしたマキナニーの姿勢は、一茶の思いを受け継いでいる。そして私たちに、それを受け継いだ生き方を示してくれてもいる。

彼女はこう続けている。「私たちができるのは、この世には治らないものもあるし、すべての傷が癒えるわけではないということを、お互いに気づかせ合うことぐらいじゃないでしょうか。『死別の悲しみ』は、こうして、同時に複数の働きをするマルチタスクな感情だということや、だから、悲しくても幸せになれるし、死別の悲しみを抱えても、それから1年、あるいは1週間もたないうちに、あるいはその直後に、人を愛せるのだということを、私もみなさんも忘れないようにするために、私たちはお互いを必要としています。死別の悲しみに暮れている人もまた笑うようになり、また笑顔になるということを、私たちは忘れないようにしましょう。（中略）死別の悲しみに暮れている人たちも前に進むことになるでしょう。（中略）でも、だからといって、気持ちを切り替えたわけではないのです」

第9章
私たちは親や祖先の「苦痛」を受け継いでいるのだろうか？
もしそうなら、何世代も前の苦痛を転換できるだろうか？

最初の世代が黙っていたことは、次の世代の体に受け継がれる。

——フランソワーズ・ドルト

私は、ビタースイートな曲の謎——そもそも私たちはどうしてそういう曲を聴くのか、多くの人がそういう曲は「気持ちが高まる崇高な曲」と思うのはどうしてか、といったこと——を解明するために、この本を書き始めた。でも、疑問はほかにもあった。第4章でお伝えした通り、私は母の話をすると必ず泣いてしまうようになった。それはどうしてか、どうしたらそうならずに済むのか、疑問に思っていたのだ。私は、母の話を一切しないことでそれを解決していた。だがそれも、10月のある日の午前中に、マンハッタンのミッドタウンにあるオープン・センターで母の話をするまでのことだった。

私は「人が死ぬ」ということを深く理解したいと思っていたので、死に瀕した人や遺族に接する仕事をしているソーシャルワーカーや、病院に所属する牧師、心理カウンセラーのためのセミナーに参加した。私はそうした専門職ではないが、この本を書いていたので、参加させてもらえたらと思ったのだ。そんなわけで、10月のその日、私はオープン・センターにいた。コーエンのメモリアルコンサートが始まる前と違って、気持ちは落ち着いていたし、まわりの人とは少しだけ距離を感じていた。私の数十年来の母がらみの疑問が解けるかどうかはわからなかったし、ビタースイートな生き方に関するはるかに大きな疑問——どうすれば前の世代から受け継いだ「悲しみ」や「切なる思い」を転換できるのか——について答えを探ることができるかどうかも、まったくわからなかった。

＊＊＊

私たち参加者は、ヨガスタジオを兼ねた、明るく広々とした部屋に集合した。この日は、畳んだ毛布やウレタンフォームブロックが棚に片づけられていて、部屋の正面に一体の骸骨が立っていた。その横には、神仏に供える灯火用のキャンドルが置かれた小さな木のテーブルと、ホワイトボードがあった。ホワイトボードにはこう書かれていた。「死を理解することは、生を理解することでもある！」

骸骨のそばに、シムチャ・ラファエル博士が期待のまなざしで座っていた。彼は、心理療法士で「デス・アウェアネス・エジュケイター（死を意識することを教える教師）」であり、「ダアト・インスティチュート・フォー・デス・アウェアネス・アドボカシー・アンド・トレーニング（死を意識することの支援とトレーニングのためのダアト協会）」の創設者でもある。自分をファーストネームで呼ぶよう私たちに勧めた博士は、ユダヤ教正統派のラビと、昔のカリフォルニアのヒッピーをミックスさせたように見えた。何しろ、ごま塩ひげを生やし、濃紺のスーツを着てスカルキャップを頭にのせているだけではなく、スタッドピアス（キャッチ式ピアス）とシルバーのペンダントをつけ、カウボーイブーツも履いていたのだ。彼の話し方は、ユダヤ教の教えを説くラビの語り口と、ユダヤ人コメディアンの早口のおしゃべりが入り混じったような感じだった。彼は若いころに、何人もの親しい友人や家族の死に直面し、「塩漬け」ならぬ「深い悲しみ漬け」になったという。それでもこう信じていた。――この世とあの世のあいだにあるのは「ウィンドウ」であって、「壁」ではない。死恐怖症のアメリカ社会のせいで、私たちはそのことに気づけない。

セミナーには、私を含めて8人が参加し、椅子は円形に並べられていた。シムチャが私たちに、「死」に接した個人的体験について話すよう促した。最初に話をしたのはモーリーンで、「私はたくましいアイルランド人です」と自己紹介した。彼女は、有能で良識があって、陽気な女性のように見えた。娘さんや夫のことをうれしそうに話し、夫とは、その日の晩に15回目の結婚記念日を祝うことになっているとのろけた。彼女はストレートヘアをショートカットにし、めがねをかけ、ランニングシューズを履いて、スマイリー・フェイスつきの名札をつけている。両腕をひじ掛けに置き、はっきりとした断定的な声で、次のように語った。

「私がいつも仕事に出かけるのは、そこが自分にとって一番安全な場所だからです。私は医療ソーシャルワーカーです。仕事は、人が自身の死に向き合うのを手助けすること。私はこの仕事に満足しています。それも心の底から」。彼女は「心の底から」に強勢を置いた。「私は自分の死を恐れています。私が14歳のときに父が亡くなったんですが、母は、私たちが悲しむのを許しませんでした。私が葬儀のときに泣き出したときも、怒った顔で私をにらみました」。モーリーンはこう言って、口をへの字に曲げて厳しく非難するような顔をし、そのときの母親を完ぺきにまねたように思える表情を再現した。

彼女はこう続けた。「姉は悲しみのあまり、髪の毛が抜けてしまいました。私はたくさん泣きました。でも深い悲しみをどうにかすることはできませんでした。そのうち、父親代わりになる友人を見つけました。でもその友人は自殺しました。その後、私はアルコール依存症になり、虐待的な男たちと関係を持ちました。妊娠中絶も何度もしました。だから、自分は地獄に行くと思っています。私は14年間、お酒を飲んでいません。そして自分の仕事に打ち込んでいます。そうすることで、私がこれまで奪ってきた命を賠償できればと思って。そんなわけで、私は何とか人にサポートを提供することはできるでしょう。でも私自身がサポートを受けることは、かなわなかったんです」

モーリーンは静かにこうつけ足した。「私、自分のどうしようもない過ちを嘆きたいんです。この痛みを癒せるようになりたいし、許しを請えるようになりたいです。私、どうしたら自分を許すことができるでしょうか？　もしそれができたら、人を手助けしようと思わなくなってしまうでしょうか？」

シムチャは終始、熱心に耳を傾けていた。そして優しくこう語った。「私には二つのことがわかりました。一つは、お母さまはあなたに、自分の感情を隠す方法をとてもうまく教えたということです。あなたの体験談をうかがうと、とてもつらい気持ちになりますが、もし私が、あなたが話した体験のビデオ映像を、音声を消して再生したなら、あなたが話していたのは、カリブ海に旅行に行ったこととか、食べたばかりの食事のことかと思うでしょう。ですから、お母さまに感謝しましょう。でもあなたは、隠していたものを取り戻すこともできるんですよ。そして二つ目は、あなたは癒しと、自分を非難する気持ちを取り除くことを、切に望んでいるということです。私たちはこの言葉を取り除かないといけませんね。——「自分のどうしようもない過ち」

彼はほかの参加者たちにこう伝えた。「みなさんが、だれかのつらい体験談を聞いたときにどうするか、考えてみてください。自分のこととして受け止めますか？」。私の答えは「イエス」だ。まわりの人との距離感は消え失せた。モーリーンの話を聞くうちに、何かがほどけたように感じたのだ。

シムチャは次に、私たちが自分を相対評価していないかどうかたずねた。彼はこう言ったのだ。「みなさんはこう思っているんじゃありませんか？『彼女には、ティッシュ4箱分の涙を誘う話があるが、自分にはティッシュ2箱分の話しかない』」。これについても、私の答えは「イエス」だ。このシムチャの問いかけに、ほかの参加者たちが安心したように笑ったのを見て、私はホッとした。自分の番が回って来なければいいのに、と思った。モーリーンの体験談に比べたら、自分のものはあまりにも薄っぺらいような気がしたのだ。

とはいえ、話をするのを断るというのも、間違っているし、心が狭いように思えた。そのうち順番が回ってきて、私は母のことを話した。私が10代のときに、母とのあいだに大きな亀裂が生じたこと。そのとき、自分は母の精神を殺したのだと思ったこと。母が、自身の母親の影響で暗い子ども時代を過ごしたこと。そのころ、母の父親の家族全員が、海の向こうで虐殺されていたこと。そうした話をした。

そして、話をしているうちに、以前のように涙が出てきた。そうなることは予想できたはずなのに……。私はまるで、ティッシュ4箱分の話をしているみたいに泣いた。そのうちティッシュ7箱分になり、1000箱分になったが、それでもまだ足りなそうなくらい涙が出た。ここにはモーリーンがいるのに、――14歳のときに父親を実際に亡くし、結果的に人生がもつれてしまった彼女がいるのに――私ときたら、彼女以上に泣いていた。シムチャは私たちに悲しみの大きさを比較してほしくはないだろうが、私は自分がこっけいに思えた。

それでも、シムチャは私を相対評価しようとはしなかったし、私の知る限りでは、ほかの参加者たちも同じだった。彼は私にこう言った。「私は、完全で健全な『個性化』は、実際にはないと聞いています（訳注　「個性化（individuation）」は、ユング心理学の概念で、人が「本来そうなるであろう究極の自分」になっていくこと。「個性化」のプロセスは、「自分らしさを追求すること」でもある）。ですから、あなたの一部は、いまだに16歳のままで、その16歳のあなたが、いまだにお母さまと結びついたままでいたいと思っているのでしょう。そしてこう言いたかったのでしょう。『私はありのままの自分でいることもできるし、愛されていると感じることもできるけれど、その両方は無理だ』」

確かに彼の言う通りだった。私もそのことにだいぶ前から気づいている。だがシムチャはこのあと、別の話をした。彼はこう言った。「あなたは自分の悲しみだけを抱えているわけではありません。お母さまの悲しみも抱えています。さらにお母さまのお母さまやお父さま、さらにその方たちのお母さまやお父さまたちの悲しみも抱えています。あなたは、何世代もの方々の悲しみも抱えているのです」

そして私にたずねた。「あなたは何座ですか？」。私は星占いを信じるタイプではないが、ここは譲って、こう答えた。「私は魚座です」。すると彼はうなずきながらこういった。「あなたには透過性があるのです。何があなたのもので、何がほかの人のもの、何が前の世代の人たちのものかをあなたが知るのはむずかしいでしょう」

そしてこうつけ足した。「でもね、今生きている世代の人たちとは、彼らの苦痛を背負い込まずに、つながりを保つことができますよ」

私はショックを受けた。あの奇妙な涙は、街角の路上強盗のように出し抜けに出てくるように思えたのに、私が生まれたときからずっと抱えていたもので、母とのいざこざよりずっと前から抱えていたものだったと知ったからだ。そういえば、もう会うこともないような別れのとき——たとえば、10歳のサマーキャンプの最後の日——にも、奇妙な涙が出ていた。私はそのキャンプに対しては、楽しいような楽しくないような複雑な気持ちを抱いていて、家に帰るのがうれしかったにもかかわらず、涙が出たのだ。不思議な気がしたのを今でも覚えている。そういうときの涙は、その場に不似合いなようには思えなかった。ただし、涙の理由を、ある程度秩序立てて説明するのは無理だったのだ。

私の家族には、叔母や叔父、従兄弟がほとんどいない。そういう親族は、母方も父方も、ほとんど全員がホロコーストで命を失った（訳注　「ホロコースト」は、ナチス政権とその協力者による600万人以上のユダヤ人の組織的、官僚的、国家的な迫害および殺戮のこと）。今は亡き親族が並んでいる、1世紀近く前のセピア色の写真の中で、男性も女性も、お年寄りも子どもたちも、陰気な感じでカメラを見つめているのはどうしてだろうと、私は子どものころから不思議に思っていた。その写真が撮られた1920年代には、ニコリともしないで写真に写るのがヨーロッパのはやりだったようだが、私には、彼らが自分の運命——彼らの何人かが実際にたどったような運命——を予測しているように見えた。

1926年の祖父は、ラビの教えを学ぶ前途有望な生徒だった。その年、祖父とその父親は、あり金をはたいて鉄道の切符を買い、ポーランドの小さな村ブチュクからスタニスラフという都市に行き、その後に起こることを予測するという優れた思想家の講演を聴いた。思想家は、こう予言したという。「ポーランドのユダヤ人のみなさん、世界には、ロシアとドイツという二つの大国が存在します。この二つの大国は、覇権争いをしている、つまり世界を支配するために争っています。両国は、溶鉱炉を熱して、破壊のための砲弾や銃弾、いろんな種類の船舶を鋳造する準備をしています。この二つの国は、いずれは衝突することになるでしょう。そして、ポーランドのユダヤ人のみなさんは、その衝突の渦中に巻き込まれることになります。みなさんは痛めつけられ、しまいには灰になってしまうでしょう。みなさんに、ひと言アドバイスを差し上げます。『逃げてください』。できるだけ速く走って逃げてください。私の知力を尽くし、声を限りにして申し上げます。みなさん、お急ぎください。どうか、お急ぎください。ここから逃げてください。なぜなら、そうしなければ、みなさんが灰と化すことになるからです」

その翌年、祖父は一人で祖国を離れ、アメリカにやって来た。旅費を提供したのは、彼が会ったこともなかった花嫁——私にとっては母方の祖母——のご両親だった。彼はできるだけ早く家族を呼び寄せるつもりだった。しかし彼はブルックリンの小さなアパートで貧困生活を送っていた。家族に提供できるものは何もなく、家族を住まわせる場所もどこにもなかった。スタニスラフで聞いた予言はつねに頭にあったが、その脅威がどれほど現実的であり、どれほど差し迫っていたかは知る由もなかった。彼は家族を呼び寄せるのを少し先延ばしにし、また少し先延ばしにした。しかしそのあいだに、家族は痛めつけられ、灰と化した。講演した思想家が予言した通りに。

祖父が50年にわたって尽くした信徒たちにとっては、祖父は、陽気な声で話し、思いやりがあり、達観したようなところもあり、うれしそうに笑う、目のキラキラしたラビだった。彼はユダヤ教の聖典「タルムード」をすべて暗記し、祈る人々のリーダー役、人々の魂の案内役を務めた（訳注　「タルムード」は、ユダヤ教の律法、道徳、習慣などをまとめたもの。6部構成、63編からなる）。祖父は私の母にとっても、まったく同じような存在で、それに加えて、とても愛情深い父親でもあった。私には、祖父は、マジックリアリズムの物語の登場人物のように、この世界にいるのに、この世界の人ではないように見えた（訳注　「マジックリアリズム」は、「非日常」を日常的なものとして描く表現技法。1960～70年代のラテン・アメリカ文学の特徴）。祖父はまるで、彼の小さなアパートを埋め尽くしていた古い本の山から、魔法のランプの魔神みたいに出てきたかのように、古い図書館の匂いがした。彼は、私が世界の中でもとくに大好きな人の一人だった。

だが彼は、家族の破滅を防げなかった自分を許すことができず、午後いっぱいため息をついて過ごすこともあった。スタニスラフに出かけてから1世紀近くが過ぎたころ、死の床につき、祖国に残した両親を悲しんで涙を流した。祖父は、彼のコミュニティの支配的なタイプの人々から信頼を集めたが、彼の心は魂をなくした人たちとともにあった。そういう人たちは彼の居間に集まり、彼と一緒にシナゴーグへ歩いたという。信徒たちのだれかに不幸なできごとが起こると、祖父は私の母に、そのできごとを説明しながら、よく、イディッシュ語で「Oy, nebach（オイ・ネバク）」と言って大きなため息をついた。「オイ・ネバク」は、「かわいそうに」という意味で、私が知っている数少ないイディッシュ語の一つだ。私は小さいころに、台所で遊びながら、祖父が母に話をするのを聞いていた。この言葉は、祖父が話をするたびに口にしたので、覚えていたのだ。「オイ・ネバク」は、私が自分の子ども時代につけるキャプションになった。

＊＊＊

こうした過去のできごとを、私は何らかの形で受け継いでいるのだろうか？　シムチャが示唆したように、こうしたできごとが、私の奇妙な涙の一因になっているのだろうか？　もしそうだとしたら、どういうしくみで、そうなったのだろうか？　こうした遺伝は、文化的なもの、家族性のもの、遺伝的なものだろうか？　その三つだけと考えていいのだろうか？　この章では、こうした疑問の答えを探るつもりだ。だが、私たちにはもう一つ、こんな疑問がある。――ビタースイートの伝統が教えているように、「苦痛」を「美しいもの」に転換するのが私たちの仕事だとしたら、私たちは現在の苦痛や、個人的な過去のできごとによる苦痛だけではなく、過去の人々の苦痛にも対処することになるのだろうか?

あなたは、「悲しみ」を受け継いだというドラマチックな体験はしていないかもしれないし、あなたの祖先が、過去数世紀のよく知られた悲劇的なできごとと関わっているとは聞いていないかもしれない。でもあなたの祖先たちの中に、奴隷やそれに近い境遇だった人がいる可能性はある。たとえ祖先が王や女王だったとしても、別離のつらさは経験しているのではないだろうか。そういう人でも、戦争や、飢きん、伝染病、アルコール依存症、中毒、その他の、どんな人でも最終的にはエデンの園にはいられなくなるようなダメージを通じて、別離のつらさを経験している可能性が高い。私たちはみんな、ビタースイートのビターな面を、体の奥深くで知っているのではないだろうか。

シムチャのセミナーの少し後に、クリスタ・ティペット(1960年〜、ジャーナリスト)がホスト(司会)を務めるポッドキャストのトーク番組「On Being」で、レイチェル・イェフダ博士(1959年〜)へのインタビューを聴く機会があった。イェフダは、マウントサイナイ医科大学の精神医学と神経科学の教授で、トラウマティック・ストレス(心的外傷後ストレス障害)研究科を率いている。夜遅くの番組だったので、居眠りしそうになっていたが、イェフダの話で背筋が伸びた。

イェフダは「エピジェネティクス」という、新しく生まれた学問分野の研究をしている。「エピジェネティクス」は、遺伝子のスイッチが、逆境に見舞われるなどの環境の変化に応じて、オンになったりオフになったりするしくみを研究する。彼女はキャリアを通じて、「『悲嘆』が、私たちの身体に細胞レベルでの影響を及ぼし、その影響が一つの世代から次の世代へと受け継がれる」という仮説を検証している。彼女はティペットにこう語っている。「自分に何か大きな変化が起きたときに、みんなこう言いますよね。『私は別人になりました。私は変わったんです。私は以前の私ではありません』。それで、私たちはこう思うようになりました。『うーん、それはどういうことだろう？　もちろん、その人は別の人になってはいない。その人のＤＮＡが変わったわけではないでしょ？』。実際、ＤＮＡに変化はありません。そこで私は、環境による影響があまりにも大きかったために、大きな本質的変化、永続的な変質が起きたということではないかと考えています。そしてエピジェネティクスが、そうした考えを詳細に分析できるようにするための言葉と科学をもたらしてくれたんです」

イェフダはキャリアの初期に、心的外傷後ストレス障害（ＰＴＳＤ）を研究していた。そしてそのころ、ニューヨーク市のマウントサイナイ医科大学付属病院内に、ホロコーストを生き残った人々のための診療科を、同僚たちとともに立ち上げた。彼らは、生き残った人自身を診療するつもりだったが、そうはならなかった。ホロコーストを生き残った人々は、「医者に自分の経験は理解できない」と思う傾向があり、家にとどまった。診療科にやってきたのは、彼らの子どもたちだった。

そうした子どもたち――といっても、そのころには、ほとんどが中年になっていたが――の人生には、独特のパターンがあることがわかった。彼らは、親の深い悲しみを目の当たりにしてきために、ホロコーストから何十年も経っているのに、いまだに不安を抱えていた。そして、命を落とした人々のために生きなければならないという大きなプレッシャーを感じていた。また、人との別離——とくに親と離れること——がなかなかできずにいた。彼らのほとんどが40代で、配偶者や子どもがいた。それでも彼らは自分のことを「○○の息子です、○○の娘です」と紹介した。彼らは母親や父親の陰で生きていたのだ。

このほか、もっと目に見える特徴もあった。ホロコーストを生き残った人々の子どもたちは、親が生き残っていない、人口統計学的に同じようなユダヤ人たちに比べて、心の傷となるようなできごとを経験した場合にＰＴＳＤを発症する割合が３倍も高かった。また、うつ病や不安障害にもかかりやすかった。そして彼らの血液検査を行ったところ、ホロコーストを生き残った人々と同じ神経内分泌異常やホルモン異常が見られることがわかった。

彼らは明らかに、特有の感情的な遺産を抱えている。でも、それをどうやって受け継いだのだろうか？　それは、親にどのように育てられたか、親とどんな関係にあったかといったことと、関係があるのだろうか？　それとも、そうした遺産についても、何らかの形でＤＮＡに書き込まれているのだろうか。

この最後の疑問に答えを出すために、イェフダと同僚たちは、ホロコーストを生き残った人々32人と、彼らの子どもたち22人の、ストレスに関与する遺伝子を調べてみた。その結果、親たちと子どもたち両方の遺伝子に、「メチル化」と呼ばれる、一種のエピジェネティックな（後成的な）

変化が見られることがわかった。そのことは、親の世代のトラウマ（心の傷）が次の世代に受け継がれるという仮説を証明する明確な証拠になった。

イェフダたちは2015年に、これらの調査結果を学術雑誌『Biological Psychiatry（生物学的精神医学）』で発表した。するとまたたく間に、マスメディアの彼女の研究についての記事や、エピジェネティクスの輝かしい前途についての記事の中で、こうした調査結果がセンセーショナルに扱われるようになった。そして同じくらいまたたく間に、学界内で、サンプルが少ないとか、ホロコーストを生き残った人々の孫やひ孫について調査していないといった批判の声があがるようになった。また「還元主義的な生物学的決定論」に対しては、イェフダ自身が論文審査のある専門誌『Environmental Epigenetics（環境関連エピジェネティクス）』に2018年に掲載された論文で、警鐘を鳴らしている（訳注　ここで言う「還元主義」は、さまざまな生命現象を、それ以上分割できない物質や概念（ここでは遺伝子やＤＮＡ）で説明しようとする立場。「生物学的決定論」は、人間の知能や行動が遺伝子によって決定されているという考え方）。彼女は、「この学問分野は若く、調査結果はまだ少ない」とも語っている。そして結局は、もっとたくさんのサンプルを用いた2020年の調査――これについては学会誌『The American Journal of Psychiatry（アメリカ精神医学会誌）』で報告されている――でも、イェフダの調査結果と同じ結果が得られることになった。

さて、ここまでの説明に抜けているものがある。それは、なぜマスメディアがまたたく間に、そうした小規模な調査の結果を報道するようになったのか、なぜ私たちは、この一連の科学研究に興奮を覚えるのか、ということだ。私は、その答えは単純だと思っている。それは、私たちの心の奥深くにある直感の一つ、つまりシムチャが死別についてのセミナーで私に伝えた「『苦痛』は、生涯にわたって続くだけではなく、後のいくつもの世代にわたって続くこともある」という考えが正しいと、イェフダの調査結果が実証したからではないだろうか。

トラウマが、心理的にも生理的にも、生涯にわたって続くことがあることは、以前に証明されている。そしてそのことが、ＰＴＳＤの診断のベースになっていた。ＰＴＳＤの診断については、アメリカ精神医学会が発行した『Diagnostic and Statistical Manual of Mental Disorders（DSM-III）』（『DSM-III-R精神障害の診断・統計マニュアル』、高橋三郎訳、医学書院、１９３０年）に１９８０年に追加され、当時は、議論の的になっていた。人がストレスに直面すると、たいていの場合、短期的な「闘争・逃走反応（闘うか逃げるかの反応）」（不安や恐怖、交感神経系の興奮などの心理的・生理的な反応）が起こり、脅威が去ったら、体は落ち着きを取り戻す。ところが、トラウマは、長期におよぶ身体的な変化――脳の神経回路や、交感神経系、免疫系、視床下部・下垂体・副腎系などの変化――引き起こすという証拠が蓄積されるようになった。

そして今では、そうした生理的な影響が、世代をまたいで続くことがある証拠も集まり始めている。動物を使った実験も増えていて、イェフダの初期の調査結果の域を超える結果を出している。その一つのミジンコを使った実験では、天敵の気配にさらされたミジンコたちは、先がとがった、武器となるような頭を持つ子どもを産むことがわかった。またマウスを使った実験では、無害な香りにさらされながら、痛みを伴う電気ショックを与えられたマウスたちは、電気ショックを与えなくてもその香りを恐れる子どもを産み、さらに、孫もその香りを恐れることがわかった。チューリッヒ大学のエピジェネティクスの教授イザベル・マンスイは、マウスの子どもたちに、母親から引き離すなど、さまざまな厳しい試練を与えるという興味深い（そして、とてもかわいそうな）実験を行っている。そうしたマウスたちがおとなになると、通常とは異なる振舞いを見せるようになり、試練を与えられていないコントロールグループのマウスに比べて、無鉄砲で、意気消沈しやすくなったという。たとえば、水の中に落とされると、彼らは、もうどうすることもできないといった反応を見せ、泳ぐのをやめたという。そうした、通常のマウスには見られない振る舞いは、彼らの子どもたちにも見られたそうだ。

もし、その子どもたちが、欠点のある親に育てられたというのであれば、この結果にも、たぶん驚かなかっただろう。だがそうではなかった。マンスイは、トラウマを抱えたオスのマウスと、トラウマを抱えていないメスを交配させ、赤ちゃんが生まれる前に、オスを母親のケージから取り出し、父親の通常ではない振る舞いが、子どもに影響を与えないようにしていた。さらに、赤ちゃんマウスたちが乳離れすると、次の対策として、一緒に生まれた赤ちゃんたちを別々に育て、同腹の仲間たちがお互いに影響し合うことも防いだ。彼女はこれを6世代にわたって行った。彼女は、自分の計画は「すぐに軌道に乗った」と語っている。そして、トラウマを抱えたマウスの子孫たちにも、祖先と同じような不安定な振る舞いが見られたそうだ。

人間についても、さらなる疫学的証拠が見つかっている(訳注　疫学は、研究テーマについて、集団を対象として発生原因や流行状態、予防などを研究する学問)。南北戦争で捕虜になり、その後解放された人々の息子たちは、捕虜を経験していない兵役経験者の息子たちよりも、早死にだったという。また、オランダで第二次世界大戦中に大規模な食糧不足に陥ったときに妊娠した女性たちの子どもたちは、後年、肥満や糖尿病、統合失調症を抱える割合が、著しく高かったという。イエール大学看護学部の教授ヴェロニカ・バルセロナ・デ・メンドーサ博士らが2018年に、アフリカ系アメリカ人の女性たちを対象にして行った調査では、人種差別によって、統合失調症に関与する遺伝子や、双極性障害に関与する遺伝子、ぜんそくに関与する遺伝子に、エピジェネティックな変化が生じる可能性があることが判明した。

もちろん、こうした世代をまたいだ影響——ホロコーストを生き残った人々や、南北戦争で捕虜だった人々、オランダの飢えに苦しんだ女性たちの子どもたちに見られる影響——は、いくつもの原因によるものかもしれない。また、そうした影響は、科学的には魅力ある「苦しみは、DNAまで変えてしまう」という考え方とは、ほとんど、あるいはまったく関係ないのかもしれない。(こうした反論に対して、学術誌『サイエンス』のある記事では、「そうした反論に答えるときは、実験用マウスたちの出番となるだろう」と書かれている)

しかし、マウスを使ったものであれ、そうではないものであれ、エピジェネティクスの実験結果に私たちが惹かれる二つ目の理由が、こうした疫学的事例の中に隠されているように思える。

私たちが惹かれるのは、たとえ「苦痛」が何世代かあとまで続くとしても、何世代かあとに「癒す」ことも可能だろうと、私たちが直感的にわかっているからではないだろうか。タフツ大学の生物学者ラリー・フェイグもこう述べている。「もしそれがエピジェネティックなものなら、それは環境に対する反応だということです。そして、環境による悪影響なら、元に戻せるということです」。言い換えれば、たとえ私たちの「悲しみ」がいくつも前の世代から代々受け継がれたものだとしても、その「悲しみ」を「美しいもの」に転換する方法――つまり、「ビター」を「スイート」に変える方法――はたぶん、実際にあるということだ。

イエフダには、そのことが最初からわかっていたようだ。彼女は自分の研究についてこう語っている。「私は、どうしたらこうした情報を通じて、人々に無力感を抱かせるのではなく、人々を元気づけることができるかを考えるという、大きな課題を抱えています」。また専門誌『Environmental Epigenetics（環境関連エピジェネティクス）』に掲載された論文にも、こう記している。「私たちの調査が、ストレスによって悪影響をこうむった生体システムにどのくらい回復力や適応力、変化する力があるかといった議論に役立つものと受け止めてもらえずに、意に反して、『子どもに永続的で深刻なダメージをもたらす』という物語を裏づけるものと受け止められることもあります」

＊＊＊

世代をまたいだ「苦痛」を癒す方法には、さまざまな形のものがあるが、どれにも「自分の祖先と健全な関係を築く」過程が含まれている。その一つは「心理療法」で、イェフダが2013年に専門誌『Frontiers in Psychiatry（精神医学の最前線）』に発表した研究論文によれば、測定可能なエピジェネティックな効果が得られるようだ。同様に、イザベル・マンスイのマウスを使った実験でも、トラウマを抱えたマウスを癒し効果のある環境で育てることで、子どもに心の傷をのこさないくらい回復することがあると判明している。彼女が2016年の実験で、トラウマを抱えたマウスたちを、回し車や迷路を設置したケージで育てたところ、彼ら特有の不安を示す症状を、子どもにはのこさなかったという。

もちろん、心理療法は種類が多く、ここでそのすべてを紹介できるわけではない。それでも、いくつかの心理療法を知っておくと、私たちが自分のパターンに気づき、それに対処する場をつくるのに役立つだろうと思っている。イェフダは、ホロコーストを生き残った人の娘さんが、グループセラピーの場で話したことを紹介している。その娘さんは、職場で動揺するできごとに直面したときのことを、次のように話したという。「そのとき、イェフダ先生がこうおっしゃったのを思い出したんです。『あなたの〝ショック吸収装置〟はあまり性能がよくない。〝ショック〟

は先に行かせたほうがいいの。なぜなら、あなたの体は、それが鎮まる前に極端な反応をしようとするしくみになっているからよ』。だから私、そうしました。そしたら、ほんとにうまくいったんです」。ところが、イェフダが彼女に、「ショック吸収装置」というたとえを使ったことはなかったという。彼女は、グループセラピーに支えられて、自分でその言葉をつくり出したというわけだ。

また私たちは、心理療法を通じてであれ、真実を突き止めようという個人的な決意からであれ、祖先たちを知り、よく理解し、彼らを好きになり、それによって、自分を好きになるという一連の作業に取りかかることもできる。シンガーソングライターのダー・ウィリアムズ（1967年〜）の名作「After All（アフター・オール）」の歌詞をご存じだろうか。そこには、彼女が両親の苦痛に向き合ったことで、自殺願望を伴なううつ病から回復したいきさつが描かれている。彼女はこう歌っている。「私の家族には、語るべき真実がまだ残っていた」。そこで、ウィリアムズは過去の世界に行き、「両親を通して自分を知ることができるように」、両親のつらい子ども時代のことを調べた。

とはいえ、私たちが過去の世界に行く方法は、調べることや、家族から話を聞くことだけではない。「苦痛」が生まれた場所に実際に行くことが、過去を知るのに役立つ場合もある。では、過去に奴隷にされた人々のトラウマが、子孫に現れたときのことを考えてみよう。私は、この章を書いているときに友人のジェリ・ビンガムからメールを受け取った。ジェリは内向型人間向けのポッドキャスト「Hush Loudly」を制作し、そのホストも務めている。シカゴに住んでいるが、メールを書いたのは、急な出張で訪れたというセネガルだった。彼女はその地で、ゴレ島――アフリカ系アメリカ人の彼女によれば「私たちの祖先が、アメリカに連れて行かれる前に、とどめ置かれていた場所――を訪れた（訳注　ゴレ島は、セネガルの首都ダカールの沖合いにある島。過去に奴隷貿易の拠点として栄え、世界遺産に登録されている）。彼女はメールにこう書いている。「ツアーガイドさんの話では、ポルトガル人やオランダ人、イギリス人がこの島を乗っ取って、大西洋を渡るための最後の港として利用したんですって。彼らは、男たちや女たちをこうした部屋に詰め込んで、食事は1日に1回しか与えなかった。その人たちを生かしておくためだけの食事だったのよ。そしてここで死んだら、遺体は海に投げ込まれたそうよ」

彼女のメールには、心に焼き付くような写真が何枚か添付されていた。写真には薄暗い部屋が写っていた。部屋はじめじめしているように見え、細長い窓らしきものがあって、そこから海――奴隷にされた人々を永遠に運び去る海――が見えていた。ジェリは、「ドア・オブ・ノー・リターン（引き返せない扉）」と呼ばれている場所に立っていたのだ。また、二つの収容部屋が写った写真もあった。一方の部屋には「Femmes（女性用）」、もう一方には「Enfants（子ども用）」と書かれていて、「母親たちはみんな子どもと別れている、子どもたちはみんな母親と別れている」という胃が痛くなるようなメッセージが伝わった。別離の激しい「苦痛」が伝わってきた。

ところがジェリは、そのあと、驚くようなことを書いている。彼女はこう書いたのだ。「その場所は私にとって、神聖な土地（聖地）のような気がしたわ」

彼女が、これほど大きな「苦痛」と「悲しみ」の場所を「神聖な（sacred）」と表現したことに、私はとても驚いた。そして「sacrifice（犠牲になる）」の語源が、ラテン語で「神聖にする」を意味する言葉であることを思い出し、ジェリはそれが頭にあったのだろうかと、思ったりもした。私は彼女にこう頼んだ。「もしよかったら、どういう意味でその言葉を使ったのか、教えてもらえる？」。そして彼女の答えが、イェフダが強調していた、「過去の心の傷」を「現在の癒し」に、つまり「ビター」を「スイート」に転換するという話と重なることに気づいた。

彼女は次のように書いている。

私が神聖な気がしたのは、私の祖先の、たぶん何百万人という数の奴隷たちが、それほど遠くはない過去に立っていたのと同じ場所に、自分が立っていたからなの。私、彼らの心を感じた。彼らの魂を感じたの。あの中に入ったときに感じたのは、恐怖とか不安、痛み、胸が張り裂けるような思い、怒り、戦慄、それと名前のない感情だった。そうした感情は彼らのものだった。私は彼らの悲しみや絶望、孤独を感じたのよ。彼らは、ほかの人たちとつながれていたけれども、孤独だった。そこは自分の家じゃなかったし、家族と一緒ではなかった。彼らは知っているすべてのものから引き離され、無理やり奴隷にされたのに、その一方で、彼らの「所有者」になることで儲けた人たちもいた。私、彼らがそこにいる姿を思い描いたの。はだかか、たぶんはだか同然の彼らが、次に何が起こるかわからないまま、一緒に鎖でつながれて、自分たちのふん便のなかに座ったり、寝ころがったりしている姿を思い描いたの。

私はそこに立って、祖先の感情と思えたものを整理し、喜びとか、誇り、強さ、自信といった自分の感情も整理したの。私が考えることができたのは（中略）、私たちの民族は、そこからどれほど大きく前進したかということ、それだけだった。私は、彼らに起こったことが憎い。彼らの人生の成り行きが憎いわ。でもね、きっと彼らは、私たちが今のような状況になったことを誇りに思ってくれると信じてる。今では、自分が可能な限り最高の人間になることや、自分に与えてもらったどんなものも当然とは思わないことに、これまで以上に責任を感じているの。幸運なことに、私は生まれたときから今のような生活を手に入れているし、必要なものは何でも与えてもらい、私のことを第一に考え、どんな犠牲もいとわない両親に育てられた。私は自分の民族や文化に対する責任について考えながら、あの場所をあとにしたの。私たちの民族がどこで生まれ、どのように扱われ、その後、どのように生き残って繁栄したかを知るのは、すごく刺激的な体験だったわ。私は祖先の悲劇と深い悲しみが自分に現れたことを、ありがたく、おそれ多いと思っているの。

ジェリは、セネガルから私にメールを送ったときには、私が「受け継いだ悲しみ」について書いていることは知らなかった。でも、私がそうした考え方について説明したら、とても驚いていた。そうした考え方が、彼女の琴線に触れたらしく、いろいろな話をしてくれた。「黒人は、深い悲しみを胸にしまい込むことがあるの。それは、強くなるためとか、動揺しないようにするため、悩まないようにするためなんだけど、黒人以外の人には、そういう黒人は、怒っていたり、冷淡だったりするように見えるの」。とはいえ、奴隷にされたジェリの祖先たちには、悲しみに暮れる機会さえなかったようだ。彼女はこう語っている。「彼らは、祖国を剥奪され、暮らし方や文化が、自分が知っているものとは正反対の外国の地にほうり出された。彼らには、悲しみに暮れている時間とか機会は与えられなかった。耐えるしかなかったの。彼らは子どもを育てたし、自分の手中にあるカードはうまく使った。でも、深い悲しみが消えることはなかったの」

＊＊＊

イェフダによれば、世代をまたいだ「苦痛」を癒すもう一つの方法は、同じような問題に直面しているほかの人たちを手助けすることだという。

私は、ＴＥＤの講演で、「切なる思い」や「超越」についての話をしたあと、観客席を出たところのホールで、ファラ・カティーブという若い女性に話しかけられた。彼女は長い黒髪と、焦げ茶色の瞳の持ち主で、私を見ながら頭を横に傾けるさまが、「無意識の癖」という形のハグのように見えた。彼女はこう言った。「切なる思い。私は今、それを抱えているところです。なぜかはわかりません。失ったものを取り戻したいと切に思っています」。だが彼女の物語を聞くうちに、彼女には、「なぜか」がわかっていたことが明らかになった。そしてその物語は、ファラの物語であるだけではなく、彼女の姉の物語でもあり、彼女の母親の物語、祖先の女性たちの物語でもあった。

ファラは、ヨルダンで生まれ育った。彼女の家族は、自分たちを「進歩的な一家」とみなしていたそうだが、実際には「そんなんじゃなかった」という。「女は小さくなっていなさい。弱々しくしていなさい。人に気に入ってもらえるようにしなさい」と教えられた。彼女の姉は、姉妹がまだ小さかったころに亡くなった。彼女は、それがあまりにもショッキングなできごとだったので、それがどうして起きたのか、そのとき自分が何歳だったかを思い出せないという。彼女のご両親は、悲しまなかった。少なくとも表だって悲しむことはなかった。自分たちの娘のことは二度と口に出さなかったし、写真も一枚も取っておかなかった。その後、彼らは離婚した。彼女の母親は、苦痛や死別の悲しみにさいなまれ、必死で家族から逃げようとしたようだ。ファラの乳母の女性に母親代わりになってもらうつもりで、その女性とファラを残して、出て行ってしまった。ところがその女性は母親代わりになるどころか、ファラを虐待した。ファラは生き延びるために、可能な限り従順に、可能な限り、人目につかないように振る舞うようになった。青年期に達したころには、「心が死んでいる」と思うようになっていた。

そして彼女は仕事を見つけた。シンガポールの多国籍企業で、ヘアケア製品のマーケティングを行う仕事だ。彼女は、それはただの仕事だと思っていたので、「死んだ心」を回復させるのに役立つなんて思ってもみなかった。だが彼女は、消費者リサーチの部署に入り、女性の顧客たちにインタビューを行い、詳しく話を聞いた。ファラは彼女たちの話を聞いていると、心がかき乱された。彼女たちの「恥ずかしい」、「隠れていたい」という話に、奇妙なほど親近感を覚え、もっと聞きたいと思った。そこで仕事を辞め、ヨルダンに戻った。と言っても家に帰ったのではない。以前に刑務所に入っていた女性たちに向き合う仕事を始めたのだ。彼女は自分でも、どうしてその仕事を始めたのか、はっきりとはわからなかった。わかっていたのは、女性たちの話に耳を傾けたいということだけだった。そして彼女たちも話をしたがっているのがわかった。彼女たちは自分の話だけではなく、母親や祖母、曽祖母の話もした。ファラはこう語った。「女性たちが体験することは、男性とはぜんぜん違うんです。男の人なら、刑務所に入ったとしても、出所して村に戻れば、それが通過儀礼のように受け止められます。女の人の場合は、仕事を見つけることができません。家族は恥ずかしい思いをすることになります。そしてたぶん、そういう女性は、嫁に出されることになるでしょう。彼女に選択の余地はありません。彼女の夫は父親くらいの年で、彼女に性的暴行を加えることになるでしょう。でも私たちは、そういうことは口にしないことを学んでいます。私たちの社会では、彼女たちが体験したようなことは、話さないことになっています。口にするのは恥ずかしいことだとされているんです。ですから、私の母が、私たちの前で泣かなかったのと同じように、私たちも彼女のことは口にしないのです。でも私たちは、自分の子どもたちに、「深い悲しみ」を伝えなければなりません。前の世代の人たちの「深い悲しみ」を伝えなければなりません。お前はこういう立場なのだと言われたせいで、なれたはずの自分になれていない「深い悲しみ」を、伝えなければなりません」

ファラが、刑務所に入っていた女性たちに向き合う仕事を始めたのは2009年のことだった。2013年には、シリアからの女性難民にライフスキル（自立して、よりよく生きていくためのスキル）やお金の管理、癒しの方法などを教えるNPOをスタートさせた。その仕事に取り組んでも、ファラの「切なる思い」が消えることはなかった。それでも、彼女の言う「人生が好きになることにつながる、ビタースイートな気持ち」でいっぱいになったという（彼女が「ビタースイート」という言葉を使ったのは、私のさしがねではない！）。彼女はこう語っている。「私は初めて、自分が回復したと思えるようになりました。人からは『あなたは真面目すぎる。自分を解放して、楽しみなさいよ』と言われます。でも私、楽しいことには関心がありません。関心があるのは『気持ち』なんです」

また彼女は、どうして女性難民を支援する仕事に惹かれるかもわかるようになった。彼女の一族の女性たちに巻きついている「深い悲しみ」のリボンも、難民キャンプの女性たちのものと一緒に、解きほぐしたかったのだ。彼女はこう語っている。「私は、前の世代の人たちの『深い悲しみ』をたくさん抱え込んでいるんだと思います。私は母の『深い悲しみ』を抱えています。体の中にそれを抱えているんです。姉の悲しみも抱えていかなければなりません。私はたくさんの悲しみ、母の世代やそれ以前の世代の女性たちの悲しみを、彼女たちの代わりに抱えていくことになるでしょう。私たちの社会では、彼女たちの体験について話をしません。口に出すのは恥ずかしいことだと思われているからです。でも私たちは、自分のあり方について話さなければなりません。私が仕事で取り組んでいることはすべて、『あなたのあり方』に関することなんです。そしてそれは、代々伝えられているものなんです」

＊＊＊

ファラの場合は、彼女が組織を通じて転換しようとした女性難民たちの「悲しみ」は、彼女の祖先たちを苦しめた「悲しみ」と似たようなものだった。だが、少なくとも表面的には、自分の祖先のものとはまったく異なるように見える「心の傷」を癒すことに魅力を感じるケースもある。

ウィリアム・ブライトバート博士（1951年〜）は、ニューヨークにあるメモリアル・スローン・ケタリングがんセンターで、精神医学・行動科学部門のチーフを務めている。彼は、死に瀕しているがん患者たちに向き合っている。それは、彼らを治療するためではない。彼らの寿命を延ばすためでもない。彼らの身体的な苦痛を和らげるためでさえない。彼の仕事は、彼が開発した「ミーニング・センタード・サイコセラピー（意味中心心理療法）」を通じて、末期がん患者に「残された時間を生きる意味」をもたらすことだ。そして彼は、人々を元気づけるような結果を出している。ブライトバートの患者たちは、彼の心理療法を受けていないコントロールグループに比べて、精神的満足感とクオリティ・オブ・ライフが著しく高く、身体的な苦痛や症状が著しく少ないことがわかったのだ。（訳注「ミーニング・センタード・サイコセラピー（意味中心心理療法）」は、ヴィクトール・フランクルのロゴセラピーの理論を取り入れ構造化した、末期がん患者のための心理療法。（「ロゴセラピー」は、心の病を持つ人が「生きる意味」を持てるよう手助けすることで、回復を目指す心理療法）。実際に効果があるというエビデンスが固められ、近年では、末期がん患者以外への応用が検討されている）

ブライトバートは、エイズ患者に向き合う若い精神科医としてキャリアをスタートさせ、その後、進行がんの患者たちに向き合った。そのときに、患者たちに共通点があることに気がついた。彼らは「死ぬことを望んでいた」のだ。彼らには、余命がまだ3カ月あったり、6カ月あったりした。それでも、それを今すぐ終わらせたいと思っていた。彼のキャリア初期の患者——65歳の化学者——は、最初の顔合わせのときにこう言ったという。「きみは、私のためにどんな手助けができるか、知りたいんだね？　私は余命3カ月だ。そしてその3カ月には、何の価値も見いだせない。きみが私の手助けをしたいなら、私を殺してくれ」

当時は、患者がこうした気持ちになっても、ほとんどの医師が驚かなかったという。結局のところ、その化学者のような患者は、ひどい痛みを抱えているかうつ状態にあるかのどちらか、あるいはその両方だった。そうした患者たちがうつの治療を受けると、彼らの約半数は、「死にたい」という気持ちが和らいだ。痛み止めの薬剤を使うことで、さらに10％が、「死にたい」という気持ちが和らいだ。だが残りの40％は、それでもまだ「死にたい」と思っていたという。

ブライトバートは、彼らがそう思うのは、「生きる意味」を失ったことが原因だろうと考えた。でもそれは、薬では治せない。それに対処するには、別の方法を見つけ出す必要があった。彼にはそれが、どうでもいい哲学的な問題とは思えなかった。「生きる意味」は、人間らしく生きるための要《かなめ》であり、苦しみを乗り越える力をもたらすものだと信じていたのだ。彼はニーチェの本を読んだりもした。ニーチェは「生きる理由を持つ者は、ほとんどどんな生き方でも耐えることができる」という言葉を残しているからだ。そしてこう思った。――患者たちが「生きる理由」を見つけるのを自分が手助けできたら、がんが、それ以外のほとんどのものを奪ったあとでも、自分は彼らを救えるのではないだろうか……。

彼は化学者の患者にこう伝えた。「お願いですから、僕に、あなたのカウンセリングを3回やらせていただけませんか。そして、そのあとでも、まだそんなふうにお考えなら、僕たちに何ができるか考えてみましょう」

私は、ある5月の日の午後、メモリアル・スローン・ケタリングがんセンター7階のカウンセリング・センターにある彼のオフィス――角部屋《かどべや》（アメリカでは、上級者用の部屋）――を訪ねた。オフィスの棚には、テキスト類や医学雑誌、仏像、中東で使われる手の平の形のお守り「ハムサ」などが、ところ狭しと並べられていた。壁は、数え切れないほどたくさんの学位免状や賞状、画面いっぱいに赤いチューリップ畑が広がる巨大なスクリーンセーバーに覆われていた。彼と私は、窓辺の椅子に腰を下ろした。彼は背が高く、クマのようで、白ひげをたくわえ、しわくちゃなツイードジャケットを着て、紺のネクタイを少し曲がってつけていた。外では雨が降っていた。

彼がわざわざ、メディカルスクールに通い、研修期間を過ごし、その後10年もかけて、選択的セロトニン再取り込み阻害薬（抗うつ薬）とか、がん細胞、化学療法についてのこまごましたことを徹底的に学び、世界でもトップレベルのがんセンターの教授職についていたのに、そのあと、「生きる意味」に取り組む一医師になったのはなぜなのかを、私は知りたいと思っていた。

しかし、心の奥深くにあったものがきっかけとなって治療の仕事についた人によくあることだが、ブライトバートにとっては、考えられる道は、それ以外にはなかったようだ。

彼はこう語っている。「もしあなたが私の物語を語ることになったら、まずは、このことから切り出したいと思うのではないでしょうか。それは、私が28歳のときに甲状腺がんになったことです。私のがんは治りました。でもその後の人生では、『自分は攻撃されてもびくともしない』みたいな感覚はなくなりました」

そして穏やかにこう言った。「でもこれは、ほんとうの答えではありません」。ほんとうの物語は、彼が誕生する前に生まれていた。のちにブライトバートの母親になる少女が14歳、父親になる少年が17歳のときに、ナチスがポーランドにやって来て「ユダヤ人狩り」を行った。その少女は、彼女をかくまってくれたカトリックの女性が所有する農場の母屋で、ストーブの下の穴に隠れた。夜になり、少女は穴から出て、ジャガイモの皮を食べた。一方父親になる少年は、ロシア軍を脱走し、森の中で戦っていたパルチザンのグループに加わっていた（訳注「パルチザン」は、外国の侵略に抵抗するために、労働者や農民などによって組織された非正規の戦闘部隊や、その構成員のこと）。ある晩、飢えに苦しみ、食べものを探していた彼は、その少女が隠れていた農場の母屋に押し入った。彼は少女に、抵抗勢力の戦士として、自分たちの仲間に加わるよう説得した。二人は戦争が終わるまで、森で戦いながら過ごし、生き延びた。戦争が終わると、それぞれの町に戻ったが、そこにはだれも残っていなかった。二人はニューヨークに行き、そこで仕事を見つけた。彼は夜勤の仕事、彼女はネクタイを縫う仕事だった。そして息子が生まれた。その息子の人生のコースは、彼が生まれる前に起きたこうしたできごとによって、決まっていたのだ。

ブライトバートは、イェフダが最初の調査で対象としたような、ホロコーストを生き残った人々のコミュニティにある「喪失や死、苦しみが現実のものとなっている家庭」で育った。彼の子ども時代は、生き残った人々の罪悪感に満ちていた。母親はよく、大勢の人が亡くなったのに、どうして自分や夫は生き延びたのかと問いかけたという。この問いは、究極の修辞疑問（答えを必要としない問いかけ）のように見えたが、実際には答えがあった。彼のご両親はその答えを声に出して言うことはなかったそうだが、彼にはそれがはっきりとわかっていた。二人が生き延びたのは、子どもをつくり、社会に出て「苦痛」を減らすような人間に育てたかったからだという。彼はこう語っている。「私は権力を得るためにここにいるわけではありません。物質的な富を蓄えるためでもありません。私は、苦しみを和らげるためにここにいるんです」

彼はこう説明した。「私たちはみんな、祖先からの遺産を与えられます。私たちはそれを選ぶことはできません。遺産がとてもうれしいもの、すばらしいものであることもあるでしょう。私に与えられた遺産は『苦しみ』と『死』、さらに『生き延びたこと、生存していることへの罪悪感』に満ちています。私は孤独な育ち方をしました。みんな死んでしまいましたから。親戚のかなり多くが、人生を築くチャンスがなかったんです。でもどういうわけか、私たちは生き残りました」

彼はこうしたことを、抑えた声で話した。祖父が私に話をしたときも同じような感じだった。もっと大きな力強い声、ポーランドの森で勇敢に戦ったパルチザンの息子の声であってもいいように思えた。彼はそういう声を、ストーブの下の穴に、安全に隠してあるような気がした。

彼は視線を私から外し、窓の外の雨を見やりながら、こう続けた。「人は遺産を重荷とみなし、それに押しつぶされることもあるでしょう。ですがそれは、自分に与えられた遺産に対する考え方次第です。私たちが生き延びて、ほかの人たちが亡くなったのには、理由があり、意味があるんです」

言うまでもなく、この考え方が、「意味中心心理療法」や、生きる意味を持たせることを主眼とするあらゆる手法の核心になっている。「死」の宣告を受ける日は必ず訪れる（その宣告は、私たちが生まれた瞬間から、つねについてまわっていた）。その日が来たら、あなたは何のために生きるだろうか？

「私は人生のあらゆることが好きなんです」。ブライトバートはこう語った。すでに彼の声は大きくなっている。「私には、自分の親への愛、子どもへの愛、妻への愛があり、性欲だってあります。美しいものが大好きですし、ファッションも芸術も、音楽も食べものも大好きです。芝居も、ドラマも、詩も映画も大好きです。興味がわかないものはほとんどありません。私は生きていることが好きなんです」。彼は、窓に向かって、土砂降りの雨に向かって、手を大きく広げるジェスチャーをしながら、こう言った。

彼はこう続けた。「ですが、これだけ好きなものがあっても、人は、生まれながらにさまざまな制限や制約を抱えています。たとえば、あなたが遺伝的に受け継いだものとか、あなたの時間、あなたの場所、あなたの家族といったものです。私はロックフェラー家に生まれることもあり得たでしょうが、そうではなかった。青い象を「神」と考えた、遠い昔の部族の家に生まれることもあり得たでしょうが、そうではなかった。私たちは、この現実世界に生まれました。それは、人生が危険に満ちた、不確実な世界です。ですから、私たちにはいろんなことが起こります。事故にあうこともあれば、だれかに撃たれること、病気にかかることもあるでしょう。あらゆることが起こります。私たちはそうしたことに向き合わなければなりません。

そして、私が今毎日向き合っている大仕事は、命にかかわるがんの診断です。がんという診断は、人の人生の軌道から、その人をほんとうに転落させるんです。問題は、どうしたらその人が新しい軌道に乗り換えることができるかということです。私たちには、『意味』のある人生、『成長』や『転換』のある人生を築く責任があります。成功を通じて成長する人はほとんどいません。人は失敗を通じて成長します。人は逆境を通じて、苦痛を通じて成長するのです」

ブライトバートは、最初の患者――余命を生きることに何の理由も見いだせなかった化学者――との運命的な出会いのあと、彼のポストドクター（博士課程を修了した研究者）仲間のミンディー・グリーンスタインと話し合い、「意味中心心理療法」の最初のバージョンをまとめ上げた。彼らが開発した手法は次のような考え方が土台になっている。――私たちはみんな、生きている限り、二つの義務がある。一つは、何とか生きていくこと。二つ目は、その上で、生きる価値のある（生きがいのある）人生を築くこと――。人は、死の床にあったとしても、人生を振り返って、「充実した人生だった」と思えたら、安らぎを覚えるという。「物足りない人生だった」と思っている人は、恥ずかしい思いをしていることが多いという。ブライトバートはこう語っている。「充実感を得る鍵は、何かを成しとげることではなく、ありのままの自分を（どんなときでも、無条件に）好きになれるようにすることです」

彼らが開発した心理療法のとくに重要な側面は、患者の本質的な部分、つまり、その人をその人らしくしているものに目を向けていることだ。人はがんと診断されたら、自分のアイデンティティーを奪われたように感じることがある。だが、意味中心心理療法のセラピストは、患者の話を聞きながら、その人にまだ残っている本質を探る。患者のなかには、人の世話をすることが中心の人生を送ってきた人もいる。そういう人は、人に世話をされるという居心地の悪い立場になる。だが意味中心心理療法のセラピストは、その人がこの期に及んでも、人に心地よく感じてもらおうとしていることに気づく。その人はセラピストに向かって、いまだにこうたずねるからだ。「いかがお過ごしですか？」。その人はいまだに人の世話をしているのだ。意味中心心理療法は、患者の喪失感を覆い隠すためのものではない。喪失感が非常に大きなものである可能性がある。だが、意味中心心理療法では、「あなたがどれほどの深い悲しみや喪失感、混乱に見舞われても、結局のところ、あなたは、今も、これからもずっと、あなたであることにまったく変わりはない」と考えるのだ。

＊＊＊

私は、シムチャの死別についてのセミナーに参加した数日後に、シムチャに電話をかけた。私が現実の問題を抱えていたからだ。そのときでもまだ、彼のセミナーであんな泣き方をしたことをきまり悪く思っていた。モーリーンや、彼女のティッシュ4箱分の喪失感を思えばなおさらだ。そして私は、この本の宣伝ツアーがあるので、次は公衆の面前で泣いてしまうのではないかと、心配していた。そこでシムチャにこう伝えた。「私は、いつも先日のような感じで、泣きながら暮らしているわけではありません。私はとっても幸せです。自分のことを『幸せな憂うつ質』だと思っているんですよ。でも、今度出す本に、母との関係について書いています。もしかすると、私が全国ネットのラジオに出たときに、母について質問されるかもしれません。そのとき、何万人もの人々の前で、感情を抑えられなくなったらどうしましょう？」

シムチャは考え込むようなようすで、こう言った。「あなたの井戸がすっかり空になるかどうかは、私にはわかりません。ですが、本を書き終えたあとに、今の質問を私に問いかけてください。というのも、原稿を書くことが、強い感情を克服するプロセスの一部になるからです。書き上げたころには、深い悲しみが消えているかもしれません」

そして、まったくその通りになった。私にとっては、この本を書くことが、過去の「悲しみ」や「切なる思い」を現在の「健全な心」に転換する、もう一つの行為だったのだ。だから、宣伝ツアーのことはもう心配していない。

あなたはどうだろう？　過去の人々の「深い悲しみ」を引きずっているように感じているだろうか？　もしそうなら、それを解消するのに役立ちそうな「祖先とのつながり方」を考えてみよう。あなたは、本を一冊書く必要はない。もしかすると、ダー・ウィリアムズが彼女の曲「アフター・オール」の歌詞に書いているように、あなたのご両親に、子ども時代の話を聞かせてほしいと頼んだらいいのではないだろうか。あるいは、日本の人々が死者を弔う「灯籠流し」をするように、あなたも紙製のランタンを川に流してみてはどうだろう。あるいは、メキシコの人々が「死者の日」を祝うように、あなたも決まった日に好きな食べものを並べてみてはどうだろう。

もしかすると、イェフダの心理療法を受けた患者さんが「ショック吸収装置」というたとえを作り出せるようになったように、あなたも心理療法を通じて、世代をまたいで受け継いだパターンに気づき、それを受け入れる余裕ができるかもしれない。あるいは、ジェリ・ビンガムがセネガルのゴレ島に行ったように、あなたも海外旅行に出かけて、祖先たちの苦痛の始まりとなった場所に行ってみてはどうだろう。もしかすると、ファラ・カティーブが難民に接する仕事を通じて、そしてブライトバートががん患者のための意味中心心理療法を通じて行ったように、あなたも独創的な方法を見つけて、両親や祖先を悩ませたような苦痛に現在苦しんでいる人々を手助けすることになるかもしれない。そして、もしかするとあなたもシムチャの言う「井戸がすっかり空になる」ことはないかもしれない。でもそれでも大丈夫だ。

また、祖先たちの物語を見つけ出し、それに敬意を払うほかにも、できることがもう一つある。それは、自分を苦痛から解放することだ。私たちは祖先たちの物語を、自分の物語と思うことも、自分の物語ではないと思うこともできる。私たちは祖先の苦しみと同じものを受け継いでいるのかもしれないが、オープンでやけどを負ったのは私たちではない。私たちは祖先の深い悲しみを受け継いでいるのかもしれないが、子どもと無理やり引き離されたのは私たちではない。祖先たちが流した涙は、彼らの頬をつたったのであって、私たちの頬をつたったのではない。それは、私たちが祖先の才能を受け継いだとしても、祖先の業績は、祖先があげたのであって、私たちがあげたのではないのと同じだ。

こうしたことは、将来に目を向けると、わかりやすいのではないだろうか。私たちの物語は、必ず私たちの子どもの物語になる。でも子どもには子どもの、伝えるべき物語がある。私たちは、子どもには、自分の物語を伝えることを望み、子どもにそうした自由があることを願っているのではないだろうか。私たちは同じことを自分に望んでいいのだ。古代ギリシャの人々はこう言ったという。「あなたの祖先たちが、あなたを通じてもう一度生きているかのように生きなさい」。これは、祖先たちの人生を再現しなさいという、文字通りの意味ではない。彼らに、まだ白紙の新しい人生を与えなさいと、言っているのだ。

あなたは人から、「自分の親は早くに亡くなった」という話を何回聞いただろうか？　私はもう、母が病気だと診断された年齢になっている。父はアルコール依存症だった。私は父のようにはなりたくない。こんなふうに考えるのは、旧約聖書（ユダヤ教聖書）の「エゼキエル書」で引用されている、次のような古いことわざの考え方に似ている。「父親たちがすっぱいぶどうを食べたので、子どもたちの口が曲がった」。ただし聖書では、このことわざが引用されているのは、そうなるのを拒否するためで、「私たちには親の過失（罪）への責任はない」と言っているのだ。そして私たちは、親の苦痛も背負う必要はない。と言っても、これは、祖先たちに背を向けるという意味ではない。私たちは、世代をまたいで、彼らに「愛」を送ることもできる。だが、祖先たちと私たちのために、ビタースイートの伝統を守って、彼らの苦しみを、もっといいものに転換することもできるのだ。

今、シムチャのセミナーを振り返ってみると、モーリーンと私はどちらも、混乱したやり方で、自分の母親に敬意を払おうとしていただけだったように思う。モーリーンはストイシズム（禁欲主義）を通じて、私は涙を通じて、敬意を払おうとしていたのではないだろうか。私が大泣きしたのは、そうすることで、母とつながるように思えたからだ。モーリーンは、母親とのきずなを作る手段として、涙をこらえたのではないだろうか。

今の私は、しょっちゅう母のところに行っている。これを書いている時点で、母は89歳。アルツハイマー病は進行しているが、私がだれかは、まだわかる。母の認知症は、とても多くのものを母から奪ったが、「愛する心」を母に返してくれた。母の「愛する心」は、日常生活がどんなに困難であっても、揺らぐことはない。母に接している看護師や医師のみなさんは、母がどんなに優しい人か、どんなに楽しい人かを、だれもが話したがる。彼らもまた、母のそうしたありのままのバージョンの心から、恩恵を得ているのだ。母は私と話をするたびに、切羽詰まった口調でこう言う。「もうじき言えなくなってしまいそうだから言うけど、私があなたをどれほど愛しているか忘れないでね」

私は母の車いすのそばに座って、母の手を握っている。母はすでに食べるのをほとんどやめてしまったので、若いころより痩せているが、あごがたるんでいるので、顔は普通の幅になっている。母の目は、青くて小さく、しわが寄ってたるんだ皮膚に包まれている。私もいつかは、あんなあごになり、目の下にあんなたるみができるのだ。母と私は、お互いを理解し尽くしているような気持ちで、お互いの目を見つめ合っている。母と一緒に暮らしていたころの試練や、母娘のあいだで愛を押しつけたり、引っ込めたり、愛で締めつけたりする信じられないような関係、母との会話や笑いやハグが思い出される。そして結局のところ、今のこうした関係に行き着いた。彼女は母親であり、母親は彼女しかいない。今ならわかるのだが、長年にわたって涙が止まらなかったのは、私が17歳のときに母から離れたからではなかった。涙が出たのは、離れていなかったからだ。問題は、母に私の日記を渡すという、無意識のうちに母親を捨て、感情的に殺したように思えた行為ではなかった。私が、母や祖父、何世代かの人々とのつながりを持ち続ける手段として、罪悪感を持ち続けたことが問題だったのだ。だが今の私は、シムチャに教えてもらった通り、「つながり」を保ちながらも、「苦痛」は保たないようになっている。

私たちが今のように考え、今のように感じ、今のような存在になっているのは、過去の人々の人生があったからであり、私たちの心が彼らの心と触れ合ってきた影響もあるだろう。だが私たちには、私たち自身の一つだけの人生もある。私たちはこの二つの事実を同時に頭に置いておく必要がある。

そして、たとえそれを完全にはできなかったとしても——何しろ、完全にできることなど何もないし、人生はビタースイートなのだから——、たとえ私が罪悪感を覚えることが、いまだによくあるとしても、たとえ私たちがまだ、「完全で美しい世界」をどん欲なまでに切望しているとしても、そのことも受け入れよう。なぜなら、第2章で紹介したあの美しい詩「Love Dogs（愛のある犬たち）」の中で、詩人ルーミーが伝えている通り、助けが必要になるようなあなたの「つらい思い」は、ほんとうは秘密の杯《さかずき》になり、私たちが表明する「切なる思い」は、ほんとうは返事のメッセージであり、私たちが泣いてしまうような「深い悲しみ」は、実際には、私たちの結びつきにつながるからだ。

「1月のある日――ロウアー・マンハッタン」

©Thomas Schaller（トーマス・シャラー）（thomaswschaller.com）

おわりに
心のふるさとに帰るには

たとえそれでも、君はやっぱり思うのかな、
この人生における望みは果たしたと?
果たしたとも。
それで、君はいったい何を望んだのだろう?
それは、自らを愛されるものと呼ぶこと、自らをこの世界にあって
愛されるものと感じること。

——レイモンド・カーヴァーの詩「おしまいの断片」(村上春樹 訳)

そのときの私は33歳。ロースクールの寮で、友人に「きみはどうして葬式の曲を聴いてるんだい?」と聞かれたあの日からずっと、「ビタースイートなもの」の不思議な魅力について、あれ

これ考えてきた。でも、その力を生かす方法を学び始めるまでには、このときからさらに10年を要することになる。

33歳の私は、企業向け弁護士事務所で働く、7年目の「アソシエイト」だった（訳注　「アソシエイト」は、雇用される側で、給料をもらう立場の弁護士たち。「パートナー」は、弁護士事務所の収益を分ける権利を持つマネジメント層の弁護士たち。アメリカでは、弁護士事務所に入ると、最初の6～8年間は、「アソシエイト」として経験を積み、その後、「パートナー」への昇格を、既存のパートナーたちが検討する。日本でも、とくに大手事務所には同様の制度があり、「アソシエイト弁護士」「パートナー弁護士」と呼ばれている）。私のオフィスは、ウォール街（ニューヨークの金融街）の超高層ビルの42階にあり、そこから「自由の女神像」が見えた。私はそこで、1日16時間労働を7年にわたって続けていた。そして、4歳のころから「作家になりたい」という見果てぬ夢を持っていたにもかかわらず、私はとても意欲的な弁護士で、「パートナー」になりたいと強く望んでいた。あるいは、そう思い込んでいた。

ある朝、スティーブ・シャレンというシニアパートナーが、私のオフィスのドアを叩いた。スティーブは背が高く、威厳があって、礼儀正しかった。彼は腰を下ろすと、私のデスクの上のぐにゃっとなるストレスボールに手を伸ばし、私が結局「パートナー」にはならないことを伝えた（訳注　「ストレスボール」は、手で握ってストレスを解消するための小型のボール）。そのとき、私にもストレスボールがあったらいいのにと思ったが、スティーブ・シャレンが私のボールを使っていたことを、今でも覚えている。私にこの話を伝えるという悪役を、悪気のないスティーブがになうことになって、気の毒に思ったことも覚えている。そして、夢が実現することはないとわかって、自分のまわりで楼閣が崩れ去ったような感覚に陥ったことを、今でも覚えている。

私は子どものころの「作家になる」という夢想を「パートナーになる」という夢に置き換えて、それまでの数年間、その夢の実現に情熱を傾け、取りつかれたように働いた。その夢は、私の憧れの家を手に入れるためのものでもあった。その弁護士事務所に入って1週間ほどたったころ、別のシニアパートナーが、私たち新人のアソシエイトを自宅のディナーに招いてくれたことがあった。彼の自宅は、グリニッチヴィレッジにある、赤レンガ造りのタウンハウスだった（訳注「タウンハウス」は境界壁を共有する複数の戸建て住宅が連続している形式の低層集合住宅。テラスハウス）。私は、彼がご家族と暮らすその家や、彼や奥様、子どもたちが毎朝、仕事や学校に行くのに歩く並木道のすばらしさを目の当たりにして、そのとき以来、そうした家に切に憧れるようになっていた。

その近隣の、木もれ日の差すどの通りにも、カフェや骨とう品店があり、家々には、かつてその家で詩人や小説家が暮らし、インスピレーションを得ていたことを知らせる飾り額が掲げられていた。そうした家々の所有者が、アーティストたちではなく弁護士たちになっていたのは皮肉なことだし、そうした家に入るための代価は、もはや詩集の呼び売り本（むかし行商人が売り歩いた小冊子）を出版することではなく、企業の保有資産の証券化や逆三角合併（買収の対象企業と、買収する側の企業の子会社とが合併をする手法）を専門とする組織のパートナーを務めることに変わっていたのだが、私はそうしたことについては深く考えなかった。私がパートナーになってそうした家を手に入れたとしても、19世紀の詩の復刻版を出版できるわけではないのはわかっていた。それでも私は、少し前の作家たちに彩られたグリニッチヴィレッジで暮らすことを夢見た。そして、その夢を実現させるためには、利回り曲線とか、元利金返済カバー率について学び、週末には『Wall Street Words（ウォールストリート用語）』という投資用語辞典を持ち帰って、寝室が一つのアパートの、ろうそくの光みたいにぼんやりとした光のもとで勉強しなければならなかったし、そうした代償も、支払うだけの価値があると思っていた（訳注 「利回り曲線」は、債券の残存期間と利回りの関係を示す曲線。債券投資で重要視される指標の一つ。「元利金返済カバー率」は、借入金の返済余裕度を見る指標で、債務返済能力を示す。金融機関が融資をする際に参考にする）。

だが心の奥底では、スティーブ・シャレンは私に「免罪符」を手渡しただけだったのだとわかっていた。

数時間後、私は弁護士事務所をあとにし、二度と戻ることはなかった。そして数週間後、7年に及ぶ関係——ずっと間違っていたように感じていた関係——に終止符を打った。私の両親は移民の子どもで、世界恐慌の申し子でもあり、私を実用的な人間に育てた。父は私が生計を立てていけるように、ロースクールに進むことを勧めた。母からは、子どもを産める年齢を超える前に子どもをつくるように言われていた。このときの私は33歳。仕事も住む場所もなかったし、恋人もいなかった。

その後、私はラウルというハンサムなミュージシャンに恋をした。彼は開放的で、輝いているようなタイプの人で、日中は作詞をし、夜は友人たちとピアノを囲んで、歌を歌っていた。しょっちゅう会えるわけではなかったが、私たちは刺激的な関係にあり、彼への気持ちは、（幸いながら）その前もその後も経験したことのないような執着心へと変わった。当時はまだスマホが普及していなかったので、日中はインターネットカフェで過ごして、彼からのメールが来ていないか確認した。そしてヤフーの受信箱に、濃い青の太字で表示された彼の名前を見つけると、興奮してドーパミンがほとばしったのを今でも覚えている（訳注　ドーパミンは、「幸せホルモン」とも呼ばれる神経伝達物質の一つで、快く感じる原因となる脳内報酬系の活性化に関与する）。彼は、デートのない日には、「お勧めの曲」を知らせてきた。

私はそのころ、マンハッタン近隣のどこにでもあるようなアパートで、わずかな賃貸料でひとり暮らしをしていた。家具はほとんどなく、ふかふかの白いラグがあるくらいだった。私はよく、そのラグに寝ころがり、天井を眺めながら、ラウルが勧めてくれた曲を聴いていた。通りの向こうには庭つきの小さな教会があった。19世紀の建物と思われたが、超高層ビルに挟まれて、奇跡的に残っていた。私はよく、その教会の信者席に何時間も座って、静まり返った教会の神秘的な空気を吸いこんでいた。ときには、友人のナオミと会ってコーヒーを飲みに行き、彼女と前回会った時以降に、ラウルが語った面白い話を彼女に聞かせた。彼女にとっては、私と会うたびにそうした話をさんざん聞かされるのは疲れることだったにちがいない。ある日彼女は、愛の怒りを込めて、こう言った。「あなたがそこまでとりこになっているのは、彼が、あなたの『切に望んでいるもの』を象徴しているからでしょうね」

ナオミは大きな、射るような青い目の持ち主だ。彼女はその目で私を見据えた。

そして突如としてきつい口調になって、こうたずねた。「あなたが切に望んでいるものは何なの？」

答えは、すぐにわかった。ラウルは、私が4歳のころから切に望んでいた「作家生活」の象徴だったのだ。彼は「完全で美しい世界」からの使者だったのだ。同じことが、グリニッチヴィレッジのタウンハウスについても言えた。タウンハウスは、別の場所への標識だったのだ。私は、弁護士事務所での数年間、その標識が指し示している方向を、ずっと勘違いしていた。私はそれを「実際の家」だと思い込んでいた。でもほんとうは「心の我が家、心のふるさと」だったのだ。

そして突如として、彼への執着心が消え失せた。私はそれでもまだラウルが大好きではあったが、その気持ちは、大好きないとこへのものと同じだった。そのなかには、性的興奮はなかったし、もう緊迫感もなかった。私はそれでもまだ、グリニッチヴィレッジのタウンハウスも大好きだった。だが、それを所有する必要はなかった。

私は、実際に文章を書き始めた。

＊＊＊

では、もし私があなたに、同じようにこうたずねたら、どうなるだろう。

「あなたが切に望んでいるものは何ですか？」

あなたはこれまで、切に望むものについて考えたことがなかったかもしれない。あなたの人生の物語の中の重要なシンボル（象徴）に気づいていないかもしれないし、シンボルの意味をよく考えたことがないかもしれない。

あなたが考えてきたのは、別のことではないだろうか。たとえばこんな調子だ。——自分は何のために仕事をするのか？ 自分は結婚や子どもを望んでいるだろうか？ ○○さんは自分にぴったりの相手だろうか？ どうしたら、良心的な「いい人」になれるだろうか？ 自分がやるべき仕事は何か？ 仕事を通じて、自分がどんな人間かが、どこまで明らかになるのか？ どんな仕事をしているかで、どんな人間かが決まるなら、自分は、今の仕事で、どの程度まで自分という人間が決まるのか？ 自分はいつリタイアしたらいいのか？

だが、そうした問いを、最も突き詰めた言葉で自分に問いかけたことがあるだろうか？ あなたは、自分が最も切に望むもの、自分だけにしかない特徴、唯一の使命、何とも言いようがない強い衝動は何かと考えたことがあるだろうか？ 自分の「心のふるさと」に最も近い場所は、いったいどこかと考えたことがあるだろうか？ もしあなたが腰を据え、用紙の一番上に、文字通り「心のふるさと」と書いて、少し待ったら、その次に何と書くだろうか？

あなたが、生まれながらのビタースイートタイプ、あるいは、体験を通じてビタースイートタイプになっているとしたら、あなたの中の「憂うつな思い（メランコリー）」をどうやって抱えていったらいいか、考えたことがあるだろうか？　あなたは自分が、たびたび語られたり、書かれたりしてきた長い伝統の一部（一構成員）であることに気づいているだろうか？　その伝統が、あなたが「苦痛」を「美しいもの」に転換し、「切なる望み」を「人との結びつき」に転換するのに役立つと、気づいているだろうか？

あなたはこう考えたことがあるだろうか？――自分が大好きなアーティストはだれだろうか、あるいは大好きなミュージシャン、大好きなアスリート、大好きな起業家、大好きな科学者、大好きなスピリチュアルリーダーはだれだろうか？　なぜ彼らを大好きなのだろうか？　自分にとって、彼らは何を象徴しているのだろうか？――。あなたは、どんな「苦痛」を取り除けていないか、考えたことがあるだろうか？　その「苦痛」をあなたの創作のために捧げることはできるだろうか？　あなたと同じような苦痛に見舞われている人たちを癒す方法を見つけることはできるだろうか？　レナード・コーエンが語ったように、痛みを抱えることで、太陽や月を大事にすることができるだろうか？

あなたは、あなた個人の「悲しみ」や「切なる望み」からいろいろ学んでいることに気づいているだろうか？

もしかするとあなたは、ありのままの自分と、生計を立てるための仕事とのあいだに、隔たりを感じているのではないだろうか。そしてそのせいで、仕事をし過ぎたり、しなさ過ぎたり、充実した仕事につきたいと思ったり、自分に合った組織文化を望んだり、自分が必要としている仕事は「今の仕事、あるいは収入源とはほとんど関係がない」と思ったりしているのではないだろうか。あるいは、ほかにも、あなたの「切なる望み」から生まれた思いがたくさんあるのではないだろうか。もしそうなら、そうした「心の声」に注意を払い、追跡し、耳を傾けてみよう（注）。

あるいは、あなたは、子どもが笑ったら大喜びし、子どもが泣いたら、子どもの悲しみを自分のもののように捉えすぎて、つらくなるのではないだろうか。もしそうなら、あなたは「涙」が人生の一部であることや、子どもが悲しみに耐えられることを、ほんとうは受け入れていないことになる。

あるいは、あなたは、両親や祖父母、祖父母のさらに祖父母の「深い悲しみ」を抱えているのではないだろうか。あなたの身体が彼らの苦しみの犠牲になってはいないだろうか。そして、世の中に対して過度に警戒したり、ささいなことでカッとなったり、心の中の暗い雲がいつまでも残ったりしてはいないだろうか。もしそうなら、あなたは、自分の物語をつくる自由を見つけるとともに、古くからの「苦痛」を転換する方法を見つける必要がある。

あるいは、あなたは、破局を悲しんでいたり、亡くなった方を悼んでいるのではないだろうか。

（注）といっても、私は、「夢」を優先して、今の仕事をやめるべきだと言っているのではない。（私はいまだに、両親の「実用主義」を抱えている！）。あなたの頭の中に「夢」が入る余地を作ってほしいと言っている。

もしそうなら、もう気づいているのではないだろうか。「別離」が最も心の痛みをもたらすことや、「結びつきたい」というのは私たちの最も根深い願望だということに。そして、自分と同じように、悲しみをなかなか乗り越えられない人たちや、立ち直ったり落ち込んだりしながら、ほんの少しずつ立ち上がっている人たちとつながっていると気づいたときに、自分は深い悲しみを乗り越えられるかもしれないと思っているのではないだろうか。

もしかするとあなたは、「完全で無条件の愛」――すてきなカップルがコンバーチブル（屋根開閉式の車）に乗って、どこに続いているかわからないカーブを曲がるといった、象徴的なコマーシャルに描かれているような愛――に切に憧れているかもしれない。もしそうなら、あなたは気づき始めているのではないだろうか。そうしたコマーシャルの中心は、魅力的なカップルではなく、彼らのピカピカの車が向かっている目に見えない場所（完全で無条件の愛）であることや、そうしたカーブを曲がってすぐのところに「完全で美しい世界」が彼らを待ち受けていること、そうこうしているうちに、彼らの心の中で、そうした世界への情熱に火がついたこと、そうした見つけにくい世界を垣間見る機会は、恋をしているときに限らず、いたるところにあることに。そして実は、子どもたちにおやすみのキスをしているときや、ギターのしらべを聴いて、体が喜びに打ち震えているとき、私たちが生まれる1000年も前に亡くなった作家が伝えるすばらしい真実を読んだときなどにも、「完全で美しい世界」を垣間見ていることに、気づいているのではないだろうか。

あなたは、あのカップルが「完全で無条件の愛」に到達することはないし、たとえ到達しても、そこに居続けるのは無理だと気づいているのではないだろうか。ただし、その場所は、私たちに「どうしても到達したい」という欲求を起こさせる（あの手のコマーシャルのスポンサーたちは、私たちが彼らのリストウォッチやコロンを買うことで、その欲求を満たそうとすることを目論んでいる）。カップルが到達しようとしている場所は、いつまでたってもカーブを曲がったところにあるのだ。では、その興味深い真実を、私たちはどう扱ったらいいのだろうか？

＊＊＊

私は、弁護士事務所を辞め、ラウルとの関係を終わらせ、その後しばらくしたころ、ケン——私の夫——に出会った。彼もライターで、それまで7年にわたって、国際連合（国連）の和平交渉に携わっていた。その間に彼が出向いた国は、カンボジアやソマリア、ルワンダ、ハイチ、リベリアなど、１９９０年代のとくに血なまぐさい交戦地帯だった。

ケンがそうした仕事をしたのは、彼の元気いっぱいのパーソナリティの裏側に、別の世界への「切なる憧れ」をあふれるほど抱えていたからだ。彼は、ホロコーストの負の遺産と格闘しながら大きくなった。10歳のときには、はたして自分にアンネ・フランクを自宅の屋根裏部屋にかくまう勇気があっただろうかと、寝ながら考え始め、そのまま夜を明かしたこともよくあったという（訳注　アンネ・フランク（1929〜45年）は、『アンネの日記』の著者として知られるユダヤ系ドイツ人の少女。ホロコーストの犠牲者）。そして1990年代に7年にわたって、子どもの兵士や、集団レイプ、カニバリズム（人食い）、大量虐殺の世界で暮らし、人間性を失いそうな立場になったときに、自分はかくまう勇気があると確信したという。ソマリアで、待ち伏せ攻撃を受けた若い友人が、手術中に亡くなったときには、彼は、可動式の野戦病院の外で、どうすることもできずに待っていたという。当時のルワンダでは、3カ月間で80万人もの人々がマチェーテ（なたに似た刃物）で殺害され、そのときの殺人率は、ナチスの強制収容所を上回っていた。そこでの彼の仕事は、国連の戦争犯罪裁判のための証拠集めだった。彼は、人骨――人の顎骨や鎖骨、頭蓋骨、母親の腕に抱かれた赤ちゃんの骸骨など――で埋め尽くされた野原を歩きながら、吐かないよう努めた。腐敗臭に吐き気をもよおしただけではなく、そこでもまた、殺害を止める人間がだれもいなかったと知って、吐き気を覚えたのだ。

彼は、そうした現場で何年も過ごすうちに、自分の仕事は無益だと思うようになった。どこに行っても、さらにたちの悪い人間たちがいて、さらに無残な死体が転がり、さらに無関心な傍観者たちがいたのだ。だれもが意図は立派だったが、勇敢な組織はなかったし、気高い国もなければ、純粋な動機を持つ個人もいなかった。だから、いつでも、どこでも、戦闘が残忍なものに発展する可能性があった。彼はふるさとに帰った。だがこのときには、「ふるさと」は以前とは違うものを意味した。彼にとってのふるさとは、友人たちや家族であり、オンデマンドの空調（人がいるところだけに空調が入るシステム）や、キッチンの蛇口から、温水であれ冷水であれ、いつでも好きに水を出せる設備は、うれしい驚きだったという。だが、そうしたふるさとは、イブがりんごを食べたあとの「エデンの園」でもあった。

私たちはこう言う。「忘れないでね」。でもケンにとっては、忘れることは問題ではなかった。彼は目にした光景を忘れることができなかった。その光景が、彼の頭から離れることはめったになかったのだ。唯一の選択肢は、それをすべて書き出し、目にしたものを記録することだった。彼は書くときに、額に入った写真を机の上に置いておいた。それは、ルワンダの人々の大量の骨が散らばる広大な野原の写真だ。その写真は、それから何年も経った今も、そこにある。

ケンと私が出会ったころ、彼と、国連時代からの親友二人が、自分たちの体験を記した本が、もうじき出版されようとしていた。私は、その本については、たとえ彼の妻ではなかったとしても、「すばらしい力作」だと称えただろう。（そう思ったのは、私だけではない！　ラッセル・クロウがテレビドラマ化の権利を買い取っている）

それにひきかえ、私には、失敗した弁護士としてのキャリアと、いくつかの書き溜めた詩があるだけだった。（ケンと出会ったころ、私はどういうわけか、ソネット（14行詩）形式で回想録を書いていたのだ）。それでも、私はそのソネットを2度目のデートのときに持参し、ケンに手渡した。すると、その日の夜に、彼から次のようなメールが届いた。

HOLY　SHIT.（すごいよ）
HOLY. SHIT.（めちゃ、すごい）

Keep writing.（書き続けるといいよ）
Drop Everything.（何もかもやめて）
Write.（書くんだ）

WRITE（書くんだ）
WOMAN（いいね）
WRITE（書くんだよ）

ケンが私を信頼してくれたおかげで、「作家になりたい」という切なる願いが実現した。彼が早朝に、息子たちのサッカー用のスパイクシューズを二重結びにしようとしていたり、私のオフィスの外の庭に、文字通り1000本もの野生の花を植えたり、うちの子犬と何分か遊ぶつもりが、何時間にもなっていたりするのを見ていると、彼と私は、もっと多くを分かち合えると思えてくる。彼にとっては、そうした日常的な献身のひとときが、一種の芸術的表現になっている。彼はそうしたひとときを通じて、ささやかなやすらぎを、静かに、儀式的に、ビタースイートに、祝っているのだ。彼と私は、若いころは別々の大陸、別々の感情の世界で暮らしていたが、彼は私の初期の作品の中に、私は彼の著書の中に、「心の安らぎを取り戻したい」という共通の「切なる思い」を見出したのだと思う。

***

だが、彼が信じているもっと大きな可能性――大量殺りくによる犠牲者が永久にいなくなる世界――については、彼はまだ待っているところだし、私たちみんながまだ待っているところだ。私たちは、自分の一番大切な夢がいつまでも叶わないことに、どう対処したらいいのだろうか？

私はいつも、「カバラ」の比喩的な教えを思い出すようにしている。カバラは、ユダヤ教の神秘主義の一派で、レナード・コーエンの壊れた「ハレルヤ」などに影響を与えている。その教えは、次のようなものだ。――最初は、この世のすべてのものが、聖なる光に満ちた、一つの器だった。ところが、その器がバラバラに壊れてしまい、今では、その聖なる破片が私たちのまわり一帯に散らばっている。ときには、あまりにも暗くて、そうした破片が見えなかったり、私たちが「苦痛」や「争い」にあまりにも気を取られていたりすることもある。だが、私たちの仕事は単純だ。それは、かがんで、それらを探し出し、拾い上げること。そうした作業を通じて、「暗やみ」から「光」が現れ、「死」が「再生」につながることや、魂が、この分裂した世界に降りるのは、高く上がる方法を学ぶためだということに、気づくだろう。また、私たちが見つけ出す破片が、それぞれ異なっていること——たとえば、私には石炭の塊が見え、あなたには、その下で金がかすかに輝いているのが見えるといったこと——にも気づくだろう。

この考え方が、謙虚であることにお気づきだろうか。この考え方が、「ユートピア」を約束していないことにお気づきだろうか。カバラでは、約束しないどころか、そういうたぐいのものは無理だと教えている。そして、私たちは「自分が持っているもの」を大切にすべきだと示唆することで、手に入らない「完全さ」を求めてばかりで、「持っているもの」を捨てておくようなことはすべきではないと教えている。だが私たちは、それぞれの専門分野に、つまり、自分が多少は影響を及ぼせる世界の片隅に、ビタースイートの伝統を持ち込むこともできる。

もしかすると、あなたはティーンエイジャーで、自分が気分の高まりと落ち込みを繰り返している理由を知ろうとしているのかもしれない。もしそうなら、人生で取り組むべきなのは、恋や仕事を見つけることだけではなく、自分の「悲しみ」や「切なる思い」を、自分で決めた、何らかの「建設的な力」に変えることだと、気づき始めたのではないだろうか。

あるいは、あなたは教師かもしれない。もしそうなら、スーザン・デイビッドの英語の先生が、彼女にノートを手渡し、ほんとうのことを書くよう勧めたときに望んだように、あなたの生徒さんに、個人的な人生のビターとスイートを表に出せるようになってほしいと望んでいるのではないだろうか。

あなたは管理職で、自分の職場で「悲しみ」が最後の大きなタブーになっていることに気づいているかもしれない。もしそうなら、健全な職場文化、たとえば、ポジティブで愛があり、「暗やみ」と「光」の両方を認め、そうした「ビター」と「スイート」が混ざり合うことで、クリエイティブなエネルギーが生まれるとわかっているような職場文化を、築きたいのではないだろうか。

あなたはソーシャルメディアの設計者で、自分たちの業界のアルゴリズムが原因で、ソーシャルメディアのユーザーが「苦痛」を「辛辣な言葉」や「依存症」に転換していることに気づいているかもしれない。もしそうなら、それでも、今ならまだ、「苦痛」を「美しいもの」や「癒し」に転換し直すことができるのではないかと、思っているのではないだろうか。

あなたは、自称「アーティスト」であれ、プロの「アーティスト」であれ、何らかの創造にかかわっているかもしれない。もしそうなら、次の言葉を自分のものにしつつあるのではないだろうか。――どんな「苦痛」であれ、あなたが取り除けないものがあるなら、どんな「喜び」であれ、あなたが抑えきれないものがあるなら、それを、あなたの創作に捧げよう。

あなたは心理学者で、心理学の世界に、神話学者のジーン・ヒューストンの言う「セイクリッド・サイコロジー（神聖な心理学）」が入る余地を作りたいと思っているかもしれない。セイクリッド・サイコロジーは、彼女の言葉を借りれば、「人はだれもが心の奥底に、自分のスピリチュアルな源に戻りたい、そこで、魂の交わり、さらには、愛する人たちとの一体化を経験したいという切なる願いを抱えている」と認める考え方のことだ。

あなたは神学者で、アメリカ社会で宗教への関心が薄れている問題に取り組んでいるかもしれない。もしそうなら、その一方で、人間にはつねに「スピリチュアルなものを求める気持ち」があることや、それがさまざまな形を装って、さまざまな時代に現れること、今の時代では、多くの人にとって、激しい対立を生む政治問題の形を取っていること、それでも、それが私たちを一つにする力があるといったことが、わかっているのではないだろうか。

あなたは、大切な人の死を嘆き悲しんでいるところかもしれない。もしそうなら、（ノラ・マキナニーが語ったように、）気持ちを切り替えなくても、（今日ではないにしても、いつかは）前に進めるということが、だんだんわかってきたのではないだろうか。

あなたはすでに中年に達している、あるいは、晩年に差しかかっているかもしれない。もしそうなら、年をとることを悲観的に捉える必要はなく、むしろ、これまで「栄光を手に入れること」にあまりにも気を取られていたと気づいて、それをやめるいい機会だと思えてきたのではないだろうか。

あなたの専門分野が何であれ、私たちみんなにとって、「美しいもの」の方に向きを変えるのに役立つ単純な言葉がある。あなたは、特定の宗教を信仰したり、古くからの教えを学んだりしなくても、「すばらしいもの」、「畏敬に値するもの」がいたるところにあると、気づくことができる。そうしたものは、文字通り、そこらじゅうにあるのに、私たち現代人は、そうしたもののまわりを歩いても、それに気づかないことが多い。私は、19世紀の詩人が残した単純な言葉「美は真実であり、真実は美である」について、ずっと頭を悩ませていた（訳注　この言葉は、イギリスの詩人ジョン・キーツ（1795〜1821年）の叙情詩「ギリシャの壺についてのオード」の一節）。どうして、きれいな顔とか美しい絵といった表面的なものが、「真実」という道徳的な価値と結びつくのだろうと不思議に思っていたのだ。この言葉の「美」というのは、私たちが到達できる状態のこと、ちょっと訪れただけで人生が変わるような世界のことであり、さまざまな入り口――たとえば、真夜中のミサとか、「モナ・リザ」、ささやかな思いやりのしぐさ、勇気あるすばらしい行為など――を通じて経験できるものだとわかるまでに、何十年もかかった。

「勇気あるすばらしい行為」といえば、サラエボのチェリストや、森から出てきて、自分のことをボスニャク人ともクロアチア人とも言わずに、「音楽家」と言ったお爺さんが思い浮かび、この本の冒頭に立ち返ることになる。

＊＊＊

父が新型コロナで亡くなったとき、私たちはお墓の脇でささやかな葬儀を行った。25歳の若いラビが追悼（賛辞）の言葉を述べた。彼は父とは面識がなかったが、パンデミック下での知らない人の葬儀で、進行を取り仕切る役を引き受けてくれていた。彼は、追悼の言葉の中で、父の神への愛を讃えた。私はちょっとおかしくなった。「彼は父を知らないんだわ」と思ったのだ。何しろ、父は誇りを持ったユダヤ人ではあったが、宗教を正式に信仰するのはまっぴらだったのだから。ところが、自分でもあきれたのだが、私は常識にとらわれて、勘違いしていたことに気がついた。今思えば、あのラビの言葉には、何もおかしなところはなかった。父は実際に神を愛していたが、そのことに対する呼び方が違っていたのだ。そして呼び方はたくさんあった。

今思えば、父は、カバラの壊れた器の破片を集めることに、人生のかなりの部分を費やしていた。私たちみんなと同じように、父も「完全な人間」にはほど遠かった。それでも、コンスタントに「美しいこと」を行っていた。そしてそれはたんに「美しいもの」のための行為だった。父は、蘭の花が大好きだった。だから、地階に温室を作り、蘭でいっぱいにした。父は、フランス語の響きを気に入っていた。だから、フランスを訪れる時間などほとんどないにもかかわらず、フランス語を学び、流ちょうに話せるようになった。父は、有機化学も大好きだった。だから、日曜日を有機化学の教科書を読むことに費やした。父は私に、こんなことを身をもって示した。――静かな人生を送りたいと望んでいるなら、静かな人生を送ればいい。スポットライトを浴びる必要のない、控え目な人間であるなら、スポットライトを浴びる必要のない、控え目な人間でいればいい。控え目なことなんて、悩むほどのことじゃないさ（この後半の教えが、拙著『内向型人間』のベースになっている）。

私は、父が医師としての役割、父親としての役割を果たしたのも見ていた。父は、夕食後に医学雑誌に目を通し、病院では、患者のベッド脇に座って一人一人につき添うことに余分な時間を費やし、80歳をゆうに超えるまで、次世代の胃腸科専門医を育て続けた。子どもたちには、自分が好きなもの――たとえば、音楽とか、バードウォッチング、詩など――について話した。いつの日か、私たちもそうしたものが好きになってくれたらいいという気持ちからだった。私の一番古い記憶の一つは、父に「チェアのレコード」をかけてと、何度も何度もせがんだことだ。(その曲は、ベートーベンのピアノコンチェルト「エンペラー（皇帝）」なのだが、私はまだ小さかったので、曲名をうまく言えなかったのだ)

私たちは、音楽関係や芸術関係、医療といった崇高な専門分野に魅力を感じる。それは、そうした分野が、美しく、癒しをもたらすからだろうが、それだけではなく、そうしたものには、「愛」、あるいは「神（神々しさ）」、あるいは何であれ、あなたの好きな呼び名のものが現れているからでもあるだろう。私は、父が亡くなった夜、音楽を聴いた。それは、曲の中に父が見えると思ったからではない。実際、父は見えなかった。私たちが、親を愛したり、歌やスポーツ、自然や文学、数学、科学を愛したりするのは、そうしたものに、「完全で美しい世界」や、私たちが一緒にいたいと切に望んでいる人、私たちがなりたいと思っている立場が、別の形で現れているからだ。あなたの愛する人はもういないかもしれない。でもその人は、何らかの形でいつまでも現れることになる。

父が亡くなるほんの少し前に、私は電話で父と話した。父は病院にいて、息をしようと努めていた。

「じゃあ、元気でな」。父はこう言って、電話を切った。

私はそのつもりでいる。だから、あなたも、どうぞお元気で。

謝辞

２００６年に、著作権エージェントのリチャード・パインに出会ったことは、人生最大の幸運の一つだ。作家にとって、リチャードのように並外れてプロフェッショナルなパートナーがいることがどんな意味があるのか、おわかりだろうか？　それは、どんな本を書くかを思いつくのに、すごく、すごく、すごく長い時間がかかるときでも、信じ続けてくれる人がいるということだ。作家がエージェントの誠実さや文学的な判断力をつねに信頼でき、作家の第1稿（や、第2稿、第3稿、第4稿）についての真実を、作家が理解できるような形で伝えてもらえるということでもある。そして、生涯の友がいるということでもある。私はリチャードと、彼の最高に優秀な同僚リンジー・ブレシング（彼女は仕事がとてもできるので、ほかのみんなは彼女の言う通りにしているだけでいいらしい）、アレクシス・ハーリー、ナサニエル・ジャックス、そしてインク・ウェル社のみなさまには、感謝の気持ちでいっぱいだ。とくにイライザ・ロースタインとウィリアム・キャラハンには、私の原稿を読んで、それを一変させるようなご提案をいただき、おおいに感謝している。

編集者のジリアン・ブレークは、奇跡的と言っていいほどの直感の持ち主で、絶妙なタイミングで、的確なフィードバックを提供してくださった。彼女は頭脳明晰で、洞察力がある。そして私が彼女を必要としていたときに、いつもそこにいてくれた。もしあなたがこの本を気に入ったなら、あなたも私と同じくらい、彼女の仕事を気に入るだろう。クラウン社のすばらしいチームと何年も一緒に仕事ができたのは、ほんとうにありがたいことだった。ジュリー・セプラー、マーカス・ドール、デイビッド・ドレーク、クリスティーン・ジョンストン、レイチェル・クレイマン、エイミー・リー、マデリン・マキントッシュ、レイチェル・ロキツキ・〝スーパースター〟、アンスレイ・ロスナー、そしてシャンテル・ウォーカー、あなたがたには、どんなにお礼を言っても言い尽せない。

また、イギリスのヴァイキング・ペンギン社のチーム――ダニエル・クルー（この本の原稿を優れた手腕を発揮して編集してくださったのは彼女だ）やジュリア・マーデイ、ポピー・ノース、そしてもちろんヴェネティア・バターフィールドとジョエル・リケットといった方々――と長年にわたってパートナーシップを結んでいることを、いつもとてもうれしく思っている。

この本の表紙を、あなたも私と同じくらい気にいっているなら、私たちはアート・ディレクターのジャッキー・フィリップスと、レイアウト担当のエヴァン・ガフニーに感謝しないといけない。レネー・ウッドと私は、もう10年近く一緒にやっているが、彼女がいなかったら、私はやってこられなかった。彼女の交渉術、能力、洞察力、細部への目配り、もうひと頑張りしようという意欲、独特のユーモアのセンスのおかげで、やってこられたのだ。彼女が慢性疾患を抱えているにもかかわらず、世界に目を向けていることに、私は日々、元気づけられている。彼女と彼女の夫〝プリンス〟・レオン・ウッドとは、もう何年も前から家族同然の間柄になっている。
ジョゼフ・ヒンソン、ジョシュア・ケネディー、エマ・ローソン、ローネン・スターンにも、おおいに感謝している。また、ローリー・フリンとステイシー・カリシュにも深く感謝している。彼女たちはとても陽気で有能で、この本の原稿の事実確認をするためにやってきて、余分なリサーチもしてくれた。この本を最後までやり通せたのは、彼女たちのおかげでもある。これからもずっとおつき合い願いたい。

TEDカンファレンスのみなさま――クリス・アンダーソンやジュリエット・ブレーク、オリバー・フリードマン、ブルーノ・ジュサーニ、ケリー・ステゼルといった方々――には、この本が出版される3年近くも前に（！）、この本に書いたアイデアを披露する舞台を提供していただき、おおいに感謝している。おかげさまで、そのアイデアをたくさんの、ほんとうにたくさんの方々にお伝えすることができた。

また私は、スピーカーズ・オフィス社のすばらしいチームの友情とサポートをとてもありがたく思っている。トレーシー・ブルーム、ジェニファー・カンゾネリ、ジェシカ・ケース、ホリー・キャッチポール、クリスタル・デビッドソン、キャリー・グラスゴー、ミシェル・ウォレス、どうもありがとう。またWME社のベン・デービス、マリッサ・ハーウィッツにも感謝している。

ジェリ・ビンガムとは、この本のプロジェクトがスタートしたころに出会った。それからというもの、彼女は、愛情豊かで、思慮深く、ちょっと「間抜けだ」という性格や、ビタースイートへの思い、受け継いだ「深い悲しみ」、そして人生そのものを、私とただ分かち合うだけで、私の人生をよいものにしている。コーチのブレンダン・ケーヒルは、ある日私たち家族の生活の場に不意に現れ、無限に蓄えているように思える知恵や、思いやりの心、インスピレーションを披露してくれた。エイミー・カディには、特別な賛辞を送りたい。彼女は、この本のプロジェクトがスタートしたときから、プロジェクトを理解し、育ててきた。社会心理学にとても造詣が深く、その知識を苦もなく明確な言葉にするので、私はいつも驚かされている。また彼女はよく、メールでビタースイートな名曲を送ってくれる。そして、自分のビターな体験をスイートなものに変えている。彼女は私の真の友だちあり、コロラド州テルユライドに滞在中は、ずっと作家仲間でもあった。〝QC〟・カーラ・デービスとミツィー・スチュアートには、過去5年にわたり、両親を手厚く介護していただいた。介護がとくに大変な時期にお世話になった。彼女たちへの感謝の気持ちは一生忘れないだろう。エミリー・エスファハニ・スミスは、リサーチと執筆に明け暮れたここ数年にわたって、すばらしい友人であり、気の合う者同志であり、スピリチュアル仲間だった。クリスティー・フレッチャーはビジネスの天才で、ビタースイートだったここ数年にわたり、大切な友人であり、アドバイザーだった。私は彼女と知り合えて、とても幸運だったと思っている。マリッツァ・〝ビッグ・ハグ〟・フローレスは、この本の執筆前と執筆中の長い年月にわたって、いつも子どもたちの面倒を見ていただいた。ミッチ・ジョエルとの友情は、TEDで朝食をご一緒したときに始まり、ビタースイートだったここ数年のあいだも続いている。ひょっとすると彼は、私と同じくらい、レナード・コーエンが好きかもしれない。スコット・バリー・カウフマンとデイビッド・ヤーデンには、ビタースイートトレベル診断テストのパイロットテストと正当性確認に協力していただき、また、この本に掲載するビタースイートなトピックについて相談に乗っていただき、たいへん感謝している。とくに、彼らの友情と良識、彼らの人生観を話してくれたことを、ありがたく思っている。エミリー・クラインと私は、一緒に子育てをし、お互いの正気を保ち合い、楽しいビタースイートな人生体験をずっと分かち合っている。キャシー・ランクナウ＝ウィークスは、大学の新入生オリエンテーション週間以来の、深いつき合いのできる誠実な友人で、人生の喜びや悲しみ（と「笑い」）を分かち合うとはどんなものかについて、とても多くを教えてくれた。レス・スニードは、ここ数年にわたり、心のこもった、効果的なリーダーシップと、私たち一家への寛大な振る舞いで、私を元気づけてくれている。カーラ・ヘンダーソンとも仲よくなり、彼女の短調の曲やその他もろもろについてのメールは、私の特別な楽しみになっている。エマ・セッパラは優しい心の持ち主だ。彼女は、私がこの本のために最初にインタビューした方々の一人で、ここ数年にわたって、仏教やヒンドゥー教、慈愛の瞑想について、とても多くのことを教えてくれた。マリソル・シマールは、すばらしい洞察力と気前の良さを発揮して、本の表紙について、専門家の助言を求めてくれた。彼女とベン・ファルチャックは、幸運にも、私たち一家が通りの向かいに引っ越してきた日からの、誠実ですばらしい友人たちだ。アンドルー・トムソンと奥さまのスージーとは、とても親しく家族ぐるみのつき合いをしている。

私が彼に、包囲攻撃を受けていたころのサラエボについて次から次へと質問したときには、彼は辛抱強く答えてくれた。そのおかげで、私は彼が苦労して得た情報を参考にすることができ、ありがたく思っている。〝私のジュディタ〟・バン・デア・ライスは、私がごく小さかったころからの友だちであり、話し相手だ。あなたが、ウィットがあって、陽気で、明らかにビタースイートではない人でいてくれて、私はありがたく思っている。もし、自分が実際には経験していないことに対する「ノスタルジア（懐かしむ気持ち）」のようなものがあるとしたら、私のレベッカ・ウォレス・セガールに対する気持ちは、まさにそれだ。彼女と私が出会ったのは、私たちが30代になってからではあるが、彼女は確実に、私たちが子どもだったころの親友のように思えるのだ。とはいえ、私はこのビタースイートのプロジェクトを通じて、出会うのに遅すぎることはないと学んでいる。カリ・ヨストは、寛大にも、自分の家族のビタースイートな物語と、彼女の友情と、開放的で活気にあふれる人間性を、私と分かち合った。

この本で言葉を引用させていただいたり、この本のためにインタビューや調査をさせていただいた次のような方々に、私は恩義がある。マヤ・アンジェロウ、ジョージ・ボナンノ、アラン・ド・ボトン、アナ・ブレイヴァマン、ウィリアム・ブライトバート、ローラ・カーステンセン、ティム・チャン、レナード・コーエン、キース・コミト、チャールズ・ダーウィン、スーザン・デイビッド、オーブリー・デ・グレイ、ラファエラ・デ・ローザ、レネ・デンフェルド、ピート・ドクター、ジェーン・ダットン、バーバラ・エーレンライク、ポール・エクマン、リック・フォックス、ニール・ガブラー、ドリュー・ギルピン・ファウスト、スティーブン・ハフ、スティーブン・ヘイズ、小林一茶、ホーリア・ジャザイエリ、ジェイソン・カノフ、ダッチャー・ケルトナー、ミン・キム、ティム・リーバレヒト、C・S・ルイス、マリアナ・リン、ローラ・マッデン、モーリーン、ノラ・マキナニー、ララ・ヌーア、ジェームズ・ペネベイカー、シムチャ・ラファエル、ジャラール・ウッディーン・ルーミー、シャロン・サルツバーグ、スコット・サンデージ、ロイス・シュニッパー、タニア・シュヴァルツミュラー、ヴェドラン・スマイロヴィッチ、シュリ・シュリ、アミ・ヴァイディア、ルウェリン・ヴォーン＝リー、オウ・ウィクストロム、ダー・ウィリアムズ、モニカ・ウォーリン、レイチェル・イェフダ、ほんとうにありがとう。

ほかにも、この本の中でお名前を挙げていないものの、正式なインタビューや著書、あるいは友情を通じて、私の考え方に影響を与えた方がたくさんいる。それは次のような方々だが、こちらですべてとは限らない。——レーラ・アウエルバッハ、ケイト・オーガスタス、アンドルー・エア、ジョン・ベーコン、バーバラ・ベッカー、マーティン・バイトラー、アナ・ベルトラン、オンス・ベン・ザコーア、バーガー家のみなさま、ジェン・バーガー、リサ・ベリクヴィスト、スピロス・ブラックバーン、ブレネー・ブラウン、ブレンダン・ケーヒル、リンゼイ・キャメロン、ロバート・チョードー・キャンベル先生、ポール・コスター、ジョナ・カディー、キャサリン・カニンガム、ゲシュ・ダドゥラ、リッチ・デイ、ライア・ブッファ・デ・フェオ、マイケル・デ・フェオ、レギーナ・ドゥーガン、コーシン・ペーリー・エリソン先生、ロビン・エリー、オスカー・ユースティス、アーロン・フェドール、ティム・フェリス、ジョナサン・フィールズ、シェリ・フィンク、エリック・フローレス、ニコール・フローレス、ジム・ファイフ、ラシュミ・ガングリー、ダナ・ガレマニ、パニオ・ジャノプロス、ケリー・ギブソン、ヒラリー・ハザン＝グラス、マイケル・グラス、ロバート・グリュック、セス・ゴーディン、アシュリー・グッドール、アダム・グラント、セス・グルーン、ルーファス・グリスコム、ジョナサン・ハイト、アシュリー・ハーディン、アナカ・ハリス、サム・ハリス、ジム・ホロハン、モーリーン・ホロハン、ゾルタン・イシュトヴァン、ジェイソン・カノフ、ジェフ・キャプラン、ハイディー・カセビッチ、クム家のみなさま、アリエル・キム、チャーリー・キム、エミリー・クライン、ピーター・クローゼ、こまつひとみ、サマンサ・コッペルマン、ヒーサン・リー、ロリ・レッサー、サリマ・リハンダ、マリアナ・リン、ルーツ・リブネ＝タランダック、ローラ・マッデン、ファラ・マーハー、サリー・メイトリス、ナタリー・マン、フラン・マートン、ジョディ・マソード、メーガン・メッセンジャー、リサ・ミラー、マンディー・オニール、シュロミト・オレン、アマンダ・パーマー、ニール・パスリチャ、アニー・マーフィー・ポール、ダニエラ・フィリップス、セシル・ピール、ジョシュ・プレーガー、ジョン・ラトリフ、ジェーン・リュー、ジレリン・ライリー、グレッチェン・ルービン、マシュー・サックス、ラエド・サルマン、アヴィーヴァ・サフィエ、マシュー・シェーファー、ジョナサン・シシェル、ナンシー・シーゲル、ピーター・シムズ、ティム・スミス、ブランデとデイビッドのステリングス夫妻、ダフィー・スターン、シュガーマン家のみなさま、トム・スギウラ、スティーブ・サーマン、ティム・アーバン、ファタネー・ヴァズヴァエリ＝スミス、ジーン・ヴォチナス、サム・ウォーカー、ジェレミー・ウォレス、ハリエット・ワシントン、アレン・ウェインバーグ、アリ・ワインツワイグ、クリスティーナ・ワークマン、そして「インビジブル・インスティチュート」や「ネクスト・ビッグ・アイデア・クラブ」、「シリコン・ギルド」の仲間たち、どうもありがとう。

私は、自分のファミリーに、あらゆる面で感謝している。大好きな母、父、兄、姉、祖父母、そしてポーラ・イェギアヤン。それから、すてきなシュニッパー家のバーバラ、スティーブ、ジョナサン、エミリー、ロイス、マーレイ。大切ないとこのローマーとワインスタイン。家族同然のハイディー・ポスルワイト。そして、ボビーにアル、スティーブ・ケイン。スティーブがいるといつも楽しいし、アナーバーにある彼の家は、私たちにとっては第二のわが家だ。彼の愛とサポート、彼と親戚であることが、私の人生の大きな喜びになっている。

とりわけ、私の愛する家族——ケン、サム、イーライ、そしてソフィー——に感謝している。ありがとうソフィー。彼女は私たちを散歩に連れていってくれたり、私たちの手に彼女の前足を乗せたりする。そして「完全で美しい世界」から、直接私たちの家にやって来たように見える。ありがとうイーライ。以前あなたは、私が章をどう構成したらいいか悩んで、髪をかきむしっていることに気づいて、あなたがこう書きこんだポストイット（ふせん）を私に渡してくれたことがあった。「大変なのはわかるけど、『私はできる』って自分に言ってみるといいよ」。自分を最高の水準に保っているエースからの、このアドバイスに、私は胸がいっぱいになった。大人と同じくらい自分の仕事に打ち込む11歳の有能なフィールドゴール・キッカーなんて、だれも見たことないだろう。私たちは、あなたが学業にも同じくらい力を入れて、輝かしい成績をあげているのを見ると、プライドでいっぱいになる。それでも、何よりもあなたのあの言葉が私の心を動かした。それは、あなたが根っからの善人の共感力を持って人生を歩んでいるから、あの言葉を書いたのだと思ったからだ。ありがとうサム。あなたが赤ちゃんのころに見せた、温かさと深い知性をたたえた表情を、私は一生忘れないだろう。この子が14歳になったら、どうなっているだろうと思ったものだ。果たしてあなたは、私がこの本を書いているあいだに、そうなることが運命づけられていた人間——文武両道の少年——に成長した。あなたの笑顔が、たくさんの部屋を明るくしている。あなたのハットトリックが、たくさんのサッカーグラウンドをどよめかせてきた。あなたのひねりのあるユーモアや、明晰な頭脳、純粋な慎ましさが、たくさんの友だちを引き寄せた。あなたはそうしたギフト（才能）を、近い将来、世の人々と分かち合うことになるだろう。そしてお父さんと私は、そうしたギフトを最初から分かち合えて、自分たちは何て幸運なのだろうと、1000回は思うことになるだろう。そしてありがとう、「ケン」こと、型破りなあなた。私が家で本を書いているあいだ、子どもたちとモーターボートに乗りに行ったり、アイススケートに行ったり、ボール投げをしたりして、彼らをいろいろな活動に連れ出してくれた。あなたはこの本の原稿を編集しながら夜を明かしたことが2回あった。あなたはペストリーショップでコーヒーを買ってきてくれたし、庭の花を摘んで、私に持ってきてくれた。そして、熱意や、そばにいてくれること、独特の型破りなユーモアのセンス、仲間や仕事への献身で、私たちを毎日のように楽しませている。「ジュントス・ソモス・マス（私たちが一緒なら、もっと）」

Search for the Beloved: Journeys in Mythology and Sacred Psychology』、p26 にもとづいている。

Centered Group Psychotherapy: An Effective Intervention for Improving Psychological Well-Being in Patients with Advanced Cancer」(下記 URL)と、学術誌『Current Psychiatry Reports』16、no.10(2014年9月)、p488に掲載されたローリ・P・モントロス・トーマス、エミリー・A・マイアー、スコット・A・アーウィンの論文「Meaning-Centered Psychotherapy: A Form of Psychotherapy for Patients with Cancer」(下記 URL)にもとづいている。https://doi.org/10.1200/JCO.2014.57.2198。https://doi.org/10.1007/s11920-014-0488-2

p400　患者たちが「生きる理由」を見つけるのを～

医療業界誌『Psychiatric Times』37、no.8(2020年8月)に掲載されたウェンディ・G・リヒテンタールらの記事「Finding Meaning in the Face of Suffering」(下記 URL)にもとづいている。https://www.psychiatrictimes.com/view/finding-meaning-in-the-face-of-suffering

p401　「もしあなたが私の物語を語ることになったら

著者のウィリアム・ブライトバートへのインタビュー(2017年3月3日)にもとづいている。

p407　あなたも紙製のランタンを川に流してみてはどうだろう

ウェブサイト「Culture Trip」に2021年4月19日に掲載されたデイブ・アフシャールの記事「The History of Toro Nagashi, Japan's Glowing Lantern Festival」(下記 URL)にもとづいている。https://theculturetrip.com/asia/japan/articles/the-history-of-toro-nagashi-japans-glowing-lantern-festival/

p407　あなたも決まった日に好きな食べものを並べてみてはどうだろう

『ロサンゼルス・タイムズ』紙(2008年10月29日)に掲載されたエイミー・スキャタグッドの記事「Day of the Dead Feast Is a High-Spirited Affair」(下記 URL)にもとづいている。https://www.latimes.com/local/la-fo-dia29-2008oct29-story.html

p409　「あなたの祖先たちが、あなたを通じて～」

私は詩人テッド・ヒューズの作品を通じてこの一文を知った。だが残念ながら、出典を見つけ出すことができなかった。

おわりに　心のふるさとに帰るには

p415　「たとえそれでも、君はやっぱり思うのかな～」

レイモンド・カーヴァーの最後の詩集『A New Path to the Waterfall(滝への新しい小径)』(New York: Atlantic Monthly Press, 1988)に収められた詩「Late Fragment(おしまいの断片)」の引用。(詩集『A New Path to the Waterfall』の邦訳は、カーヴァーの2冊の詩集を収めた『象・滝への新しい小径』(村上春樹訳、中央公論新社、1994年)に収められている)

p424　すてきなカップルがコンバーチブルに乗って～

ヴァージニア・ポストレルが著書『The Power of Glamour: Longing and the Art of Visual Persuasion』(New York: Simon & Schuster, 2013)で、コンバーチブル車が象徴するものについて説明している。

p427　彼と、国連時代からの親友二人が、自分たちの体験を記した本

ケネス・ケイン、ハイディー・ポスルワイト、アンドルー・トムソン共著『Emergency Sex and Other Desperate Measures』(New York: Hyperion, 2004)。

p429　魂が、この分裂した世界に降りるのは

私が、こうした考え方を何かで読んだのは確かだ。つまり、これは私の考えではないのだが、ソースは見つかりそうもない。

p431　「セイクリド・サイコロジー(神聖な心理学)」

前出のジーン・ヒューストンの著書『The

にもとづいている。https://doi.org/10.1177/1099800417748759

p387　こうした反論に対して～

前出のアンドルー・カリーの記事「Parents' Emotional Trauma May Change Their Children's Biology. Studies in Mice Show How」にもとづいている。

p388　「もしそれがエピジェネティックなものなら～」

前記の記事からの引用。

p388　「私たちの調査が～」

前出のレイチェル・イェフダ、エイミー・レーナー、リンダ・M・ビエラーの論文「The Public Reception of Putative Epigenetic Mechanisms in the Transgenerational Effects of Trauma」（下記URL）からの引用。https://doi.org/10.1093/eep/dvy018

p389　測定可能なエピジェネティックな効果が得られるようだ

学術誌『Frontiers in Psychiatry』4、no.118（2013年）に掲載されたレイチェル・イェフダらの論文「Epigenetic Biomarkers as Predictors and Correlates of Symptom Improvement Following Psychotherapy in Combat Veterans with PTSD」（下記URL）にもとづいている。https://dx.doi.org/10.3389%2Ffpsyt.2013.00118

p389　トラウマを抱えたマウスを癒し効果のある環境で育てることで～

学術誌『Neuropsychopharmacology』41（2016年）、p2749～2758に掲載されたキャサリーナ・ギャップらの論文「Potential of Environmental Enrichment to Prevent Transgenerational Effects of Paternal Trauma」（下記URL）にもとづいている。https://doi.org/10.1038/npp.2016.87

p389　「そのとき、イェフダ先生がこうおっしゃったのを思い出したんです～」

前出のポッドキャストのトーク番組でのレイチェル・イェフダの話「How Trauma and Resilience Cross Generations」にもとづいている。

p391　彼女はその地で、ゴレ島――

「ゴレ島」についての説明は、BBCのウェブサイトに2013年6月27日に掲載されたニュース記事「Gorée: Senegal's Slave Island」（下記URL）にもとづいている。https://www.bbc.com/news/world-africa-23078662

p391　「私たちの祖先が、アメリカに連れて行かれる前に、とどめ置かれていた場所～

ジェリ・ビンガムから著者へのeメール（2021年6月）にもとづいている。

p394　「～深い悲しみが消えることはなかったの」

「受け継いだ『悲しみ』」とアフリカ系アメリカ人の体験との関係について、詳しく知りたい読者の方には、ジョイ・デグルイの著書『Post Traumatic Slave Syndrome: America's Legacy of Enduring Injury and Healing』（Uptone Press, 2005）をお勧めする。

p395　「切なる思い。私は今、それを抱えているところです～」

著者のファラ・カティーブへのインタビュー（2019年7月）にもとづいている。

p398　「残された時間を生きる意味」をもたらす～

ウィリアム・ブライトバート編集の書籍『Meaning-Centered Psychotherapy in the Cancer Setting: Finding Meaning and Hope in the Face of Suffering』（New York: Oxford University Press, 2017）（下記URL）にもとづいている。https://doi.org/10.1093/med/9780199837229.001.0001

p399　そして彼は、人々を元気づけるような結果を出している

学術誌『Journal of Clinical Oncology』33、no.7（2015年2月）、p749～754に掲載されたウィリアム・ブライトバートらの論文「Meaning-

p384　～批判の声があがるようになった
『シカゴ・トリビューン』紙（2017年6月9日）に掲載されたシーマ・ヤスミンの記事「Experts Debunk Study That Found Holocaust Trauma Is Inherited」（下記URL）にもとづいている。https://www.chicagotribune.com/lifestyles/health/ct-holocaust-trauma-not-inherited-20170609-story.html

p384　「還元主義的な生物学的決定論」
学術誌『Environmental Epigenetics』4、no.2（2018年4月）に掲載されたレイチェル・イェフダ、エイミー・レーナー、リンダ・M・ビエラーの論文「The Public Reception of Putative Epigenetic Mechanisms in the Transgenerational Effects of Trauma」（下記URL）にもとづいている。https://doi.org/10.1093/eep/dvy018

p384　～イェフダの調査結果と同じ結果が得られることになった
学術誌『The American Journal of Psychiatry』（2020年4月21日）に掲載されたリンダ・M・ビエラーらの論文「Intergenerational Effects of Maternal Holocaust Exposure on KFBP5 Methylation」（下記URL）にもとづいている。https://doi.org/10.1176/appi.ajp.2019.19060618

p385　天敵の気配にさらされたミジンコたちは～
学術誌『ネイチャーコミュニケーションズ』12、no.4306（2021年）に掲載されたAnurag Chaturvediらの論文『Extensive Standing Genetic Variation from a Small Number of Founders Enables Rapid Adaptation in Daphnia』（下記URL）にもとづいている。https://doi.org/10.1038/s41467-021-24581-z

p385　またマウスを使った実験では、無害な香りにさらされながら～
学術誌『Nature Neuroscience』17（2014年）、p89～96に掲載されたブライアン・G・ディアス、ケリー・J・レスラーの論文「Parental Olfactory Experience Influences Behavior and Neural Structure in Subsequent Generations」（下記URL）にもとづいている。https://doi.org/10.1038/nn.3594

p386　トラウマを抱えたマウスの子孫たちにも～
学術誌『Environmental Epigenetics』4、no.2（2018年4月）に掲載されたグレッチェン・ヴァン・スティーンウィックらの論文「Transgenerational Inheritance of Behavioral and Metabolic Effects of Paternal Exposure to Traumatic Stress in Early Postnatal Life: Evidence in the 4th Generation」（下記URL）にもとづいている。https://dx.doi.org/10.1093%2Feep%2Fdvy023

p387　南北戦争で捕虜になり、その後解放された人々の息子たちは～
機関紙『米国科学アカデミー紀要』115、no.44（2018年10月）、p11215～11220に掲載されたドーラ・L・コスタ、ノエル・イェッター、ヘザー・デソマーの論文「Intergenerational Transmission of Paternal Trauma Among U.S. Civil War ex-POWs」（下記URL）にもとづいている。https://doi.org/10.1073/pnas.1803630115

p387　オランダで第二次世界大戦中に大規模な食糧不足に陥ったときに妊娠した女性たちの子どもたちは～
学術誌『Social Science and Medicine』119（2014年10月）、p232～239に掲載されたP・エカンパーらの論文「Independent and Additive Association of Prenatal Famine Exposure and Intermediary Life Conditions with Adult Mortality Between Age 18-63 Years」（下記URL）にもとづいている。https://doi.org/10.1016/j.socscimed.2013.10.027

p387　人種差別によって～
学術誌『Biological Research for Nursing』20、no.2（2018年3月）、p145～152に掲載されたヴェロニカ・バルセロナ・デ・メンドーサらの論文「Perceived Racial Discrimination and DNA Methylation Among African American Women in the Inter-GEN Study」（下記URL）

p359　彼女の説明によれば、「生と死が循環するパターン」～

著者のアミ・ヴァイディアへのインタビュー（2017年4月20日）にもとづいている。

p362　スピリチュアルティーチャー、ラム・ダスの次のような意見～

「Love Serve Remember Foundation」が運営するラム・ダスのウェブサイト「More Ram Dass Quotes」のページ（下記URL）に「If you think you're enlightened go spend a week with your family（「あなたが自分は悟りに達しているとお考えなら、あなたの家族のところに行って、一緒に一週間を過ごすべきです」）」の一文が掲載されている。https://www.ramdass.org/ram-dass-quotes/

p365　「私、だれかと一緒にいたり～」

著者のロイス・シュニッパーへのインタビュー（2016年12月9日）にもとづいている。

p367　「気持ちを切り替える（move on）」ことと、「前に進む（move forward）」ことの違いについて語っている。

ノラ・マキナニーの2018年11月のTEDトーク「We Don't 'Move On' from Grief. We Move Forward with It（悲しみはそこから「次へ進む」ものではなく、共に歩んでいくもの）」（下記URL）からの引用。
https://www.ted.com/talks/nora_mcinerny_we_don_t_move_on_from_grief_we_move_forward_with_it/transcript?language=en#t-41632
（訳注　下記URLで、日本語の字幕つきの動画が見られる。）
https://digitalcast.jp/v/27287/

第9章　私たちは親や祖先の「苦痛」を受け継いでいるのだろうか?
もしそうなら、何世代も前の苦痛を転換できるだろうか?

p370　「最初の世代が黙っていたことは～」

キャスリーン・セイント＝オンジェの著書『Discovering Françoise Dolto: Psychoanalysis, Identity and Child Development』（United Kingdom: Routledge, 2019）に記載されたフランソワーズ・ドルトの言葉からの引用。

p372　シムチャ・ラファエル博士

シムチャ・ラファエル博士についての記述は、著者の彼へのインタビュー（2017年10月13日、12月20日）と、2017年10月17日にニューヨーク・オープン・センターで開催された「Art of Dying conference」での彼のセミナーにもとづいている。

p382　「自分に何か大きな変化が起きたときに、みんな～」

ポッドキャストのトーク番組「On Being with Krista Tippett」でのレイチェル・イェフダの話「How Trauma and Resilience Cross Generations」（下記URL）にもとづいている。
https://onbeing.org/programs/rachel-yehuda-how-trauma-and-resilience-cross-generations-nov2017/

p382　そうした子どもたち――といっても、そのころには、ほとんどが中年になっていたが

『ガーディアン』紙（2015年8月21日）に掲載されたヘレン・トムソンの記事「Study of Holocaust Survivors Finds Trauma Passed On to Children's Genes」（下記URL）にもとづいている。https://www.theguardian.com/science/2015/aug/21/study-of-holocaust-survivors-finds-trauma-passed-on-to-childrens-genes

p384　親の世代のトラウマ（心の傷）が次の世代に受け継がれるという仮説を証明する明確な証拠になった。

学術誌『Biological Psychiatry』80、no.5（2016年9月）、p372～380に掲載されたレイチェル・イェフダらの論文「Holocaust Exposure Induced Intergenerational Effects on FKBP5 Methylation」（下記URL）にもとづいている。
https://doi.org/10.1016/j.biopsych.2015.08.005

p339　その理由は、年齢を重ねたから、もっと正確に言えば～

前出のアトゥール・ガワンデの著書『Being Mortal』、p99にもとづいている。

p340　年をとった人ほど、「笑顔」に目を向け～

学術誌『Psychology and Aging』26、no.1（2011年3月）、p21～33に掲載されたローラ・L・カーステンセンらの論文「Emotional Experience Improves with Age: Evidence Based on Over 10 Years of Experience Sampling」（下記URL）にもとづいている。https://dx.doi.org/10.1037%2Fa0021285

p341　「愛するわが子が、雨上がりの水たまりで～」

著者のローラ・カーステンセンへのインタビュー（2018年6月11日）にもとづいている。

p345　その人が「自分に残されている年月がどれほど少ないと思っているか」であること～

学術誌『サイエンス』312、no.5782（2006年6月）、p1913～1915に掲載されたローラ・L・カーステンセンの論文「The Influence of a Sense of Time on Human Development」（下記URL）と、学術誌『Social Cognition』24、no.3（2006年6月）p248～278に掲載されたエレーヌ・H・ファン、ローラ・L・カーステンセンの論文「Goals Change When Life's Fragility Is Primed: Lessons Learned from Older Adults, the September 11 Attacks, and SARS」（下記URL）にもとづいている。https://dx.doi.org/10.1126%2Fscience.1127488。http://dx.doi.org/10.1521/soco.2006.24.3.248

p346　簡単な診断テスト

診断テストはカーステンセンのラボ「Stanford Life-span Development Laboratory」のウェブページ「Download the FTP Scale」（下記URL）からダウンロードできる（このページから日本語版もダウンロードできる）。https://lifespan.stanford.edu/download-the-ftp-scale

p348　また私たちには、宗教の昔ながらの習わしに従うという手もある。

デイヴィッド・デステノの著書『How God Works: The Science Behind the Benefits of Religion』（New York: Simon & Schuster, 2021）、p144, 147にもとづいている。

p349　『自分がいつか死ぬことを忘れないでください』

ウェブサイト「Daily Stoic」に掲載された記事「'Memento Mori': The Reminder We All Desperately Need」（下記URL）にもとづいている。https://dailystoic.com/memento-mori/

p352　今の西洋の研究者たち――たとえば～

ジョージ・ボナンノの著書『The Other Side of Sadness』（New York: Basic Books, 2010）（邦訳は『リジリエンス――喪失と悲嘆についての新たな視点』（高橋　祥友訳、金剛出版、2013年）にもとづいている。

p353　「もう一つ、発見がありました。それは～」

『ザ・ニューヨーカー』誌（2020年9月10日）に掲載されたチママンダ・ンゴズィ・アディーチェの記事「Notes on Grief」（下記URL）からの引用。https://www.newyorker.com/culture/personal-history/notes-on-grief

p355　「執着を捨てるのは『愛する気持ち』に反するとよく誤解されます～」

シュリ・シュリ・ラビ・シャンカールへのeメールインタービュー（2017年）にもとづいている。

p357　スティーブンの言う「畏敬に値するほどの静けさ」～

著者のスティーブン・ハフへのインタビュー（2017年10月27日前後）にもとづいている。

p357　「ヨーガ行者だらけの今の時代には～」

Orwell Foundationのウェブサイトに掲載されたジョージ・オーウェルのエッセイ「Reflections on Gandhi」（下記URL）からの引用。https://www.orwellfoundation.com/the-orwell-foundation/orwell/essays-and-other-works/reflections-on-gandhi/

https://doi.org/10.1177/014616720528 2157

p325 「私たちがぜひお伝えしたいと思っている、大局的観点からのメッセージは～

ピープル・アンリミテッド社のウェブサイトに2015年3月17日に掲載された記事「People Unlimited: Power of Togetherness to End Death」（下記URL）からの引用。https://peopleunlimitedinc.com/posts/2015/03/people-unlimited-power-of-togetherness-to-end-death

p327 C・S・ルイスの言う「美しいものが生まれる場所」

前出のC・S・ルイスの著書『Till We Have Faces（顔を持つまで）』、p86からの引用。

p327 「私たちが、最も堕落していず～」

ハンフリー・カーペンター編集のJ・R・R・トールキンの書簡集『The Letters of J.R.R. Tolkien』（Boston: Houghton Mifflin Harcourt, 2014）、p125からの引用。

第8章 私たちは「死別の悲しみ」や「命のはかなさ」を吹っ切ろうとすべきなのか？

p329 「……そして、それを忘れる時が来たら～」

メアリー・オリバーの詩集『American Primitive』初版（Boston: Back Bay Books, 1983）、p82からの引用。

p330 「水がその源には戻ることはなく～」

ハロルド・ボリソーの著書『Bereavement and Consolation: Testimonies from Tokugawa Japan』（New Haven, Conn.: Yale University Press, 2003）で引用されている小林一茶の文章からの引用。

p331 「It is true～」

ロバート・ハスらの英訳、編集の句集『The Essential Haiku: Versions of Basho, Buson and Issa』（Hopewell, N.J.: Ecco Press, 1994）からの引用。

p334 「往生術」――死に方――と呼ばれる文献

アトゥール・ガワンデの著書『Being Mortal』（New York: Henry Holt, 2004）、p156にもとづいている。（『Being Mortal』の邦訳は『死すべき定め――死にゆく人に何ができるか』、原井宏明訳、みすず書房、2016年）

p335 「触れてはならない、けしからんもの」と化した

フィリップ・アリエスの著書『Western Attitudes toward Death』（Baltimore, Md.: Johns Hopkins University Press, 1975）、p85、92にもとづいている。

p335 死者を悼む人たちは、「楽しく過ごす道徳的義務」と～

ジェフリー・ゴーラーの著書『Death, Grief, and Mourning』（New York: Arno Press, 1977）、pix～xiiiにもとづいている。（『Death, Grief, and Mourning』の邦訳は『死と悲しみの社会学』、宇都宮輝夫訳、ヨルダン社、1994年ほか）。ジョーン・ディディオンも著書『The Year of Magical Thinking』（New York: Alfred A. Knopf, 2005）で「楽しく過ごす道徳的義務」について述べている。（『The Year of Magical Thinking』の邦訳は『悲しみにある者』、池田年穂訳、慶應義塾大学出版会株式会社、2011年）

p337 「マーガレット、きみは「金色の木立」～」

ジェラード・マンリー・ホプキンスの詩集『Gerard Manley Hopkins: Poems and Prose』（Harmondsworth, UK: Penguin Classics, 1985）に収められた詩「Spring and Fall」からの引用。Poetry Foundationのウェブページ（下記URL）もご参照のこと。https://www.poetryfoundation.org/poems/44400/spring-and-fall

p339 ～といった効果があるという

著者のローラ・カーステンセンへのインタビュー（2018年6月11日）にもとづいている。

という

学術誌『Academy of Management Journal』37、no.3（1994年）、p722～733に掲載されたステファニー・P・スペラらの論文「Expressive Writing and Coping with Job Loss」（下記URL）にもとづいている。https://www.jstor.org/stable/256708

p285 「本質を見抜く力」を持って生きることを覚えた

スーザン・デイビッドの著書『Emotional Agility: Get Unstick, Embrace Change, and Thrive in Work and Life』（New York: Avery, 2016）にもとづいている。（『Emotional Agility』の邦訳は『EA　ハーバード流こころのマネジメント――予測不能の人生を思い通りに生きる方法』、須川綾子訳、ダイヤモンド社、2018年）

p288 「心地よい悲しみ」

著者のティム・リーバレヒトへのインタビュー（2918年11月4日）にもとづいている。

p294 「船が立ち寄る港はいくらでもあるが～」

ウェブサイト「The Floating Library」に2009年7月17日にハンドルネーム「Sineokov」氏が投稿したフェルナンド・ペソアの書簡「Letter to Mário de Sá-Carneiro」（下記URL）からの引用。https://thefloatinglibrary.com/2009/07/17/letter-to-mario-de-sa-carneiro/

第7章　私たちは永遠に生きることを目指すべきか？

p300 「いつかは、人類の子孫が星から星へと～」

エリーザー・ユドコウスキーのファン・フィクション『Harry Potter and the Methods of Rationality』45章（下記URL）からの引用。https://www.hpmor.com/chapter/45

p307 「～『死』があることで、『人生』が意味を持つ」

この一文は、数年前にウェブページからコピーしたものだが、今ではそのページにこの一文は存在しないようだ。

p315 「まったく突然のことでした。～」

2017年RAADフェスティバルでの、マイク・ウエスト博士のプレゼンテーションを記録した文章にもとづいている。

p317 『ギルガメシュ叙事詩』

ウェブサイト「World History Encyclopedia」に2018年4月10日に掲載されたジョシュア・J・マークの記事「The Eternal Life of Gilgamesh,」（下記URL）にもとづいている。https://www.worldhistory.org/article/192/the-eternal-life-of-gilgamesh/

p317 「もう、僕は鳥肌が立ってきましたよ!」

著者のキース・コミトへのインタビュー（2017年6月12日）にもとづいている。

p323 「僕らが、人類が直面している中核的な問題の一つ～」

著者が2017年RAADフェスティバルの会場で行ったオーブリー・デ・グレイへのインタビューにもとづいている。

p324 「死」を思い浮かべた実験参加者たちは～

学術誌『Journal of Personality and Social Psychology』74、no.3（1998年3月）、p590～605に掲載されたH・A・マクレガーらの論文「Terror Management and Aggression: Evidence That Mortality Salience Motivates Aggression Against Worldview-Threatening Others」（下記URL）にもとづいている。https://doi.org/10.1037/0022-3514.74.3.590

p324 政治的に保守的な学生を対象とした実験では～

学術誌『Personality and Social Psychology Bulletin』32、no.4（2006年4月）、p525～537に掲載されたトム・ピシュチンスキーらの論文「Mortality Salience, Martyrdom, and Military Might: The Great Satan Versus the Axis of Evil」（下記URL）にもとづいている。

前記のインタビューにもとづいている。

p273 「フィードバックを伝えるときに～」

著者のララ・ヌーアへのインタビュー（2017年9月27日）にもとづいている。

p275 ラジオ番組「Invisibilia（インヴィジビリア）」の中の魅力的なコーナーで

この放送については、NPRのウェブサイトに2016年6月17日に掲載された記事「How Learning to Be Vulnerable Can Make Life Safer」（下記URL）で紹介されている。https://www.npr.org/sections/health-shots/2016/06/17/482203447/invisibilia-how-learning-to-be-vulnerable-can-make-life-safer

p278 ～ケーススタディー（事例研究）の対象になった。そしてそのケーススタディーは広く知られるようになっている

このケーススタディーについては、ハーバード・ビジネス・スクールの機関紙『ハーバード・ビジネス・レビュー』（July-August 2008）に掲載されたロビン・J・エリー、デブラ・マイヤーソンの記事「Unmasking Manly Men」（下記URL）で紹介されている。https://hbr.org/2008/07/unmasking-manly-men

p278 リックの場合は、同じような奇跡的なできごとが～

本書のリックについての記述は、ラジオ番組「Invisibilia（インヴィジビリア）」での話と、ハーバードのケーススタディー、2019年5月29日に私がリックから直接うかがった話にもとづいている。

p279 管理職の人が悩みを部下たちに打ち明けると～

学術誌『Organizational Behavior and Human Decision Processes』144（2018年1月）、p25～43に掲載されたケリー・ロバーツ・ギブソンらの論文「When Sharing Hurts: How and Why Self-Disclosing Weakness Undermines the Task-Oriented Relationships of Higher Status Disclosers」（下記URL）にもとづいている。https://doi.org/10.1016/j.obhdp.2017.09.001

p279 病院の「治療費請求課」～

学術誌『Human Relations』64、no.7（2011年6月）、p873～899に掲載されたジェーン・E・ダットンらの論文「Understanding Compassion Capability」（下記URL）にもとづいている。http://dx.doi.org/10.1177/0018726710396250

p281 悩みや苦しみを分かち合うことは～

前記の論文にもとづいている。

p281 「企業は、たいていの場合～」

スーザン・デイビッドからのeメール（2021年9月14日）にもとづいている。

p282 一連の画期的研究～

学術誌『Perspectives in Psychological Science』13、no.2（2018年3月）、p226～229に掲載されたジェームズ・W・ペネベイカーの論文「Expressive Writing in Psychological Science」（下記URL）にもとづいている。https://doi.org/10.1177%2F1745691617707315

p282 気持ちの落ち込みも解消した

雑誌『ニューヨーク・マガジン』（2016年9月6日）に掲載されたスーザン・デイビッドの記事「You Can Write Your Way Out of an Emotional Funk. Here's How」（下記URL）にもとづいている。https://www.thecut.com/2016/09/journaling-can-help-you-out-of-a-bad-mood.html

p283 自分の「苦しみ」について書いた参加者たちのほうが～

学術誌『Psychological Science』8、no.3（1997年）、p162～166に掲載されたジェームズ・W・ペネベイカーの論文「Writing About Emotional Experiences as a Therapeutic Process」（下記URL）にもとづいている。http://www.jstor.org/stable/40063169

p283 ～もう一つのグループの3倍にのぼった

著者のアナ・ブレイヴァマンへのインタビュー（2018年2月13日）にもとづいている。

p256　タラ・クリスティー・キンゼイは、ラジオインタビューでこう語っている。「私や同僚たちの～

タラ・クリスティー・キンゼイは、プリンストン大学の副学部長時代に、プリンストン・パースペクティブ・プロジェクトを共同で立ち上げた。彼女はこのプロジェクトについてのラジオインタビューでこうコメントしたと信じている。しかしながら私たちは、このコメントを裏づける資料を見つけ出すことはできなかった。

p257　「エフォートレス・パーフェクション」という言葉は～

デューク大学のニュースサイト「Duke Today」に2003年10月6日に掲載されたクリスティー・リーの記事「Questioning the Unquestioned」（下記URL）にもとづいている。https://today.duke.edu/2003/10/20031006.html

第6章　職場などで「ポジティブ」を強要されるのを乗り越えるには、どうしたらいいのか?

p260　『積極的考え方の力――ポジティブ思考が人生を変える』って本を買おうと～

シェイクスの定番と思われるネタの一つから引用した。

p260　「エモーショナル・アジリティ（感情の敏捷性）」について～

著者のスーザン・デイビッドへの何度かのインタビュー（2017年7月27日など）にもとづいている。

p261　「感情の抑圧に関する調査によれば～」

前出のスーザン・デイビッドのTED講演「The Gift and Power of Emotional Courage（感情に向き合う勇気の力と素晴らしさ）」からの引用。

p263　「もし、仏陀が語ったとされている通り～」

学術誌『Journal of Management Inquiry』8、no.2（1999年6月）、p127～133に掲載されたピーター・J・フロストの論文「Why Compassion Counts!」（下記URL）にもとづいている。https://doi.org/10.1177/105649269982004

p264　今ではそのラボは、ミシガン大学の研究者モニカ・ウォーリンによって運営されている

著者のインタビュー（2016年10月31日）にもとづいている。

p264　「職場は、いたって日常的な苦しみに満ちています

著者のジェイソン・カノフへのインタビュー（2017年2月15日）と、その後のeメールでのやりとりにもとづいている。

p266　2009年に行った実験で

学術誌『The Leadership Quarterly』20、no.2（2009年4月）、p103～114に掲載されたホアン・マデラ、ブレント・スミスの論文「The Effects of Leader Negative Emotions on Evaluations of Leadership in a Crisis Situation: The Role of Anger and Sadness」（下記URL）にもとづいている。http://dx.doi.org/10.1016/j.leaqua.2009.01.007

p266　怒っているリーダーと悲しげなリーダーとの違いは～

学術誌『Journal of Business and Psychology』32（2017年）に掲載されたタニア・シュヴァルツミュラーらの論文「It's the Base: Why Displaying Anger Instead of Sadness Might Increase Leaders' Perceived Power But Worsen Their Leadership」（下記URL）にもとづいている。https://doi.org/10.1007/s10869-016-9467-4

p267　「部下たちが大事なプロジェクトを駄目にしてしまったときは～、」

前記の記事からの引用。

p268　「中心的な心の傷」も～

著者のティム・チャンへのインタビュー（2019年12月16日）にもとづいている。

p268　「偉業は、たいていの場合～」

9171,1533448-2,00.html

p247　「loser」という言葉の使用は～

書籍検索エンジンGoogle Books Ngram Viewer（グーグル・ブックス・Nグラム・ヴューワー）での「loser」の検索結果（下記URL）にもとづいている。https://books.google.com/ngrams/graph?content=loser+&year_start=1800&year_end=2019&corpus=26&smoothing=3&direct_url=t1%3B%2Closer%3B%2Cc0

p247　彼が戦争の英雄ジョン・マケインについて～

ニュースメディア「ポリティコ」に2015年7月18日に掲載されたベン・シュレキンガーの記事「Trump Attacks McCain」（下記URL）にもとづいている。https://www.politico.com/story/2015/07/trump-attacks-mccain-i-like-people-who-werent-captured-120317

p248　「不安」や「うつ状態」を抱えた学生の割合～

『ワシントン・ポスト』紙（2021年6月10日）に掲載されたローレン・ランプキンの記事「Rates of Anxiety and Depression Amongst College Students Continue to Soar, Researchers Say」（下記URL）にもとづいている。https://www.washingtonpost.com/education/2021/06/10/dartmouth-mental-health-study/

p248　南カリフォルニアアメリカ自由人権協会～

南カリフォルニアアメリカ自由人権協会の政策顧問アミル・ウィテカーがこう語っている。「パンデミック以前は、私たちはこれを『メンタルヘルス危機』と呼んでいました。今では『非常事態』と呼んでもいいでしょう」。ウェブサイト「EdSource」に2020年5月13日に掲載されたキャロリン・ジョーンズの記事「Student Anxiety, Depression Increasing During School Closures, Survey Finds」（下記URL）をご参照のこと。https://edsource.org/2020/student-anxiety-depression-increasing-during-school-closures-survey-finds/631224

p248　マディソン・ホレランは～自殺したという

ESPNのウェブサイトに2015年5月7日に掲載されたケイト・フェイガンの記事「Split Image」（下記URL）にもとづいている。
http://www.espn.com/espn/feature/story/_/id/12833146/instagram-account-university-pennsylvania-runner-showed-only-part-story

p248　「無理にでも体面を保たなければならないというプレッシャーに負けて」

雑誌『ニューヨーク・マガジン』（2015年7月31日）に掲載されたイジー・グリンスパンの記事「7 College Students Talk About Their Instagrams and the Pressure to Seem Happy」（下記URL）にもとづいている。https://www.thecut.com/2015/07/college-students-on-the-pressure-to-seem-happy.html

p249　心理学者たちが今では「公認されない悲嘆（disenfranchised grief）」と呼んでいる

専門誌『Psychology Today』に2020年12月2日に掲載されたヴァル・ウォーカーの記事「The Loneliness of Unshareable Grief」（下記URL）にもとづいている。https://www.psychologytoday.com/us/blog/400-friends-who-can-i-call/202012/the-loneliness-unshareable-grief

p253　彼らはそれを「エフォートレス・パーフェクション（努力のいらない完ぺきさ）」と呼んでいる

著者のルーク、ペイジ、ヘザー、ニックへのインタビュー（2018年2月13日）にもとづいている。

p255　～強度の「ストレス」や「憂うつ」、「切なる思い」を経験している。

米国心理学会のウェブサイトに2014年に掲載された記事「American Psychological Association Survey Shows Teen Stress Rivals That of Adults」（下記URL）にもとづいている。https://www.apa.org/news/press/releases/2014/02/teen-stress

p255　アナ・ブレイヴァマンに話をうかがった。

ウエルの著書『Scouting for Boys』(1908; repr., Oxford: Oxford University Press, 2018)、p46からの引用。(『Scouting for Boys』の邦訳は『スカウティングフォアボーイズ――よい市民性を教えるための手引書』、ボーイスカウト日本連盟訳、ボーイスカウト日本連盟、改定版2003年)

p244 「あなたは"はみ出し者"なの?」という~

前出のサンデージの著書『Born Losers』、p261にもとづいている。

p244 「進取の気性に富んだ男は、クッペンハイマーの服を買う」

前出のサンデージの著書、p337にもとづいている。

p244 『思考は現実化する』

ナポレオン・ヒルの著書『Think and Grow Rich』(Meriden, Conn.: Ralston Society, 1937)。(邦訳は『思考は現実化する』、田中孝顕訳、きこ書房、文庫版2014年ほか)

p244 「あなたの個人的な能力についてのネガティブな思いが頭に浮かんだら~

ノーマン・ヴィンセント・ピールの著書『The Power of Positive Thinking』(New York: Touchstone, 2003)からの引用。(『The Power of Positive Thinking』の邦訳は『積極的考え方の力』、相沢勉訳、ダイヤモンド社、1964年ほか)

p244 1929年の株価大暴落~

前出のサンデージの著書『Born Losers』、p262にもとづいている。

p245 1929年には、こんな見出しが紙面を飾った

前出のサンデージの著書、p262、263にもとづいている。

p245 「loser(敗者)」という言葉が~

前出のサンデージの著書、p266, 267にもとづいている。

p246 チャールズ・シュルツは~と語ったことがある。

『ガーディアン』紙(2015年12月5日)に掲載されたスチュアート・ジェフリーズの記事「Why I Loved Charlie Brown and the 'Peanuts' Cartoons」(下記URL)にもとづいている。https://www.theguardian.com/lifeandstyle/2015/dec/05/charlie-brown-charles-schultz-peanuts-cartoon-movie-steve-martino

p246 「僕は、世の中にどれほどたくさんのチャーリー・ブラウンがいるか~

『ロサンゼルス・タイムズ』紙(1999年12月16日)に掲載されたマーティン・ミラーの記事『Good Grief. Charles Schulz Calls It Quits』(下記URL)にもとづいている。https://www.latimes.com/archives/la-xpm-1999-dec-15-mn-44051-story.html#:~:text=%E2%80%9CAs%20a%20youngster%2C%20I%20didn,%2C%20adults%20and%20children%20alike.%E2%80%9D

p246 「アメリカでは~深く分断されている」

オンライン雑誌「Salon」に2017年10月に掲載されたニール・ガブラーの記事「Winners and Losers」(下記URL)からの引用。https://www.salon.com/2017/10/08/americas-biggest-divide-winners-and-losers_partner/

p247 キリスト教プロテスタントの教義「prosperity gospel(繁栄の福音)」では~

『ニューヨーク・タイムズ』紙(2016年2月13日)に掲載されたケイト・ボウラーの記事「Death, the Prosperity Gospel and Me」(下記URL)にもとづいている。https://www.nytimes.com/2016/02/14/opinion/sunday/death-the-prosperity-gospel-and-me.html

p247 この教義を支持していたのは~

ニュース雑誌『タイム』に2006年9月10日に掲載されたデイビッド・ヴァン・ビエマ、ジェフ・チューの記事「Does God Want You to Be Rich?」(下記URL)にもとづいている。http://content.time.com/time/magazine/article/0,

World by Barbara Ehrenreich」（下記 URL）にもとづいている。https://www.theguardian.com/books/2010/jan/10/smile-or-die-barbara-ehrenreich

p239 「野生の獣や野性的な人間がたくさんいる、荒れ果てた恐ろしい荒野」

ウィリアム・ブラッドフォード（プリマス植民地の総督）の著書（日記）『Of Plymouth Plantation』（1630年）からの引用。ウェブサイト「Live Science」に2018年11月22日に掲載されたピーター・C・マンコールの記事「The Real Reason the Pilgrims Survived」（下記 URL）をご参照のこと。https://www.livescience.com/64154-why-the-pilgrims-survived.html

p239 「私たちは、いつまでも干からびた過去を～」

ラルフ・ウォルドー・エマソンの著作集『Nature and Selected Essays』（New York: Penguin Books, 2003）の中の『Nature』（1836年）からの引用。（『Nature』の邦訳は『エマソン名著選 自然について』、斎藤光訳、日本教文社、改装新版1996年）

p240 「予定説を再構成したもの」～

ウェブサイト「SF Gate」に2005年3月6日に掲載されたマリア・フィッシュの記事「When Failure Got Personal」（下記 URL）にもとづいている。https://www.sfgate.com/books/article/When-failure-got-personal-2693997.php

p240 「農民たちも、『売買』の仕事に幅広く携わり～

スコット・A・サンデージの著書『Born Losers: A History of Failure in America』（Cambridge, Mass.: Harvard University Press, 2006）、p11にもとづいている。（『Born Losers』の邦訳は『「負け組」のアメリカ史――アメリカン・ドリームを支えた失敗者たち』、鈴木淑美訳、青土社、2007年）

p242 「なかには、人間の力ではどうにもならないようなことが原因で失敗する人もいるが～

前記のサンデージの著書、p36にもとづいている。

p242 そして「loser（敗者）」は、サンデージの言う～

Harvard University Press（前出のサンデージの著書の出版元）のウェブページ（下記 URL）にもとづいている。https://www.hup.harvard.edu/catalog.php?isbn=9780674021075

p242 「失敗してはいけない人は、失敗しないものだ～

前出のサンデージの著書『Born Losers』、p46、17にもとづいている。

p242 「避けられないミスだけが原因で起こる失敗は～

前出のサンデージの著書、p46にもとづいている。

p242 その後、ニューソート運動が盛んになる

ウェブサイト「The Conversation」に2017年2月に掲載されたクリストファー・H・エバンスの記事「Why You Should Know About the New Thought Movement」（下記 URL）にもとづいている。https://theconversation.com/why-you-should-know-about-the-new-thought-movement-72256

p243 「楽観主義で頭がおかしくなっている」

ウィリアム・ジェイムズの著書『The Varieties of Religious Experience』（London: Longmans, Green, 2009）、p95からの引用。（『The Varieties of Religious Experience』の邦訳は『宗教的経験の諸相』、桝田啓三郎訳、岩波書店、1969年）

p243 「人生の明るい面を探そう～

ボーイスカウトアメリカ連盟のウェブページ「What Are the Scout Oath and the Scout Law?」（下記 URL）からの引用。https://www.scouting.org/about/faq/question10/

p243 「（悲しくなったら、）一刻も早く、無理にでもほほ笑むこと～

ボーイスカウトの創立者ロバート・ベーデン=パ

ソギャル・リンポチェの著書『Tibetan Book of Living and Dying（チベットの生と死の書）』（New York: HarperOne, 2009）、p22にもとづいている。（邦訳は『チベットの生と死の書』、大迫正弘、三浦順子訳、講談社、1995年）

p235 「わび・さび」を表現する～

ウェブサイト「My Modern Met」に掲載されたエマ・タガートの記事「Wabi-Sabi: The Japanese Art of Finding Beauty in Imperfect Ceramics」（下記URL）にもとづいている。https://mymodernmet.com/wabi-sabi-japanese-ceramics/

p235 ～私たちアメリカ人はそういうことはしない。

公共ラジオのニュース番組『The World』のウェブサイトに2002年7月に掲載された「Intentional Flaws」（下記URL）にもとづいている。https://www.pri.org/stories/2002-07-13/intentional-flaws

p235 アメリカ人は「お悔やみ状」の中でさえ～

学術誌『Journal of Personality and Social Psychology』107、no.6（2014年）、p1092～1115に掲載されたバーギット・クープマン=ホルム、ジーン・L・ツァイの論文「Focusing on the Negative: Cultural Differences in Expressions of Sympathy」（下記URL）にもとづいている。https://dx.doi.org/10.1037%2Fa0037684

p236 息子がいずれ青年期を迎えて家を出ていくときに備えて～

この話は、何で読んだかは思い出せないが、ずっと私の中で引っかかっている。

p237 この宣言に署名した人のほとんどが、自身の命や～

バーバラ・エーレンライクの著書『Bright-Sided: How the Relentless Promotion of Positive Thinking Has Undermined America』（New York: Henry Holt, 2009）、p6にもとづいている。（『Bright-Sided』の邦訳は『ポジティブ病の国、アメリカ』、中島由華訳、河出書房新社、2010年）

p238 死亡率は～

ドリュー・ギルピン・ファウストの著書『This Republic of Suffering: Death and the American Civil War』（New York: Vintage, 2008）、pxiにもとづいている。（『This Republic of Suffering』の邦訳は『戦死とアメリカ――南北戦争62万人の死の意味』、黒沢眞里子訳、彩流社、2010年）

p238 昔の人々のトラウマの細胞記憶が～

学術誌『サイエンス』（2019年7月）に掲載されたアンドルー・カリーの記事「Parents' Emotional Trauma May Change Their Children's Biology. Studies in Mice Show How」（下記URL）にもとづいている。https://www.sciencemag.org/news/2019/07/parents-emotional-trauma-may-change-their-children-s-biology-studies-mice-show-how

p239 カルヴァン主義の教義の一つ「予定説」

「予定説」について、神学校「Puritan Reformed Theological Seminary」のジョエル・R・ビーク、ポール・M・スモーリーは、ウェブサイト「Crossway」に2020年10月19日に掲載された記事「Help! I'm Struggling with the Doctrine of Predestination」（下記URL）の中で、次のように述べている。「確かに『予定説』では、神が選んだ者だけが救われると説いています。ですがこれは、私たちは、自分が救われるかどうかをはっきり知ることはできないという意味ではありません。むしろ、神は『私たちに栄光（誇り）と美徳を求めた方（すなわちキリスト・イエス）の知識を通じて、人生や信心深さに関するすべてのこと』を与えてくださっているので、信者たちは、知識や信仰心、高潔な行いを増やすことで『自分の召しと選出とを確実なものとする』（新約聖書『ペトロの第二の手紙』1章3節）ことができるのです」。https://www.crossway.org/articles/help-im-struggling-with-the-doctrine-of-predestination/

p239 カルヴァン主義は、アメリカ社会への締めつけの手を緩めたように見えた。

『ガーディアン』紙（2010年1月9日）に掲載されたジェニ・マレーの記事「Smile or Die: How Positive Thinking Fooled America and the www.patheos.com/blogs/americanbuddhist/2016/11/the-buddhist-parable-of-the-mustard-seed-grief-loss-and-heartbreak.html

p210　シャロンは私にこう語っている。「そのとき、生まれて初めて

著者のサルツバーグへのインタビュー（2017年8月3日）にもとづいている。

p218　ドーラ・ディアマントという女性〜

ジョルディ・シエラ・イ・ファブラ著、ジャクリーン・ミネット英訳の書籍『Kafka andc the Traveling Doll』（所在地不明：SIF Editorial, 2019）にもとづいている。

第5章　多大な「悲嘆」の上に成り立った国家が、どうやって「笑顔」が当たり前の文化を築いたのか？

p228　今日では、「敗者」という言葉は〜

『シカゴ・トリビューン』紙（日付不明）に掲載されたガリソン・キーラーの記事「A Studs Terkel Lesson in Losing and Redemption」（下記URL）からの引用。https://digitaledition.chicagotribune.com/tribune/article_popover.aspx?guid=eeb0ab19-1be3-4d35-a015-238d1dadab6c

p229　「ポジティブでいてね。何もかも大丈夫だから」

前出のスーザン・デイビッドのTED講演「The Gift and Power of Emotional Courage（感情に向き合う勇気の力と素晴らしさ）」からの引用。

p233　「笑顔」を見せることが、世界のどの地域の人々よりも多い

『アトランティック』誌に2017年5月3日に掲載されたオルガ・カザンの記事「Why Americans Smile So Much」（下記URL）にもとづいている。https://www.theatlantic.com/science/archive/2017/05/why-americans-smile-so-much/524967/

p234　笑みを浮かべていると、「正直ではない」〜

学術誌『Journal of Nonverbal Behavior』40（2016年）、p101〜116に掲載されたクバ・クリスの論文「Be Careful Where You Smile: Culture Shapes Judgments of Intelligence and Honesty of Smiling Individuals」（下記URL）にもとづいている。https://doi.org/10.1007/s10919-015-0226-4

p234　「〜ちょっと怖いなと思っていました」

NPRのウェブサイトに2016年6月17日に掲載された記事「How Learning to Be Vulnerable Can Make Life Safer」（下記URL）にもとづいている。https://www.npr.org/sections/health-shots/2016/06/17/482203447/invisibilia-how-learning-to-be-vulnerable-can-make-life-safer

p234　医学雑誌『ジャーナル・オブ・ジ・アメリカン・メディカル・アソシエーション』によれば

学術誌『JAMA Psychiatry』75、no.4（2018年4月）、p336〜346に掲載されたデボラ・S・ハシンらの論文「Epidemiology of Adult DSM-5 Major Depressive Disorder and Its Specifiers in the United States」（下記URL）にもとづいている。https://dx.doi.org/10.1001%2Fjamapsychiatry.2017.4602

p234　アメリカ人の約30%が「不安」に苦しみ

アメリカの国立精神保健研究所のウェブサイトに掲載されている記事「Any Anxiety Disorder」（下記URL）にもとづいている。https://www.nimh.nih.gov/health/statistics/any-anxiety-disorder

p234　また、1500万以上の人々が〜

『ニューヨーク・タイムズ』紙（2018年4月7日）のベネディクト・キャリー、ロバート・ゲベロフの記事「Many People Taking Antidepressants Discover They Cannot Quit」（下記URL）にもとづいている。https://www.nytimes.com/2018/04/07/health/antidepressants-withdrawal-prozac-cymbalta.html

p235　自分は朝には死んでいる可能性がある〜

ザベス・P・シャルマン、アンジェラ・L・ダックワースの論文「Survivor Mission: Do Those Who Survive Have a Drive to Thrive at Work?」(下記URL)にもとづいている。https://doi.org/10.1080/17439760.2014.888579

p202 記録的な数のアメリカ人が〜

学術誌『Academy of Management Review』34、no.4(2017年)に掲載されたアダム・M・グラント、キンバリー・A・ウェード=ベンツォーニの論文「The Hot and Cool of Death Awareness at Work: Mortality Cues, Aging, and Self-Protective and Prosocial Motivations」(下記URL)にもとづいている。https://doi.org/10.5465/amr.34.4.zok600

p202 教育NPO「ティーチ・フォー・アメリカ」では

『ニューヨーク・タイムズ』紙(2002年2月11日)に掲載されたアビー・グッドノーの記事「More Applicants Answer the Call for Teaching Jobs」(下記URL)にもとづいている。https://www.nytimes.com/2002/02/11/us/more-applicants-answer-the-call-for-teaching-jobs.html

p203 ニューヨーク市のある消防士は、同紙にこう説明している

『ニューヨーク・タイムズ』紙(2002年2月17日)に掲載されたドナ・カット・ナハスの記事「No Pay, Long Hours, But Now, Glory」(下記URL)にもとづいている。https://www.nytimes.com/2002/02/17/nyregion/no-pay-long-hours-but-now-glory.html

p203 女優のエイミー・ティンは

アメリカ空軍の公式オンライン雑誌『Airman』に2002年9月12日に掲載された記事「Terrorist Survivor Enlists in Air Force」にもとづいている。

p203 作家で公選弁護人の

オンライン雑誌『Guernica』に2019年11月18日に掲載されたジェーン・ラトクリフの記事「Rene Denfeld: What Happens After the Trauma」(下記URL)にもとづいている。https://www.guernicamag.com/rene-denfeld-what-happens-after-the-trauma/

p204 「"ノーマル"の王様」

ウェブサイト「The Manifest-Station」に2015年1月21日に掲載されたレネ・デンフェルドの記事「The Other Side of Loss」(下記URL)にもとづいている。https://www.themanifeststation.net/2015/01/21/the-other-side-of-loss/

p204 でも彼女は、ポートランドにある公選弁護人事務所の調査主任となり

レネ・デンフェルドのウェブサイトの「レネ・デンフェルト」のページ(下記URL)にもとづいている。https://renedenfeld.com/author/biography/

p205 子どもたちは私に〜

前出のデンフェルドの記事「The Other Side of Loss」からの引用。

p206 「慈愛の瞑想(loving-kindness meditation)」〜

専門誌『Psychology Today』に2014年9月15日に掲載されたエマ・セッパラの記事「18 Science-Backed Reasons to Try Loving-Kindness Meditation」(下記URL)にもとづいている。https://www.psychologytoday.com/us/blog/feeling-it/201409/18-science-backed-reasons-try-loving-kindness-meditation

p209 その国で最も尊敬されていると言ってもいい瞑想教師

ウェブサイト「Lion's Roar」に2017年2月24日に掲載された記事「Who Was Dipa Ma?」(下記URL)にもとづいている。https://www.lionsroar.com/mother-of-light-the-inspiring-story-of-dipa-ma/

p210 「カラシの種の物語」

ウェブサイト「Patheos」に2016年11月29日に掲載されたジャスティン・ウィテカーの記事「"The Buddhist Parable of the Mustard Seed」(下記URL)にもとづいている。https://

ウェブサイト「Quartz」に2017年7月23日に掲載されたリラ・マクレランの記事「Accepting Your Darkest Emotions Is the Key to Psychological Health」（下記URL）と、前記のフォードらの論文にもとづいている。https://qz.com/1034450/accepting-your-darkest-emotions-is-the-key-to-psychological-health

p196　「大事なものにつながること」と～

前出のスティーブン・C・ヘイズの記事「From Loss to Love」にもとづいている。

p197　「20世紀のレオナルド・ダ・ビンチ」

K・マイケル・ヘイズ、ダナ・ミラーの著書『Buckminster Fuller: Starting with the Universe』（New York: Whitney Museum of American Art, 2008）、p39で、マーシャル・マクルーハンがR・バックミンスター・フラーをこう呼んでいる。

p198　パワフルな回想録

マヤ・アンジェロウの回想録『I Know Why the Caged Bird Sing』（New York: Random House, 2010）（邦訳は『歌え、翔べない鳥たちよ』、矢島翠訳、人文書院、1979年ほか）

p199　「その本って、私が前に読んだ本と同じなのかしら?」

前記の回想録、p97からの引用。

p200　「かごに入れられた鳥が歌ったら、私たちはみんな～」

オプラ・ウィンフリーが前記の回想録『I Know Why the Caged Bird Sing』に寄せた序文、pixからの引用。

p200　「海のこちら側で生まれた『人間の経験を表現したもの』の中で最も美しい」

ウェブサイト「The Conversation」に2014年5月29日に掲載されたリチャード・グレイの記事「The Sorrow and Defiance of Maya Angelou」（下記URL）からの引用。https://theconversation.com/the-sorrow-and-defiance-of-maya-angelou-27341

p201　～「神の導き」なのだという

前出のオプラ・ウィンフリーの序文、pixにもとづいている。

p201　実際、「傷ついた癒し手」～

学術誌『Canadian Family Physician』54、no.9（2008年）p1218～1225に掲載されているSerge Daneaultの論文「The Wounded Healer: Can This Idea Be of Use to Family Physicians?」（下記URL）にもとづいている。https://www.ncbi.nlm.nih.gov/pmc/articles/PMC2553448/

p201　ケンタウロス（半人半馬の怪物）の賢者ケイローンは～

専門誌『Psychology Today』に2021年2月20に掲載されたニール・バートンM.D.（医学士）の記事「The Myth of Chiron, the Wounded Healer」（下記URL）にもとづいている。https://www.psychologytoday.com/us/blog/hide-and-seek/202102/the-myth-chiron-the-wounded-healer

p202　交通事故で10代の娘を亡くしたお母さん

下記URLの「キャンディス・ライトナー」のこと。https://www.candacelightner.com/Meet-Candace/Biography

p202　銃乱射事件の生存者が～

アメリカの日刊紙『ワシントン・ポスト』（2016年6月20日）に掲載されたキャサリン・ホーの記事「"Inside the Bloomberg-Backed Gun-Control Group's Effort to Defeat the NRA」（下記URL）にもとづいている。https://www.washingtonpost.com/news/powerpost/wp/2016/06/20/everytowns-survivors-network-stands-on-the-front-lines-of-the-gun-control-battle/

p202　自身が精神疾患（心の病）を抱えているメンタル・カウンセラーのほうが～

学術誌『Journal of Positive Psychology』9、no.3（2014年1月）、p209～218に掲載されたローレン・エスクレイス=ウィンクラー、エリ

p165　私は、初めて弓を引いた瞬間に〜

前記のミン・キムの著書、p85 からの引用。

p167　「バイオリンは、ゆくゆくは天国に行ける唯一の楽器なの」

ミンと著者との親しい交際を通じての会話にもとづいている。

p169　最初は、ストラッドが盗まれたことについての本を書こうと思い〜

NPR のラジオ番組「All Things Considered」で 2017 年 5 月 7 日に放送されたリズ・ベイカー、ラクシュミ・シンのトーク「Her Violin Stolen, a Prodigy's World Became 'Unstrung」（下記 URL）にもとづいている。https://www.npr.org/2017/05/07/526924474/her-violin-stolen-a-prodigys-world-became-unstrung

第 4 章　愛を失ったときには、どうしたらいいのか?

p175　恋人達が死んでも愛は死なない。

下記のウェブページからの引用。
https://genius.com/Dylan-thomas-and-death-shall-have-no-dominion-annotated

p194　「『苦痛』に対して心を開いたら〜」

専門誌『Psychology Today』に 2018 年 6 月 18 日に掲載されたスティーブン・C・ヘイズの記事「From Loss to Love」（下記 URL）」からの引用。https://www.psychologytoday.com/us/articles/201806/loss-love

p194　「私たちは自分の『苦痛』の中に〜」

ウェブサイト「Psychotherapy.net」に掲載された（日付不明）トニー・ルーマニエールの記事「Steven Hayes on Acceptance and Commitment」（下記 URL）からの引用。https://www.psychotherapy.net/interview/acceptance-commitment-therapy-ACT-steven-hayes-interview

p194　ヘイズは「アクセプタンス&コミットメント・セラピー（ACT）」という影響力のある心理療法を開発した。

スティーブン・C・ヘイズ、カーク・D・ストローサルの著書『A Practical Guide to Acceptance and Commitment Therapy』（New York: Springer, 2004）（邦訳は『アクセプタンス&コミットメント・セラピー実践ガイド』、谷晋二、坂本律訳、明石書店、2014 年）にもとづいている。

p194　「あなたが、とても大事にしているもの〜」

前出のルーマニエールの記事「Steven Hayes on Acceptance and Commitment」からの引用。

p195　喪失に対処するための「七つのスキル」

前出のスティーブン・C・ヘイズの記事「From Loss to Love」からの引用。

p195　この「七つのスキル」を備えることができるかどうかで〜

学術誌『Journal of Contextual Behavioral Science』3、no.3（2014 年 7 月）、p155 〜 163 に掲載された M・E・レビンらの論文「Examining Psychological Inflexibility as a Transdiagnostic Process Across Psychological Disorders」（下記 URL）にもとづいている。https://dx.doi.org/10.1016%2Fj.jcbs.2014.06.003

p196　実験参加者たちに〜即興のスピーチを行うよう依頼した

ブレット・フォードがカリフォルニア大学バークレー校の博士課程の学生だった 2017 年に、彼女とバークレー校の研究者仲間 3 人が、ネガティブな感情を受け入れることと長期的な成功との関係を解明するために、3 部構成の実験を考案した。その実験結果は、学術誌『Journal of Personality and Social Psychology』115、no.6（2018 年）に掲載されたフォードらの論文「The Psychological Health Benefits of Accepting Negative Emotions and Thoughts: Laboratory, Diary, and Longitudinal Evidence」（下記 URL）に記されている。https://doi.org/10.1037/pspp0000157

p196　幸福感が強く

p155　「oceanic feeling（海洋的感情）」～

J・J・ハロルド・エレンズらの著書『The Healing Power of Spirituality: How Faith Helps Humans Thrive』（Santa Barbara, Calif.: Praeger, 2010）、p45にもとづいている。

p155　「人生の中でもとくにポジティブで有意義なひとときになる」

前出のヤーデン他の論文「The Varieties of Self-Transcendent Experience」からの引用。

p156　「死に瀕したときに、自分の人生で～」

前出のD・B・ヤーデン、A・B・ニューバーグの著書『The Varieties of Spiritual Experience: A Twenty-First Century Update』（New York: Oxford University Press、近刊）からの引用。
『The Varieties of Spiritual Experience: 21st Century Research and Perspectives』のタイトルで2022年9月1日に出版された）

p158　戯曲のテーマがより宗教的、より神秘的、よりスピリチュアルになる

学術誌『Empirical Studies of the Arts』1、no.2（1983年）、p109～123に掲載されたD・K・サイモントンの論文「Dramatic Greatness and Content: A Quantitative Study of 81 Athenian and Shakespearean Plays」（下記URL）と、同氏の著書『Greatness: Who Makes History and Why』（New York: Guilford Press, 1994）にもとづいている。https://doi.org/10.2190/0AGV-D8A9-HVDF-PL95。ポール・ウォンの論文「The Deep-and-Wide Hypothesis in Giftedness and Creativity」（2017年5月17日）（下記URL）もご参照のこと。http://www.drpaulwong.com/the-deep-and-wide-hypothesis-in-giftedness-and-creativity/

p158　強烈な「ピーク・エクスペリエンス」を得る～

学術誌『Journal of Transpersonal Psychology』27、no.1（1995年）に掲載されたトム・S・クリーリィ、サム・I・シャピロの論文「The Plateau Experience and the Post-Mortem Life: Abraham H. Maslow's Unfinished Theory」（下記URL）にもとづいている。https://www.atpweb.org/jtparchive/trps-27-95-01-001.pdf

p159　「死に神との出会いは、傍から見るほど恐ろしくはない」

学術誌『Psychological Science』（2017年6月1日）に掲載されたアメリア・ゴランソンらの論文「Dying Is Unexpectedly Positive」（下記URL）からの引用。https://doi.org/10.1177%2F0956797617701186

p159　優れた著書『Sacred Therapy（神聖な心理療法）』

エステル・フランケルの著書『Sacred Therapy: Jewish Spiritual Teachings on Emotional Healing and Inner Wholeness』（Boulder, Colo.: Shambhala, 2004）にもとづいている。

p160　私たちはハ長調の「ハッピー・バースデー」を歌い～

イギリスの週刊音楽雑誌『NME（ニュー・ミュージカル・エクスプレス）』のウェブサイト（日本版サイトは「NME Japan」）に2013年2月14日に掲載されたヴィッキー・ウィリアムソン博士の記事「The Science of Music—Why Do Songs in a Minor Key Sound So Sad?」（下記URL）にもとづいている。https://www.nme.com/blogs/nme-blogs/the-science-of-music-why-do-songs-in-a-minor-key-sound-sad-760215

p162　コーエンは彼女に、次のような「別れの手紙」を送った

下記URLの記事にもとづいている。https://theconversation.com/mythmaking-social-media-and-the-truth-about-leonard-cohens-last-letter-to-marianne-ihlen-108082

p164　彼女は見た瞬間に、それが自分のソウルメイト～

ミン・キムの著書『Gone: A Girl, a Violin, a Life Unstrung』（New York: Crown Publishers, 2017）にもとづいている。

オンライン（2001年版）』、p13に掲載されているジョゼフ・カーマンらの記事「Ludwig van Beethoven」（下記URL）からの引用。https://www.oxfordmusiconline.com/grovemusic/view/10.1093/gmo/9781561592630.001.0001/omo-9781561592630-e-0000040026

p143 「実を言うと、私は惨めな生活を～」
前記の音楽辞典、p17からの引用。

p143 「（彼は）指揮者が立っている台の前に立って～」
ウェブサイト「In Mozart's Footsteps」に2012年8月2日に掲載されたデイビッド・ネルソンの記事「The Unique Story of Beethoven's Ninth Symphony」（下記URL）からの引用。http://inmozartsfootsteps.com/2472/the-unique-story-of-beethovens-ninth-symphony/

p144 演奏が終わったとたんに～
ヤン・カイエルスの著書『Beethoven, A Life』（Oakland: University of California Press, 2020）、p486にもとづいている。

p145 アートの世界に浸った人々は～
学術誌『Journal of Epidemiology and Community Health』66、no.8（2012年8月）に掲載されたコンラード・カイパースらの論文「Patterns of Receptive and Creative Cultural Activities and Their Association with Perceived Health, Anxiety, Depression and Satisfaction with Life Among Adults: The HUNT Study, Norway」（下記URL）にもとづいている。https://doi.org/10.1136/jech.2010.113571

p145 美しいアート作品をただ眺めるだけで～
オンライン専門誌『Narrative Medicine』に2017年7月10日に掲載されたマッテオ・ナンナーの記事「Viewing Artworks Generates in the Brain the Same Reactions of Being in Love」（下記URL）にもとづいている。https://www.medicinanarrativa.eu/viewing-artworks-generates-in-the-brain-the-same-ractions-of-being-in-love?utm_source=nl_32&utm_medium=newsletter&utm_content=mednar

p146 「私の絵の前で、涙を流している人たちは～」
「Daugavpils Mark Rothko Art Centre」のウェブサイトに掲載されているマーク・ロスコの記事「Statement About Art」（下記URL）からの引用。https://www.rothkocenter.com/en/art-center/mark-rothko/statement-about-art

p151 彼のラビ（ユダヤ教の指導者）には、「自分が書くものはすべて～」
前出のシモンズの著書『I'm Your Man: The Life of Leonard Cohen』、p491にもとづいている。

p152 「『壊れたハレルヤ』やら、『あらゆるものの裂け目』やら～」
ポッドキャスト「Broken Record」に投稿されたリック・ルービンによるアダム・コーエンへのインタビュー「Leonard Cohen's Legacy with Adam Cohen: Thanks for the Dance」（投稿日不明）（下記URL）からの引用。https://www.pushkin.fm/podcasts/broken-record/leonard-cohens-legacy-with-adam-cohen-thanks-for-the-dance

p153 彼が「自己超越の体験」と呼んでいるものの研究～
前出のD・B・ヤーデン他の論文「The Varieties of Self-Transcendent Experience」（下記URL）にもとづいている。https://journals.sagepub.com/doi/10.1037/gpr0000102

p154 「これは愛だ」
前出のスコット・バリー・カウフマンの著書『Transcend: The New Science of Self-Actualization』、p198にもとづいている。

p154 「でもそのとき、僕がまず思ったのは～」
著者のデイビッド・ヤーデンへのインタビュー（2019年12月10日）にもとづいている。

〜605に掲載されたカロル・ジャン・ボロヴィエツキの論文「How Are You, My Dearest Mozart? Well-Being and Creativity of Three Famous Composers Based on Their Letters」(下記URL)にもとづいている。https://doi.org/10.1162/REST_a_00616

p138　デヒドロエピアンドロステロン・サルフェート(DHEA-S)というホルモンの血中濃度を測定した。

学術誌『Personality and Social Psychology Bulletin』34、no.12(2008年12月)に掲載されたモドゥペ・アキノラ、ウェンディ・ベリー・メンデスの論文「The Dark Side of Creativity: Biological Vulnerability and Negative Emotions Lead to Greater Artistic Creativity」(下記URL)にもとづいている。https://dx.doi.org/10.1177%2F0146167208323933

p139　「悲しい気分」に見舞われると、注意力が高まる

オンライン雑誌『Greater Good Magazine』に2014年6月4日に掲載されたジョセフ・P・フォーガスの記事「Four Ways Sadness May Be Good for You」(下記URL)にもとづいている。https://greatergood.berkeley.edu/article/item/four_ways_sadness_may_be_good_for_you

p140　逆境に陥っている人たちには、「想像の世界」という内面の世界に閉じこもる傾向が見られる

オンライン雑誌『Greater Good Magazine』に2018年5月8日に掲載されたトム・ジェイコブスの記事「How Artists Can Turn Childhood Pain into Creativity」(下記URL)にもとづいている。https://greatergood.berkeley.edu/article/item/how_artists_can_turn_childhood_pain_into_creativity

p140　気分がいいときのほうが、ひらめきが得られやすい

学術誌『Journal of Cognitive Neuroscience』に掲載されたカルナ・サブラマニアムらの論文「A Brain Mechanism for Facilitation of Insight by Positive Affect」(下記URL)にもとづいている。https://direct.mit.edu/jocn/article/21/3/415/4666/A-Brain-Mechanism-for-Facilitation-of-Insight-by

p140　「創造力のある人々も、落ち込んでいるときには創造力がない」

月刊誌『アトランティック』に2018年12月20日に掲載されたアマンダ・マルの記事「6 Months Off Meds I Can Feel Me Again」(下記URL)からの引用。https://www.theatlantic.com/health/archive/2018/12/kanye-west-and-dangers-quitting-psychiatric-medication/578647/

p141　「彼は、(中略)『暗やみ』にいると、居心地がよかった〜」

シルヴィー・シモンズの著書『I'm Your Man: The Life of Leonard Cohen』(New York: Ecco Press, 2012)、p763からの引用。

p142　彼女は2006年に行った実験で、参加者たちに、映画『花嫁のパパ』〜

ワシントン大学のウェブサイト「UN News」に2006年10月5日に掲載されたナンシー・ガードナーの記事「Emotionally Ambivalent Workers Are More Creative, Innovative」(下記URL)にもとづいている。https://www.washington.edu/news/?s=Emotionally+Ambivalent+Workers+Are+More+Creative%2C+Innovative

p142　〜啓蒙主義の価値を熱心に信じていた。

NPRのラジオ番組「モーニング・エディション」で2020年12月1日に放送されたトム・ハイゼンガーのトーク「Beethoven's Life, Liberty and Pursuit of Enlightenment」(下記URL)にもとづいている。https://www.npr.org/sections/deceptivecadence/2020/12/17/945428466/beethovens-life-liberty-and-pursuit-of-enlightenment

p143　「僕は元気、すこぶる元気だ。〜」

オンライン音楽辞典『グローバル・ミュージック・

エネルギー』を使っています」

ルウェリン・ヴォーン＝リーの著書『In the Company of Friends』（Point Reyes Station, Calif.: Golden Sufi Center, 1994）からの引用。

p121　「徒弟というものは、師の足元のちり～」

「ゴールデン・スーフィー・センター」のウェブサイトに掲載されているルウェリン・ヴォーン＝リーへのインタビュー記事「The Ancient Path of the Mystic: An Interview with Llewellyn Vaughan-Lee」（下記URL）からの引用。https://goldensufi.org/the-ancient-path-of-the-mystic-an-interview-with-llewellyn-vaughan-lee/

p127　西洋のラブソングの起源は～

教育リトリートセンター「Omega Institute for Holistic Studies」が2007年4月26日に投稿したルウェリン・ヴォーン＝リーの動画「A Dangerous Love」（下記URL）にもとづいている。https://www.youtube.com/watch?v=Q7pe_GLp_6o

p130　私たちが最もよく使う手は～

C・S・ルイスの『The Weight of Glory』（New York: Macmillan, 1966）、p4～5からの引用（『The Weight of Glory』の邦訳は『栄光の重み』、西村徹訳、新教出版社、新装　版2004年）

第3章　「創造力」は「悲しみ」や「切なる思い」、「超越する力」と関係があるのか？

p134　彼を「ブドワール詩人（「淑女の寝室」詩人）」と呼んでいた

『ザ・ニューヨーカー』誌（2016年10月17日）に掲載されたデイビッド・レムニックの記事「Leonard Cohen Makes It Darker」（下記URL）にもとづいている。https://www.newyorker.com/magazine/2016/10/17/leonard-cohen-makes-it-darker

p134　彼は「切に思っている時が、一番うまく生きることができた」

CBCラジオで2017年11月11日に放送されたシルヴィー・シモンズのトーク「"Remembering Leonard Cohen」（下記URL）にもとづいている。https://www.cbc.ca/radio/writersandcompany/remembering-leonard-cohen-biographer-sylvie-simmons-on-montreal-s-beloved-poet-1.4394764

p135　「まるで、まわりのだれもが、若くて～」

『ガーディアン』紙（2019年6月30日）に掲載されたアンドルー・アンソニーの記事「Leonard Cohen and Marianne Ihlen: The Love Affair of a Lifetime」（下記URL）からの引用。https://www.theguardian.com/film/2019/jun/30/leonard-cohen-marianne-ihlen-love-affair-of-a-lifetime-nick-broomfield-documentary-words-of-love

p135　「なかには（歌詞の中で）『こんにちは』を～」

前出のシルヴィー・シモンズのトーク「"Remembering Leonard Cohen」にもとづいている。

p136　心理学者マービン・アイゼンシュタットが、創造的な分野の第一人者573人を～

マービン・アイゼンシュタットの著書『Parental Loss and Achievement 』（New York: Simon & Schuster, 1993）にもとづいている。

p137　ケイ・レッドフィールド・ジャミソンが1993年に行った調査～

ケイ・レッドフィールド・ジャミソンの著書『Touched with Fire』（New York: Simon & Schuster, 1993）にもとづいている。

p137　彼は、そうしたアーティストたちの精神状態を調べるうちに～

クリストファー・ザラの著書『Tortured Artists』（Avon, Mass.: Adams Media, 2012）にもとづいている。

p137　経済学者のカロル・ジャン・ボロヴィエツキが～

学術誌『The Review of Economics and Statistics』99、no.4（2017年10月）、p591

に掲載された彼の記事「Longing Is Divine」(下記URL)からの引用。https://wisdom.srisriravishankar.org/longing-is-divine/

p106　イタリアの画家たちはよく、彼女のような~

『ザ・ニューヨーカー』誌2016年4月25日号に掲載されたシッダールタ・ムカジーの記事「Same But Different」(下記URL)にもとづいている。https://www.newyorker.com/magazine/2016/05/02/breakthroughs-in-epigenetics

p108　「一介の葦が語る別離の物語を~」

ルーミーの詩集『The Essential Rumi』(Harper One, 2004)、p17からの引用。

p111　「The Pain of Separation(別離のつらさ)」というタイトルのユーチューブ動画

2014年7月29日に投稿された「The Pain of Separation (The Longing)」(下記URL)。https://www.youtube.com/watch?v=Za1me4NuqxA

p112　「イスラム国」(を名乗るイスラム過激派組織)は~

『ニューヨーク・タイムズ』紙(2017年11月25日)に掲載されたルクミニ・カリマチの記事「To the World, They Are Muslims. To ISIS, Sufis Are Heretics」(下記URL)にもとづいている。https://www.nytimes.com/2017/11/25/world/middleeast/sufi-muslims-isis-sinai.html.

p112　「『longing(切なる思い)』というのは~」

「Personal Transformation」のウェブサイトに掲載されたルウェリン・ヴォーン=リーの記事「Feminine Mysteries of Love」(下記URL)からの引用。https://www.personaltransformation.com/llewellyn_vaughan_lee.html

p113　ルーミーは抒情詩の分野で功績を残し~

シャフラム・シバの著書『Rumi's Untold Story』(所在地不明:Rumi Network, 2018)にもとづいている。

p113　アメリカのベストセラーの詩人となっている

BBCのウェブサイトに2014年10月21日に掲載されたジェーン・チャバタリの記事「Why Is Rumi the Best-Selling Poet in the US?」(下記URL)にもとづいている。https://www.bbc.com/culture/article/20140414-americas-best-selling-poet

p114　「『切なる思い』が神秘の中核を担っている」

ルーミーの詩集『The Book of Love』(San Francisco: HarperCollins, 2005)、p98からの引用(『The Book of Love』の邦訳は『ルーミー 愛の詩』、あらかみさんぞう、重城通子訳、ナチュラルスピリット、2014年)。

p114　「あんたが大声で呼んでいるのを聞いたけど~」

前記の詩集p146からの引用。

p115　アビラの聖テレサにとっては~

アビラの聖テレサの自叙伝『Teresa of Avila: The Book of My Life』、ミラバイ・スター英訳(Boston: Shambhala Publications, Inc., 2008)、p224にもとづいている。(聖テレサの自叙伝の邦訳は、『イエズスの聖テレジア自叙伝』、東京女子カルメル会訳、中央出版社〔現:サンパウロ〕、1960年ほか)

p115　ミーラー・バーイーは、こんな詩を書いている。

ウェブサイト「Allpoetry.com」に掲載されているミーラー・バーイーの詩「I Send Letters」(下記URL)にもとづいている。https://allpoetry.com/I-Send-Letters

p117　「私たちは、仏陀の教えにもとづいた~」

仏教の教えを実践している、ハンドルネーム「lynnjkelly」さんのブログ「Buddha's Advice」に掲載された下記URLの記事からの引用。https://buddhasadvice.wordpress.com/2012/04/19/longing/

p120　「~生きものが持つ最大のパワー『愛の

Premature Infants」(下記URL)にもとづいている。https://doi.org/10.1542/peds.2012-1367

p99　サックスとダマシオ、ハビビは、「楽しい曲でさえ

前出のサックス、ダマシオ、ハビビの論文「The Pleasures of Sad Music」にもとづいている。

p100　ガルシア・ロルカは、こう呼んでいる。「みんなが気づいているのに〜

フェデリコ・ガルシア・ロルカの著書『In Search of Duende』(New York: New Directions, 1998)、p57にもとづいている。

p100　プラトンはこの言葉をこう定義した。

レイ・ベイカーの著著『Beyond Narnia: The Theology and Apologetics of C. S. Lewis』(Cambridge, Ohio: Christian Publishing House, 2021)、p67〜68にもとづいている。

p100　また「ポトス」には、手が届かないもの〜

ウェブサイト「Livius.org」に掲載された記事「Pothos」(下記URL)にもとづいている。https://www.livius.org/articles/concept/pothos/

p101　「自分はポトスに駆られている」

前出のヒューストンの著書『The Search for the Beloved: Journeys in Mythology and Sacred Psychology』、p124からの引用。

p101　〜「ポトス」だったのではないだろうか。

前記に同じ。

p101　慰めようもないほどの切なる思い」〜と呼んでいる

C・S・ルイスの自叙伝『Surprised by Joy: The Shape of My Early Life』(New York: HarperOne, 1955)(邦訳は『喜びのおとずれ── C・S・ルイス自叙伝』、早乙女忠、中村邦生訳、冨山房、1977年ほか)にもとづいている。

p101　「名前がつけられないような何か」

C・S・ルイスの寓話小説『The Pilgrim's Regress』(Grand Rapids, Mich.: William B. Eerdmans, 1992)からの引用。

p102　「喜びによる痛み」

前出のC・S・ルイスの自叙伝『Surprised by Joy: The Shape of My Early Life』からの引用。

p102　「生命とか、愛、人生で〜」

ピーター・ルシアのウェブサイト「Noweverthen.com」に掲載された記事「Saudade and Sehnsucht」(下記URL)からの引用。https://noweverthen.com/many/saudade.html

p102　「大好きな詩人ガルシア・ロルカから〜」

マイケル・ポスナーの著書『Leonard Cohen, Untold Stories: The Early Years』(New York: Simon & Schuster, 2020)、p28からの引用。

p103　一人の男と出会い、自分はその男と〜

前出のマーク・マーリスの小説『Arrow's Flight』、p13からの引用。

p103　「俺の芸術家人生の中心にあるのは〜」

『ガーディアン』紙(2001年4月21日)に掲載されたニック・ケイヴの記事「Love Is the Drug」(下記URL)からの引用。https://www.theguardian.com/books/2001/apr/21/extract

p104　ポルトガル語を話す人々には、「saudadeサウダージ」という概念がある。

ウェールズ語の「hiraeth」も同様の概念を表す。

p104　ヒンドゥー教の世界では〜

ウェブサイト「Pearls from the Ramayana」に2020年8月14日に掲載されたサンディープ・ミシュラの記事「Valmiki—The First Poet」(下記URL)にもとづいている。https://www.amarchitrakatha.com/mythologies/valmiki-the-first-poet/

p104　「『切に望むこと』自体が神聖な行為なのです〜」

シュリ・シュリ・ラビ・シャンカールのウェブサイト

Induced by Music」(下記URL)にもとづいている。https://doi.org/10.2307/40285693。学術誌『I-Perception』12、no.4(2021年7月)に掲載されたレミ・デ・フルリアン、マーカス・T・ピアスの論文「The Relationship Between Valence and Chills in Music: A Corpus Analysis」(下記URL)もご参照のこと。https://doi.org/10.1177%2F20416695211024680

p95 「曲とのつながり」を強く感じていた

学術誌『Psychology of Music』47、no.1(2018年1月)に掲載されたフレデリック・コンラッドらの論文「Extreme reListening: Songs People Love . . . and Continue to Love」(下記URL)にもとづいている。http://dx.doi.org/10.1177/0305735617751050

p95 ポップミュージック(ポピュラー音楽)までもが、

科学雑誌『サイエンティフィック・アメリカン』(2012年11月13日)に掲載されたヘレン・リー・リンの記事「Pop Music Became More Moody in Past 50 Years」(下記URL)にもとづいている。https://www.scientificamerican.com/article/scientists-discover-trends-in-pop-music/

p96 「楽しく、物悲しい」キー

『The National』紙(アラブ首長国連邦のアブダビで発行されている英語の民間日刊紙)に2011年1月17日に掲載されたショバ・ナラヤンの記事「Why Do Arabic Rhythms Sound So Sweet to Indian Ears?」(下記URL)にもとづいている。https://www.thenationalnews.com/arts-culture/comment/why-do-arabic-rhythms-sound-so-sweet-to-indian-ears-1.375824

p96 「スペインでは、お母さんが赤ちゃんの~」

フェデリコ・ガルシア・ロルカのレクチャー「On Lullabies」にもとづいている。このレクチャーは、ウェブサイト「Poetry in Translation」で、A・S・クラインによる訳文(下記URL)が紹介されている。https://www.poetryintranslation.com/PITBR/Spanish/Lullabies.php

p96 「もののあわれ」とは~

ブロン・テイラー編集の書籍『The Encyclopedia of Religion and Nature』(London: Thoemmes Continuum, 2005)、p17 ~ 18に収められたデイビッド・ランディス・バーンヒルの文章「Aesthetics and Nature in Japan」(下記URLからダウンロード可)にもとづいている。https://www.uwosh.edu/facstaff/barnhill/244/Barnhill%20-%20Aesthetics%20and%20Nature%20in%20Japan%20%20ERN.pdf

p97 1806年に、ある音楽学者が~

下記URLの文章「Affective Musical Key Characteristics」にもとづいている。https://wmich.edu./mus-theo/courses/keys.html

p97 ユヴァスキュラ大学(フィンランド)の研究者たちの最近の調査~

前述のVuoskoskiらの論文「Being Moved by Unfamiliar Sad Music Is Associated with High Empathy」にもとづいている。

p98 もう一つの理由は~

学術誌『International Journal of Art and Art History』2、no.2(2014年12月)に掲載されたマハシュ・アナンスの論文「A Cognitive Interpretation of Aristotle's Concepts of Catharsis and Tragic Pleasure.」(下記URL)にもとづいている。http://dx.doi.org/10.15640/ijaah.v2n2a1

p98 「切ないメロディー」は、人間の体が~

学術誌『Frontiers in Human Neuroscience』(2015年7月24日)に掲載されたマシュー・サックス、アントニオ・ダマシオ、アサル・ハビビの論文「The Pleasures of Sad Music」(下記URL)にもとづいている。https://doi.org/10.3389/fnhum.2015.00404

p98 集中治療室に入院している赤ちゃん~

学術誌『Pediatrics』131、no.5(2013年5月)、p902 ~ 918に掲載されたジョアン・ローウィらの論文「The Effects of Music Therapy on Vital Signs, Feeding, and Sleep in and Compassion: Socioeconomic Factors Predict Responses to Suffering」(下記URL)にもとづいている。https://doi.org/10.1037/a0026508

p75　～身体面や感情面での苦痛を味わいにくいという。

雑誌『ニューヨーク・マガジン』(2012年6月29日)に掲載されたリサ・ミラーの記事「The Money-Empathy Gap」(下記URL)にもとづいている。https://nymag.com/news/features/money-brain-2012-7/

p76　「人々は、こうした敬意を示す動作に～」

前出のダッチャー・ケルトナーの記事「What Science Taught Me About Compassion, Gratitude and Awe」からの引用。

p76　「自分自身のデータを集めましょう～」

オンライン雑誌『Greater Good Magazine』に2018年4月24日に掲載されたホーリア・ジャザイエリの記事「Six Habits of Highly Compassionate People」(下記URL)からの引用。https://greatergood.berkeley.edu/article/item/six_habits_of_highly_compassionate_people

p77　「自分を責めることが～」

前記のジャザイエリの記事「Six Habits of Highly Compassionate People」からの引用。

第2章　私たちはなぜ「完全で無償の愛」を切望するのか?

p82　「わたしの人生で最も甘美なものは～」

前出のC・S・ルイスの著書『Till We Have Faces(顔を持つまで)』、p86からの引用。

p84　『マディソン郡の橋』

この物語についての記述は、ロバート・ジェームズ・ウォラーの著書『The Bridges of Madison County』(New York: Warner Books, 1992)(邦訳は『マディソン郡の橋』、村松潔訳、文藝春秋、1997年)と、BBCのウェブサイトに2017年3月10日に掲載されたニュース記事「Bridges of Madison County Author Robert James Waller Dies, 77」(下記URL)にもとづいている。https://www.bbc.com/news/world-us-canada-39226686

p85　「失った半分(片割れ)を渇望すること」

「MIT Symposium document」の中のプラトンの『Symposium』p12にもとづいている。(『Symposium』の邦訳は『饗宴』、久保勉訳、岩波書店、改版2008年)。ジーン・ヒューストンの著書『The Hero and the Goddess: "The Odyssey" as Mystery and Initiation』(Wheaton, Ill.: Quest, 2009)、p202もご参照のこと。

p87　アラン・ド・ボトンが『ニューヨーク・タイムズ』紙で～

『ニューヨーク・タイムズ』紙(2016年5月28日)に掲載されたド・ボトンの記事「Why You Will Marry the Wrong Person」(下記URL)にもとづいている。https://www.nytimes.com/2016/05/29/opinion/sunday/why-you-will-marry-the-wrong-person.html

p87　「私たちの、恋愛についてのとくに重大な勘違いは～」

イギリスの日刊紙『ガーディアン』(2017年1月10日)に掲載されたアラン・ド・ボトンの記事「The Seven Rules to Help You Avoid Divorce」(下記URL)からの引用。https://www.theguardian.com/lifeandstyle/2017/jan/10/romantic-realism-the-seven-rules-to-help-you-avoid-divorce

p93　私が気に入っているユーチューブ動画

2016年11月19日に投稿された「Baby Reacts to Moonlight Sonata」(下記URL)。https://www.youtube.com/watch?v=DHUnLY1_PvM

p95　別名「戦慄」

学術誌『Music Perception』13、no.2(1995年)、p171～207に掲載されたヤーク・パンクセップの論文「The Emotional Sources of 'Chills'

「The Origins of Darwin's Theory: It May Have Evolved in Tibet」（下記URL）にもとづいている。https://www.independent.co.uk/news/science/the-origins-of-darwin-s-theory-it-may-have-evolved-in-tibet-1623001.html.

p69 「ひょっとしたら、ダーウィンは～

前記の記事「The Origins of Darwin's Theory: It May Have Evolved in Tibet」にもとづいている。

p70 心理学の一分野「ポジティブ心理学」

ニューヨーク州心理学者協会が発行する雑誌『NYS Psychologist』（2004年5～7月号）に掲載されたJ・J・フローの記事「The History of Positive Psychology: Truth Be Told」（下記URL）にもとづいている。https://scottbarrykaufman.com/wp-content/uploads/2015/01/Froh-2004.pdf

p71 この心理学は～批判も招いている。

学術誌『Journal of Humanistic Psychology』44、no.1（2004年1月）、p9～46に掲載されたバーバラ・ヘルドの論文「he Negative Side of Positive Psychology」（下記URL）にもとづいている。http://dx.doi.org/10.1177/0022167803259645

p71 「人生の悲劇よりも喜劇を受け入れ～」

学術誌『Psychoanalytic Psychology』34、no.1（2017年）、p50～57に掲載されたナンシー・マックウィリアムズの論文「Psychoanalytic Reflections on Limitation: Aging, Dying, Generativity, and Renewal」（下記URL）からの引用。http://dx.doi.org/10.1037/pap0000107

p72 精神科医（精神分析医）のエイミー・アイバーセンは

専門誌『Management Today』に2018年5月10日に掲載されたエイミー・アイバーセンの記事「The Upside of Being Neurotic」（下記URL）にもとづいている。https://www.managementtoday.co.uk/upside-neurotic/personal-velopment/article/1464282

p73 「第二波」が到来

専門誌『The Psychologist』29（2016年7月）に掲載されたティム・ローマスの記事「Positive Psychology: The Second Wave」（下記URL）にもとづいている。https://thepsychologist.bps.org.uk/volume-29/july/positive-psychology-second-wave

p74 マズローの当初の考え方

スコット・バリー・カウフマンの著書『Transcend: The New Science of Self-Actualization』（New York: Penguin Books, 2020）、p223にもとづいている。

p75 「あなたが『自分は人より優れている』と思っているなら～」

ウェブサイト「DailyGood」に2016年11月4日に掲載されたダッチャー・ケルトナーの記事「What Science Taught Me About Compassion, Gratitude and Awe」（下記URL）からの引用。https://www.dailygood.org/story/1321/what-science-taught-me-about-compassion-gratitude-and-awe/

p75 地位の高い人たち～

機関紙『米国科学アカデミー紀要』109、no.11（2012年2月）、p4086～4091に掲載されたP・K・ピフらの論文「Higher Social Class Predicts Increased Unethical Behavior」（下記URL）にもとづいている。http://dx.doi.org/10.1073/pnas.1118373109

p75 ～あまり手助けしないそうだ。

学術誌『サイエンス』314、no.5802（2006年11月）、p1154～1156に掲載されたキャスリーン・D・ボースらの論文「The Psychological Consequences of Money」（下記URL）にもとづいている。https://doi.org/10.1126/science.1132491

p75 まわりの人が苦しんでいるのを目にしたときに

学術誌『Emotion』12、no.3（2012年）p449～459に掲載されたJ・E・ステラー、V・M・マンゾ、M・W・クラウス、D・ケルトナーの論文「Class

アダム・ゴプニクの著書『Angels and Ages: A Short Book About Darwin, Lincoln, and Modern Life』(New York: Alfred A. Knopf, 2009)と、デボラ・ハイリグマンの著書『Charles and Emma: The Darwins' Leap of Faith』(New York: Henry Holt, 2009)にもとづいている。

p67 「ああ、ママ。もしママが死んでしまったら~」

エイドリアン・J・デズモンド、ジェームズ・リチャード・ムーア、ジェームズ・ムーアによる伝記『Darwin』(New York: W. W. Norton, 1994)、p386からの引用。

p67 「私たちは~を失った」

ケンブリッジ大学(イギリス)の研究者たちが進めている「Darwin Correspondence Project」のウェブサイトに掲載された記事「The Death of Anne Elizabeth Darwin」(下記URL)からの引用。https://www.darwinproject.ac.uk/people/about-darwin/family-life/death-anne-elizabeth-darwin

p67 「動物は、社会的な本能を~」

チャールズ・ダーウィンの著書『The Descent of Man, and Selection in Relation to Sex』(1872; repr., London: D. Appleton, 2007)、p69、p 84からの引用。(『The Descent of Man, and Selection in Relation to Sex』の邦訳は、『人間の由来』、長谷川眞理子訳、講談社、2016年ほか)

p68 あるイヌは、一緒に飼われている~

前記の書籍p74~75にもとづいている。

p68 「私たちは、他人の苦しみを~」

前記の書籍p78からの引用。

p68 ダーウィンも~直感的にわかっていた

ポール・エクマンがカリフォルニア大学バークレー校の「グレーター・グッド・サイエンス・センター」で、2010年6月17日に行ったレクチャー「Darwin and the Dalai Lama, United by Compassion」(下記URL)をご参照のこと。https://www.youtube.com/watch?v=1Qo64DkQsRQ

p68 「ダーウィンは、世の中の苦痛を~」

雑誌『The New Atlantis』(2009秋~2010冬号)に掲載されたアルギス・ヴァリウナスの記事「Darwin's World of Pain and Wonder」(下記URL)からの引用。https://www.thenewatlantis.com/publications/darwins-world-of-pain-and-wonder

p69 ほかの種を、思いやるに値する「仲間」とみなす

前出のチャールズ・ダーウィンの著書『The Descent of Man, and Selection in Relation to Sex(人間の由来)』、p96にもとづいている。

p69 最も気高い~の一つ

前記の書籍p97からの引用。

p69 「これからは自分を『ダーウィニアン(ダーウィン説支持者)』と呼ぼう」

オンライン雑誌『Greater Good Magazine』に掲載されているポール・エクマンの2010年6月のレクチャー「The Dalai Lama Is a Darwinian」(下記URL)からの引用。
https://greatergood.berkeley.edu/video/item/the_dalai_lama_is_a_darwinian

p69 「人間は、だれかが血を流したり~」

ダライ・ラマの共著書『Emotional Awareness: Overcoming the Obstacles to Psychological Balance and Compassion』(New York: Henry Holt, 2008)、p197からの引用。これについては、ポール・エクマンも前出の2010年6月17日のレクチャー「Darwin and the Dalai Lama, United by Compassion」(下記URL)で言及している。
https://www.youtube.com/watch?v=1Qo64DkQsRQ

p69 「それがもし偶然の一致だとしたら~

前出のポール・エクマンのレクチャー「Darwin and the Dalai Lama, United by Compassion」と、イギリスの日刊紙『インディペンデント』(現在はオンライン新聞)の2009年2月16日の記事

com/content-marketing/how-empathetic-content-took-cleveland-clinic-from-zero-to-60-million-sessions-in-6-years/

p61　「憂うつ質タイプの幸福感」と呼んでいたものについて〜

グレッチェン・ルービンのウェブサイトに2012年1月26日に掲載された彼女の記事「Everyone Shines, Given the Right Lighting」（下記URL）にもとづいている。https://gretchenrubin.com/2012/01/everyone-shines-given-the-right-lighting

p61　「人と人との結びつき」

下記URLのブログからの引用。https://embodimentchronicle.wordpress.com/2012/01/28/the-happiness-of-melancholy-appreciating-the-fragile-beauty-of-life-and-love/

p63　「地球上の動物の子どもの中で、最も弱く」

前述のケルトナーの記事「The Compassionate Species」からの引用。

p64　シャチは、子どもを亡くした母親のまわりを〜

Center for Whale Research（クジラ研究所）のウェブサイトに2018年8月11日に掲載された記事「J35 Up-date」（下記URL）にもとづいている。https://www.whaleresearch.com/j35

p64　ゾウは、鼻を仲間のゾウたちの顔にそっと当てて〜

学術誌『サイエンス』（2014年1月）に掲載されたヴァージニア・モレルの記事「Elephants Console Each Other」（下記URL）にもとづいている。https://www.sciencemag.org/news/2014/02/elephants-console-each-other

p65　『（獲ものの）血で歯や爪を赤く染めた"自然"』

アルフレッド・テニスンの挽歌集『In Memoriam』からの引用。（『In Memoriam』の邦訳は『イン・メモリアム』、入江直祐訳、岩波書店、1934年）

p66　仲間の「社会ダーウィン主義者」たち

スミソニアン協会（ワシントンD.C.）が発行する雑誌『Smithsonian Magazine』に2020年4月29日に掲載されたダン・フォークの記事「The Complicated Legacy of Herbert Spencer, the Man Who Coined 'Survival of the Fittest」（下記URL）にもとづいている。https://www.smithsonianmag.com/science-nature/herbert-spencer-survival-of-the-fittest-180974756/

p66　ケルトナーはこう語っている。「ダーウィンにとっては〜

オンライン雑誌『Greater Good Magazine』に2009年2月12日に掲載されたダッチャー・ケルトナーの記事「Darwin's Touch: Survival of the Kindest」（下記URL）にもとづいている。https://greatergood.berkeley.edu/article/item/darwins_touch_survival_of_the_kindest

p66　ダーウィンは〜優しい人で

アメリカの日刊紙『ロサンゼルス・タイムズ』（2009年1月29日）に掲載されたデボラ・ハイリグマンの記事「The Darwins' Marriage of Science and Religion」（下記URL）にもとづいている。https://www.latimes.com/la-oe-heiligman29-2009jan29-story.html

p66　初めて「手術」を見学し〜

自然史博物館（ロンドン）のウェブサイトに掲載されたケリー・ロツォフの記事「Charles Darwin: History's Most Famous Biologist」（下記URL）にもとづいている。https://www.nhm.ac.uk/discover/charles-darwin-most-famous-biologist.html

p66　「（出会えて）ものすごくうれしかった〜」

『Charles Darwin's Beagle Diary』(Cambridge: Cambridge University Press, 1988)、p42からの引用。（『Charles Darwin's Beagle Diary』の邦訳は『新訳　ビーグル号航海記』、荒俣宏訳、平凡社、2013年ほか）

p66　〜最愛の娘アニーをしょう紅熱で亡くした

ディセティ、T・サンジェの論文「Meta-Analytic Evidence for Common and Distinct Neural Networks Associated with Directly Experienced Pain and Empathy for Pain」(下記URL)にもとづいている。https://doi.org/10.1016/j.neuroimage.2010.10.014

p57　迷走神経

P・ギルバート編集の書籍『Compassion: Concepts, Research, and Applications』(Oxfordshire, UK: Routledge, 2017)、p120～134に収められたジェニファー・E・ステラー、ダッチャー・ケルトナーの文章「Compassion in the Autonomic Nervous System: The Role of the Vagus Nerve」にもとづいている。科学雑誌『サイエンティフィック・アメリカン』(2009年2月26日)に掲載されたブライアン・ディサルボ、ダッチャー・ケルトナーの記事「Forget Survival of the Fittest: It Is Kindness That Counts」もご参照のこと(『サイエンティフィック・アメリカン』の日本語版は『日経サイエンス』)。

p58　迷走神経が私たちに、気にかけるよう仕向ける

オンライン雑誌『Greater Good Magazine』に2012年7月31日に掲載されたダッチャー・ケルトナーの記事「The Compassionate Species」(下記URL)にもとづいている。https://greatergood.berkeley.edu/article/item/the_compassionate_species

p58　実験参加者が「暴力の被害者たちの～

学術誌『Neuron』44、no.2(2001年10月)、p389～400に掲載されたD・J・グリーンらの論文「The Neural Bases of Cognitive Conflict and Control in Moral Judgment」(下記URL)にもとづいている。https://doi.org/10.1016/j.neuron.2004.09.027

p58　お母さんたちが可愛くてたまらない赤ちゃんを～

学術誌『NeuroImage』21、no.2(2004年2月)、p583～592に掲載されたJ・B・ニチュケらの論文「Orbitofrontal Cortex Tracks Positive Mood in Others Viewing Pictures of Their Newborn Infants」(下記URL)にもとづいている。http://dx.doi.org/10.1016/j.neuroimage.2003.10.005

p58　生活に困っている人々を手助けしたときに～

学術誌『Neuron』35(2002年7月)、p395～405に掲載されたジェームズ・K・リリングらの論文「A Neural Basis for Social Cooperation」(下記URL))にもとづいている。http://ccnl.emory.edu/greg/PD%20Final.pdf

p58　また、落ち込んでいる人～

学術誌『Frontiers in Psychology』8(2017年11月)に掲載されたヤン・ソウ(Yuan Cao)らの論文「Low Mood Leads to Increased Empathic Distress at Seeing Others' Pain」(下記URL)にもとづいている。https://dx.doi.org/10.3389%2Ffpsyg.2017.02024

p59　共感力の高い人は～

学術誌『Frontiers in Psychology』(2016年9月)に掲載されたJ・K・Vuoskoskiらの論文「Being Moved by Unfamiliar Sad Music Is Associated with High Empathy」(下記URL)にもとづいている。https://doi.org/10.3389/fpsyg.2016.01176

p59　「人が落ち込んでいるときには～

ナシア・ガミーの著書『A First-Rate Madness: Uncovering the Links Between Leadership and Mental Illness』(New York: Penguin Books, 2012)、p85からの引用。
(『A First-Rate Madness』の邦訳は『一流の狂気――心の病がリーダーを強くする』、山岸洋、村井俊哉訳、日本評論社、2016年)

p59　ケルトナーの言葉を、あなたが直感的に理解したい～

コンサルタント会社Marketing Insider Groupのウェブサイトに2019年8月29日に掲載されたマイケル・ブレナーの記事「How Empathic Content Took Cleveland Clinic from Zero to 60 Million Sessions in One Year」(下記URL)にもとづいている。https://marketinginsidergroup.

Bridged by Continuous Gradients」（下記URL）にもとづいている。https://www.pnas.org/doi/abs/10.1073/pnas.1702247114。ウェブサイト「Pacific Standard」に2015年7月8日掲載されたウェス・ジャッドの記事「A Conversation with the Psychologist Behind 'Inside Out'」（下記URL）もご参照のこと。https://psmag.com/social-justice/a-conversation-with-psychologist-behind-inside-out

p47 『恐れ』は笑えるからです

著者のピート・ドクターへのインタビュー（2016年11月30日）にもとづいている。アメリカ公共ラジオ「ナショナル・パブリック・ラジオ（NPR）」のトーク番組「Fresh Air」で2015年7月3日に放送されたトーク「It's All in Your Head: Director Pete Docter Gets Emotional in Inside Out」（下記URL）もご参照のこと。https://www.npr.org/2015/07/03/419497086/its-all-in-your-head-director-pete-docter-gets-emotional-in-inside-out

p47 「人前で泣くなんてすごくみっともないことだった」

著者のピート・ドクターへのインタビュー（2016年11月30日）にもとづいている。

p49 「そして突然こう思いついたんです～」

前出のラジオのトーク「It's All in Your Head: Director Pete Docter Gets Emotional in Inside Out」からの引用。

p51 「悲しみ（カナシミ）」をメインにしたもの

前出のダッチャー・ケルトナーとポール・エクマンの記事「The Science of Inside Out」にもとづいている。

p51 ピクサー史上、最高の興行収入をあげた

ニュースサイト「Business Insider（ビジネスインサイダー）」に2015年7月に掲載された記事「Inside Out Sets Record for Biggest Original Box Office Debut」（下記URL）にもとづいている。https://www.businessinsider.com/box-office-inside-out-sets-record-for-biggest-original-jurassic-world-fastest-to-1-billion-2015-6

p52 「『悲しみ』がぼくという人間の中心にあるんです」

著者はダッチャー・ケルトナーに何度かインタビューを行っている。この言葉は、その一つである2018年11月のインタビューにもとづいている。

p56 彼の著書

ダッチャー・ケルトナーの著書『Born to Be Good: The Science of a Meaningful Life』（New York: W. W. Norton, 2009）

p56 「compassion（思いやり）」という言葉は

オンライン雑誌『Greater Good Magazine』に掲載された記事「What Is Compassion?」（下記URL）にもとづいている。https://greatergood.berkeley.edu/topic/compassion/definition

p57 「どこにでもある、一つにまとめる力」

厳密に言えば、ニック・ケイヴは「悲しみ」ではなく、「苦しみ」のことをこう呼んでいる。彼のウェブサイト「Red Hand Files」の下記のページをご参照のこと。https://www.theredhandfiles.com/utility-of-suffering/

p57 「思いやりの本能」は私たちの神経システム

「ミラーニューロン」は、パルマ大学（イタリア）の神経科学者ジャコモ・リッツォラッティと仲間たちによって、1990年代前半に発見された。彼らは、マカクザルの脳内のニューロンが、自身がものをつかんだ時も、ほかのサルが同じものをつかんだ時にも、同じように発火することに気づいた。アメリカ心理学会が発行する雑誌『Monitor on Psychology』36、no.9（2005年10月）に掲載されたリー・ウィナーマンの記事「The Mind's Mirror」（下記URL）をご参照のこと。https://www.apa.org/monitor/oct05/mirror

p57 大脳の「前帯状皮質」

学術誌『NeuroImage』54、no.3（2011年2月）、p2492～2502に掲載されたC・ラム、J・

用。

p29　「主よ、私たちの心は～」
聖アウグスティヌスの著書『Confessions』（下記 URL）からの引用。（『Confessions』の邦訳は『告白』、服部栄次郎訳、岩波書店、1976 年ほか）https://www.vatican.va/spirit/documents/spirit_20020821_agostino_en.html

p31　「魂に愛されるもの」と呼んでいる
ジーン・ヒューストンの著書『The Search for the Beloved: Journeys in Mythology and Sacred Psychology』（New York: J. P. Tarcher, 1987）、p228 にもとづいている。

p31　「私たちが生まれる前に強制的に～」
マーク・マーリスの小説『An Arrow's Flight』（New York: Macmillan, 1998）、p13 からの引用。

p31　「あらゆる美しいものが生まれる場所」
C・S・ルイスの著書『Till We Have Faces』（New York: HarperOne, 2017）、p86 からの引用。（『Till We Have Faces』の邦訳は『顔を持つまで――王女プシケーと姉オリュアルの愛の神話』、中村妙子訳、平凡社、2006 年ほか）。

p31　レナード・コーエンの「ハレルヤ」
ウェブサイト「Yahoo! Entertainment」に 2016 年 11 月 11 日に掲載された記事「13 Praise- Worthy Talent Show Performances of Leonard Cohen's 'Hallelujah'」（下記 URL）にもとづいている。https://www.yahoo.com/news/13-praise-worthy-talent-show-performances-of-leonard-cohens-hallelujah-081551820.html

p32　「私たちは、世の中の悲しみを、楽しく～」
この考え方は、ダイアン・K・オスボン編集のジョーゼフ・キャンベルの著作集『A Joseph Campbell Companion: Reflections on the Art of Living』（New York: HarperCollins, 1991）などに見られる。

p34　「あなたが何を教えたいのか、ようやくわかった～」
ジャネット・S・ベルコヴ=シャリンの著書『New World Hasidim』（Albany: State University of New York Press, 2012）、p99 からの引用。

p39　最近ヤーデン博士が行った調査によれば
D・B・ヤーデン、A・B・ニューバーグの著書『The Varieties of Spiritual Experience: A Twenty-First Century Update』（New York: Oxford University Press、近刊）と、学術誌『Review of General Psychology』21、no.2（2017 年 6 月）、p143 ～ 160 に掲載された D・B・ヤーデンらの論文「The Varieties of Self-Transcendent Experience」（下記 URL）にもとづいている。https://journals.sagepub.com/doi/10.1037/gpr0000102

p41　アリストテレスが「黒胆汁の病」と呼んだ
前出のハイディー・ノースウッドの論文にもとづいている。

第 1 章　「悲しみ」は何の役に立つのか？

p46　「「思いやり」が、内面にあるとても重要なもの～」
ネオミ・シーハブ・ナイの詩「Kindness」からの引用。この詩は彼女の詩集『Words Under the Words: Selected Poems』（Portland, Ore: Eighth Mountain Press, 1995）、p42 に収められている。

p46　アニメ映画監督ピート・ドクターは
『ニューヨーク・タイムズ』紙（2015 年 7 月 3 日）に掲載されたダッチャー・ケルトナーとポール・エクマンの記事「The Science of Inside Out」（下記 URL）にもとづいている。https://www.nytimes.com/2015/07/05/opinion/sunday/the-science-of-inside-out.html

p47　最大で 27 種類までの感情を持っている
機関紙『米国科学アカデミー紀要』114、no.38（2017 年 9 月）に掲載されたアラン・S・コーエンとダッチャー・ケルトナーの論文「Self-report Captures 27 Distinct Categories of Emotion

れている。https://www.metmuseum.org/art/collection/search/336228

p23　フランスの詩人シャルル・ボードレールが、「『憂うつ』のない世界では、美しいものなどとても思いつかないだろう」と述べている

ケヴィン・ゴドブーの博士論文「Saturnine Constellations: Melancholy in Literary History and in the Works of Baudelaire and Benjamin」(ウエスタンオンタリオ大学、2016年)(ボードレールの『Fusées(火箭)』を引用している)にもとづいている。(『Fusées』の邦訳『火箭』は、『火箭・赤裸の心』、斎藤磯雄、立風書房、1974に収められている)。「美しいものなど思いつかない」はボードレールの詩集『Les Fleurs du mal』の一節。(『Les Fleurs du mal』の邦訳は『悪の花』、堀口大学訳、新潮社、改版1953年)

p25　影響力のある心理学者ジュリア・クリステヴァ

ジュリア・クリステヴァの著書『The Black Sun: Depression and Melancholy』、レオン・サミュエル・ルディエ英訳、(New York: Columbia University Press, 1989)、p10にもとづいている。オンライン専門誌『Contemporary Aesthetics』vol.1(2003年)に掲載されたエミリー・ブレイディ、アルト・ハーパラの論文「Melancholy as an Aesthetic Emotion」もご参照のこと。

p27　「私たちがこうした批判を向けるのは～」

スーザン・デイビッドの2017年のTED講演「The Gift and Power of Emotional Courage(感情に向き合う勇気の力と素晴らしさ)」(下記URL)からの引用。https://www.ted.com/talks/susan_david_the_gift_and_power_of_emotional_courage/transcript?language=en

(訳注　下記URLで、日本語の字幕付きの講演が見られる。https://www.ted.com/talks/susan_david_the_gift_and_power_of_emotional_courage?language=ja&subtitle=ja)

p28　英雄オデュッセウスを故郷への壮大な旅に駆り立てたのは

これについては、『The Odyssey』(下記URL)Book Iで暗に示され、Book Vで検証されている。http://classics.mit.edu/Homer/odyssey.5.v.html

(『The Odyssey』の邦訳は『オデュッセイア』、松平千秋訳、岩波文庫、1994年。Book I、Book Vは、第一歌、第五歌)

p29　「切に思う(望む)」という行為が、私たちがいるべき所に行くための「入り口」になる

私たちは、「人間の壮大な物語」と言えば「英雄の旅」の物語だと考える。そうした物語では、主人公が冒険をし、大きな難問に直面し、変化を遂げてひと回り大きくなる。ハリウッド映画のストーリーも、多くがそうした展開になっている。だが私たちは、壮大な物語がもう1種類あることを忘れている。それは、言ってみれば「魂の旅」の物語だ。こちらの物語を通じて、私たちは次のようなことに気づく。――私たちは、ほんとうの「心のふるさと」から離れているという思いを抱きながら、この世界で生きていること。私たちは、自分がおおいに愛し、愛された場所から離れている「つらさ」を感じていること、「切に願う」という甘い痛みが、私たちがそうした場所に立ち返るのに役立つこと――。私たちが「美しいもの」を強く望むのは、「美しいもの」は、そうした「心のふるさと」を思い出させ、「そこに旅しよう」と呼びかけてくれるからだ。

p29　「あなたの一生は～」

「ゴールデン・スーフィー・センター」のウェブサイトに掲載されているルウェリン・ヴォーン=リーの記事「Love and Longing: The Feminine Mysteries of Love」(下記URL)からの引用。https://goldensufi.org/love-and-longing-the-feminine-mysteries-of-love/

p29　「主の本質的な御顔に出会いたい～」

トーム・ロックの著書『Time, Twilight, and Eternity: Finding the Sacred in the Everyday』(Eugene, Ore: Wipf and Stock, 2017)、p90からの引用。

p29　「神とは、心の中の『切なる望み』である」

前出のルウェリン・ヴォーン=リーの記事からの引

備考

序章　サラエボのチェリスト

p9　サラエボのチェリスト

この物語については、スティーヴン・ギャロウェイの著書『The Cellist of Sarajevo』(New York: Riverhead Books, 2009)（『サラエボのチェリスト』、佐々木信雄訳、武田ランダムハウスジャパン、2009年）を参考にした。ヴェドラン・スマイロヴィッチの行為については、パンを買うために並んでいた市民22名が殺害された日の12日後となる1992年6月6日のアメリカの日刊紙『ニューヨーク・タイムズ』の記事（下記URL）をはじめ、数多くのニュース記事で紹介されている。https://www.nytimes.com/1992/06/08/world/death-city-elegy-for-sarajevo-special-report-people -under-artillery-fire-manage.html.

p11　この楽曲は、一般には、イタリアの作曲家～

ブリタニカ・オンラインの「Adagio in G Minor」の項目（下記URL）にもとづいている。https://www.britannica.com/topic/Adagio-in-G-Minor

p13　お爺さんはこう言ったそうだ。「わしは～

BBC（英国放送協会）のラジオ番組「Newshour」で、2018年12月21日に放送されたアラン・リトルの話「Siege of Sarajevo: The Orchestra That Played in the Midst of War」（下記URL）にもとづいている。https://www.bbc.co.uk/programmes/p06w9dv2

はじめに　「ビタースイート」の力

p19　「私たちはホームシックになっているの」

ウェブサイト「Garden Museum」に、この詩の手書きの写し（下記URL）が掲載されている。https://gardenmuseum.org.uk/collection/the-garden/

p21　アリストテレスは～疑問に思った

アリストテレス名義の著作（実際には彼の学徒たちがまとめたとみられる）『Problema』第30巻1に、憂うつ質と天才との関連性についての記述がある。（『Problema』の邦訳は『アリストテレス全集　13　問題集』、内山勝利、ほか2名編集、丸橋裕、ほか2名訳、岩波書店、新版2014年）。ウェブサイト「Paideia Archive」のハイディー・ノースウッドの論文「The Melancholic Mean: The Aristotelian Problema XXX.1」（下記URL）をご参照のこと。https://www.bu.edu/wcp/Papers/Anci/AnciNort.htm

p22　気質のバランスがとれている

アメリカ国立医学図書館のHistory of Medicine（医学史）部門の展示「Emotions and Disease」（下記URL）で紹介されている。https://www.nlm.nih.gov/exhibition/emotions/balance.html

p22　この気質を私は「ビタースイート」と呼んでいる

「ビタースイート」についての私の考え方、とくに「心に突き刺さるような喜び」というアイデアは、C・S・ルイスの「Sehnsucht（ゼーンズフト、ドイツ語で「渇望」の意味）」についての文章からヒントを得ている。

p23　「ローマ神話の農耕神サトゥルヌスは～」

P・カリー、アンジェラ・ヴォス編集の書籍（論文集）『Seeing with Different Eyes: Essays in Astrology and Divination』(Newcastle, UK: Cambridge Scholars, 2007)の中のアンジェラ・ヴォスの論文「The Power of a Melancholy Humour」からの引用。この論文の中で、マルシリオ・フィチーノの書簡集『Letters』vol.2、no.24（1978年）、p33～34に収められた、ジョバンニ・カヴァルカンティ（イタリアの詩人）への書簡の文章が紹介されており、「ローマ神話の農耕神サトゥルヌスは～」の一文は、その文章から引用している。

p23　デューラーが、よく知られているように～描いた

アルブレヒト・デューラーの1514年の作品「メランコリアI」のこと。下記のウェブサイトで紹介さ

悲しみの力

「悲しみ」と「切なる思い」が私たちを健全な人間にする

発行日　2023年8月25日　第1刷

Author	スーザン・ケイン
Translator	坂東智子
Book Designer	國枝達也
Publication	株式会社ディスカヴァー・トゥエンティワン 〒102-0093　東京都千代田区平河町2-16-1 平河町森タワー11F TEL　03-3237-8321(代表) 03-3237-8345(営業) FAX　03-3237-8323 https://d21.co.jp/
Publisher	谷口奈緒美
Editor	原 典宏
Marketing Solution Company	飯田智樹　蛯原昇　古矢薫　山中麻吏　佐藤昌幸　青木翔平 小田木もも　工藤奈津子　佐藤淳基　野村美紀　松ノ下直輝 八木眸　鈴木雄大　藤井多穂子　伊藤香　小山怜那　鈴木洋子
Digital Publishing Company	小田孝文　大山聡子　川島理　藤田浩芳　大竹朝子　中島俊平 早水真吾　三谷祐一　小関勝則　千葉正幸　青木涼馬　阿知波淳平 磯部隆　伊東佑真　榎本明日香　王廳　大﨑双葉　大田原恵美 近江花渚　佐藤サラ圭　志摩麻衣　庄司知世　杉田彰子　仙田彩歌 副島杏南　滝口景太郎　舘瑞恵　田山礼真　津野主揮　中西花 西川なつか　野﨑竜海　野中保奈美　野村美空　橋本莉奈　林秀樹 廣内悠理　星野悠果　牧野類　宮田有利子　三輪真也　村尾純司 元木優子　安永姫菜　山田諭志　小石亜季　古川菜津子　坂田哲彦 高原未来子　中澤泰宏　浅野目七重　石橋佐知子　井澤徳子 伊藤由美　蛯原華恵　葛目美枝子　金野美穂　千葉潤子　西村亜希子 畑野衣見　藤井かおり　町田加奈子　宮崎陽子　青木聡子　新井英里 石田麻梨子　岩田絵美　恵藤奏恵　大原花桜里　蠣﨑浩矢　神日登美 近藤恵理　塩川栞那　繁田かおり　末永敦大　時田明子　時任炎 中谷夕香　長谷川かの子　服部剛　米盛さゆり
TECH Company	大星多聞　森谷真一　馮東平　宇賀神実　小野航平　林秀規 斎藤悠人　福田章平
Headquarters	塩川和真　井筒浩　井上竜之介　奥田千晶　久保裕子　田中亜紀 福永友紀　池田望　齋藤朋子　俵敬子　宮下祥子　丸山香織
Proofreader	文字工房燦光
DTP	株式会社 RUHIA
Printing	シナノ印刷株式会社

ISBN 978-4-7993-2981-8 Kanashimi no chikara by Susan Cain